中國社會科學論壇文集

第五届

中日學者中國古代史論壇

文集

中國社會科學院歷史研究所
日本東方學會
湖南大學岳麓書院 編

中国社会科学出版社

圖書在版編目（CIP）數據

第五屆中日學者中國古代史論壇文集／中國社會科學院歷史研究所，
日本東方學會等編．—北京：中國社會科學出版社，2014.4
　ISBN 978 - 7 - 5161 - 4086 - 4

　Ⅰ.①第…　Ⅱ.①中…②日…　Ⅲ.①中國歷史—古代史—文集
Ⅳ.①K220.7 - 53

中國版本圖書館 CIP 數據核字（2014）第 056684 號

出 版 人	趙劍英
責任編輯	李炳青
責任校對	韓天煒
責任印製	王　超

出　　版	中國社會科學出版社
社　　址	北京鼓樓西大街甲 158 號（郵編 100720）
網　　址	http://www.csspw.cn
	中文域名:中國社科網　　010 - 64070619
發 行 部	010 - 84083685
門 市 部	010 - 84029450
經　　銷	新華書店及其他書店
印　　刷	北京市大興區新魏印刷廠
裝　　訂	廊坊市廣陽區廣增裝訂廠
版　　次	2014 年 4 月第 1 版
印　　次	2014 年 4 月第 1 次印刷
開　　本	710 × 1000　1/16
印　　張	26.75
插　　頁	2
字　　數	436 千字
定　　價	88.00 圓

攜手共創區域文化与中國古代社會研究的新篇章

中國社會科學院歷史研究所所長　卜憲群

　　第五屆中日學者中國古代史論壇，經過日本東方學會、湖南大學嶽麓書院和中國社會科學院歷史研究所三方一年多來的共同努力，今天在湖南大學岳麓書院順利召開了。在這裡，我謹代表中國社會科學院歷史研究所，向遠道而來的日本東方學會的興膳宏先生、池田知久先生、河口英雄先生、渡邊義浩先生以及各位日方學者致以誠摯的感謝，向承辦此次論壇的湖南大學嶽麓書院的朱漢民院長、陳松長副院長、肖永明書記，還有為此次論壇會議的順利舉辦付出辛勤勞動的各位老師和同學們致以誠摯的感謝，向為此次論壇籌備負責聯絡的我們歷史所的各位同仁致以誠摯的感謝，向在場的各位與會專家學者致以誠摯的感謝！

　　中國社會科學院歷史研究所和日本東方學會共同舉辦的中日學者中國古代史論壇，從 2009 年第一屆起，至今已經成功舉辦了四屆。2009 年第一屆在北京，2010 年第二屆在東京，2011 年第三屆在武漢，2012 年第四屆在東京。這一屆，我們來到了長沙，來到了富有深厚文化底蘊的嶽麓書院。

　　作為一個反映中日兩國中國古代史研究最新進展的交流平臺，這個論壇已經顯示出自己的特點：一是舉辦的連續性。五年來，不論遇到什麼困難，論壇都沒有中斷；二是前沿性。每次論壇的討論主題我們都反復協商，緊跟學術發展的動態，力求探討新問題；三是開放性。論壇已得到越來越多學者的參與和支持，得到更多大學和研究機構的關注，並表示願意合作，這是一件好事情。四年來，中日中國古代史研究學者借助這個論壇相互往來，彼此交流學術研究成果，發表了很多學術高論，很好地推進了中國古代史研究的前進，相互增進了學術瞭解。第一、二、三屆論壇都分別出版了會議論文集。此次日方又給我們帶來了第四屆論壇的論文集。由此，我們的中國古代史論壇在中國和日本的中國古代史學界已經產生了很大的影響，已經成為當前聯繫中日兩國中國古代史研究學者的一個重要橋樑，兩國學者間的學術交流也將會更加廣泛和深入。會聚老朋友，結識新朋友，學術加友誼。在引領和推動中日兩國的中國古代史研究方面，我相信中日學者中古史論壇會越辦越好。

此屆論壇在有著"千年學府"美譽的湖南大學嶽麓書院舉行，也有著特別的意義。往聖今賢曾經在這裡駐足，依托書院，教授經史，留下了傳承千古的經典篇章。今天我們來到這裡，交流研究心得，發思古之幽情，我想也將激勵我們在史學研究上做出更多貢獻，留下美好的記憶篇章。

區域文化是中國古代社會的重要組成部分。沒有區域文化也就沒有中國秦漢以後的統一文化，但秦漢以後的統一格局並沒有消除各地區域文化的特色。區域文化使中國古代社會呈現出多元的風格並留存至今。在中外學者中，中國古代區域文化是一個重要研究內容。中國許多高校都設有與區域研究有關的學術機構。此屆論壇的主題為"區域文化與古代社會"，吸引了很多學者，據我所知，參會的中日學者提交的論文包括了從先秦至明清各個時代，利用出土文獻或傳世文獻，就區域文化研究中的政治、經濟、宗教、思想文化等多方面的議題撰寫了論文，多視角、多方位地展現了各位學者的最新研究成果。我想在接下來的討論中，大家可以有很好的交流。我相信，通過本次論壇，一定能夠推進"區域文化與古代社會"這一問題的研究更廣泛、更深入地展開。

最後，祝第五屆中日學者中國古代史論壇圓滿成功！祝各位代表身體健康！

2013 年 8 月 28 日

克服困難、加強友誼，為日中兩國歷史研究的發展作出更大貢獻

日本東方學會理事長　　興膳宏

　　我代表日本東方學會，向在座的各位來賓、先生們致辭。今天我們東方學會與中國社會科學院歷史研究所、湖南大學嶽麓書院共同舉辦第五屆中日學者中國古代史研究論壇。嶽麓學院是在北宋時期創始，至今有一千多年的歷史，培養過眾多人才，故稱"千年學府"。能夠在這裡開這次會議，我特別覺得光榮，又覺得高興。

　　這個論壇從 2010 年起，曾在中國和日本輪流地開過四次會議。我們東方學會和中國社會科學院歷史研究所已經決定，明年以後也繼續舉辦這個會議，期望對我們兩國歷史研究的發展作出進一步的貢獻。直率地說，目前我們兩國的關係不能說是很良好的。但是我衷心願意我們日中學者在這個困難的時期，必須克服種種困難，跨越種種障礙，以加強我們的友誼，發展我們的學術交流。

　　我們兩國都有很長久的中國古代史研究的歷史，近年來兩國學者共同計畫合作研究的機會也逐漸增加起來了。但像我們論壇這樣的有連續性的學術研討會，在我來看，是過去還沒有的。因此，我相信這個論壇在我們兩國的學術交流史上，肯定會有一種空前而劃時代的意義。我衷心希望我們趁著這些互相啟發、互相學習的好機會，能夠更加提高我們的學術水準，取得更多的學術成就。

目　録

歷史與文化的歧義

——區域研究中的一個思考

廈門大學國學研究院　　陳支平

一

在當今的區域史研究中，有兩個名詞是經常被混搭並用的，這就是所謂的"歷史"與"文化"，例如"中州歷史文化"、"齊魯歷史文化"、"閩臺歷史文化"、"客家歷史文化"，等等。學者們對於"歷史文化"的混搭並用，似乎没有太多的疑慮。然而從本人近年來對於區域史的研究經驗中，却越來越感覺到"歷史"與"文化"這兩個貌似神合的學術用詞，實際上存在着很大的歧義。

衆所周知，歷史學的目標是追求歷史的真實性，客觀與嚴謹，是從事歷史學所應秉持的基本立場。但是作為"文化"（這樣表述似乎有語病），其所追求的目標，或者説它的功能，更多的是注重對於某個區域的宣傳與良善等道德的弘揚。用我們現在經常表述的話語，就是"弘揚優秀的傳統文化"。這樣一來。"文化"研究者們，就不能不有意無意地在一定程度上偏離了歷史學客觀嚴謹的態度與立場，從而出現某些趨利性的傾向。於是，貌似神合的"歷史文化"，它們之間所存在的歧義是在所難免的。

從研究區域歷史文化史的人員結構看，目前，我國不同區域的研究者們，基本上是以本區域之内的人員組成為主的。這樣又使得區域歷史文化的研究，不知不覺中又摻和了某些感情的因素在內。俗諺云："誰不說自己的家鄉好"；又云"子不嫌母醜"。即使是學者，恐怕也很難完全擺脫這種情感因素的羈絆。於是，在這種感情因素的影響下，區域文化的提煉與弘揚，在許多場合往往會超越歷史學，歷史學或許將有可能在某些研究領域成為"文化"的各取所需的注腳。

筆者提出這樣的意見，似乎有危言聳聽之嫌。然而"歷史"與"文化"在區域史研究中的這種歧義，却是客觀存在的。下面，筆者即以自己較為擅長的閩臺區域歷史文化研究中所遇到的一些問題，思考如何在今後的區域研究中給予"歷史"與"文化"這二者各自較為恰當的學術定位。

二

研究閩臺區域史的學者都知道，家族組織、鄉族組織是閩臺區域社會的重要基礎。慎終追遠式的家族、鄉族史研究，不僅是專業學者們必做的課題，而且也成為閩臺兩地民間社會所共同關注的歷史文化話題。

至少從五代、宋以來，福建以及後來的臺灣，民間普遍形成了關於閩臺家族來源於河南中州的歷史記憶，因此，在中國不同的區域文化模塊中，中州文化與閩臺文化之間的關聯性之密切，是其他各個區域文化所不能比擬的。中州河南既為先祖之地，閩臺區域的歷代居民們，就不能不對中州河南懷有一種特殊的向往心理與情感。

印证這種血緣與文化淵源關係的資料，除了來自閩臺民間世代相傳的口傳資料之外，更多的是體現在閩臺區域民間修撰的族譜、家乘之上。從流傳至今的閩臺兩地民間族譜中所記載的各個姓氏的族源追溯上看，至少有一半以上的家族，聲稱自己的家族來源於中州河南的世家望族。①

民間口傳資料和私家族譜的文獻記載，往往具有從眾性和標榜性的特徵。需要一個鑒別取舍的過程。而作為當代學者的較有代表性的學術性表述，則應該是黃典誠教授 1981 年在河南省語言學會成立大會上的

---

① 參加陳支平《福建族譜》，福建人民出版社 1994 出版。

一次演講。這篇演講稿當即發表在 1981 年 4 月 22 日的《河南日報》上。該文略云："我來自福建廈門。我說的是閩南方言,閩南方言和閩北方言（還有閩東方言）同是我國九大方言之一。它和普通話有較大的區別。在閩南、閩東和閩北,祖祖輩輩都傳說祖宗是河南來的。這件事記在方志上,寫在族譜裏。據《三山志》說:'（晋）永嘉之亂,衣冠入閩者八族。'又據《河南光州府志》載:唐高宗總章年間,福建南部蠻獠嘯亂,朝廷以光州固始人陳政、陳元光父子率五十八姓前往征伐。陳政陣亡,陳元光年方十八,代父領兵。結果削平禍亂,疏請建立漳郡。又據《五代史》,唐末光州固始人王潮、王審知兄弟,率衆起義,南下福建,建立閩國,采取了若干有效措施,開發了福建,發展了經濟,推廣了文化,安撫了流亡。在中原板蕩的時代,福建成了偏安一隅的地方。這是中原人民成批流入福建的簡況。福建和河南有着密切的鄉土關係。福建方言就是從河南帶去的。"近三十年來,隨着區域文化史研究的興起以及臺灣同胞、海外僑胞尋根問祖的熱絡,黃典誠教授的這一論點,被不斷解讀與放大,把歷史上河南中州向福建的移民劃分為三個高潮期,即西晋末年的"八姓入閩"、唐初高宗年間的陳元光開漳,以及五代時期的王審知入閩。所謂"從主體上分析臺灣同胞的祖根,三百多年前在福建,一千多年前在河南光州固始一代"。[①]閩臺居民來於河南中州的說法被許多論者所反復印証與宣傳。

　　事實上,黃典誠先生於 1981 年在河南省語言學會成立大會上的演講是相當籠統而缺乏嚴謹性的。福建民間的口傳資料和私家族譜文獻記載與歷史的真實性始終存在着一定的差距。近三十年來,隨着福建民間口傳資料和私家族譜文獻記載中關於"閩臺居民來源自河南中州"觀點的不斷被放大,許多嚴謹的歷史學家,也在這些方面做出了認真的考證分析。基本的論點是,現在居住於福建與臺灣的漢族居民,其先祖族源的源流是十分復雜的,既有自秦漢以來北方漢民的遷入,也有由原來的土著閩越族後裔轉化而來,宋元之後,還有少量海外移民的後裔加入其間。即使是自秦漢以來從中國北方遷移入閩的漢民,也不僅僅是來自中州河南,而是東起遼東渤海、吳中延陵,西至武威敦煌,均有各個姓

---

　　① 唐金培:《歐潭生"三探"與豫閩臺淵源關係研究》,見尹全海等編《中原與閩臺淵源關係研究三十年》,九州出版社 2012 年版,第 74 頁。

氏的後裔子孫遷入閩中各地。真正來源自河南中州的北方漢民只是其中的一部分而已。至於現在有人把歷史上河南中州向福建的移民劃分為三個高潮期，更是張冠李戴，與史實不符。

　　舉唐初陳元光率部入閩的史實為例。目前，活躍於福建歷史學界的著名學者，不論是擅長魏晉南北朝、隋唐歷史的楊際平、謝重光教授，還是精通明清史的徐曉望、唐文基諸教授，以及閩臺文化關係史專家汪毅夫教授，都無法認同陳元光的祖籍地是中州河南固始縣。根據以上學者的研究，陳元光原屬河東郡人，歷經宋元迄於明代前期各種文獻所載無異。到了明代中後期，福建的一些地方志書受到私家譜牒的影響，才出現了所謂陳元光出於河南固始的記載，并且由此逐漸影響到明清以來的各種文獻記載。因此，後世盛傳的閩人皆祖光州固始的叙述，不可全信。汪毅夫教授在最近的文字中再次强調了這一點："古今學者鄭樵、方大琮、陳振孫、洪受、陳支平、楊際平、謝重光、徐曉望一干人等對'閩祖光州固始'之說的批評和質疑是正當合理的。我在《閩臺社會史札記》一文裏嘗謂：'福建在歷史上經歷過移民開發的階段，來自中原的移民當有出於光州固始者而'未必其盡然也'；今之福建居民的主體乃由古代中原移民的後裔與古代當地土著住民的後裔構成。若'皆曰光州固始'，'不亦誣乎？'現在，我依然持論不移。"① 筆者以為汪毅夫教授的論述是十分中肯的。

　　宋代以來關於"閩祖光州固始"的傳說之所以盛行於世，其主要原因就在於五代時光州固始王審知兄弟的率部入閩，不僅帶來了衆多的固始鄉親一道遷移閩中，并且在閩中建立了第一個地方政權——閩國。固始王審之兄弟的率部入閩，可以說對於福建這個原屬於邊陲的落後區域的開發進程起到了里程碑式的重大作用，對宋代福建區域的人文格局及其民間社會，產生了直接而且深刻的影響。② 另一方面，這些從廣州固始遷移而來的王氏家族及其部屬，隨着閩國的建立，也都成為閩中的統治階層，為社會所仰慕。於是，在這兩種因素的潛移默化之下，閩中的不同來源、不同姓氏的居民，就不能不逐漸受到光州固始這一祖源符號

　　①　汪毅夫：《關於"中原與閩臺關係研究"的若干思考》，見尹全海等編《中原與閩臺淵源關係研究三十年》，九州出版社 2012 年版，第 74 頁。
　　②　參見陳支平《近五百年來福建的家族社會與文化》，三聯書店上海分店 1991 年版。

的影響。

秦漢以來，中國北方各地的民衆遷移到南方各地，這是不爭的歷史事實。但是他們在北方的祖籍地，並不僅僅限於有數的幾個區域之內，而是幾乎遍佈於中國北方的各個郡縣。然而也就是在宋代，中國南方的家族溯源史，開始逐漸地合流到幾個有數的中原地域之內。就閩臺區域而言，比較集中的祖籍地就是所謂的"中原固始"了。

宋代之前，中國民間撰寫族譜的風氣尚未全面形成，故各個漢民家族對於先祖的追溯，或許主要停留在世代的口傳之中。入宋之後，特別是在理學家的倡導之下，民間修撰族譜的風氣開始蔓延，先祖的追溯便成了撰寫族譜的一項重要內容。於是，先祖的典籍化就不可避免了。根據各自家族的族譜的記載，大家可以非常自豪地對外聲稱自己的家族具有中國最純正的中原漢民族并且是世家望族的嫡傳血統。人們在塑造自己先祖的時候，首先把眼光注視在帝王之胄的王審知兄弟子姪，以及與王氏集團有着某種政治關聯的姓氏上面，并且以此來炫耀自己家族的輝煌歷史與顯赫地位。久而久之，許多家族逐漸忘却了自己真正的祖先，張冠李戴、模糊難辨，最終出現了祖先淵源合流的整體趨勢。即許多家族都成了王審知及其部屬的後裔。宋代福建民間族譜修撰攀附顯貴這一風氣的形成和流行，當時福建籍著名的史學家、譜學家鄭樵在為自家族譜撰寫的序言中已經看得十分清楚：

> 今閩人稱祖者，皆曰光州固始，實由王緒舉光、壽二州以附秦宗權，王潮兄弟以固始衆從之。後緒與宗權有隙，遂拔二州之衆入閩。王審知因其衆以定閩中，以桑梓故，獨優固始。故閩人至今言氏譜者，皆雲固始，其實謬濫云。①

其實，對於宋代福建民間族譜攀附王氏固始縣的這一習氣，一部分文化修養較高的福建修譜者們也是相當清楚的。如泉州《鑑湖張氏族譜》明嘉靖十九年張繼明序云："宗之有譜，所以紀世系、明族類、示仁孝也……蓋五季之末而宋之始歟？然世遠文字湮廢，自一世至十三世

---

① 莆田《南湖鄭氏家乘》，鄭樵：《滎陽鄭氏家譜序》。

名字世數已不可得而詳，又云來自光州固始。蓋泉（州）叙譜之通説也。"① 安溪《陳氏族譜》亦云："譜閩族者類皆出自光州固始，蓋以五代之季王審知實自固始中來也……而必謂閩中族氏皆來自固始者，誕甚！"② 在這樣的社會習氣之下，不用説一般的貧窮族姓，即使是早先入閩的一些名門大族，其後裔也在不知不覺中被引入其中。再如與陳姓同稱為"閩臺半天下"的林姓，至少從唐代開始就號稱是商紂王時期的名臣比干的後代。中原的郡望為"博陵"、"下邳"等，本與河南固始不相干。但是到了宋代以後，不少福建的林姓，其祖籍也變成了河南固始。陳、林二著姓尚且如此，則其他的姓氏之攀附河南固始的世家望族由此可知。

　　不僅僅漢民家族的族譜修撰如此附會合流，即使是早先屬於閩中土著的一些族群的後裔，也在宋代的這一風氣中變更其初，把越人變成十足的漢民姓氏。南宋時人王象元曾在《輿地紀勝》中説："閩州越地……今建州亦其地。皆蛇種，有王姓，謂林、黄等是其裔。"③ 現存於福建及東南地區的許多少數民族家族，從明代以來開始做倣漢民家族修撰族譜，也存在着類似的情況。隨着北方南遷的漢民在東南地區迅速蔓延并且取得主控權之後，殘留在這些地區的少數民族如畬族、蛋民，以及唐宋以後從波斯海地區東來的阿拉伯人的後裔，逐漸受到漢民族的影響以及其生活環境的需求，也不得不把自己的祖先攀附在中原漢民的世家望族之上。我們現在所閱讀到的東南地區畬族、回族的族譜，雖然其中或多或少保存了他們自己族源追溯的某些特徵，但是從始祖的塑造上，則是毫無例外地變成了與漢族相關聯的共同祖先。如現在居住在泉州市晋江一帶的阿拉伯後裔丁氏家族，在其族譜中稱："始祖節齋公，諱謹，字慎思，家世洛陽。"同為阿拉伯後裔的泉州郭氏，其族譜稱："吾之先太原人也，始由唐尚父太尉中書令汾陽忠武王。"現為畬族的鐘氏，其族譜稱："嘗考鐘氏溯源於微子……故鐘氏為潁川郡。"畬族藍氏則以陝西的藍田縣為始祖地，故稱"種玉堂"。有些福建少數民族的族譜也做倣其他漢族族譜的習氣，把自己的祖先附會於光州固始縣之上。畬

---

① 　泉州《鑒湖張氏族譜》卷首。
② 　安溪《清溪陳氏族譜》，康熙二十一年陳時夏《重修族譜序》。
③ 　王象元：《輿地紀勝》卷128，《福州景物上》。

族《雷氏族譜》稱："唐光啓二年，盤、藍、雷、鐘四姓有三百六十餘丁口，從閩王王審知爲向導官，分乘五大船由寧波渡洋入閩。"這些少數民族居民也就自然而然地成了光州固始縣人的後裔。①

由此可見，至少從宋代以來，福建地區乃至整個南中國，在民間家族的溯源過程中，其歷史的真實性與民間口傳資料和私家族譜文獻記載之間是存在着較大的差距的。我們在研究福建地區乃至整個南中國的家族發展史的時候，假如過於執著於歷史文獻的記述和所謂的"歷史的集體記憶"的真實性，恐怕都將不知不覺地被引入比較偏頗的學術困境。

三

文化的認知與歷史的真實性其實是無法等同的。閩臺區域民間對於族源的追溯由此所產生的世代口傳資料與族譜文獻的文字記述與歷史的真實性存在差異，這並不能影響我們對於文化認知的分析以及這種認知的文化意義。在某種意義上甚至可以説，超越歷史真實性的文化認知，其所體現出來的文化意義也許更加具有歷史與文化的永恒價值。

從我們上面的論述中可以看出，即使閩臺區域漢民先祖的相當部分不是來源於中州河南區域，但是其絶大部分來源於中國的北方地區，確實毫無疑問的。這樣的歷史過程，勢必給居住在閩臺區域的漢民後裔留下了極爲深刻的歷史文化記憶。

上古時期的中國南方地區，是所謂的"百越文身地"，十足的邊緣區域或者説是邊陲區域。北方漢民族的南遷，一方面給東南地區帶來了先進的社會形態與生產方式，促進了南方地區的開發；另一方面，也在這一代代的漢民後裔的文化意識中，積累了向往北方漢民族核心的牢固心態。再加上長期以來北方南遷漢民在東南地區的繁衍生息、興衰存亡的艱難延續，促使這裏的漢民形成了攀附中原世家望族的社會風氣②。於是，向往中原核心的文化邊緣心態便在東南地區的民族意識中世代相傳、牢不可破。

---

①　參見陳支平《福建族譜》，福建人民出版社 1997 年版。
②　同上。

　　這種邊緣文化心態反映在福建地區以及後來延伸的臺灣地區，同樣也是十分顯著的。遠古閩地，人文之進步，遠不及中原地區。福建的社會經濟與文化開發史，無不與北方移民的入閩緊密聯繫在一起。從漢武帝時滅閩越國設冶縣、三國時孫吳設建安郡以來，經歷晉代與南北朝的所謂八姓入閩、唐代前期陳元光進漳、唐末五代王審知建閩國。這些帶有福建歷史進程里程碑性質的事件，無不是由北方中原強勢力量的南遷而形成的，閩中的原有居民似乎始終處於一種比較被動的境地。從福建文化傳承史的角度來考察，無論是鄉族社會的建構，道德價值觀的承繼，還是國家核心主導地位的認同等方面，都在不同程度上顯露出中原核心與福建邊陲的矛盾復雜的向往心態。這種文化心態必然會集中凝聚體現在某一個象徵性的文化表象之上，那麼最具典型意義的王審知從中州河南固始入閩的歷史故事便自然而然地成為福建人乃至後來臺灣漢民的集體文化記憶。

　　從中國古代文明的發祥與傳播的歷程看，其實中州文化對於中國周邊區域文化的影響力，遠不能與周禮興起的關中和儒家興盛地的齊魯這兩個區域相比，但是閩臺漢民的歷史記憶却偏偏集中體現在中州區域，這除了因為河南固始王審知入閩對於福建社會經濟文化的開發產生了巨大的影響力之外，宋代河南文化意識形態的輸入，同樣也是形成這種文化形態的關鍵因素。

　　北方的漢民雖然從漢唐開始入遷閩中，并且也帶來了北方士民興學重教的良好傳統，但是終唐之世，福建地區的士子在全國的影響力畢竟有限。王審知時期，政府從制度上促進了閩中興學重教的發展，延至宋代，福建的士子已經在國家的科舉出仕中異軍突起，很快就進入全國的先進行列。而恰恰在這個時期，中國的理學在北方興起，中州成了理學興起的重要發源地。於是，福建的士子們，以到中州拜理學大師學習為時尚與榮耀。特別是這時河南程明道（程顥）和程伊川（程頤）創立新學派洛學體系，更是閩中士人仰慕的文化思想形態。北宋熙寧年間的福建人楊時、游酢等矢志拜二程為師，留下了"程門立雪"的典故。於是，楊時一生"倡道東南"，對閩中理學的興起，建有篳路藍縷之功，被後人尊為"閩學鼻祖"。他的哲學思想對後來的羅從彥、李侗、朱熹等人產生了深刻的影響，朱熹後來創立的"閩學"，與洛學的淵源最深。

　　宋以來，中國南方的士子們在繼承和補強中國正統的倫理文化規範上作出了杰出的貢獻，以朱熹為代表的南方理學家群體對於中國後世的文化貢獻成為衆所周知的事實。然而我們在閱讀早期南方士子們求道為學的著述時，不難從中看出他們津津樂道於自己已經成為一名源於中州的"正統文化者"的心態。而這種"正統文化者"的表述，已經使自己不知不覺地演化成為一名亦步亦趨的北方文化中心標識特別是中州標識的追隨者。我們在福建楊龜山的家鄉，看到了他立願逝世後葬身於墓門朝北遠望北方師門的墳塋；我們在游酢的鄉里，到處可以聽到和看到關於他和楊時"程門立雪"的傳說記述。老實說，對於這樣的傳說和記述，我一直心存疑問：程氏作為宋代儒學的代表性人物，為何會有如此不合情理而有悖於孔聖人誨人不倦的教訓、苛待南方學子？這種帶有明顯矯情意味的傳說，其背後似乎隱藏着一個難以言諭的文化心態，即把自己變成一名北方中州式的"士子"為榮耀。

　　正是宋代福建的主流知識分子們堅持不懈地從中州那裏傳承了文化思想意識形態進入福建，并且又進一步努力把這種源於中州的文化思想意識形態融入福建及中國南方的社會之中。這樣一來，源於中州核心區域的文化思想意識形態，就與處於邊陲區域的福建各地的社會生活方式有機地結合起來了。在文化核心與邊陲觀念的長期熏陶下，家族制度及其組織的每一步發展，無不冠上追溯中州河南的輝煌帽子。這種歷史文化的慣性，一直延續至今。

　　歷史學追求的是歷史的真實性，而文化則更多的是體現在人們的心理認同的層面，顯然這二者是無法等同起來的。從這一立足點我們再來看看中州文化與閩臺文化的關聯性，似乎可以這樣理解：從宋代以迄近現代閩臺民間家族溯源史的演變歷程看，後代的福建以及臺灣的民間社會，更關注的是民間口傳資料及私家族譜等文本的顯示表象，而對於其先祖的真實歷史，似乎覺得無關緊要。我們今天探討閩臺家族與中原固始的淵源關係，探討中州文化與閩臺文化的傳承關係，假如非要一意孤行地尋找什麼純正的"中原血統"及其源流細脈的"真實歷史"，筆者想是既無必要也不可能，其結果必然是恰得其反且糾纏不清。我們只有在文化認同的基礎上一道認識中華文化的多樣性及其包容性，才能從無限廣闊的空間來繼承和弘揚我們祖國傳統的優秀文化。正是由於中華傳統文化中的多樣性和包容性特徵，造就了多民族統一的國家的形成與延續，造就了中華民族文化得以傳承和發展的輝煌歷史。

現今通行於全國的所謂科研成果評價體系，無不既重視學術價值，又重視社會價值。歷史學是屬於學術的，學術價值的核心是嚴謹與創新。而文化更多的是體現社會價值，不管人們願意與否，社會價值將是超越學術與科學等各個層面的。正因為如此，我們今天在從事區域研究時，"歷史"與"文化"的混搭並用，在很大程度上是習慣性的，"文化"由"歷史"所產生演化，因而是有其一定的合理性的。這二者應用於區域研究之中，既是相互印証、相輔相成的，又存在很大的差异。假如我們硬要把區域歷史學的研究成為宣傳弘揚區域文化的一個萬能注解，那就太不合適了。

湖湘民間信仰的多源建構^①

湖南大學嶽麓書院　　朱漢民

一般而言，作為民俗文化的民間信仰，是地域文化系統中最具歷史傳承和地方特色的文化要素。在漫長的歷史長河中不斷演變的民間信仰是一個歷史的建構過程。因此，以現代民間信仰的鮮活形態為視角，可以追尋數百年、數千年以前的文化基因，我們會發現，正是由本二和域外、民俗和精英等多源文化因素的參與，影響着湖湘民間信仰文化的歷史建構。

這裏，我們以湖湘民間信仰形態為例，試圖探討其淵遠流長的歷史形態與文化基因。通過分析，歷史地考察湖湘民間信仰建構中精英文化與民俗文化、本土文化與域外文化的交流、滲透與互動過程，論述民間信仰的多源建構問題。

中國傳統民間信仰所崇拜的神靈十分豐富，難以計數。而湖湘民間信仰表現得尤其充分，因為湖湘之地有着久遠的"信鬼而好祀"的多神崇拜習俗，早在戰國時期就有"百神"之稱，屈子《離騷》有"百神翳其備降兮，九疑繽其並迎"。而在漫長的歷史演化過程中，由於不同地域族群的移民，特別是由於各種主流文化、精英文化的滲透，使得各種不同文化因素均參與到湖湘民間信仰的文化建構中來，故而使得湖湘民間社會有着更為豐富多彩的神靈世界。

這麼豐富的湖湘民間諸神如何將其分類？依據傳統典籍的神祇分類法，將他們分為天神、地祇、人鬼。天神包括太陽神、月亮神、風伯、雨師、雷公、電母，等等，地祇則是指湘水神、沅水神、洞庭水神、南

---

①　基金項目：國家社科基金重大項目：《湖湘文化通書》(10&ZD067)。

岳神及各種土地神、竈神等。天神、地祇具有濃厚的自然崇拜特點，而人神則包括各種祖宗神、巫道神仙、行業祖師神等。但是，如果要探討湖湘民間信仰的多元建構與多重來源，進而考察這些民間信仰中的本土文化基因與外來文化的影響，以及這種民俗文化形態中的民間因素與精英來源，就需要對湖湘民間諸神的來源作一分析。

楚漢、唐宋以來湖湘民間信仰的歷史變遷，是從時間維度探討湖湘民間信仰的歷史建構；而本文討論湖湘民間信仰的構成，主要是從空間維度探討湖湘民間信仰的不同來源。如果對湖湘民間諸神的來源作個大致的分類，那基本上是三種類型：其一，湖湘地區原著民的本土性民間信仰及其神祇；其二，其他地域神靈的移入；其三，本土神靈和外來神靈相結合而產生的新的民間信仰。

首先，討論湖湘原著民的原始信仰。當然，“湖湘原著民”只具相對意義，從“交互文化圈”的角度看，中華大地上不同地域的“原著民”是流動的。這裏所說的“湖湘原著民”，主要是先秦時期就居住在湖南地區並被中原人士泛稱為“南蠻”的蠻族群體。在傳統社會，民間信仰的歷史傳承性十分突出，特別是生活在與外界交流比較少的山地居民、少數民族居民，他們所崇拜的神靈往往有着十分久遠的文化淵源，從中可以找到本土性原著民的原始信仰與文化基因。

秦以前的湖湘原著民，是現在居住在湖南的苗、瑤、侗、畬等土著少數民族，漢唐以來湖南的漢族居民最初主要是移民而來。因此，考察湖南原著民的原始宗教，可以通過對湖南土著的苗、瑤、侗、畬族的民間信仰分析探索而獲得。許多從事民族學、民俗學、文化人類學、宗教學、歷史學的學者在從事對苗、瑤、侗、畬族的考察時發現，這些少數民族中盛行的宗教信仰、神靈崇拜中的許多習俗、信仰均有非常久遠的文化淵源。從崇拜的神靈來看，湖南土著的少數民族有着一套自己獨特的神靈崇拜，包括自然神崇拜、祖宗神崇拜以及與之相關的圖騰崇拜，而且這些神靈又有相關性，體現出民間信仰的建構特點。

這裏以少數民族的祖宗神盤瓠崇拜為例作一分析。湖南的苗族、瑤族，均信仰一位共同的祖宗神——盤王。與這種信仰相關，苗族、瑤族現在均保留有關盤王崇拜的祠廟、祭祀儀式及祭歌。大部分苗、瑤族村寨建有盤瓠廟，其祠廟中設有盤王的神位，定期舉行有關盤王的隆重祭祀儀式，瑤民在祭盤王時還要演唱本民族的古歌《盤王大歌》。苗、瑤族關於盤瓠的信仰其實是一種合圖騰崇拜與祖神崇拜為一體的原始信仰，它具有久遠的文化源頭。現存的歷史文獻就存有關於盤瓠的傳說。東漢應劭的《風俗通義》、《後漢書·南蠻西南夷列傳》中均有關於盤瓠的傳說，即盤瓠是上古帝王高辛氏（帝嚳）的一條犬，其幫助高辛討滅犬戎有功，高辛氏將女兒嫁給他，并封盤瓠氏。盤瓠氏與高辛氏之女生兒育女，湖南一帶的蠻夷民族皆是盤瓠、辛女的後裔。許多史書對此都有記載，如晉《荊州記》、唐李賢《後漢書注》、宋酈道元《水經注》均記載了湘西原著民係盤瓠氏的後裔，保留了大量有關盤瓠氏的遺迹。由此可見，湖南原著民民族有着數千年之久的關於盤瓠氏的祖宗崇拜。值得注意的是，苗、瑤族原著民至今仍然流傳的盤瓠氏的民間傳說，《搜神記》、《後漢書》也有類似的文獻記載。這説明，苗、瑤族原著民的祖宗神原本是一條犬，其盤瓠崇拜是犬的圖騰崇拜演化而來的。而在 20 世紀 80 年代，苗蠻部族長期居住的懷化地區高坎壠的新石器文化遺址發掘出的“神犬”塑像，證明苗、瑤族的祖先確實有着對犬的圖騰崇拜。

湖南的苗、瑤、侗等原著民，還特別盛行自然神崇拜與巫術活動，這些民間信仰其實也是上古蠻夷的遺風。在這些少數民族的信仰世界中，各種類型的自然神一直受他們的崇拜，包括與天體相關的太陽神、月亮神、雷神、雨神、風神、雲神，與地理相關的河神、江神、山神，與動物相關的鳳鳥、魚、虎、牛、蛇、犬、蜘蛛的相關圖騰，與植物相關的有樹、竹、花相關的神靈。這些不同自然現象的背後均有一個神靈在主宰着自然，影響人們的生活。苗、瑤、侗等少數民族居民還相信，人們可能通過各種祭祀儀式、巫術活動而作用、影響這些神靈。所以，苗、瑤等少數民族一直盛行巫儺、椎牛、跳香等宗教儀式與巫術活動。其實，湘西南少數民族的多神崇拜、巫術活動，均源於先秦苗蠻、楚蠻的習俗。屈原《九歌》中記錄的自然神，與沅湘少數民族仍然鮮活的自然神崇拜類似，漢王逸所説“沅湘之間，其俗信鬼而好祠”，一直保留在沅湘少數民族的生活形態和民間信仰之中。可見，要追溯湖湘地區原著民的本土性民間信仰，從苗、瑤、侗等少數民族的民俗文化中，可以找到其歷史文化源頭。

其次，我們要進一步探索湖湘民間信仰的外來因素。先秦時期，湖南地區還是蠻夷之地，其風俗信仰自然完全是與中原地區迥异。秦漢以後，湖南地區開始了十分緩慢、漫長的"漢化"過程，中原地區的宗教觀念、習俗也慢慢滲入湖南，成為湖湘民間信仰的重要組成部分。最為明顯的，是中原華夏族的祖神逐漸南下，最後成為湖湘地區民間信仰的重要組成部分。

中國歷史上的"三皇五帝"，最初只是中原地區華夏部族的祖神，炎帝、黃帝、堯、舜、禹以及相關的"聖王"，最初只是華夏部族中做出歷史貢獻的祖先英雄，故被華夏部族推崇的祖宗神。中原地區的華夏部族進入文明期後發展迅速，其政治實力、文化實力不斷拓展，很快成為中華文明體系中的核心文明，中原文化的祖先英雄，也隨之南下到湖湘地區，成為湖湘民間信仰的組成部分。在湖湘民間信仰的祖神譜系中，其中確切來自中原地區的有炎帝、祝融、帝堯、帝舜、帝禹；另外，還有一些與這些中原祖宗崇拜關係密切的人物，包括帝嚳的女兒辛女，堯帝的女兒、舜帝的妻子娥皇、女英。這些原本是中原地區華夏族崇拜的祖宗神，因種種歷史原因活動於湖湘一帶，甚至客死於湖湘，成為湖湘地域的民間信仰對象。當然，炎帝、舜帝是中原王朝的帝祖，祝融也是納入朝廷封禪大典的方位神，也就是說，這些中原華夏族的祖宗神均被納入國家祀典的體系之中，具有"官祀"的地位。但是，朝廷、士大夫在倡導這些"正祀"時，亦將其普及到民間信仰中。事實上，就在這些炎帝、舜帝的陵廟修建後，地方的民衆就已經將對這些神靈的祭拜納入民間信仰的體系中去了。不少文獻還記載了炎帝、舜帝崇拜的民間特點，如《二研齋叢話》云：

> 鄙鄉人凡遇旱潦癘疫，多於（炎帝）陵廟祈禱，有議其褻瀆者，不知大聖人德贊化育，福眷生民，於祈禱何嫌？[①]
> 虞陵大祀、時祀，瑤峒長率男子、婦女百餘人至陵廟，分列兩行。男帕首，擊長腰鼓，吹笙歌舞……跣足，群相和歌。事畢，主祀官照例發賞。[②]

這是炎帝、舜帝陵廟的民間祭祀活動，具有鮮明的"民祀"特點，

---

① （清）王開瑑：《炎陵志》卷8，《雜說》，嶽麓書社2008年版，第329頁。
② 同上書，第330頁。

盡管他們"赤脚蓬頭，男女雜沓"，與官祀的禮制要求不合，但還是得到了這官府、士大夫的肯定。至於對南岳祝融的崇拜，更是成為湖湘大地的一個十分重要的民間崇拜。南岳的山神崇拜應該起源很早，惜無資料，以后在民間信仰基礎上發展了南岳的官祀。據《左傳》、《史記》記載，上古帝王就開始了南岳神的祭拜，到了唐以後更盛。南岳神列入國家祀典後，又進一步促進了南岳神的民祀活動。此後，民間祭祀南岳神活動一直十分繁盛，延續了千年之久。自唐武宗時期開始形成了定期祭祀南岳神的廟會，特別是歷經唐宋元明清而至今影響甚大的"南嶽進香"，湘資流域為主的百姓相約"相率朝嶽，三五七步手持香，拜於道左"，稱"燒拜香"，燒香香客一路高歌，往往歌聲"響徹山谷，遠近聞之"。所以説，崇拜南岳山神，原本起源於本地的民間自然崇拜的民間信仰，經過漢唐以後的官祀化，更成為湖湘大地一項重要的民間信仰活動。

　　除了上述的中原祖宗神之外，湖湘民間中外來神祇還有許多。由於人口流動，地域文化不斷交流，許多外來的神祇進入湖湘地域。如那些流寓湖湘的外來文化名人，由於他們在本地產生很高的文化影響力，他們逝世後仍然受到人們的膜拜，於是民間社會創建了專門祠堂，產生了專門的祀神活動。如屈原、賈誼、柳宗元雖不是湖南人，但他們均是流放於湖湘的文化人，湖南汨羅、長沙、永州均先後創建了屈子祠、賈太傅祠、柳子祠等民間祭祀的祠堂。民間社會還有許多行業神，這些神只大多不是出自本土。據民初《湖南民情風俗報告書》云：

> 　湘省集公結社，皆各祀一神，以為宗仰……士則孔子、文昌或倉聖。農則因神、龍神或廟王、土地（蓋右者郵表輟之類），及真人炎帝。（安化特別）工則金老君、羅神或純陽、玉皇。木魯班。石女媧。陶帝舜或窑神。舟洞庭君或楊泗將軍。繩伏羲……①

　　這裏有一串長長的名單，三百六十行，行行有其神。這些祀神主要來之於不同行業，故大多是從區域外傳入。

　　再次，我們討論一個有趣的地方民間信仰現象，就是不同地域、不

---

①　湖南調查局：《湖南民情風俗報告書》，湖南教育出版社 2010 年版，第 181 頁。

同階層的文化交互影響而產生的新的民間信仰。在歷史上，許多外來的神祇在傳入湖湘之後，往往又與湖湘本土的神祇相結合，從而產生一個新的神祇。首先，是兩個地域的人神的結合。前面的"三皇五帝"及相關神祇，原本是中原部族、方國的祖宗神，但是傳入湖湘後，往往與湖南本土神結合。如炎帝源於西北地區，而江南地區較早就有農神①，漢以後，炎帝成為南方神後，就與江南地區的農神結合，稱之為"炎帝神農氏"。"炎帝神農"是一個非常典型的中原祖宗神與江南農神結合的神祇。

其次，是地域的人格神與自然神結合。如舜帝二妃娥皇、女英，也屬於中原的神祇，但她們聞舜帝客死蒼梧之野後投洞庭湖而死，湖湘地方民眾尊奉她們為"江神"，並以他們為湘江之神。這樣，他們就將原來湖湘一帶本土的自然神與舜帝二妃合而為一。屈原《九歌》中的《湘君》、《湘夫人》兩首詩講的既是湘妃，又是湘水神。"祝融"原本是上古時期中原部族（或古國）的官職，負責火的事務，又名"火正"。秦漢以後，"祝融"神化為一種神靈，即"火神"。兩漢時期盛行五行與四方相配，祝融成為中原王朝負責南方事務的官員，故而與南岳山本土的山神結合起來。這樣，中原的祝融神與本土的南岳山神合為一本，祭祀祝融也就是祭祀南岳山神。屈原逝世後，湖湘民間尊其為江神，也是一種將人格神與自然神的結合。

再次，是域外的人格神與湖湘本土的各種俗神的結合。湖湘民間信仰中有大量俗神，他們與人們的世俗日常事物相關。但是，在中原文化大量進入湖湘地區時，這些原本是與域外祖宗崇拜、英雄崇拜相關的神靈與民間俗神合為一體。譬如，楚湘之地往往將祝融視為竈神，《荊湘歲時記》就引漢人許慎之說，肯定"祝融即竈神"。《湖南民情風俗報告書》所說的大量俗神，均是域外的神靈，如以舜帝為陶神，以唐代著名醫家孫思邈為藥神，以唐玄宗御廚詹王為廚神，以戰國孫臏為鞋業神，以唐陸羽為茶神，等等。

---

① 據《孟子·滕文公上》記載"有為神農之言者許行，由楚之滕"，《左傳》、《圖譜》亦有楚地最早農神的記載，可見江南地區的農神崇拜有着十分久遠的文化淵源。

中國古代的占卜與地域性

日本·成城大學民俗學研究所研究員　森　和

緒　言

　　在《史記·太史公自序》裡，司馬遷説："齊、楚、秦、趙為日者，各有俗所用。欲循觀其大旨，作《日者列傳》第六十七。"這句話以齊以下的四個國家各個代表東、南、西、北的四方，而説明中國各地的日者按照各地習俗進行占卜。這不外乎是指示中國古代的占卜有與地域密切關聯性的。然而衆所周知，今天我們所見的《史記·日者列傳》祇有記載楚人司馬季主一個人的列傳，而且司馬遷在其論贊中説"古者卜人所以不載者，多不見於篇"而作解釋。如此，西漢時期從前占卜具体的資料早就丟失了，所以雖有人想考究中國古代占卜的實情，但很長久以來毫無辦法。

　　這種情況由於 20 世紀 70 年代以後陸續出土的戰國秦漢時期簡牘帛書完全改變了。特別是稱為"日書"這一類出土文獻在這方面給我們帶來了各種新知識。"日書"是主要抄寫判斷時日吉凶的占卜的實用性手册，因為 1975 年發現的睡虎地秦簡中的甲乙兩種占卜書之中，乙種原有篇題①，所以以後將這一類出土文獻稱為"日書"。繼睡虎地秦簡

---

① 　睡虎地秦墓竹簡整理小組編：《睡虎地秦墓竹簡》，文物出版社 1990 年版。

《日書》以来，目前已出土的《日書》類已有二十批左右①，我們可以因此理解這類文獻在戰國秦漢時期十分流行。除了在秦占領下的楚故地出土的睡虎地《日書》之外，戰國時代楚國的九店楚簡《日書》② 和在秦故地出土的放馬灘秦簡《日書》③ 都已完全公佈，現在漸漸可以對這些《日書》進行時代、地域方面的比較分析了。

九店或放馬灘的内容公佈之後，有些研究者已將這些《日書》與睡虎地進行比較並討論了其間的差異，提出了很值得注目的見解。例如，比較研究睡虎地與九店的劉樂賢指出：（1）楚、秦兩地使用的選擇方法存在較大差異，但是在選擇術的原理上，楚、秦兩系選擇術有一些關係，而是出自同源；（2）後世流行的一些重要選擇方法如“建除”、“叢辰”、“咸池”、“十二禽”之類，都可能自秦系，對後世的影響而言，顯然是秦系遠遠超過楚系等④。還有海老根量介在詞彙方面把九店楚簡《日書》和放馬灘秦簡《日書》進行分類比較，指出：（1）秦系《日書》以縣級以下的事項為專題，而楚系《日書》以國家級的事項為專題，兩系設想的對象原來完全不一樣；（2）這種秦、楚的不同有可能反映官僚體制和律令制度等的秦、楚兩國社會情況的不同等⑤。本文根據這些研究成果，以九店《日書》抄録的各條占辭為主，與睡虎地

---

① 關於到 2010 年發現《日書》類的概略，請參看 ［日］工藤元男《占いと中國古代の社會》，東方書店 2011 年版，第 31—62 頁。

② 湖北省文物考古研究所編著：《江陵九店東周墓》，科學出版社 1995 年版；湖北省文物考古研究所、北京大學中文系編：《九店楚簡》，中華書局 2000 年版；《九店 56 號墓簡册》，收録於陳偉等著《楚地出土戰國簡册 ［十四種]》，經濟科學出版社 2010 年版，第 301—333 頁。

③ 甘肅省文物考古研究所編：《天水放馬灘秦簡》，中華書局 2009 年版；張德芳主編，孫占宇著：《天水放馬灘秦簡集釋》，甘肅文化出版社 2013 年版。關於墓葬的下葬年代，海老根量介通過對放馬灘秦簡中使用文字的研究，根據“罪”字的使用狀況，認為放馬灘秦簡是秦統一以後鈔寫的，但還使用“辠”字的《日書》乙種是秦代統治者將“辠”改換成“罪”後不久鈔寫的（［日］海老根量介：《放馬灘秦簡鈔寫年代蠡測》，《簡帛》第 7 輯，2012 年 12 月）。

④ 劉樂賢：《楚秦選擇術的異同及影響——以出土文獻為中心》，《歷史研究》2006 年第 6 期；劉樂賢，廣瀬薰雄譯：《出土文獻から見た楚と秦の選擇術の異同と影響——楚系選擇術中の「危」字の解釋を兼ねて》，收録於渡邊義浩編《兩漢における易と三禮》，汲古書院 2006 年版，第 367—397 頁。

⑤ ［日］海老根量介：《戰國『日書』に反映された地域性と階層性——九店楚簡『日書』と放馬灘秦簡『日書』の比較を通して——》，《中國出土資料研究》第 14 號，2010 年 3 月。

和放馬灘以外再加上秦統一後的周家臺秦簡①和西漢景帝時期钓孔家坡漢簡②等各批《日書》進行比較分析，對中國古代的占卜與地域性試作一些討論。

一　"裁衣"篇

九店楚簡《日書》是目前唯一的戰國時代楚國《日書》，而此書抄錄的占卜不多，"建彘"、"結陽"、"成日等宜忌"、"五子等禁忌"、"告武夷"、"相宅"、"占出入盜疾"、"太歲"、"十二月宿位"、"往亡"、"移徙"、"裁衣"、"生日和亡日" 13 篇，還有一些殘簡③。其中在開頭抄寫而類似建除的 "建彘" 和 "結陽"，很多研究者對與睡虎地《日書》所見四種建除類的關係討論。而筆者認為：九店 "建彘" 和"結陽" 是睡虎地甲種 "除"（簡 1 正壹—簡 13 正貳）和乙種簡 1—簡25 壹的淵源，據筆者分析，睡虎地兩篇是以九店 "結陽" 為主把九店"建彘" 部分結合的占卜④。這些楚系建除類（九店 "建彘"、"結陽"，睡甲 "除"、睡乙簡 1—簡 25），在放馬灘、周家臺和孔家坡等各批《日書》中連一個痕迹都沒看到⑤。因此可以推測楚系建除類祇不過在"秦占領情況下的楚故地" 很短的時期接受，秦系建除就被驅逐而沒有傳到後世。

九店《日書》"裁衣"（簡 94—簡 95）也與楚系建除一樣很有可能繼承到睡虎地《日書》，可沒看到放馬灘等其他《日書》。這篇占辭説：

> ☒□於人，丁亥又（有）靁（靈），丁巳冬（終）亓（其）

　　①　湖北省荆州市周梁玉橋遺址博物館：《關沮秦漢墓簡牘》，中華書局 2001 年版。

　　②　湖北省文物考古研究所、隨州市考古隊編：《隨州孔家坡漢墓簡牘》，文物出版社2006 年版。

　　③　九店楚簡《日書》中抄錄的各篇占卜都沒有原題。本文基本上使用注（3）前揭《九店 56 号墓簡册》擬名的篇題，但一部分根據私見改變。

　　④　［日］森和：《子彈庫楚帛書の資料的性格について——占書と曆——》，《早稻田大學長江流域文化研究所年報》第 3 號，2005 年 1 月。

　　⑤　周家台秦簡《日書》原來不抄錄建除類占卜，從這一點來看，周家台與其他 4 批《日書》有很大的區別。

身，亡□☒（簡 94）

　　☒□□□□□申、己未、壬戌巳（以）折（製），必巳（以）内
（入）☒（簡 95）

睡虎地甲種“衣”（以下简称“睡甲‘衣’A”）也説：

　　●衣：裝衣，丁丑媚人，丁亥靈，丁巳安於身，癸酉多衣。●毋
以楚九月己未台（始）被新衣，衣手□必死。（簡 26 正貳）

雖然睡甲“衣”A 把九店丁巳的占辭“終其身”寫做“安於身”而成
為完全相反的意思，但從丁丑和丁亥的占辭來看，這兩篇可以看做確有
一定繼承關係。九店“裁衣”有關的占辭不止這一篇，睡虎地《日書》
中還有些值得注意的占辭，情況十分複雜。睡虎地甲種在簡 113 背—簡
117 背和簡 118 背—簡 122 背連續抄錄兩篇製衣有關係的占辭（简称
“睡甲‘衣’B”和“睡甲‘衣’C”①），這兩篇内容乍一看來非常相
似，然而關鍵却在不同的地方。為討論方便，先把兩篇占辭分開各條而
出示以下：

　　B①衣良日，丁丑、丁巳、丁未、丁亥、辛未、辛巳、辛丑、
乙丑、乙酉、乙巳、辛巳、癸巳、辛丑、癸酉。
　　B②●乙丑、巳、酉，辛、巳、丑、酉、丁巳、丑，吉。
　　B③丁丑材（裁）衣，媚人。
　　B④●入十月十日乙酉、十一月丁酉材（裁）衣，終身衣絲。
　　B⑤十月丁酉材（裁）衣，不卒歲必衣絲。
　　B⑥衣忌，癸亥、戊申、己未、壬申、丁亥，癸丑、寅、申、
亥，戊、巳、癸、甲，己卯、辛卯、癸卯，丁、戊、己、申。
　　B⑦六月己未，不可以裝新衣，必死。
　　B⑧己、戊、壬、癸，丙申、丁亥，必鼠（予）死者。
　　B⑨癸丑、寅、申、亥，秋丙、庚、辛材（裁）衣，必入之。
　　B⑩五月六月，不可為複衣。

---

①　睡甲“衣”C 原有“衣”的篇題。

B⑪ ● 月不盡五日，不可材（裁）衣。

C① 丁酉裂衣常（裳），以西有（又）以東行，以坐而飲酉（酒），矢兵不入于身，身不傷。

C② 衣良日，乙丑、巳、酉，辛巳、丑、酉，吉。

C③ 丁丑材（裁）衣，媚人。

C④ 入七月七日日乙酉，十一月丁酉材（裁）衣，終身衣絲。

C⑤ 十月丁酉材（裁）衣，不卒歲必衣絲。

C⑥ ● 衣忌日，己、戊、壬、癸、丙申、丁亥，必鼠（予）死者。

C⑦ 癸丑、寅、申、亥，秋丙、庚、辛材（裁）衣，必入之。

C⑧ ● 五月六月，不可為複衣。

C⑨ ● 月不盡五日，不可材（裁）衣。

C⑩ 丁酉材（裁）衣常（裳），以西有（又）以東行，以坐而飲酉（酒）矢兵不入于身，身不傷。

如上面把兩篇各條占辭對比，B 和 C 的差異是一目了然的。就是 B、C 兩篇重複的占辭是 B②C②—B⑤C⑤、B⑧C⑥—B⑪C⑨，一共 8 條，而兩篇的差異一共是五條；B 有而 C 沒有的占辭是 B①、B⑥ 和 B⑦，B 沒有而 C 有的占辭是 C① 和 C⑩。兩篇相同的占辭之中應該注意的是 B③（C③）。這條占辭明顯與上述睡甲 "衣" A 說 "裂衣，丁丑媚人" 的一句重複，同時也與九店 "裁衣"（簡 94）的一部分 "☒□於人" 有關。祇有 B 的占辭中 B⑦ 的秦 "六月" 相當于 "楚九月"，因此可以理解 B⑦ 是把睡甲 "衣" A 的後一半占辭 "毋以楚九月己未台（始）被新衣，衣手□必死" 基於秦國顓頊曆改變的，而很有可能本來屬於在楚地流傳的衣忌之一。B⑥ 也是祇有 B 的占辭，所講的衣忌用十干、十二支和六十干支三種說法來表示，其中一部忌日分別重複看到後面的占辭，例如 B⑧ "己、戊、癸"、B⑨ "癸丑、寅、申、亥" 等。從 B⑥ 的忌日之中除去這種重複的忌日，就剩下的是 "甲、丁"、"癸亥、戊申、己未、壬申" 和 "己卯、辛卯、癸卯" 的三組。其中用六十干支來表示的忌日前一半 "癸亥" 以下的四天，與九店 "裁衣"（簡 95）殘存的干支日相同，而且 B⑥ 下面繼續抄寫把楚曆變成秦曆的 B⑦。據這種情況來看，B⑥ 這四天以外的衣忌日也有在戰國楚地流傳的可能性。

　　我們還可以看一看其他《日書》中的衣忌日。這種關於衣服的良日和忌日也可在放馬灘《日書》、岳山秦墓木牘《日書》① 和孔家坡《日書》中看到，各條簡文說：

　　　　利衣良日，丁丑、丁巳、乙巳、己巳、癸酉、乙亥、乙酉、己丑、己卯、辛亥。（放甲，簡 70 貳）②

　　　　□衣良日，□□、□□、己□、己巳、癸酉、乙亥、乙酉、己丑、己卯、辛亥。（放乙 A，簡 83 壹）

　　　　衣忌，丁酉、丁亥、丙午、辰，戊戌、壬寅。●吉日，辛巳、辛丑、丁丑、丁巳、癸丑。（放乙 B，簡 145 壹）③

　　　　衣良日，丙辰、丙寅、丙辰、辛未、乙酉、甲辰、乙巳、己巳、辛巳，可以製衣，吉。

　　　　凡衣忌，戊申、己未、壬申、壬戌、丁亥，勿以製衣。（岳山，M36：43 背）④

　　　　八月、九月，癸丑、寅、申、亥，不可裁衣常（裳），以之死。（孔家坡，簡 195）⑤

　　把上述九店和睡虎地各篇的良、忌日和這些良、忌日合起而整理制表（見表 1）。

　　從表 1 來看，首先關於衣忌日，睡甲 B⑥與放乙 B 差別很大，只有"丁亥"一天共同而已。跟岳山對比，岳山的五天忌日之中，不同的只有"壬戌"一天。與睡虎地同樣，岳山也是在楚故地出土的秦簡，所以其衣忌日有來自戰國楚地的不足為怪。這些資料可以旁證睡甲 B⑥的"癸亥"以下四天忌日的確是在故楚地流傳的忌日，但是我們還不能判

---

　　①　湖北省江陵縣文物局、荊州地區博物館：《江陵岳山秦漢墓》，《考古學報》2000 年第 4 期；再者，周家臺《日書》沒有《衣》一種的占辭。

　　②　放馬灘秦簡《日書》甲種還有"衣新衣良日"的占辭而說："衣新衣良日，乙丑、丁卯、庚午、辛酉、己巳、壬子。"（簡 69 貳）。

　　③　放馬灘秦簡《日書》乙種還有一條衣服有關的占辭而說："入月十四日、十七日、二十三日，不可以製衣、冠帶□□□□……□□□。"（簡 362 壹）

　　④　岳山秦墓木牘《日書》還有"八日、九日"等的裁衣忌日和"五服忌"。

　　⑤　孔家坡《日書》還有一些有關占辭而說："……以裁衣，必衣絲。入月旬七，不可裁衣，不燔（燔）乃亡。……及冠必燔亡。"（簡 194—簡 195）

表1　各種《日書》"衣"篇的良、忌日

良日	九店	睡甲				甲	放乙		岳山	忌日	九店	睡甲	放乙	岳山
	簡94	A	B①	B②	C②		A	B			簡95	B⑥	B	
41 甲辰									○	甲		×		
02 乙丑			○	○	○					丁		×		
12 乙亥					○		○			戊		×		
22 乙酉			○	○	○		○		○	己		×		
42 乙巳			○	○	○		?		○	癸		×		
03 丙寅									○	寅		×		
53 丙辰									○	申		×		
14 丁丑	□於人	媚人	○	○		○	?	○		亥		×		
24 丁亥	有靈	靈	○							09 壬申	×	×		×
44 丁未			○							16 己卯		×		
54 丁巳	終其身，亡	安於身	○	○		○	?	○		24 丁亥	×	×	×	×
06 己巳						○	○		○	28 辛卯		×		
16 己卯						○	○			34 丁酉			×	
26 己丑						○	○			35 戊戌			×	
08 辛未			○						○	39 壬寅			×	
18 辛巳			○	○	○			○	○	40 癸卯		×		
38 辛丑			○	○	○			○		43 丙午			×	
48 辛亥						○	○			45 戊申	?	×		×
58 辛酉				○	○					50 癸丑		×		
10 癸酉		多衣	○			○	○			53 丙辰			×	
30 癸巳			○							56 己未	×	×		×
50 癸丑								○		59 壬戌			×	
										60 癸亥		×		

断"己卯"以下三天等其他忌日是否故楚地流傳的忌日。關於衣良日的情況比忌日更複雜。放乙A"裁衣良日"雖有筆畫不清或已殘去的字，但與放甲"利衣良日"基本同一占辭①，放乙B的良日却與這兩條

---

① 因此，放乙A第三良日"己□"的"己"字很有可能是"乙"的錯字。

迥然不同。放馬灘的三條良日與睡虎地四條相比，放甲和放乙 A 有而睡虎地没有的 "乙亥"、"己巳"、"己卯"、"己丑"、"辛亥" 和 "癸酉" 的六天有可能是秦地流傳的衣良日。然而放馬灘的衣良日同時包括睡虎地有而放也有的 "乙酉" 和 "乙巳"（放甲、放乙 A）或 "辛巳"、"癸酉"（放乙 B）等，我們應該考慮這種良日和忌日在不同的地方共存的可能性。

如此看來，睡虎地 "衣" 各條之中雖有確實繼承九店 "裁衣" 之類的楚地流傳的宜忌，但還不能判斷與九店 "裁衣" 無關的睡虎地 "衣" 各條所見良日和忌日是否來自秦地的宜忌。放馬灘的良日和忌日確實是在秦地流傳的，然而與放馬灘相似的睡虎地的良日和忌日未必來自秦地的。各批《日書》抄録的衣良日和忌日之中，哪一天良日是來自楚地的、哪一天良日是來自秦地的，這種識別有很大困難，只不過能理解九店 "裁衣" 的一部分宜忌繼承到睡虎地或岳山等秦代的一個時期。反而可以認為這種良日和忌日的占辭很少反映地域性，其差異乃由於占法原理的不同①。

二　"往亡" 篇

與上述 "裁衣" 相反，睡虎地以後也有可能繼承到後世的占卜是九店 "往亡"（簡 81—簡 87）。此篇殘碎嚴重而很難連讀，李家浩按照睡虎地甲種 "歸行" 簡 133 正等而復原如下②：

---

①　關於睡虎地《日書》抄録的五穀的良日和忌日，賀潤坤曾經研究過占辭中穀排列次序，各條分別反映秦南部和楚故地、秦中部黃河流域、秦西北部寒冷地區各地種莊稼情況（賀潤坤：《從〈日書〉看秦國的穀物種植》，《文博》1995 年第 1 期）。然而村上陽子根據放馬灘《日書》有關占辭否定他的這種説法（［日］村上陽子：《穀物の良日・忌日》，《明大アジア史論集》第 3 號，1998 年 3 月）。

②　前揭湖北省文物考古研究所、北京大學中文系編：《九店楚簡》，中華書局 2000 年版，第 133 頁。與睡虎地甲種 "歸行" 簡 133 同一内容的占卜還有甲種簡 107 背—簡 108 背、乙種 "亡日"（簡 149—簡 150）和乙種 "亡者"（簡 151—簡 152）。以睡甲 "歸行"，簡 133 為代表例如："入正月七日，入二月四日，入三月廿一日，入四月八日，入五月十九日，入六月廿四日，入七月九日，入八月九日，入九月廿七日，入十月十日，入十一月廿日，入十二月卅日，凡此日以歸，死；行，亡。"

【罶（夏）尿内（入）月七日，顕（夏）尿内（入）月旬四日，享月内（入）月二旬】一日；顕（夏）㝛内（入）月八日，𠂤。（八月）【内（入）月】旬六日，𠂤。（九月）内（入）月二【旬四日，十月】内（入）月旬〈九日〉，臭（爨）月内（入）月【旬八日，獻馬内（入）月二旬七日，】各（冬）㝛内（入）月旬，屈㝛内（入）月二旬，遠㝛内（入）【月三】旬。凡【此日已（以）】遅（往），亡；遝（歸），死。罶尿☑

關於復原根據的睡甲“歸行”簡 133 正等，饒宗頤早就指出而論証了這些占辭與“往亡”有關①。劉樂賢也指出了其種占卜與《星曆考源》、《協紀辨方書》等後世選擇術文獻所見“氣往亡”同一、關於“氣往亡”這種占卜在日本陰陽道文獻中有更詳細的記載②。在這些基礎的理解上，尤其值得注目的，就是放馬灘《日書》不抄錄與這種“往亡”（後世的“氣往亡”）相當的占卜。放馬灘並不是完全沒有出現有關的占卜，例如乙種“行忌”（簡 123 貳—簡 126）與睡虎地甲種“歸行”簡 131 正基本相同③，還有，乙種簡 315 與睡虎地乙種“行忌”（簡 142—簡 143）類似④，可以説這兩條占辭屬於同一系統的占卜。

然而與放馬灘相反，九店“往亡”在楚故地出土西漢時期的孔家坡《日書》中可以看到，原有“亡日”篇題的一篇，其文説：

---

① 饒宗頤、曾憲通：《雲夢秦簡日書研究》，香港中文大學出版社 1982 年版；後又錄於饒宗頤、曾憲通《楚地出土文獻三種研究》，中華書局 1993 年版，第 405—441 頁；饒宗頤：《雲夢秦簡日書賸義》，收錄於《楚地出土文獻三種研究》，第 442—454 頁。

② 劉樂賢：《往亡考》，《簡帛數術文獻探論》，湖北教育出版社 2003 年版，第 297—314 頁；同氏著，［日］森和譯：《出土數術文獻と日本の陰陽道文獻》，《早稻田大學長江流域文化研究所年報》第 4 號，2006 年 2 月。

③ 放乙“行忌”（簡 123 貳—簡 126）説：“行忌：春三月己丑，不可【東行】。夏三月戊辰，不可南行。秋三月己未，不可西行。冬三月戊戌，不可北行。百里大兑（凶），二百里外必死。”睡甲“歸行”簡 131 正説：“凡春三月己丑不可東，夏三月戊辰不可南，秋三月己未不可西，冬三月戊戌不可北。百中大凶，二百里外必死。歲忌。”

④ 放乙簡 315 説：“•凡為行者，毋起其鄉之忌日，西毋起亥、未，東毋起丑、巳，北毋起戌、寅，南毋起辰、申。”睡乙“行忌”（簡 142）説：“行忌：凡行者毋犯其大忌，西□□□巳，北毋以□□□□戊寅，南毋以辰、申。•行龍戊、己，行忌。”

　　亡日：正月七日、二月旬四、三月二旬一、四月八日、五月【旬】六日、六月二旬四日、七月九日，凡此日亡，不得。八月旬八、九月二旬七日、十一月二旬，以此 日 亡 ， 必 得，不得，必死。（孔家坡 "亡日"，簡 152 壹—簡 153）

孔家坡這一篇沒有 "入" 字，而且把亡日這日忌日分開了正月到七月和八月以後的兩個部分。沒有 "入" 字的這一點，與九店 "往亡" 和睡虎地甲種 "歸行" 簡 133 正不同。但是沒有 "入" 字的 "往亡" 系統的占卜也能看到睡虎地甲種簡 107 背—簡 108 背、乙種 "亡日"（簡149—簡 150）和 "亡者"（簡 151—簡 152），這三篇都沒有 "入" 字而直接寫做 "某月"。雖然有這種小小的差異，但是九店 "往亡" 確實繼承了秦漢時代的《日書》、甚至也繼承了《星曆考源》等後世選擇學術文獻。

　　在此，還有一個問題。根據上述資料，能判定後世流傳的 "往亡" 是來自戰國楚地的占卜嗎？從目前公布的資料來看①，可能性比較大。然而筆者認為還不能得出此結論，暫時待考。因為目前發現的秦系《日書》只有放馬灘一批而已，此書抄錄的占辭也並不是收羅所有屬於秦國的占卜。無論如何，以後研討各《日書》的內容時，有沒有 "往亡" 的占辭是學界應該注目的要點。

三　"占出入盜疾" 篇

　　九店 "占出入盜疾" 篇（簡 60—簡 76）是由幾種不同占辭組成的占卜，例如比較完整的辰日條説：

---

　　①　除了放馬灘以外，周家臺、岳山和王家臺秦簡《日書》等楚故地出土秦簡《日書》也好像沒有抄錄與九店 "往亡" 類似的占辭。關於王家臺秦簡《日書》的內容，請參看王明欽《王家臺秦墓竹簡概述》，收錄於艾蘭、邢文編《新出簡帛研究》，新出簡帛國際學術研討會文集，文物出版社 2004 年版。

昬（辰），朝啓夕閔（閉）。凡五昬（辰），朝【逃（盜）不】
尋（得），晝尋（得），夕尋（得）。已（以）内（入），吉。已（以）
又（有）疾，栖（酉）少翏（瘳），戌大翏（瘳），死生才（在）
子。☑又（有）尋（得），西兇（凶），【南見】疾。（簡64—簡
65）

這篇占卜以十二支日講述当該日朝夕兩個時段的啓閉、朝晝夕三個時
段有盜的捉拿、"以入"的吉凶、有疾以後的病情變化和東西南北四
方的吉凶。與這篇最相似的是睡虎地乙種簡157—簡180，其辰日
條説：

辰以東吉，北兇（凶），【西】先行，南得，朝啓夕閉，朝兆
（盜）不得，夕晝得。●以入，吉。以有疾，酉少翏（瘳），戌大
翏（瘳），死生在子，乾肉從東方來，把者精（青）色，巫為姓
（眚）。（睡乙，簡165—簡166）

兩篇的不同之處有兩點：第一點是占卜項目的次序，睡虎地乙種這篇開
頭說四方的吉凶，就是九店最後的占斷項目；然後連續地記述朝夕的啓
閉、朝晝夕有盜的捉拿和"以入"的吉凶，這三個項目的次序與九店
一樣；最後不僅記述病情變化。第二點是睡乙不僅記述病情變化，也記
述九店不看見的得病的食物和作祟的鬼神等。
　　此外，幾批《日書》中還看到部分有九店占卜項目類似記載。關於
朝夕的啓閉和朝晝夕有盜的捉拿，睡虎地甲種"盜者"（簡69背—簡
82背）一部占辭含有類似記載，例如：

酉，水也。盜者閻而黃色，疵在面，臧（藏）於圂中草下，旦
啓夕閉。凡得莫（暮）不得。●名多酉起嬰。（睡甲"盜者"，簡
78背）

這篇也有"旦閉夕啓，西方"（簡71背，寅條）等旦夕啓閉下面有方
位記述的占辭。與這篇類似的放馬灘甲種簡30—簡41、乙種簡66—簡

77 壹和孔家坡 "盜日" （簡 367—簡 378） 不出現這種情況①。朝夕的啓閉有關的占辭也看到王家臺《日書》，王明欽擬名稱為 "啓閉" 而説明內容："這一部分內容見於九店楚簡和睡虎地《日書》乙種，但皆較殘而無標題。王家臺秦簡以十二支講述子至亥十二日 '旦啓夕閉 （或旦閉夕啓、旦莫不閉）' 各方位的吉凶。"② 這四方的吉凶的占辭也看到放馬灘乙種簡 94 貳、簡 101 貳—簡 103 貳、簡 95 參—簡 102 參。但九店、睡虎地乙種、王家臺和放馬灘乙種的占辭各有微妙的差異，看不出明顯的繼承關係。

王家臺《日書》還抄錄關於 "有疾" 項目的兩種占卜，王明欽擬名稱為 "病" 和 "疾"。這兩篇內容大部分相同，是 "以十二支每日生病配合時辰來判斷病情"③ 的。這兩篇的子日條説：

> 子有病，不五日，乃七日有瘳。雞鳴病，死。（王家臺 "病"，399）
>
> 五子有疾，四日不瘳，乃七日。雞鳴有疾，死。 （王家臺 "疾"，360）

這兩篇與九店和睡虎地乙種的不同之處有兩點：第一，病癒的日子用數字來表示。以十干判斷病情的 "疾" 篇第一体系却用干支來表示，如：

---

① 從與九店 "占出入盜疾" 篇的關連性來看，放馬灘兩篇和孔家坡 "盜日" 比較接近。然而從十二禽來看，可以看做孔家坡 "盜日" 確實繼承了睡甲 "盜者" 系統的十二禽。請參看劉樂賢《十二禽、三十六禽新考》，收錄於《簡帛數術文獻探論》，湖北教育出版社 2003 年版，第 322—331 頁。

附表

十二支	子	丑	寅	卯	辰	巳	午	未	申	酉	戌	亥
睡甲 "盜者"	鼠	牛	虎	兔	□	蟲	鹿	馬	環	水	老羊	豕
放甲簡 30—簡 41	鼠	牛	虎	兔	蟲	雞	馬	羊	猴	雞	犬	豕
放乙簡 66—簡 77	鼠	牛	虎	兔	／	蛇	馬	羊	侯	雞	／	豕
孔家坡 "盜日"	鼠	牛	虎	鬼	蟲水	蟲	鹿	馬	玉石	水日	老火	豕

② 前揭王明欽：《王家臺秦墓竹簡概述》，收錄於艾蘭、邢文編《新出簡帛研究》，新出簡帛國際學術研討會文集，文物出版社 2004 年版，第 44 頁。同時介紹子、丑、亥三天的占辭，例如丑日占辭説："五五旦啓夕閉。東、北吉，南得，西毋行。"（388）

③ 同上書，第 45 頁。

"丙、丁有疾，赤色，當日出，死。不赤色，壬有瘳，癸汗（闕）"（王家臺"疾"，401），用干支方式也看到睡虎地甲種"病"（簡63正貳—簡77正貳）和乙種"有疾"（簡182—簡187）[1]。第二，占辭提到有疾病的時段。根據這兩點差異，可以說王家臺"病"和"疾"與九店"有疾"項目之間毫無關係，即便有也很小。與王家臺兩篇一樣，用數字來表示，而且提到時段的占卜却有可能繼承到孔家坡"死"篇（簡352壹—簡364），例如子日條說：

> 子有疾，四日小汗（闕），七日大汗（闕），其祟（患）天土。
> 甲子雞鳴有疾，青色死。（孔家坡"死"，352壹）

孔家坡"死"占辭雖有"其患"和時稱前面的干支日，但確實與王家臺兩篇有關。還有應該附言的，就是放馬灘《日書》沒有這種以十干或十二支講述病情變化的占辭。

把上述九店"占出入盜疾"篇和有關其他《日書》各篇的關係基於九店占卜項目整理為表2。

表2　　　　　　　　　九店"占出入盜疾"和有關諸篇

	啓閉	有盜	有疾	四方
九店"占出入盜疾"	○	○	○	○
睡乙簡157—簡180	○	○	○ 還有得病的食物和作祟的鬼神等的記載。	○
睡甲"盜者"	△（寅、卯、午、酉）還有方位的記載。	△（申、酉、戌、亥）		
放乙簡94貳等				○
王家臺"啓閉"	○			○

---

[1]　例如睡甲"病"丙丁日條說："丙丁有疾，王父為祟，得之赤肉、雄雞、酉（酒）。庚辛病，壬有間，癸酢。若不酢，煩居南方，歲在南方，赤色死。"（簡70正貳—簡71正貳）

續表

	啓閉	有盜	有疾	四方
王家臺"病"			○ 用數字來表示、還有時稱。	
王家臺"疾"			○ 用數字來表示、還有時稱。	
孔家坡"死"			○ 用數字來表示、還有時稱。	

根據這表，可以指出三點：第一，九店"占出入盜疾"篇中的"啓閉"等各項目有可能是本來獨立單行的占卜，由於某些原因抄寫成為現在看到的複合占辭。假設這種情況，可以理解在睡虎地包括與九店所有的四個項目全面有關的乙種簡157—簡180和部分有關的甲種"盜者"。甲種"盜者"原來的占辭本來與放馬灘和孔家坡"盜日"一樣沒有"啓閉"、"有盜"那部分，有時候有人把單獨流傳的"啓閉"、"有盜"的占辭合起來，因為這兩種占卜也是基於十二支日來占斷的，編入"盜者"中很容易。然後在轉寫的過程中有一些誤脫，終於寫成了現在看到甲種"盜者"那樣部分殘留"啓閉"、"有盜"的占辭。第二，其項目中放馬灘没有的"啓閉"、"有盜"和"有疾"的三個項目與上述"往亡"同樣有屬於戰國楚地流傳占卜的可能性，也是在研討《日書》時必須注意的重要占卜。第三，關於"有疾"項目，筆者推測如下：戰國楚地流行的"有疾"這一類占卜，在秦白起拔郢之後編入到睡虎地乙種[①]。但是，同一時期在與九店同一地區，就是現在湖北荆州市一帶，與"有疾"相似的另外一種的占卜也同時流行，這就是王家臺"病"和"疾"。九店與王家臺這兩篇占卜的差異原本起因於占法原理的不同，而不是地域性和時代性的差別[②]。

---

① 但睡乙簡157—簡180的占辭中，得病的食物等其他部分什麼時候如何加上，這個問題目前尚不十分清楚。

② 講述病情變化的九店各條十二支日、睡乙十二支日和王家臺用數字來表示日子的關係目前還不清楚。

結　　語

除了上述“裁衣”篇等以外，九店《日書》中還有一些與秦漢《日書》有關的，例如“五子等禁忌”（簡37貳—簡40貳）和“相宅”（簡45—簡59）。前者與睡虎地甲種簡101正貳—簡113正貳、孔家坡“五子”（簡182貳—簡190貳）和“忌日”（簡392—簡396）同類，主要講述十二支日的宜忌①；後者與睡虎地甲種簡15背壹—簡20背陸同類，專門講述相宅術②。然而把這幾篇在占辭詞彙方面對照，就明白這幾篇很有可能分別屬於不同系統。而且，放馬灘《日書》不抄錄這種占卜，與秦、楚的差異也不太清楚。因此，目前没有辦法討論。

在此試將上面討論總結如下：

（1）九店《日書》全13篇之中確實流傳到西漢時代的占卜只有“往亡”1篇而已。從以九店為楚系《日書》代表，以放馬灘為秦系標本的觀點來討論，“往亡”（後世稱為的“氣往亡”）這類忌日是秦統一後也没遭淘汰的唯一楚系忌日。

（2）九店“裁衣”前一半（簡94）繼承到睡虎地“衣”諸篇而没流傳到西漢時代，但後一半的忌日（簡95）流傳情況不一樣。如對“裁衣”這種良日和忌日的地域辨別有較大困難，目前秦、楚兩地都流傳同一良日和忌日的可能性也抛弃不了。

（3）九店“占出入盜疾”是由在戰國楚地單獨流行的五種占辭組成的占卜。秦統一後，同一系統占卜整體或部分占辭仍然在楚故地流傳

---

① 九店“五子等禁忌”只是講述五子、五卯和五亥三支日的禁忌，例如：“凡五子，不可㠯（以）𠍱(作）大事，不城（成），必毁亓（其）王，又（有）大咎□亓（其）身，倀（長）子受亓（其）咎。”對於九店這篇，睡甲簡101正貳—簡113正貳講述從子到亥十支日的禁忌，例如：“毋以子卜筮，害於上皇”（簡101正貳）；孔家坡“五子”乜講述從子到亥十支日的禁忌，可内容與睡甲不同，例如：“五子不可以祠百鬼，利為困”（簡182貳）；孔家坡“忌日”講述十二支日的禁忌，例如：“卯不可收五種，一人弗嘗。不可穿井，百泉不通。”（簡393）

② 例如九店“相宅”開頭説：“凡㝵坦、豉邦、𠍱（作）邑之遇（寓）：盍（蓋）西南之遇（寓），孝=（君子）凥（居）之，幽㑴不出。”（簡45）對此，睡甲簡15背壹—簡20背陸開頭説：“凡宇最邦之高，貴貧。宇最邦之下，富而癃。”（簡15背壹—簡16背壹）

一時。同時，如王家臺"病"那樣，占法原理與九店"有疾"不同而相似的占卜也在同一地区流行，另一方面，與"四方"相似的占辭也在秦地流行。

如此看來，各種《日書》所抄錄的占辭之間互相關係相當複雜，從各條占辭提取地域性而辨別其屬性不簡單。換句話説，《日書》有可能是並不那麼反映地域性的文獻。討論戰國、秦漢時代的地域性時，誰都容易想起如《史記·蘇秦列傳》、《貨殖列傳》和《漢書·地理志》等文獻①。然而《日書》中卻没有傳世文獻提到的各地域自然地理環境有關占辭。例如説，放馬灘《日書》出土的一號秦墓發現了四張木板地圖，其中幾張地圖有"松材"、"陽盡柏木"、"大楠材"和"有蘇木"等植被情況的記載。放馬灘《日書》乙種雖有兩種伐木禁忌的占辭，但其中提到的木名與地圖所見樹名毫無關聯。再説，放馬灘乙種第一種與孔家坡"伐木日"（簡2貳—簡6貳）有類似：②

春三月甲、乙，不可伐大榆，東方，父母死。
夏三月行多可伐大棘，南，長男死。
戊、己不可伐大桑，中，災，長女死之。（放馬灘乙種、簡129貳—簡131貳）
伐木日：壬……。
甲子、乙丑伐榆，父死。
庚辛伐桑，妻死。
丙寅、丁卯、己巳伐棗□母死。
壬癸伐□□少子死。（孔家坡"伐木日"，簡2貳—簡6貳）

從這一例來看，可能説《日書》中各條占辭是没有特定地域限制的，

① 例如《史記·貨殖列傳》説："總之，楚越之地，地廣人希，飯稻羹魚，或火耕而水耨。果隋蠃蛤，不待賈而足。地埶饒食，無饑饉之患，以故呰窳偷生，無積聚而多貧。是故江淮以南，無凍餓之人，亦無千金之家。沂、泗水以北，宜五穀桑麻六畜，地小人眾，數被水旱之害，民好畜藏，故秦、夏、梁、魯好農而重民。三河、宛、陳亦然，加以商賈。齊、趙設智巧，仰機利。燕、代田畜而事蠶。"

② 放馬灘《日書》乙種第二種説："四月中不可伐木。□未、癸亥、酉、申、寅，五月中不可出山谷，亲以材木及伐空桑。"（簡100貳、簡305）。

一般是指向普遍性的。當然，在目前完全公布的《日書》類還很少的情況下，不能輕易地得出結論。然而，《日書》類的流行這種觀點來說，有普遍性的占辭比有一定地域由來的占辭更容易流傳到別的地域，這也是一個依據。《史記·太史公自序》中司馬遷說：“齊、楚、秦、趙為日者，各有俗所用”，這句話說明當時日者之術因各地習俗而有不同，然而把日者之術抄錄下來的《日書》中却不能看到明顯的地域性。現在筆者還無法找到明確的解答，但是也許日者與《日書》的根本性格的差異有關。日者可以根據時間和情況而隨機應變地進行占卜，那時他們按照各地習俗答應個個要求。對於這樣日者，《日書》是沒有專門知識的一般人也能利用的實用性手册，因而而沒有進入占斷的其他占卜因素的余地。總之，對《日書》來說，自然地理環境和植被等地域性限制傳播流行，占卜各有占法原理的普遍性或普適性、占辭的實用性或利便性却使《日書》很容易地超越地域的差異。最後所說的一些揣測，以當作今後的課題。

上博楚簡《鄭子家喪》中的歷史改編

山東大學儒學高等研究院　西山尚志

引　言

上博楚簡《鄭子家喪》是《上海博物館戰國楚竹書》第七卷所收的出土文獻中的一篇①。上博楚簡《鄭子家喪》有甲、乙兩本，各有 7 簡，據《上海博物館戰國楚竹書》第七卷的《鄭子家喪》説明，各簡上下端平齊，長 33.1—33.2 厘米，寬 0.6 厘米，厚 0.12 厘米。簡上下設兩道編綫。雖然甲、乙本的内容幾乎相同，但乙本與甲本比起來，缺 20 字，又多 1 字，漏 2 字。

上博楚簡《鄭子家喪》的主要内容是，鄭子家逝世後，楚莊王進攻鄭，鄭投降之後，晉前來救援，但楚迎擊晉而得勝。與此類似的内容亦可見於《左傳》、《史記》等傳世文獻。但《鄭子家喪》與其相比，記錄歷史事件的時間序列（time series）和因果關係大有不同。本文通過對《鄭子家喪》與傳世文獻進行比較，提出《鄭子家喪》在歷史事件的時間序列和因果關係方面進行改編。並推測其目的是為了加強對楚以"兩棠之戰"取代晉霸權的正當性。

---

① 參見馬承源主編《上海博物館藏戰國楚竹書（七）》，上海古籍出版社 2008 年版。

一　《鄭子家喪》與傳世文獻的共通點

　　首先在此調查《鄭子家喪》與傳世文獻中所見內容的共通點（相關歷史事件在釋文與譯文後用斜體標示）。作為可以與《鄭子家喪》相對照的傳世文獻，以《左傳》、《史記·鄭世家》、《公羊傳》為代表，按照時間序列整理各歷史事件如下。以《鄭子家喪》甲本為底本，釋文與譯文主要參考小寺敦《上海博楚簡〈鄭子家喪〉譯注——附·史料的性格に關する小考》①。依乙本、參考論文改時，會在注釋中隨時提及。

　　上博楚簡《鄭子家喪》

　　①鄭國的子家逝世……*子家之死*

　　②楚莊王說道："奠（鄭）子豪（家）殺亓（其）君。不穀（穀）日欲㠯（以）告夫＝（大夫），㠯（以）邦之惡（病），㠯（以）急。於含（今）而逡（後），楚邦囟（思）為者（諸）矦（侯）正。含（今）奠（鄭）子豪（家）殺亓（其）君，牁（將）保亓（其）懇（恭）炎（嚴），㠯（以）昃（没）入陞（地）。女（如）上帝鼻（鬼）神㠯（以）為荅（怒），虐（吾）牁（將）可（何）㠯（以）舍（答）。售（雖）邦之惡（病），牁（將）必為帀（師）。"然後楚國開始進攻鄭國。

　　③楚莊王所率領的軍隊包圍鄭城三個月……*三個月的包圍*

　　④鄭人問楚莊王進攻的理由。楚莊王回答如下內容："奠（鄭）子豪（家）遠（顛）鼻（覆）天下之豊（禮），弗愚（畏）鼻（鬼）神之不恙（祥），感（戕）惎（賊）亓（其）君。我牁（將）必囟（思）子豪（家）毋㠯（以）壁（城）明（名）立於上，而滅炎（嚴）於下。"

　　⑤鄭人要求將子良作為人質，將子家的棺材割裂為三寸，用素樸的

────────────

　　①　［日］小寺敦：《上海博楚簡〈鄭子家喪〉譯注——附·史料的性格に關する小考》，《東洋文化研究所紀要》第157號，日本：東京大學東洋文化研究所2010年版。

繩子捆上，最後將棺材埋在城壁下。此後楚莊王饒恕……*處置子家的棺材、楚莊王的赦免*

　　⑥晉來救援鄭。起初楚莊王打算撤退，但大夫向楚莊王進言："君王之记（起）此币（師），已（以）子豪（家）之古（故）。含（今）晉人牁（將）救子豪（家），君王必進币（師）已（以）迆（應）之。"

　　⑦楚與晉戰於兩棠，楚大敗晉……*兩棠之戰*

　　《春秋》經文、《左傳》

　　①宣公四年夏——"夏六月乙酉，鄭公子歸生弒其君夷"（《春秋》經文）①。"夏，（子公與子家）弒靈公。""立（鄭）襄公。"（《左傳》）

　　②宣公四年冬——"冬，楚子伐鄭"（《春秋》經文）。"冬，楚子伐鄭，鄭未服也。"（《左傳》）

　　③宣公十年　——"楚子伐鄭"（《春秋》經文）。"楚子伐鄭。晉士會救鄭，逐楚師于潁北。諸侯之師戍鄭。鄭子家卒。<u>鄭人討幽公之亂，斲子家之棺而逐其族</u>。改葬幽公，諡之曰靈"（《左傳》）……*子家之死、處置子家的棺材*

　　④宣公十一年——"夏，楚子、陳侯、鄭伯盟于辰陵"（《春秋》經文）。"春，楚子伐鄭，及櫟。……乃從楚。夏，楚盟于辰陵。陳鄭服也。""冬，……屬之役，鄭伯逃歸，自是楚未得志焉。<u>鄭既受盟于辰陵，又徼事于晉</u>。"（《左傳》）……*鄭背叛*

　　⑤宣公十二年——"春，……<u>楚子圍鄭</u>"（《春秋》經文）。"春，<u>楚子圍鄭，旬有七日</u>。……<u>進復圍之，三月，克之</u>。入自皇門，至于逵路。<u>鄭伯肉袒牽羊以逆，曰：'孤不天，不能事君，使君懷怒以及敝邑，孤之罪也。敢不唯命是聽……'</u>……王曰：'其君能下人，必能信用其民矣，庸可幾乎。'<u>退三十里，而許之平</u>"（《左傳》）……*三個月的包圍、鄭襄公的謝罪、楚莊王的赦免*

　　⑥宣公十二年——夏，楚在"邲"打敗晉……*兩棠之戰*

　　⑦宣公十四年——"晉侯伐鄭"（《春秋》經文）。"夏，晉侯伐鄭，為邲故也。……"（《左傳》）。

---

　　①　"子家"，同於"歸生"、"公子歸生"。比如，《左傳》文公十三年有"鄭伯與公宴于棐子家賦鴻雁"，杜預注有："子家，鄭大夫公子歸生也。"

《史記·鄭世家》

①靈公元年春　——子公將手指蘸在鼎裏，鄭靈公發怒。

②靈公元年夏　——"弑靈公……於是乃立子堅，是為襄公。"

③襄公元年　——"楚怒鄭受宋賂縱華元，伐鄭。鄭背楚，與晉親。"

④襄公五年　——"楚復伐鄭，晉來救之。"

⑤襄公六年　——"子家卒，國人復逐其族，以其弑靈公也。"……*子家之死、處置子家的棺材*

⑥襄公七年　——"鄭與晉盟鄢陵。"……*鄭背叛*

⑦襄公八年　——"楚莊王以鄭與晉盟，來伐，圍鄭三月，鄭以城降楚。楚王入自皇門，鄭襄公肉袒擎羊以迎，曰：'孤不能事邊邑，使君王懷怒以及獎邑，孤之罪也……'莊王為卻三十里而後舍。……晉將率或欲渡，或欲還，卒渡河。莊王聞，還擊晉。鄭反助楚，大破晉軍於河上。"①……*三個月的包圍、鄭襄公的謝罪、楚莊王的赦免、兩棠之戰*

⑧襄公十年　——"晉來伐鄭，以其反晉而親楚也。"

《公羊傳》宣公十二年

莊王伐鄭，勝乎皇門，放乎路衢。鄭伯肉袒，左執茅旌，右執鸞刀，以逆莊王，曰："寡人無良邊垂之臣，以干天禍，是以使君王沛焉，辱到敝邑。君如矜此喪人，錫之不毛之地，使帥一二耋老而綏焉，請唯君王之命。"莊王曰："君之不令臣交易為言，是以使寡人得見君之玉面，而微至乎此。"莊王親自手旌，左右撝軍退舍七里。……既則晉師之救鄭者至，曰："請戰。"莊王許諾。將軍子重諫曰："晉，大國也，王師淹病矣，君請勿許也。"莊王曰："弱者吾威之，彊者吾辟之，是以使寡人無以立乎天下。"令之還師而逆晉寇。莊王鼓之，晉師大敗……*三個月的包圍、鄭襄公的謝罪、楚莊王的赦免、兩棠之戰*

將上博楚簡《鄭子家喪》與各傳世文獻進行比較就可以看出，"子

---

① 《史記·鄭世家》中不記述"郔"或"兩棠"的地名。

家之死”、“處置子家的棺材”、“鄭背叛”、“三個月的包圍”、“鄭襄公的謝罪”、“楚莊王的赦免”、“兩棠之戰”這七個相關歷史事件。本章第二節將進行詳細探討，《鄭子家喪》所述的歷史事件的時間序列與各傳世文獻比起來，大有不同。因此，下文暫時按照《左傳》的時間序列表示《鄭子家喪》與各傳世文獻所見的七個相關歷史事件（○表示有記載，△表示雖有記載但不完全相同）。

表1

	子家之死	處置子家的棺材	鄭背叛	三個月的包圍	鄭襄公的謝罪	楚莊王的赦免	兩棠之戰
《鄭子家喪》	○	○		○			○
《春秋》經文				△①			○
《左傳》	○	○	○	△②	○	○	○
《公羊傳》				○		○	○
《史記·晉世家》				○		○	○
《史記·楚世家》				○		○	○
《史記·鄭世家》	○	○	○	○		○	○
《韓詩外傳》卷六				○		○	○
《新書·先醒》				○		○	○
《新序·卷第四雜事》				○		○	○

　　由表1可知，《鄭子家喪》與各傳世文獻的記載有“子家之死”、“處置子家的棺材”、“三個月的包圍”、“楚莊王的赦免”、“兩棠之戰”五個共通事件。下文將一一確認《鄭子家喪》與各傳世文獻究竟是否為同樣的事件。

（一）“子家之死”
　　《鄭子家喪》的開頭是楚莊王聽到鄭子家去世的消息後，決定進攻

---

① 《春秋》經文的宣公十年有“楚子伐鄭”，沒提到包圍期間。
② 《公羊傳》宣公十二年春沒有關於“楚子圍鄭”的記述。但《春秋》宣公十二年夏的“夏六月乙卯，晉荀林父師師及楚子戰于邲，晉師敗績”之條的《公羊傳》有：“莊王伐鄭，勝乎皇門，放乎路衢。”這“勝乎皇門”無疑指的是楚包圍鄭的結果。

鄭國（甲本第 1 簡）：

> 莫（鄭）子豪（家）㞢（喪），鬺（邊）人㐭（來）告。臧
> （莊）王㒸（就）夫＝（大夫）而與之言曰："……ᴄ"

關於鄭子家的去世，《左傳》宣公十年有：

> 鄭子家卒。鄭人討幽公之亂，斲子家之棺而逐其族。改葬幽
> 公，謚之曰靈。

《史記·鄭世家》鄭襄公六年有：

> 子家卒，國人復逐其族，以其弒靈公也。

（二）"處置子家的棺材"

《左傳》宣公十年，鄭子家去世後，鄭國人迅速地處置子家的棺材
與家族："鄭子家卒。鄭人討幽公之亂，斲子家之棺而逐其族。改葬幽
公，謚之曰靈。"《史記·鄭世家》有："子家卒，國人復逐其族，以其
弒靈公也。"另外，記載其較晚的文獻有東晉袁宏《後漢紀·孝獻皇帝
紀》卷第二十九：

> 鄭人討幽公之亂，斲子家之棺。

對此，《鄭子家喪》第 5 簡中，下文所述的"三個月的包圍"後，處置
子家的棺材：

> 莫（鄭）人命㠯（以）子良為騺（贄），命（盟）思子豪（家）
> 秒（梨）木三昏（寸），絓（疏）索㠯（以）綦（紘），毋敢丁門而
> 出，數（掩）之壴（城）𡈼（基）。

由此可知，《左傳》中處置子家的"棺材"與"家族"，《史記·鄭世
家》中處置"家族"，《鄭子家喪》與《後漢紀》中處置"棺材"。雖

然這些文獻的記載有所不同，但基本上一致。還有，《左傳》宣公十年與《史記·鄭世家》子家去世後迅速地處置子家的棺材和家族，這表示"子家之死"與"處置子家之棺"有直接的因果關係。但如下文第二節中探討的，《鄭子家喪》中"子家之死"與"處置子家的棺材"之間插入了楚莊王進攻鄭國的"三個月的包圍"事件。

（三）"三個月的包圍"

《春秋》宣公十二年春經文有"楚子圍鄭"，《左傳》記述楚莊王包圍鄭十七天後，又繼續包圍了三個月：

> 楚子圍鄭，旬有七日……進復圍之三月，克之。入自皇門，至于逵路。鄭伯肉袒牽羊以逆，曰："孤不天，不能事君，使君懷怒以及敝邑，孤之罪也……"

《史記·晉世家》晉景公三年有：

> 楚莊王圍鄭，鄭告急晉。

《史記·楚世家》楚莊王十七年春有：

> 楚莊王圍鄭三月，克之。

《史記·鄭世家》襄公八年有：

> 楚莊王以鄭與晉盟，來伐，圍鄭三月，鄭以城降楚。

這些例子都指的是同一時期，可以看出《左傳》與《史記》楚世家、鄭世家包圍"三個月"，《春秋》經文、《史記·晉世家》記述了楚莊王包圍鄭城的事件。《鄭子家喪》第三簡亦有楚包圍鄭城三個月的記載（本文將此事件稱為"三個月的包圍"）：

> 乃记（起）帀（師）回（圍）奠（鄭）三月。

　　另外，《韓詩外傳》卷六有"楚莊王伐鄭"，《新書·先醒》有"莊王圍宋伐鄭"，《新序·卷第四雜事》有"楚莊王伐鄭，克之"。雖然《韓詩外傳》卷六、《新書·先醒》、《新序·卷第四雜事》沒有記述"三個月"，但這些文獻中也在"三個月的包圍"後記述了"鄭襄公的謝罪"、"楚莊王的赦免"、"兩棠之戰"。這表示這些文獻的記載與《左傳》、《史記》（楚世家、鄭世家）的"三個月的包圍"指的是同樣的事件。

　　由此可見，關於"三個月的包圍"，各傳世文獻與《鄭子家喪》的記載基本上一致。但是各傳世文獻中"三個月的包圍"之後有"鄭襄公的謝罪"，而《鄭子家喪》中"三個月的包圍"之後沒有"鄭襄公的謝罪"，有"處置子家的棺材"的記載〔"鄭襄公的謝罪"參見本文第二節（三）〕。

（四）"楚莊王的赦免"

　　《左傳》宣公十二年中"三個月的包圍"、"鄭襄公的謝罪"之後有楚莊王"退三十里，而許之平"，《史記·楚世家》有："莊王自手旗，左右麾軍，引兵去三十里而舍，遂許之平。"《鄭子家喪》中在"三個月的包圍"，"處置子家的棺材"之後，有"王許之"。由此可知，《鄭子家喪》與《左傳》、《史記·楚世家》的內容表述十分接近。

　　《公羊傳》、《史記·鄭世家》、《韓詩外傳》卷六、《新書·先醒》、《新序·卷第四雜事》沒有"寬恕"的記述，但是"三個月的包圍"之後，對於"鄭襄公的謝罪"各傳世文獻記述了"莊王親自手旌，左右撝軍，退舍七里"（《公羊傳》宣公十二年），"莊王為卻三十里而後舍"（《史記·鄭世家》），"莊王受節，左右麾楚軍，退舍七里"（《韓詩外傳》卷六），"莊王親自手旌，左右麾軍，還舍七里"（《新序·卷第四雜事》）。由此可知，雖然各傳世文獻在表達上有"七里"或"三十里"的區別，但是與《左傳》、《史記·楚世家》相同，楚莊王的撤退表明楚莊王寬恕了鄭襄公。因此，各傳世文獻與《鄭子家喪》的"楚莊王的赦免"可以說基本上是一致的。雖然《史記·晉世家》沒有明顯記述"楚莊王的赦免"，但也許從晉國的立場寫的文章，未必會記述這部分。

（五）“兩棠之戰”

《鄭子家喪》的內容是，“楚莊王的赦免”之後，晉來救援鄭，楚與晉戰於“兩棠”，結果楚取得勝利。傳世文獻對此過程的記述也基本上是一樣的，但是《春秋》經文、《左傳》不是戰於“兩棠”，而是戰於“邲”。陳佩芬原釋文已經指出，《鄭子家喪》的“兩棠之戰”指的是《春秋》宣公十二年的“邲之戰”。復旦大學出土文獻與古文字研究中心研究生讀書會《〈上博七·鄭子家喪〉補說》在進行詳細探討後，得到了與陳佩芬先生同樣的結論①。下文將《鄭子家喪》的“兩棠之戰”與其他傳世文獻的記載進行比較，補充《〈上博七·鄭子家喪〉補說》所指出的根據。結果，本文也得出相同的結論，即《鄭子家喪》中的“兩棠之戰”與《春秋》經文、《左傳》宣公十二年等所記載的“邲之戰”是同一事件②。進行比較的結果如下：

①《鄭子家喪》第 6 簡有：“币（師）未還，晉人涉，牀（將）救奠（鄭）。王牀（將）還。”《左傳》宣公十二年有：“……聞晉師既濟，王欲還。嬖人伍參欲戰。”由此可見，《鄭子家喪》與《左傳》都表明在晉將渡黃河救援鄭之際，打算撤軍退回楚國。

②《鄭子家喪》第 6—7 簡中，晉來救援鄭時，楚國的大夫們向楚莊王進言迎擊晉：“夫＝（大夫）皆進曰：‘君王之记（起）此币（師），已（以）子豪（家）之古（故）。含（今）晉人牀（將）救子豪（家），君王必進币（師）已（以）迓（應）之。’”《左傳》、《公羊傳》的宣公十二年亦有此時楚國的臣下向楚莊王進言，《左傳》有：“嬖人伍參欲戰……伍參言於王曰：‘晉之從政者新，未能行令……’”《公羊傳》有：“既則晉師之救鄭者至，曰：‘請戰’。莊王許諾……”（《韓詩外傳》卷六、《新序·卷第四雜事》亦幾乎與此相同）。

③楚迎擊晉的場面，《鄭子家喪》第 7 簡有：“王安（乃）還軍已

---

① 復旦大學出土文獻與古文字研究中心研究生讀書會：《〈上博七·鄭子家喪〉校讀》，復旦大學出土文獻與古文字研究中心研究網，2008 年 12 月 31 日。

② 早有將“兩棠”視為“邲”的意見。整理較好的，請參見陳奇猷《呂氏春秋新校釋》至忠篇中“荊興師，戰於兩棠，大勝晉”的注釋。上海古籍出版社 2002 年版，第 589—591 頁。

（以）迊（應）之。"對此，《公羊傳》宣公十二年有："<u>令之還師</u>，而逆晉寇"，《史記·鄭世家》有："莊王聞，<u>還擊晉</u>"，這些表述大致相同。

④楚迎擊晉後獲勝。《鄭子家喪》第7簡有："大敗晉帀（師）安（焉）。"對此，《春秋》宣公十二年經文有："晉荀林父帥師及楚子戰于邲，晉師敗績"，《公羊傳》宣公十二年有："晉師大敗。"《呂氏春秋·至忠》有："荊興師，戰於兩棠，大勝晉。"《史記·晉世家》有："晉軍敗。"《楚世家》有："晉救鄭，與楚戰，大敗晉師河上。"《鄭世家》有："大破晉軍於河上。"《新書·先醒》有："與晉人戰於兩棠，大克晉人。"《說苑·立節》有："邲之戰，楚大勝晉。"此外，傳世文獻中與此類似的表述不勝枚舉。

本節確認可以將《鄭子家喪》所記的五個事件視為各傳世文獻中的內容。雖然《鄭子家喪》與各傳世文獻有如此共通點，但是還存在不少的差異。筆者認為，這些差異點體現了《鄭子家喪》的特點。下文將詳細探討《鄭子家喪》與各傳世文獻的差異點。

二　《鄭子家喪》與傳世文獻的五個差異點

本節主要關注《鄭子家喪》與各傳世文獻的差異點，探討《鄭子家喪》的文獻特點。通過將《鄭子家喪》與各傳世文獻進行比較，筆者得出以下五個重要的差異點。

（一）七個事件在時間序列上的差異

《鄭子家喪》與其他傳世文獻的最大的差異點是，在"子家之死"、"處置子家的棺材"、"鄭背叛"、"三個月的包圍"、"鄭襄公的謝罪"、"楚莊王的赦免"、"兩棠之戰"這七個事件的時間序列與因果關係上的不同。這些差異點可以整理如下（各文獻按照時間序列排列，"⇒"表示有因果關係，"⇏"表示沒有因果關係）。

A組：《左傳》、《史記·鄭世家》

"子家之死" ⇒ "處置子家的棺材" ⇏ "鄭背叛" ⇒ "三個月的包圍" ⇒ "鄭襄公的謝罪" ⇒ "楚莊王的赦免" ⇒ "兩棠之戰"

B 組：《公羊傳》、《史記·晉世家》[①]、《史記·楚世家》、《韓詩外傳》卷六、《新書·先醒》、《新序·卷第四雜事》
"三個月的包圍" ⇒ "鄭襄公的謝罪" ⇒ "楚莊王的赦免" ⇒ "兩棠之戰"

《鄭子家喪》
"子家之死" ⇒ "三個月的包圍" ⇒ "處置子家的棺材" ⇒ "楚莊王的赦免" ⇒ "兩棠之戰"

由此可知，各傳世文獻有兩大類，本文把它們分為 A 組（《左傳》、《史記·鄭世家》）與 B 組（《公羊傳》、《史記·晉世家》、《史記·楚世家》、《韓詩外傳》卷六、《新書·先醒》、《新序·卷第四雜事》）。A 組與 B 組有兩個差異點。一是，A 組記述了 "子家之死" 與 "處置子家的棺材"，而 B 組未記之。二是，A 組記述了 "三個月的包圍" 的原因 "鄭背叛"（後述），B 組未記之。但在 "'三個月的包圍' ⇒ '鄭襄公的謝罪' ⇒ '楚莊王的赦免' ⇒ '兩棠之戰'" 的部分，A 組與 B 組一致。對於各事件的因果關係，本文第一節所引用的《公羊傳》宣公十二年之例較為明顯，可參見之。

由 A 組、B 組與《鄭子家喪》進行比較就可以看出，《鄭子家喪》的時間序列與因果關係的特異性。以下，本文主要關注《鄭子家喪》與各傳世文獻的時間序列與因果關係的差異點，并進一步進行探討。

（二）鄭靈公被殺事件與楚進攻鄭的關連性

《鄭子家喪》第 2—3 簡中，楚進攻鄭（"三個月的包圍"）之際，以子家殺害鄭靈公的問題為進攻的理由，楚莊王說：

含（今）莫（鄭）子豪（家）殺亓（其）君，牆（將）保亓

---

① 《史記·晉世家》沒有 "楚莊王的赦免" 的記述。參見本文第一節（四）。

（其）慇（恭）炎（嚴），已（以）旻（没）入陛（地）。女（如）
上帝桼（鬼）神已（以）為蒸（怒），虐（吾）牺（將）可（何）已
（以）會（答）。

第6簡亦有楚國大夫對莊王進言：

　　君王之起（起）此币（師），已（以）子豪（家）之古（故）。

　　《左傳》、《史記·鄭世家》裏也有子家等殺害鄭靈公後，楚進攻鄭
（《左傳》宣公四年冬、《史記·鄭世家》鄭襄公元年）。但是《左傳》
中楚進攻鄭的理由為"楚子伐鄭，鄭未服也"[①]，《史記·鄭世家》中其
理由為："楚怒鄭受宋賂縱華元，伐鄭。鄭背楚，與晉親。"也就是說，
雖然《左傳》、《史記·鄭世家》中都有鄭靈公被殺害後楚進攻鄭，但
是作為楚進攻鄭的理由，完全沒有提到鄭靈公被殺害的事件。不僅如
此，傳世文獻中也沒有楚國以子家殺害鄭靈公殺害事件為理日出兵的
記錄[②]。

（三）"三個月的包圍"的理由

　　如本節（二）所述，《鄭子家喪》中記述"三個月的包圍"的理由
在於圍繞着子家的問題。與此相反，雖然《左傳》與《史記·鄭世家》
記述子家殺害鄭靈公的事件與"處置子家的棺材"，但"三個月的包
圍"與子家的問題完全無關。

　　《左傳》宣公十二年春"楚子圍鄭"的杜預注有："前年盟辰陵，
而又徵事晉故。"就是說，楚國進行"三個月的包圍"的理由在於前年
鄭國背叛楚國而順從晉國[③]。另外，《左傳》宣公十二年，"三個月的包

---

　　① 杜預注有："前年楚侵鄭，不獲成，故曰'未服'。"
　　② 根據《左傳》與《史記·鄭世家》，子家等殺害鄭靈公是"三個月的包圍"的八年前
的事件，子家的去世是"三個月的包圍"的兩年前的事件。
　　③ 參見《左傳》宣公十一年的最後一段有："厲之役，鄭伯逃歸，自是楚未得志焉。鄭
既受盟于辰陵、又徵事于晉。"還有，《左傳》宣公十二年春"楚子圍鄭"的楊伯峻注有："此
當緊接上年傳文'鄭既受盟于辰陵，又徵事于晉'連續。"與杜預注的解釋相同。參見楊伯峻
編《春秋左傳注》，修订本，中國古典名著譯注叢書，中華書局1990年版。

圍"之後的鄭襄公謝罪的話語有:"鄭伯肉袒牽羊以逆,曰:'孤不天,不能事君,使君懷怒以及敝邑,孤之罪也。敢不唯命是聽……',"鄭投降楚之後(晉國的)隨武子說:"楚軍討鄭,怒其貳而哀其卑。叛而伐之,服而舍之,德刑成矣。伐叛,刑也。柔服,德也。二者立矣……"因此,杜預的理解是正確的。

《史記·鄭世家》亦有:"楚莊王以鄭與晉盟來伐,圍鄭三月,鄭以城降楚。"《史記·鄭世家》也與《左傳》相同,楚莊王進行"三個月的包圍"的理由在於鄭國與晉國結盟。由此可知,《左傳》、《史記·鄭世家》中楚莊王進行"三個月的包圍"的理由在於鄭背叛楚國,與子家的問題無關。

其他的傳世文獻中沒有明顯記述"三個月的包圍"的理由。但是《公羊傳》、《史記·楚世家》、《韓詩外傳》卷六、《新序·卷第四雜事》中,"三個月的包圍"之後有鄭襄公謝罪的話語。由此可以推測這些文獻將其視作"三個月的包圍"的理由。《史記·楚世家》有:

> 鄭伯肉袒牽羊以逆,曰:"孤不天,不能事君,君用懷怒以及敝邑,孤之罪也……"

與上文所舉的《左傳》宣公十二年中所見的鄭襄公謝罪的話語相同。從"不能事君"的話語可以推測,《史記·楚世家》與《左傳》、《史記·鄭世家》相同,"三個月的包圍"的原因在於鄭背叛楚國。《公羊傳》宣公十二年中所見的鄭襄公謝罪的話語有:

> 寡人無良邊垂之臣,以干天禍,是以使君王沛焉,辱到敝邑。君如矜此喪人,錫之不毛之地,使帥一二耋老而綏焉,請唯君王之命。

(《韓詩外傳》卷六、《新序·卷第四雜事》亦與此幾乎相同。)這些內容也與子家的問題無關。另外,記述"兩棠之戰"前後情況的《呂氏春秋·至忠》、《新書·先醒》、《說苑·立節》也完全沒有提到子家的問題①。B 組的傳世文獻未記述"子家之死"與"處置子家的棺材"的理由也應該是 B 組的傳世文獻認為子家與從"三個月的包圍"到"兩棠之戰"的事件没有關係。

總之，只有《鄭子家喪》以子家的問題作為"三個月的包圍"的理由。

（四）處置子家的棺材、家族與楚國的關係

楚國是否干預處置子家的棺材或家族，這一點《鄭子家喪》與《左傳》、《史記·鄭世家》有所不同。

《鄭子家喪》中記述了鄭國由於楚國的干預才處置了子家的棺材，而《左傳》與《史記·鄭世家》并未記述此緣由。《鄭子家喪》中鄭人問楚莊王"三個月的包圍"的理由，聽到其理由後就處置子家的棺材。楚莊王看其處分後表示"許之"（第 6 簡）。

《左傳》宣公十年中，處置子家的棺材與家族之前，楚莊王進攻鄭，但被晉國的士會擊退（"楚子伐鄭。晉士會救鄭，逐楚師于潁北。諸侯之師戍鄭"）。《史記·鄭世家》亦與此相同，處置子家家族的前一年有："楚復伐鄭。晉來救之。"由此可知，如果根據《左傳》、《史記·鄭世家》，處置子家的棺材或家族的背景並没有楚國的干預。

（五）"三個月的包圍"後鄭襄公向楚莊王謝罪的有無

《鄭子家喪》中"三個月的包圍"之後，没有記述鄭襄公向楚莊王

---

① 《説苑·尊賢》有：

周威公問於甯子曰："取士有道乎。"對曰："有……"周威公曰："士壹至如此乎。"對曰："君不聞夫楚乎。王有士曰楚傒胥、丘負客，王將殺之，出亡之晉，晉人用之，是為城濮之戰。又有士曰苗賁皇，王將殺之，出亡走晉，晉人用之，是為鄢陵之戰。又有士曰上解于，王將殺之，出亡走晉，晉人用之，是為兩堂之戰。又有士曰伍子胥，王殺其父兄，出亡走吳，闔閭用之，於是興師而襲郢。故楚之大得罪於梁、鄭、宋、衛之君，猶未遽至於此也……"

由此可知，兩堂（＝兩棠）之戰的原因在於，楚王將殺害上解于後，上解于亡命晉。但是向宗魯（承周）先生認為，因為其内容皆是楚國戰敗的故事，所以此文不是《春秋》宣公十二年郊之戰的事（向宗魯：《説苑校證》，中國古典文學基本叢書，中華書局 2009 年版，第185 頁）。王鍈、王天海先生亦支持向宗魯之説（《説苑全譯》，貴州人民出版社 1992 年版）。向宗魯之説，可從。

謝罪的内容。如本節（三）所舉，《左傳》宣公十二年中"三個月的包圍"之後有鄭襄公謝罪的話語："孤不天，不能事君，使君懷怒以及敝邑，孤之罪也……"此處鄭襄公宣布全面投降的表述是非常有名的，關於其謝罪的内容（包括没有話語）亦可見於《左傳》、《公羊傳》、《史記·晉世家》、《楚世家》、《鄭世家》·《韓詩外傳》卷六、《新書·先醒》、《新序·卷第四雜事》、《論衡·恢國》。

在此總結以上五點。《左傳》、《史記·鄭世家》中，楚國與鄭靈公被殺害事件、"處置子家的棺材"没有關係（參見（二）、（四））。另外，各傳世文獻中"三個月的包圍"與子家没有關係，《左傳》、《史記·楚世家》、《鄭世家》認為楚國進行"三個月的包圍"的理由在於鄭國背叛楚國（參見（三））。

另外，《鄭子家喪》未記述鄭國背叛楚國的内容，而且"子家之死"與"處置子家的棺材"之間插入"三個月的包圍"，將子家與"三個月的包圍"（以及"兩棠之戰"）勉強聯繫在一起，構成了"'子家之死'⇒'三個月的包圍'⇒'處置子家的棺材'"的時間序列與因果關係（參見（一））。但是通過（一）至（四）分析，《鄭子家喪》構成的"'子家之死'⇒'三個月的包圍'⇒'處置子家的棺材'"的時間序列與因果關係，傳世文獻中完全不能找到其根據。因此筆者認為，《鄭子家喪》對歷史事件的時間序列與因果關係進行"改編"。

記述從"三個月的包圍"到"兩棠之戰"的傳世文獻中，除了《史記·晉世家》之外，其餘都記述了"鄭襄公的謝罪"（參見本節（五））。這表示，各傳世文獻中記述從"三個月的包圍"到"兩棠之戰"的内容中，謝罪是不可缺少的内容。但是《鄭子家喪》未記述"鄭襄公的謝罪"。這可以成為《鄭子家喪》進行"改編"的佐證。筆者推測，《鄭子家喪》未記述"鄭襄公的謝罪"的理由是，其謝罪内容已經被廣泛認識，所以如果插入"鄭襄公的謝罪"，則不能把"三個月的包圍"的理由與子家聯繫在一起。

順便指出，筆者並不認為各傳世文獻所記的内容是史實。有可能各傳世文獻與《鄭子家喪》所記的内容都不是史實。筆者提出的問題，僅僅是《鄭子家喪》對被廣泛認識的歷史事件進行"改編"時間序列與因果關係。

結　語

本文通過與傳世文獻進行比較，提出《鄭子家喪》對被廣泛認識的歷史時間序列與因果關係進行了"改編"。原本子家的問題與楚國完全没有關聯。但是《鄭子家喪》改編時間序列，就把子家的問題與從"三個月的包圍"到"兩棠之戰"的事件聯繫在一起了。下文將推測《鄭子家喪》改編歷史的理由。

如上文所述，《鄭子家喪》中楚進攻鄭國的理由在於圍繞着子家的各個問題。還需要注意的一點是，楚進攻鄭之際，楚莊王説："於含（今）而逢（後），楚邦凶（思）為者（諸）矣（侯）正。"（第2簡）這表明，楚國作為諸侯中的霸者應當發揮其作用。

其實，《左傳》宣公十二年，晉軍在討論是否該渡黄河時，晉國的彘子提出如下意見：

> 不可。晉所以霸，師武臣力也。今失諸侯，不可謂力。有敵而
> 不從，不可謂武。由我失霸，不如死……

由此可知，《鄭子家喪》、《左傳》中都把從"三個月的包圍"到"兩棠之戰"視作決定今後稱霸的戰爭。筆者推測，《鄭子家喪》的作者是為了進一步美化其楚國燦爛歷史中的"兩棠之戰"，才將萬人認為惡人的子家的故事拿過來①。

《鄭子家喪》是如此改編、美化被廣泛認識的歷史文獻。所以，《鄭子家喪》不應該勉強以《左傳》、《史記》等傳世文獻進行解釋。陳佩芬原釋文將《鄭子家喪》開頭的"〔奠（鄭）〕子豪（家）屯（喪）"

---

① 雖然是時代較晚的例子，但《説苑・復恩》有：楚人獻黿於鄭靈公。……公怒，欲殺之。公子宋與公子家謀先，遂弑靈公。子夏曰："《春秋》者，記君不君，臣不臣，父不父，子不子者也，此非一日之事也，有漸以至焉。"

看作公元前605年（《左傳》宣公四年）的事件，復旦大學出土文獻與
古文字研究中心研究生讀書會《〈上博七·鄭子家喪〉校讀》對此提出
反對意見：

> 本篇後半部分述及的晉楚邲之戰發生在魯宣公十二年（公元前
> 597年），而本篇記載的故事是楚莊王得到"鄭子家亡"的消息後
> 即發兵討鄭，顯然不可能歷時八年之久。

亦提出：

> 楚大夫恐怕早已知曉了發生在至少六年以前的鄭子家弒君之
> 事……

但是正如本文已探討的，《鄭子家喪》並不是正確記述歷史事件的
時間序列、因果關係的文獻，而是以有名的故事為基礎創造出的新
故事。

另外，因為《鄭子家喪》對歷史進行改編而加強了楚國的正當性，
所以可以説《鄭子家喪》是從楚國（很可能是楚國人）的立場而寫的
文獻。上博楚簡是在香港古董市場發現的出土文獻，所以雖然被人稱為
"楚簡"，但實際上其出土地點尚未明確。因此，推定上博楚簡的出土
地點時，必須要探討上博楚簡的全體內容。正如平勢隆郎在《中國古代
における説話（故事）の成立とその展開》"上海博物館藏楚竹書に關
する問題"中，從上博楚簡中的各種故事內容和君主的自稱、稱呼的角
度，提出對於把上博楚簡認定為楚地之事是："今後還要探討的問
題。"[1] 對於此問題，筆者今後還將撰文探討。

---

[1] ［日］平勢隆郎：《中國古代における説話（故事）の成立とその展開》，《史料批判
研究》第八號，東京：史料批判研究會編，2007年版。

睡虎地《語書》與《淮南子·齊俗篇》

——圍繞着"風俗"的中央集權和地方分權

山東大學儒學高等研究院教授　池田知久

我曾經就睡虎地秦簡《語書》中有關"鄉俗"的思想做過探討，並發表了一篇論文。这篇论文是：

> 《睡虎地秦簡〈語書〉與墨家思想》（漢語，曹峰譯）（收入中國秦漢史研究會編《秦漢史論叢》第九輯，三秦出版社 2004 年版）
>
> 《睡虎地秦簡〈語書〉與墨家思想》（漢語，曹峰譯）（收入《池田知久簡帛研究論集》世界漢學論叢，中華書局 2006 年版）
>
> 《睡虎地秦簡〈語書〉與墨家思想》（漢語，曹峰譯）（收入李學勤、林慶彰等編《新出土文獻與先秦思想重講》，《出土思想文物與文獻研究叢書》（二十五），臺灣書店 2007 年版）

在這篇論文中，我明確了《語書》中的"鄉俗"思想是受戰國末期秦國的墨家"尚同論"的影響而形成的一種強化中央集權的政治思想。

而這次我的報告是想就有關中國古代"風俗"所持的諸思想中的（甲）與（乙）的對立展開討論。即：（甲）主張嚴格管制地方獨自"風俗"的《語書》、墨、法家的中央集權思想以及儒家的"移風易俗"思想。（乙）倡導天下、國家承認地方的各種"風俗"，並且應該依照其風俗施行政治的《淮南子·齊俗篇》等地方分權思想。

一

　　《語書》是秦始皇即位二十年即公元前 227 年，南郡守騰向縣、道
嗇夫發布的一道命令文書，此文書要求對"惡俗"予以嚴厲取締。在
這篇文書的開頭，可以看到類似一般原理論的論述。它認為，"聖王"
之"作為"尚未涉及的、人類未開化的野蠻的自然狀態是"亂"，而克
服這種狀態以實現"治"的"聖王"之"作為"，有着其明確的目的、
內容和性質。

　　南郡守騰首先這樣說：

　　　　古者，民各有鄉俗，其所利及好惡不同，或不便於民，害
　　於邦。

文中"或不便於民，害於邦"義指"民"、"邦"不能"治"，或者說
就是"亂"。其原因在於：

　　　　古者，民各有鄉俗，其所利及好惡不同。

就是說，"古者"即一切作為尚未涉及的、人類尚處未開化的野蠻的
自然狀態時，"治"的狀態之所以不能實現，或者說"亂"的狀態之所
以形成的原因，以"民"和"邦"為基準、從"民"和"邦"的出發
點來看，是因為居住地不同的"鄉民"有着不同的"鄉俗"，不同的
"鄉民"其"所利"（利益之所在）和"好惡"（欲望的對象）也"不
同"。

　　因而，如下文所言，南郡守騰為了達到結束上述人類自然狀態中的
"亂"以求得"治"的目的，提出"古者""聖王"之"作為"是不可
缺少的。

　　　　是以聖王作為法度，以矯端民心，去其邪避（僻），除其惡俗。

　　"作為"的内容就是"法度"，這個"法度"，如下文所言那樣，可以斷定為"法律"。"作為"、"法度"即"法律"的目的，抽象而言是"以矯端民心"，更具體地説是"去其邪避（僻），除其惡俗"。但是，如果從上文所見對"亂"的原因之探求來推測，其更為具體的實際的目的是，"去"除"其所利及好惡不同"（即利益之所在、欲望之對象相互不同）這種"邪避（僻）"的"民心"，以及"除"去因為"其所利及好惡不同"這種"邪避（僻）"之"民心"而生成的"鄉俗"即"惡俗"，這樣兩個目的。

　　接着南郡守騰進而指出，僅靠"法律"來實現"矯端民心"之目的是不够的，所以"法律"之下又追加了"令"，

　　　　法律未足，民多詐巧，故後有間（加）令下者。

其結果是，

　　　　凡法律令者，以教道（導）民，去其淫避（僻），除其惡俗，
　　　　而使之之於為善殹（也）。

從中可見，設置"法律令"的目的，與上文所述完全相同，即抽象而言是"以教道（導）民，……而使之之於為善殹（也）"，具體而言是"去其淫避（僻），除其惡俗"。其更為具體的實際的目的是，"去"除"其所利及好惡不同"這種"邪避（僻）"的"民心"，以及"除"去因為"其所利及好惡不同"這種"邪避（僻）"之"民心"而生成的"鄉俗"即"惡俗"，這樣兩個目的。

　　在《語書》其餘的文章中，具體描述了南郡"吏民"的"亂"之現狀，提出了如何加以克服的方策，本文在此不作討論。

二

　　有兩類文獻與《語書》的形成差不多同一時期，同樣是一般原理論的論述，也認為一切作為和人為尚未涉及的、人類未開化的野蠻的自然

狀態是“亂”。在此，先引用這兩類文獻。

第一類是墨家的尚同理論，《墨子·尚同上篇》說：

> 子墨子言曰，古者民始生，未有刑政之時，蓋其語人異義。是以一人則一義，二人則二義，十人則十義。其人茲衆，其所謂義者，亦茲衆。是以人是其義，以非人之義。故交相非也。是以内者父子兄弟作怨惡離散，不能相和合。天下之百姓，皆以水火毒藥相虧害。至有餘力，不能以相勞，腐殑餘財，不以相分，隱匿良道，不以相教。天下之亂，若禽獸然。

還有，《墨子·尚同》中篇、《尚同下篇》、《淮南子》脩務篇也描述了同一思想，不過，在此從略。

第二類是荀子的社會思想和受其影響的諸子百家的思想。《荀子·性惡篇》中說：

> 人之性惡，其善者偽也。今人之性，生而有好利焉，順是，故爭奪生而辭讓亡焉。生而有疾惡焉，順是，故殘賊生而忠信亡焉。生而有耳目之欲，有好聲色焉，順是，故淫亂生而禮義文理亡焉。然則從人之性，順人之情，必出於爭奪，合於犯分（文）亂理而歸於暴。故必將有師法之化，禮義之道，然後出於辭讓，合於文理，而歸於治。用此觀之，然則人之性惡明矣，其善者偽也。故枸木必將待檃栝烝矯然後直，鈍金必將待礱厲然後利。今人之性惡，必將待師法然後正，得禮義然後治。今人無師法，則偏險而不正。無禮義，則悖亂而不治。

此外，《管子·君臣下篇》、《商君書·君臣篇》也有闡述了同一思想，不過，在此省略。

如下所示，以上兩類文獻，提出了克服作為自然狀態的“亂”以實現“治”的方策。

首先看第一類，即墨家尚同理論中所見“治”的實現方策。《墨子·尚同》上、中、下篇雖有所不同，但基本上可以用《尚同上篇》的思想作為三篇的代表。《尚同上篇》說：

　　夫明虖天下之所以亂者，生於無政長。是故選擇天下之賢可者，立以為天子。天子立，以其力為未足。又選擇天下之賢可者，置立之，以為三公。天子三公既以立，以天下為博大，遠國異土之民，是非利害之辯，不可一二而明知。故畫分萬國，立諸侯國君。諸侯國君既已立，以其力為未足，又選擇其國之賢可者，置立之，以為正長。

　　正長既已具。天子發政於天下之百姓，言曰，聞善而不善，皆以告其上。上之所是，必皆是之，所非，必皆非之。上有過，則規諫之，下有善，則傍薦之。上同而不下比者，此上之所賞，而下之所譽也。意若聞善而不善，不以告其上。上之所是，弗能是，上之所非，弗能非。上有過，弗規諫，下有善，弗傍薦。下比不能上同者，此上之所罰，而百姓所毀也。上以此為賞罰，其明察以審信。

　　是故里長者，里之仁人也。里長發政里之百姓，言曰，聞善而不善，必以告其鄉長。鄉長之所是，必皆是之，鄉長之所非，必皆非之。去若不善言，學鄉長之善言，去若不善行，學鄉長之善行，則鄉何說以亂哉。察鄉之所以治者，何也。鄉長唯能壹同鄉之義，是以鄉治也。

　　鄉長者，鄉之仁人也。鄉長發政鄉之百姓，言曰，聞善而不善者，必以告國君。國君之所是，必皆是之，國君之所非，必皆非之。去若不善言，學國君之善言，去若不善行，學國君之善行，則國何說以亂哉。察國之所以治者，何也。國君唯能壹同國之義，是以國治也。

　　國君者，國之仁人也。國君發政國之百姓，言曰，聞善而不善，必以告天子。天子之所是，皆是之，天子之所非，皆非之。去若不善言，學天子之善言，去若不善行，學天子之善行，則天下何說以亂哉。察天下之所以治者，何也。天子唯能壹同天下之義，是以天下治也。

　　天下之百姓，皆上同於天子，而不上同於天，則菑猶未去也。今若夫飄風苦雨，溱溱而至者，此天之所以罰百姓之不上同於天者也。

　　是故子墨子言曰，古者聖王為五刑，請以治其民。譬若絲縷之有紀，罔罟之有綱。所以連收天下之百姓不尚同其上者也。

此外，《淮南子·脩務篇》中也有同一思想，在此省略。

第二種實現"治"的方策即荀子的以及受荀子影響的諸子百家的方策，《荀子·性惡篇》中説：

> 古者聖王以人之性惡，以為偏險而不正，悖亂而不治，是以為之起禮義，制法度，以矯飾人之情性而正之，以擾化人之情性而導之也。使皆出於治，合於道者也。今之人化師法，積文學，道禮義者，為君子。縱性情，安恣睢，而違禮義者，為小人。用此觀之，然則人之性惡明矣，其善者偽也。

還有，《管子·君臣下篇》、《商君書·君臣篇》也描述了同一思想，在此省略。但是，可以認為，第二種類的《管子·君臣下篇》與《商君書·君臣篇》中有來自《墨子》尚同理論的影響。這兩篇的思想，雖然實際上是《墨子》與《荀子》的折中，但本文為了敍述方便，僅僅把它看作是受《荀子·性惡篇》影響的材料來考察。

三

可以説，第一節所討論的《語書》中所描述的人類自然狀態之"亂"及實現"治"的方策，和以上兩類文獻中的某一種是接近的。在此，為了考察之便，主要以《墨子·尚同上篇》為第一類的代表，主要以《荀子·性惡篇》為第二類的代表，然後比較、對照兩者的"亂""治"觀，以明確《語書》所見"亂""治"的特徵。

第一，最重要的問題是，思想之目標何在。《墨子·尚同上篇》關於"治"的思想（除去至上神即"天"的問題不談），力圖營造一君在上萬民在下的中央集權統治的新國家體制，主要從國家組織論的角度出發，包括使用賞罰等手段，試圖構築新的國家體制。與此相對，《荀子·性惡篇》關於"治"的思想，力圖營造的是這樣一種新的國家體制，即通過各種各樣的"分"把人類"分"為各個階層，通過他們的

相互協作形成 "禮" 所具備的新的國家，他主要是從人的本性論（即人的欲望論）的角度出發來構思新國家的實現。

今天我們都知道，後者即荀子這個思想家，構築了一種作為新國家秩序的 "禮"，這種秩序採用了封建式的階級構成，在此，從《荀子》諸篇中再引用一個例子，以明確筆者的論旨。《荀子‧榮辱篇》中有：

> 夫貴為天子，富有天下，是人情之所同欲也。然則從人之欲，則□（勢）不能容，物不能贍也。故先王案為之制禮義以分之，使有貴賤之等，長幼之差，知愚能不能之分，皆使人載其事，而各得其宜，然後使慤祿多少厚薄之稱。是夫羣居和一之道也。故仁人在上，則農以力盡田，賈以察盡財，百工以巧盡械器，士大夫以上至於公侯，莫不以仁厚知能盡官職，夫是之為至平。故或祿天下而不自以為多，或監門御旅，抱關擊柝，而不自以為寡。故曰，斬而齊，枉而順，不同而一。夫是之為人倫。詩曰，受小共大共，為下國駿蒙。此之謂也。

同樣，《禮論篇》中、《王制篇》中也有同一思想，在此省略。如簡單概括以上所見 "禮" 的內容，它說的是一種 "分"。首先，全人類按 "貴賤之等，長幼之差，知愚能不能之分"，即以能力來 "分"；其次，與之相應按 "上、農、賈、百工、士大夫以上至於公侯"，即以職業來 "分"，進而，按其工作的好壞，通過 "慤綠多少厚薄之稱" 之 "分" 充分滿足人的欲望。因而，荀子及其學派的思想家們，將日益迫近的戰國時代的終結及秦始皇的天下統一活動納入視野，費盡心思的是天下統一後所必須實現的新的理想的社會秩序，即 "禮" 的理論化問題。

那麼，無須詳述即可明了的是，《語書》的思想與荀子學派由封建式階級秩序構成的 "禮" 不同，它試圖實現的是一君萬民式的中央集權國家體制。在此列舉一二證據以明此事實。首先把 "民" 各自具有的鄉俗，且 "其所利及好惡" 各自 "不同" 的現象，反復稱之為 "惡俗" 而責難之。其次，為了 "除" 去 "惡俗"，又嚴格要求 "吏民" 遵守 "法律令"。進而是反復威嚇，如果 "吏民" 違反了 "法律令"，就意味着是 "法（廢）" "主之明法"，或 "明避" "主之明法"。反過來說，《語書》這種積極的 "治" 的思想，就是要 "吏民" 更好地遵守作為“主之明法”的“法律令”，最終使本來不同的“民”間“鄉俗”之“其所利及好惡”都歸於一“同”。這不是別的，正是一君萬民的中央集權。

第二，問題是，導致人類自然狀態的“亂”的原因何在。《墨子·尚同上篇》這樣論述“亂”的原因。即人類之所“語”因“人”而“義”“異”，整個人類有無數的“異”“義”存在，因而產生了“亂”。與此相對，《荀子·性惡篇》認為人類的“性”即“欲”是誰都相同的，人人都有同樣的多種多樣的無限追求（在質和量上）的“欲”，因為希望獲得的是相同的對象，所以會發生爭端並導致“亂”。

關於荀子把人類的“性”即“欲”的同一性看作是“亂”的原因，在《荀子》中還可舉一個例子作為補充。《王制篇》中有：

> 分均則不偏，勢齊則不壹，衆齊則不使……夫兩貴之不能相事，兩賤之不能相使，是天數也。勢位齊，而欲惡同，物不能澹，則必爭，爭則必亂，亂則窮矣。

此外，《性惡篇》、《富國篇》中也有同一思想，在此省略。

因此，現在所討論的《語書》把“民”間“鄉俗”之“其所利及好惡”有所“不同”看作是“亂”的原因，顯然接近於《墨子·尚同上篇》關於“亂”之原因的討論，在此无須詳論。

但我們或許可以感覺得到，《墨子·尚同上篇》與《語書》之間，也存在若干齟齬之處。因為《墨子·尚同上篇》中視作“亂”之原因的“義”，表面上看是道德的抽象的概念，而《語書》的“所利、好惡”則是物質的具象的概念，兩者有若干區別。然而，試看尚同三篇所見“義”的內容，首先上篇如前引所示，雖然換言為“善”，但“義”“善”又指的是甚麼，最終依然不得而知。中篇同上篇一樣把“義”換言為“善”，之後敍述了“尚同一義”的新國家體制制作過程：

> 古者聖王明天鬼之所欲，而避天鬼之所憎，以求興天下之〔利，除天下之〕害……古者之置正長也，將以治民也，譬之若絲縷之有紀，而罔罟之有綱也。將以連役〈收〉天下淫暴，而一同其義也。是以先王之書，相年之道，曰，夫建國設都，乃作后王君

公，否用泰也。輕〈卿〉大夫師長，否用佚也。維辯使治天均。則
此語古者上帝鬼神之建設國都，立正長也，非高其爵，厚其祿，富
貴〈游〉佚而錯之也。將以為萬民興利除害，富貴〈貧〉貧〈衆〉
寡，安危治亂也。故古者聖王之為政若此。

最後，下篇敍述了"尚同一義"的新國家體制制作過程，同中篇大致
一樣，但舉例說明在此省略。由此看來，尚同三篇之"義"的內容，
與上篇所述"興天下之〔利，除天下之〕害。"幾乎相同，直截了當地
說，"義"就是"利"。這使人想起《墨子‧經上篇》中關於"利"的
定義：

> 義，利也。

請參照同樣《經說上篇》中有其解說文。所以說《尚同上篇》的"義"
概念的意義，與《語書》"所利、好惡"幾乎相同是沒有甚麼問題的。
　　順便指出，《荀子‧性惡篇》認為"人之性惡"是"亂"的原因，
其內容如下：

> 今人之性，生而有好利焉……生而有疾惡焉。……生而有耳目
> 之欲，有好聲色焉。

要注意這與《墨子‧尚同》三篇的"義"即"利"的說法完全相同，
也與《語書》的"所利、好惡"沒有甚麼兩樣。
　　第三，問題是克服"亂"以實現"治"的方法。不用說《墨子‧
尚同上篇》的方法是，由統治者"正長"實施"尚同一義"的原理。
具體而言，《墨子‧尚同上篇》中說：

> 正長既已具。天子發政於天下之百姓，言曰，聞善而不善，皆
> 以告其上。上之所是，必皆是之，所非，必皆非之。上有過，則規
> 諫之，下有善，則傍薦之。上同而不下比者，此上之所賞，而下之
> 所譽也。意若聞善而不善，不以告其上。上之所是，弗能是，上之
> 所非，弗能非。上有過，弗規諫，下有善，弗傍薦。下比不能上同

者，此上之所罰，而百姓所毀也。上以此為賞罰，其明察以審信。

如上所示，"上"層的"天子、里長、鄉長、國君"針對各種"下"層"百姓"，使其履行以下諸項義務，並為此而使用"賞罰"——其義務為，當聽到"善、不善"時，必須向"上"報告。捨棄自己的"是、非"，完全以"上"的"是、非"為"是、非"，"上"有"過"時，必須"規諫"之，"下"有"善"時，必須"傍薦"之。

與此相對，《荀子·性惡篇》說：

　　古者聖王以人之性惡，以為偏險而不正，悖亂而不治，是以為之起禮義，制法度，以矯飾人之情性而正之，以擾化人之情性而導之也。使皆出於治，合於道者也。今之人化師法，積文學，道禮義者，為君子。縱性情，安恣睢，而違禮義者，為小人。

即全人類接受"聖王"所作的"禮義""法度"，不斷地努力矯正本為"惡"的自身的"人之性"是克服"亂"以實現"治"的方法。換言之，各種各樣的人，都在自覺地抑制"性"即"欲"的追逐。荀子說的是要通過這樣的行為，構建出全人類的"性"即"欲"在總體上都充分滿足了"禮"的國家秩序。

現在我們討論的《語書》則指出：

　　今法律令已布，聞吏民犯法為間（奸）私者不止，私好鄉俗之心不變。自從令丞以下，智（知）而弗舉論，是即明避主之明法殹（也），而養匿邪避（僻）之民。如此，則為人臣亦不忠矣。若弗智（知），是即不勝任，不智殹（也）。智（知）而弗敢論，是即不廉殹（也）。此皆大罪殹（也），而令丞弗明智（知），甚不便。今且（將）令人案行之，舉劾不從令者，致以律，論及令丞。有（又）且（將）課縣官，獨多犯令而令丞弗得者，以令丞聞。

即以要求"吏民"嚴格遵守"法律令"為"治"的方法，為此，"令丞以下"的"人臣"必須"智（知）而舉論""吏民的違法行為。甚至為此要監查、檢舉縣令、縣丞的勤務狀況，以律問罪，在考察之後，報告結果，並處罰"惡吏"。這是不是可以看作是《墨子·尚同上篇》所提倡的方法的具體化、詳實化呢？

第四，是克服"亂"以實現"治"的領域問題。《墨子·尚同上篇》和《中篇》所見最終領域雖然是"天下"，但還設想了構成天下的行政單位"里、鄉、國"，而《尚同下篇》則提出"天下、家、鄉、國"的格局。謹慎地使"天下"以外的"里、鄉、國"等各級行政單位，在"治"的方面，完全從屬於"天子"實行的"天下"層次的"尚同一義"，一點沒有自己的獨立性。而《荀子·性惡篇》則說：

> 孟子曰，人之性善。曰，是不然。凡古今天下之所謂善者，正理平治也。所謂惡者，偏險悖亂也。是善惡之分也已。今誠以人之性固正理平治邪，則有惡用聖王，惡用禮義矣哉。雖有聖王禮義，將曷加於正理平治也哉。今不然，人之性惡。故古者聖人以人之性惡，以為偏險而不正，悖亂而不治，<u>故為之立君上之埶（勢）以臨之，明禮義以化之，起法正以治之，重刑罰以禁之，使天下皆出於治，合於善也</u>。是聖王之治，而禮義之化也。今當試去君上之埶（勢），無禮義之化，去法正之治，無刑罰之禁，倚而觀天下民人之相與也。若是則夫彊（強）者害弱而奪之，眾者暴寡而譁之，<u>天下之悖亂而相亡</u>，不待頃也。用此觀之，然則人之性惡明矣，其善者偽也。

考慮的只是"天下"，"家、里、鄉、國"不在範圍之內。

《語書》關於實現"治"的領域，最終設想的單位是"邦"。

> 古者，民各有鄉俗，其所利及好惡不同，或不便於民，<u>害於邦</u>……今法律令已具矣，而吏民莫用，鄉里淫失（佚）之民不止，是即法（廢）主之明法□（也），而長避（僻）淫失（佚）之民，<u>甚害於邦</u>，不便於民。

但實際上，是將"郡、縣、道"等行政單位，特別是將"縣"作為實現"治"的設想單位。

廿年四月丙戌朔丁亥，<u>南郡守騰謂縣道嗇夫</u>……今法律令已布，聞吏民犯法為間（奸）私者不止，私好鄉俗之心不變，<u>自從令丞以下智（知）而弗舉論，是即明避主之明法殹（也），而養匿邪避（僻）之民。如此，則為人臣亦不忠矣。若弗智（知），是即不勝任，不智殹（也）。智（知）而弗敢論，是即不廉殹（也）。此皆大罪殹（也），而令丞弗明智（知），甚不便。今且（將）令人案行之，舉劾不從令者，致以律，論及令丞。有（又）且（將）課縣官，獨多犯令而令丞弗得者，以令丞聞。</u>

當然這樣的設想，與《語書》是一部南郡守騰向縣、道嗇夫發出的命令書這種特殊的性質有關。

然而，《語書》中"鄉俗"一詞屢屢登場。這個"鄉"，應是位於秦"縣、道"之下的行政單位吧。從"鄉俗"被作為"惡俗"反復責難來判斷，"鄉"中居然有獨立於"邦"之外的"不同"的"所利、好惡"，即"義"的存在，可以說這是完全不被允許的吧。因此，在"治"的領域這一點上，也不能不認為《語書》與《墨子·尚同》三篇也有着相近的關係。

上述分析，通過四個方面，將第一種代表文獻《墨子·尚同上篇》與第二種代表文獻《荀子·性惡篇》作了比較、對照，明確了《語書》中關於"亂"的描寫和關於"治"的方策方面的特徵，討論了上述兩種文獻所見的"亂""治"思想中，《語書》究竟與哪種更接近——分析的結果應該導出這樣的結論，即《語書》所見的"亂""治"思想，與《墨子》尚同三篇極為接近。因此，《語書》這一文獻的書寫完成，一定受到過當時住在秦的墨家思想家們提倡的尚同理論的強烈影響。如果按照分析的結果再加以分析的話，可以推測出作為本源的《墨子·尚同》三篇的寫作時間，也應是在《語書》寫成的那一年（公元前227年）的稍前，是在秦地完成的。

四

墨家與秦在戰國中期以後關係非常密切，這是較為人知的事實。

墨家這個集團，本來是一個有着牢不可破的結構的特殊集團。無論是春秋時代以來的儒家，還是後來的法家和道家，都不過是以宗師為中心的弟子們的集團。但墨家與諸子集團區別甚大，它不是那種松散的結構。他們有着明確的社會變革章程（十論三十篇是其綱領，《墨辯》六篇是其基礎），遵守嚴格的紀律，在稱為鉅子的首領的率領下行動，是一個從事社會變革實踐的組織。

到戰國時代初期為止的墨家的鉅子譜系，大體上已經判明．第一代是墨翟，第二代是禽滑釐，第三代是許犯，第四代是孟勝。關於孟勝的事跡，《呂氏春秋·上德篇》有記載。但至於戰國中期，墨家在秦地活躍地進行活動的狀況，在此不作敍述。

從公元前 3 世紀初到秦帝國成立為止的戰國後期、晚期，墨家集團作為一個組織已經分裂為三，彼此之間反復對立抗爭。《韓非子》的《顯學篇》，是死於公元前 234 年的韓非子自己寫的一篇東西，上述事實在該文中也有反映。

> 世之顯學，儒墨也……墨之所至，墨翟也……自墨子之死也，有相里氏之墨，有相夫氏之墨，有鄧陵氏之墨。故孔墨之後，儒分為八，墨離為三。取舍相反不同，而皆自謂真孔墨。孔墨不可復生，將誰使定世之學乎。

此外，從秦始皇相國呂不韋主持完成的《呂氏春秋》中，有相當多墨家主張納入其中之事實來看，秦始皇時代（公元前 246—公元前 210 年在位）的秦國，無疑在呂不韋門下墨家有過集團性的活動。

然而，庇護者呂不韋於公元前 237 年失勢，公元前 235 年被迫自殺。這對墨家是一大打擊吧。秦始皇進而在天下統一後的公元前 213 年聽從丞相李斯的建議，制挾書律行焚書之實，接着在公元前 212 年坑儒，壓制以儒家為首之諸子百家。秦始皇統治下的秦帝國，是如何對待墨家的，文獻中無任何記載。但因為成為知識分子壓制政策的對象，墨家的集團式活動也越來越困難，組織的分裂與對立的程度也越來越激烈是可以想象的。

《語書》所反映的秦和墨家之間的關係，大致如上所述。如果將以上略述的情況與第三節所討論的內容重合起來考慮的話，墨家《尚同》三篇的著作，可以認為是昭襄王（公元前306—公元前251年在位）乃至秦始皇（公元前246—公元前210年，但下限是公元前227年）的時期，在秦國完成的吧。

五

下面，本論文就《語書》所言“俗”究竟是甚麼，通過與相近時代諸文獻所見“俗”的比較、對照，作一簡略的考察。

第一，一般而言，“俗”究竟是甚麼。如調查古文獻中所見定義，《風俗通義》序中說：

> 風者，天氣有寒煖，地形有險易，水泉有美惡，草木有剛柔也。俗者，含血之類，像之而生，故言語歌謳異聲，鼓舞動作殊形，或直或邪，或善或淫也。聖人作而均齊之，咸歸於正。聖人廢，則還其本俗。

此外，《漢書·地理志下》、《劉子新論·風俗篇》中，也有定義性的說明。“風”指的是各種各樣的土地上特有的，包括人“性”在內的自然的物理的環境，與此相對，“俗”似指的是，人類，特別是“民”在地域社會的生活習慣。但對“俗”概念的這種定義，其外延過寬，實際上究竟指的是甚麼，依然不清。

第二，《語書》使用了“鄉俗”一詞，這個詞按最一般、最抽象的理解，可以認為是自古以來，一定範圍土地上有着各自不同的“俗”。例如，《周禮·地官》有：

> 誦訓掌道方志，以詔觀事。掌道方慝，以詔辟忌，以知地俗。

王巡守，則夾王車。

然而，在《語書》中"鄉"是一個行政單位，所以有必要討論《墨子·尚同》三篇與《語書》中所設定的各行政單位與"俗"之間的各種關係。

其一，要討論的是"國俗"。例如，《孟子·告子下篇》中說：

（淳于髡）曰，昔者王豹處於淇，而河西善謳，綿駒處於高唐，而齊右善歌。華周杞梁之妻，善哭其夫，而變國俗。有諸內，必形諸外。為其事，而無其功者，髡未嘗睹之也。是故無賢者也。有則髡必識之。

（也可參照《說苑·雜言篇》，還有，《荀子·王制篇》、《說苑·奉使篇》中，也有涉及"國俗"的文字。有的場合，"國"有具體的國名，稱為"某國俗""某國之俗"的情況很多。例如，《吳子·料敵篇》中有：

（吳）起對曰，夫安國家之道，先戒為寶，今君已戒，禍其遠矣。臣請，論六國之俗。夫齊陳重而不堅，秦陳散而自鬬，楚陳整而不久，燕陳守而不走，三晉陳治而不用。

等。

其二，要討論的是"郡俗"。例如，《風俗通義·過譽篇》中有：

長沙太守汝南郅惲君章，少時為郡功曹。郡俗冬饗，百里內縣，皆齎牛酒，到府宴飲。

其三，要討論的是"縣俗"這個概念。《風俗通義》的佚文（《太平御覽》卷第一百五十七等所引）中有：

周禮，百里曰同，所以獎王室，協風俗，總名為縣。縣，玄也，首也。從系倒首，與縣易偏矣。言當玄靜，平徭役也。

由此可知，"縣" 這一行政單位，是對 "風俗" 相同的地域社會所加諸的總名。這裏所見的地域社會每隔 "百里" 或 "千里" 所 "異" 之 "俗"，大體上與 "縣俗" 相當吧？

其四，要討論的是 "鄉俗"。例如，《管子·宙合篇》中有：

> 鄉有俗，國有法，食飲不同味，衣服異采，世用器械，規矩繩准，稱量數度，品有所成，故曰，人不一事。

另外，《淮南子·主術篇》、賈誼《新書·胎教篇》、《大戴禮記·保傅篇》中也出現過。這些 "鄉俗"，同《語書》對 "鄉俗" 所下否定評價不同，屬於中間的（《管子·宙合篇》、《淮南子·主術篇》）或肯定的立場（《新書·胎教篇》、《大戴禮記·保傅篇》）。

其五，要討論 "里俗" 這個概念。例如，《管子·八觀篇》中有：

> 入州里，觀習俗，聽民之所以化其上。而治亂之國可知也。州里不鬲，閭閈不設，出入毋時，早晏不禁，則攘奪竊盜，攻擊殘賊之民，毋自勝矣。

這是說 "州里" 不同 "習俗" 也異。此外，《司馬法·嚴位篇》、《莊子·則陽篇》中，也有大致相同的看法。

其六，要討論的是 "家俗"。例如，《春秋繁露·立元神篇》中有：

> 君人者，國之本也……天生之以孝悌，地養之以衣食，人成之以禮樂。三者相為手足，合以成體，不可一無也。無孝悌，則亡其所以生。無衣食，則亡其所以養。無禮樂，則亡其所以成也。三者皆亡，則民如麋鹿，各從其欲，家自為俗，父不能使子，君不能使臣。雖有城郭，名曰虛邑。

這是從儒家的立場予以否定評價的 "家俗"。另外，《晏子春秋》內篇雜上、《漢書·貨殖傳》中也有 "家俗" 這一詞語。

以上，根據《墨子·尚同》三篇與《語書》所設定的行政單位，考察了古文獻中所見"國、郡、縣、鄉、里、家"的"俗"。《語書》所言之"鄉俗"是和上述某一種相同或類似的吧。從"鄉俗"被看作是與秦的"法律令"相違背的"惡俗"而遭責難來看，"鄉"儘管已經包括在行政單位中，但它依然是傳統楚（郢）的自然村落要素被大量保留的地域社會概念吧。所以，在上述行政單位中，"鄉俗"可以說是與"縣、鄉、里"的"俗"相同或相類似的。

第三，顯然，在《語書》中，"鄉俗"被看作"民"之"俗"。如《語書》中也有"鄉俗淫失（佚）之民"、"邪避（僻）淫失（佚）之民"之言。但這個"俗"究竟是哪個階層的"俗"呢？以下，我們再來分析古文獻中的若干資料。

其一，在上述"第二"中所討論的"國、郡、縣、鄉、里、家"之"俗"中，並不明確指明某個具體階層之"俗"的情況非常多。這一事實表明，"俗"只能認為是不問階層的，在某地域社會全體成員中實施的，具有超階級性、普遍性的東西。但《語書》的場合與此不同。

其二，是所謂"大臣之俗"。例如，賈誼《新書·俗激篇》中有：

　　大臣之俗，特以牘書不報，小期會不答耳，以為大故。以為大故，不可矣。天下之大指，舉之而激。俗流失，世壞敗矣，因恬〔而〕弗知怪，大故也。

《荀子·王霸篇》中也有"朝廷群臣之俗"此語。但這類例子數量甚少，大多數是以下所見的"民俗"。

其三，就是所謂"民俗"。例如，《韓非子·解老篇》中有：

　　朝甚除也者，獄訟繁也。獄訟繁則田荒，田荒則府倉虛，府倉虛則國貧，國貧而民俗淫侈，民俗淫侈，則衣食之業絕，衣食之業絕，則民不得無飾巧詐，飾巧詐則知采文。知采文之謂服文采。獄訟繁，倉廩虛，而有以淫侈為俗，則國之傷也，若以利劍刺之。故曰，帶利劍。

另外，《禮記·王制篇》、《荀子·君道篇》、同書《君子篇》、《淮南子·氾論篇》中也有"民俗"或與它類似的詞語，不勝枚舉。

　　《語書》的"鄉俗"，顯然指的是"民"之"俗"。所以，無疑它不是具有超階級性、普遍性的"其一"所見的"俗"，而是在被統治階層中存在的與"其三"相當的"俗"。

　　第四，如前所述，《語書》反復責難"民"之"鄉俗"為"惡俗"。而且，《語書》中多見"鄉俗淫失（佚）之民""邪避（僻）淫失（佚）之民"、"私好鄉俗之心"之類的對"民俗"作否定評價的語言。下面，我們從古文獻中，援引若干例子，簡略地考察一下與此相同或類似的、對"民俗"冠以否定用語（貶義語）的情況。

　　其一，冠以"惡""邪"等比較單純的形容語，形成"惡俗""邪俗"等語言。例如，《漢書·五行志下》之上注中有：

　　　　應劭曰，風，土地風俗也。省中和之風以作樂，然後可移惡風移惡俗也。

賈誼《新書》俗激篇中有：

　　　　夫邪俗日長，民相然席於無廉醜，行義非循〈脩〉也。豈且為人子背其父，為人臣因忠於主哉。豈為人弟欺其兄，為人下因信其上哉。

此外，《荀子·王霸篇》、賈誼《新書·時變篇》、《說苑·君道篇》中有"惡俗"、"邪俗"等語言。

　　其二，與《語書》相類似，使用"淫佚""邪僻淫佚"等否定形容語來表現"俗"。例如，上引的《韓非子·解老篇》中有：

　　　　朝甚除也者，獄訟繁也。獄訟繁則田荒，田荒則府倉虛，府倉虛則國貧，國貧而民俗淫侈，民俗淫侈，則衣食之業絕，衣食之業絕，則民不得無飾巧詐，飾巧詐則知采文。知采文之謂服文采。獄訟繁，倉廩虛，而有以淫侈為俗，則國之傷也，若以利劍刺之。故曰，帶利劍。

此外，《荀子·樂論篇》、賈誼《新書·瑰瑋篇》、同書《無蓄篇》、

《鶡冠子·武靈王篇》、《大戴禮記·盛德篇》、《孔子家語·執轡篇》等中也有類似表現。這些例子中，《韓非子·解老篇》的"民俗淫侈"，賈誼《新書·瑰瑋篇》、《無蓄篇》的"淫侈之俗""汰流淫佚侈靡之俗"等，似説的是民衆消費生活習慣上的浪費無度。《語書》中與否定形容語"淫佚"、"邪僻淫佚"相連的"民俗"，或許也含有同樣的意義。

其三，《語書》責難"民俗"的否定形容語中，如果特別注意"淫"這個字，會發現"民俗"也指的是這樣一種場合。即它指的是有可能妨害統治者有效實施統治的，以民間根深蒂固的所謂淫祠邪教，廣言之，以一般巫術、宗教為基礎的，某一地域社會的生活習慣。例如，《抱朴子·道意篇》中有：

> 魏武禁淫祀之俗，而洪慶來假，前事不忘，將來之鑒也。

還有，《呂氏春秋·先識篇》、《説苑·權謀篇》、《風俗逌義·怪神篇》的"城陽景王祠"、同書《怪神篇》的"會稽俗多淫祀"等中也有"淫俗"在内的文章。也許《語書》用"淫佚"、"邪僻淫佚"來責難的"民俗"中，也包含有同樣的意思。

第五，如前所見，《語書》反復主張必須除去"民"之"惡俗"。同樣，古文獻中，對"民俗"作否定的評價，主張要改變之，或除去之的例子非常多。

其一，是讓理想的有德者、聖人就天子之位統治天下，"移易""民"之惡劣"風俗"的思想。上文所引各種各樣"俗"的例子中，《漢書·地理志下》、《風俗通義》序、《劉子新論·風俗篇》、《晏子春秋·内篇問上》、《禮記·王制篇》、《漢書·五行志下》之上注等，均有這種思想的體現。這裏除了此些之外還可以再舉若干資料。例如，戰國晚期成書的《孝經·廣要道章》中有：

> 子曰，教民親愛，莫善於孝。教民禮順，莫善於悌。移風易俗，莫善於樂。安上治民，莫善於禮。

還有，《禮記·樂記篇》、《史記·樂書》、《漢書·景帝紀》的"贊"、同書《禮樂志》、《説苑・政理篇》、《孔子家語・致思篇》等等中，也敍述了"移風易俗"思想。

這些，都主要是儒家闡述的對"風俗"的基本態度，從最早出現的《孝經》廣要道章開始，後來的儒家思想家們一直連綿繼承下來。但是，這與《語書》所主張的"除其惡俗"有所不同。也就是説，儒家的"移風易俗"思想，想通過統治者所擁有的"禮義"、"禮樂"等道德，以及基於"禮義"、"禮樂"教化而到達目標，主要是方法上的不一致。然而，《語書》和儒家思想雙方都既以"移風易俗"為目標，又以政治中央集權化為志向，從這個大局來看，過大地評價上述的不一致，似乎也不夠妥當。順便説一下，除儒家以外，也有人講統治者的"移風易俗"。例如，《史記・李斯傳》中有：

> 孝公用商鞅之法，移風易俗，民以殷盛，國以富彊，百姓樂用，諸侯親服，獲楚魏之師，舉地千里，至今治彊。

但孝公、商鞅對"風俗"的實際處理法，同上述儒家的"移風易俗"不同，而是和下述的"其二"相同。參照《韓非子・姦劫弑臣篇》中有描寫通過信賞必罰的商鞅"變法易俗"。因此，雖然使用同一個詞"移風易俗"，但有不同的兩個意思。一個是法家思想之通過法律、刑罰進行的"移風易俗"；另外一個是儒家思想之通過"禮樂"教化進行的"移風易俗"。筆者曾經發表過強調兩者相異的論文，但是在此，筆者想改變拙論的宗旨而強調兩者的共同點。

其二，是統治者以一君萬民的中央集權為目標，在使用法律、刑賞等手段的同時，"移易""民"的惡"風俗"，"生成"善"風俗"之思想。在上文所引的關於"俗"的例子中，《淮南子・氾論篇》、賈誼《新書・瑰瑋篇》等，均反映出這種思想。除此之外，再舉若干資料。例如，《商君書・壹言篇》中有：

> 凡將立國，制度不可不察也，治法不可不慎也，國務不可不謹也，事本不可不摶也。制度時，則國俗可化，而民從制。治法明，則官無邪。國務壹，則民應用。事本摶，則民喜農而樂戰。夫聖人之立法化俗，而使民朝夕從事於農也，不可不知也。

此外，《商君書・立本篇》、同書《賞刑篇》、《韓非子・姦劫弒臣篇》、《淮南子・主術篇》等中，也有相同的思想。

這些都是法家系文獻中所見的"風俗"觀，與"其一"所見儒家思想明顯不同。而《語書》所見"除其惡俗"的主張，顯然有接近法家系文獻的意味。

第六，最後要考察的是這樣一件事。《語書》這部文獻的寫作，如前所述，受到過當時住在秦國的墨家所提倡的尚同論的強烈影響。那麼，是否和《語書》關於"惡俗"的主張相同一或相類似的思想，可能也存在於《墨子》一書中呢。基於這一推測，需要再考察一下《墨子》對於"俗"的看法。

《墨子・節葬下篇》中有：

今執厚葬久喪者言曰，厚葬久喪果非聖王之道，夫胡説中國之君子，為而不已，操而不擇哉。子墨子曰，此所謂便其習，而義其俗者也。昔者越之東有輆沐之國者，其長子生，則解而食之。謂之宜弟。其大父死，負其大母而棄之，曰，鬼妻不可與居處。此上以為政，下以為俗，為而不已，操而不擇，則此豈實仁義之道哉。此所謂便其習，而義其俗者也。楚之南有炎人國者，其親戚死，朽其肉而棄之，然後埋其骨，乃成為孝子。秦之西有儀渠之國者，其親戚死，聚柴薪而焚之燻上，謂之登遐。然後成為孝子。此上以為政，下以為俗，為而不已，操而不擇，則此豈實仁義之道哉。此所謂便其習，而義其俗者也。若以此若三國者觀之，則亦猶薄矣。若以中國之君子觀之，則亦猶厚矣。如彼則大厚，如此則大薄，然則葬埋之有節矣。故衣食者，人之生利也，然且猶尚有節。葬埋者，人之死利也，夫何獨無節於此乎。

由此可見，"俗"是"下"即"民"之"俗"，而且，《節葬下篇》中三度重復的"習俗"的内容，無疑是針對死者的宗教式的葬送儀禮——中國的"厚葬久喪"，輆沐之國的"其大父死，負其大母而棄之，曰，鬼妻不可與居處"。炎人國的"其親戚死，朽其肉而棄之，然後埋其骨"。儀渠之國的"其親戚死，聚柴薪而焚之，燻上，謂之登遐"。

在上文中，筆者把《語書》所見的"民俗"推測為可能是以淫祀邪教或以一般巫術、宗教為基礎的，某一地域社會的生活習慣。根據同《語書》關係密切的《墨子·節葬下篇》，也許能證明這一推測的正確性。《魯問篇》説：

> 魯陽文君語子墨子曰，楚之南有啖人之國者，橋其國之長子生，則鮮（解）而食之，謂之宜弟。美則以遺其君，君喜則賞其父。豈不惡俗哉。子墨子曰，雖中國之俗，亦猶是也。殺其父而賞其子，何以異食其子而賞其父者哉。苟不用仁義，何以非夷人食其子也。

啖人之國的"惡俗"，表面上看與葬送儀禮没有關係，但它因為與《節葬下篇》的輆沐之國的記述大致相同，所以還是應該將其看作為宗教觀點所見的異俗（是貶義詞）。

《墨子》諸篇，無論是夷狄之"俗"，還是中國之"俗"，對於死者的宗教式葬送儀禮，無一例外的稱之為"惡俗"而責難之。這一"惡俗"的貶義詞與《語書》完全相同，必須引起我們注意。既然將"民俗"當作"惡俗"，墨家思想家們對其態度，就理當"改"之"移"之。上引的非命下篇中有：

> 當此之時，世不渝而民不易，上變政而民改俗。

這段引文亦可為證。（參看《非儒下篇》中"今君封之，以利〈移〉齊俗"。）他們寫作節葬論的目的，不用説，也是為了要改易中國"厚葬久喪"的"惡俗"，這也表明墨家的思想影響到了《語書》。

六

如上所述，睡虎地《語書》把"鄉俗"作為違反"邦"（戰國晚期的秦）的"法令"的存在來加以否定，想把所支配下的南郡"民"的一切"鄉俗"除掉而服從"聖王"所定的"法令"，對縣、道的嗇夫加以嚴格的要求。我們可以認為在戰國晚期，想通過用國家的"法令"等除去各地方、地域所存在的獨自、固有的"俗"，提高"一君萬民"中央集權的實效的政治思想，不僅是對《語書》產生影響的墨家，與其並行的法家也抱有同樣的思想。有關法家"風俗"思想的敘述，因在上文已有論述，在此省略不談。

儒家的"風俗"思想，原本不是一個模式可以容納的。至少戰國晚期到《孝經》出現之前，有多種多樣的"風俗"思想。當時儒家的諸思想家以及諸書中對"國、郡、縣、鄉、里"等各地方、地域存在著的獨自、固有的"風俗"都有所言及。對這些"風俗"的價值，既有肯定的，又有否定的評價，還有徹底地保持中立，只是敘述事實的。

當時的儒家，作為對地方、地域的獨自、固有的"風俗"給予肯定的價值評價的一類，例如《晏子春秋‧外篇》不合經術者中有：

> 仲尼之齊，見景公，景公說之，欲封之以爾稽，以告晏子。晏子對曰，不可……今孔丘盛聲樂以侈世，飾弦歌舞以聚徒，繁登降之禮〔以示儀〕，〔務〕趨翔之節以觀眾，博學不可以儀世，勞思不可以補民，兼壽不能殫其教，當年不能究其禮，積財不能贍其樂，繁飾邪術以營世君，盛為聲樂以淫愚民。〔其道〕也，不可以示〔世〕。其教也，不可以導民。今欲封之，<u>以移齊國之俗</u>，非所以導眾存民也。公曰，善。

而且，前引《風俗通義》的佚文中還有：

> 周禮，<u>百里曰同，所以獎王室，協風俗，總名為縣</u>。縣，玄也，首也。從系倒首，與縣易偏矣。言當玄靜，平徭役也。

據此，《周禮》對"縣"的"風俗"為首的地方、地域的"地俗"給予肯定的評價。然而，包括和《風俗通義》佚文所引的《周禮》幾乎同樣內容的"古者百里而異習，千里而殊俗"在內，《晏子春秋‧內篇問上》卻倡言：

> 古者<u>百里而異習，千里而殊俗</u>，故明王修道，一民同俗。上以

愛民為法，下以相親為義，是以天下不相違。此明王之教民也。

對"習俗"給予了否定的評價，而轉變為與原來正相反的立場了。還有，《漢書·王吉傳》中有：

> 春秋所以大一統者，六合同風，九州共貫也。今俗吏所以牧民者，非有禮義科指可世世通行者也，獨設刑法以守之。其欲治者，不知所繇，以意穿鑿，各取一切，權譎自在，故一變之後不可復修也。是以百里不同風，千里不同俗，戶異政，人殊服。詐偽萌生，刑罰亡極，質樸日銷，恩愛寖薄。

故而可以看到西漢以後，儒家幾乎完全轉到了否定"風俗"的立場上了。這些對"風俗"的否定性的評價，與本稿上文所探討的對《語書》的"鄉俗"的否定性的評價，其結局是同樣的。

還有，賈誼《新書·胎教篇》中有：

> 然後卜王太子名。上毋取〔於〕天，下毋取於土〈地〉，〔中〕毋取於名山通谷，毋悖於鄉俗。是故君子〔名〕難知〔而〕易諱也，〔此所以〕養隱〈恩〉之道也。

《大戴禮記·保傅篇》也有同文，對"鄉俗"給予肯定。

另一方面，作為當時的儒家對地方、地域的"風俗"持中立態度的一類，例如，前引《周禮·地官》中有：

> 誦訓掌道方志，以詔觀事。掌道方慝，以詔辟忌，以知地俗。王巡守，則夾王車。

《荀子·王霸篇》中有：

> 無國而不有治法，無國而不有亂法，無國而不有賢士，無國而不有罷士，無國而不有愿民，無國而不有悍民，無國而不有美俗，無國而不有惡俗。兩者並行而國在，上偏而國安，下偏而國危，上

一而王，下一而亡。

以上這些都是持中立態度的。

　　如上所述，儒家的"風俗"思想原本就是多種多樣的。但是，到了戰國晚期《孝經》出現以後，特別是西漢以後幾乎完全歸入"移風易俗"的一類。其情形已於上文有所略述，在此再補充二、三資料。例如，《禮記·樂記篇》中有：

　　　　酒食者，所以合歡也。樂者，所以象德也。禮者，所以綴淫也。是故先王有大事，必有禮以哀之。有大福，必有禮以樂之。哀樂之分，皆以禮終。樂也者，聖人之所樂也，而可以善民心，其感人深，其移風易俗，故先王著其教焉。

《漢書·禮樂志》中有：

　　　　至文帝時，賈誼以為漢承秦之敗俗，廢禮義，捐廉恥，今其甚者殺父兄，盜者取廟器，而大臣特以簿書不報期會為故，至於風俗流溢，恬而不怪，以為是適然耳。夫移風易俗，使天下回心而鄉道，類非俗吏之所能為也。夫立君臣，等上下，使綱紀有序，六親和睦，此非天之所為，人之所設也。人之所設，不為不立，不修則壞。漢興至今二十餘年，宜定制度，興禮樂，然後諸侯軌道，百姓素樸，獄訟衰息。

《說苑·修文篇》中有：

　　　　天下有道，則禮樂征伐自天子出。夫功成制禮，治定作樂，禮樂者，行化之大者也。孔子曰，移風易俗，莫善於樂。安上治民，莫善於禮。是故聖王修禮文，設庠序，陳鍾鼓，天子辟雍，諸侯泮宮，所以行德化。詩云，鎬京辟雍，自西自東，自南自北，無思不服，此之謂也。

這樣，儒家的"風俗"思想，尤其是到了西漢以後，以上的"移風易俗”就佔據了正統地位。

這些“移風易俗”思想，倡導應該捨棄各地方、地域存在的獨自、固有的“風俗”，將其“移易”。其應該“移易”的方向，以《孝經》為首的所有的文獻，幾乎都毫無例外地提倡儒家的“禮樂”。確實，這與《語書》、墨家、法家的用法律、刑罰這樣的方法來實現中央集權的政治思想不同，但是在同樣是中央集權的政治思想這一點上卻毫無相異。無論《語書》、墨家、法家和儒家中的哪一派，都是不承認各地方、地域存在獨自、固有的“風俗”的。

七

然而，與以上中央集權不同，有明確主張地方分權的文獻。這就是《淮南子·齊俗篇》。《淮南子》一書，是淮南國王劉安命令從全國各地羅致來的眾多的賓客編撰的思想書。其編纂之初，是漢景帝駕崩的公元前141年，完成是在漢武帝即位的翌年（公元前139年）。

關於《淮南子·齊俗篇》的宗旨，許慎注云：

> 齊，一也。四宇之風，世之眾理，皆混其俗，令為一道也。故曰齊俗。

據此，“齊俗”，即是“用政治來統一世間的風俗”之意。然而，這種解說是錯誤的。筆者認為許慎生於儒家的“移風易俗”思想成為正統的東漢時代，所以受其影響，無意識中做出這種錯誤的解釋。的確，齊俗篇中有：

> 廉有所在，而不可公行也。故行齊於俗，可隨也。事周於能，易為也。矜偽以惑世，伉行以違眾，聖人不以為民俗。（A）

據此文章，當然“齊於俗”，即作“政治應與世間的風俗相適合”之意來理解。批判許慎注的誤讀，楊樹達的《淮南子證聞》說：

樹達按，本篇云，"行齊於俗可隨也，矜偽以惑世，伉行以違衆，聖人不以為民俗"。然則齊謂齊同，注云混一風俗，似非其義。《史記》游俠傳云，"今拘學或抱咫尺之義，久孤於世，豈若卑論儕俗與世沈浮而取榮名哉"。儕俗與齊俗同。

顯然，楊樹達的解釋更為正確。

然而，《齊俗篇》的"齊"，不但與楊樹達所說《莊子·齊物論篇》的"萬物齊同"沒甚麼關係的話，而且與楊樹達所引《史記·游俠列傳》那樣的"儕俗"也不相同。齊俗篇所論述的"齊俗"，並不是說要消極地追隨"風俗"這樣的論文集。與此完全相反，主張和在西漢帝國進行中的中央集權政治相對抗，在正視其存在於各地方、地域各獨自、固有的"俗"之上，重視"俗"的意義，應該實施與之相適應的政治（"齊"）。這是具有極為積極意義的內容，表明了地方分權的政治思想。從齊俗篇來看，西漢帝國的中央集權，是將儒家所倡導的"禮樂"作為主要方法來推進的。因此作者在猛烈地批判了要讓"禮樂"與全地方、全地域一律適用那種表面上絕對的、普遍主義的同時，提出了自己堅信的地方分權思想。

那麼，就是說作者是抱着對儒家的"禮樂"批判的態度而開始《齊俗篇》的寫作的。

> 率性而行，謂之道。得其天性謂，之德。性失然後貴仁，道失然後貴義。是故仁義立而道德遷矣，禮樂飾則純樸散矣，是非形則百姓眩〈眩〉矣，珠玉尊則天下爭矣。凡此四者，衰世之造也，末世之用也……今世之為禮者，恭敬而忮。為義者，布施而德。君臣以相非，骨肉以生怨，則失禮義之本也，故芝（構）而多責……禮義飾則生偽匿（慝）之本〈士〉……及至禮義之生，貨財之貴，而詐偽萌興，非譽相紛，怨德竝行。於是乃有曾參，孝己之美，而生盜跖，莊蹻之邪。（B）

這就是說本來"禮樂"這種東西，因本質上只不過是作者假想的道家的"道"的墮落的形態，故而"禮樂"的發生，引起人與人之間"君臣以相非，骨肉以生怨……而詐偽萌興，非譽相紛"這樣的社會混亂，其結果成為同時產生"曾參，孝己"這樣的善人和"盜跖，莊蹻"這樣的惡人的原因。

　　還有，作者在對"禮"等的本質做定義和説明的同時，又作了如下的論述：

　　　　禮者，實之文也。仁者，恩之效也。故禮因人情而為之節文，而仁發胚（普）以見容。禮不過實，仁不溢恩也，治世之道也。夫三年之喪，是強人所不及也，而以偽輔情也。三月之服，是絶哀而迫切之性也。夫儒墨不原人情之終始，而務以行相反之制，五縗之服。悲哀抱於情，葬薶稱於養，不強人之所不能為，不絶人之所〔不〕能已，度量不失於適，誹譽無所由生……昔舜葬蒼梧，市不變其肆。禹葬會稽之山，農不易其畝。明乎死生之分，通乎侈儉之適者也。亂國則不然，言與行相悖，情與貌相反，禮節以煩，樂優〈擾〉以淫，崇死以害生，久喪以招（昭）行。是以風俗濁於世，而誹譽萌於朝。是故聖人廢而弗用也。（C）

並且，作者哀嘆脱離"禮"等的本質，因實施了"不原人情之終始"的儒家的"三年之喪"和墨家的"三月之服"的喪禮，導致了"禮節以煩，樂優〈擾〉以淫，崇死以害生，久喪以招（昭）行。是以風俗濁於世，而誹譽萌於朝"之類的社會混亂。

　　另外，和上面的引文相同，在對"禮"等本質做以定義和説明的同時，作者又做了如下的論述：

　　　　義者，循理而行宜〔者〕也，禮者，體情〔而〕制文者也。義者，宜也。禮者，體也。昔有扈氏為義而亡，知義而不知宜也。魯治禮而削，知禮而不知體也。有虞氏之祀〈禮〉，其社用土，祀中霤，葬成畝，其樂咸池，承云，九韶，其服尚黃。夏后氏〔之禮〕，其社用松，祀戶，葬牆置翣，其樂夏籥九成，六佾，六列，六英，其服尚青。殷人之禮，其社用石，祀門，葬樹松，其樂大濩，晨露，其服尚白。周人之禮，其社用栗，祀竈，葬樹柏，其樂大武，三象，棘下，其服尚赤。禮樂相詭，服制相反，然而皆不失親疏之恩，上下之倫。今握一君之法籍，以非傳代之俗，譬由

（猶）膠柱而調瑟也……<u>故制禮義，行至德，而不拘於儒墨</u>。（D）

在批判了因脫離 "禮" 等的本質，不僅 "有扈氏" "魯"，"有虞氏之祀〈禮〉"、"夏后氏〔之禮〕"、"殷人之禮"、"周人之禮" 也都犯了喪失 "親疏之恩，上下之倫" 的錯誤的同時，尖銳地批判了儒家、墨家讓 "禮樂" 超越時代、地域而使其一律適用的絕對、普遍主義。

這樣，《齊俗篇》在其全文，從各種各樣的論點展開了對儒家 "禮樂" 的集中的批判，特別重要的論點有以下四點。

第一，是主張不應重視 "禮樂" 這一裝飾於外表的形式，而應該重視由人的內在的 "誠心" "性" 產生的 "自然" 的 "喜怒哀樂" 這種 "自然" 的思想。例如：

> <u>且喜怒哀樂，有感而自然者也</u>。故哭之發於口，涕之出於目，<u>此皆憤於中，而形於外者也</u>。譬若水之下流，煙之上尋也，夫有孰推之者。故強哭者雖病不哀，強親者雖笑不和。情發於中，而聲應於外……<u>故禮豐不足以效愛，而誠心可以懷遠</u>。（E）

這樣的思想，是與作者對政治的要訣持如下的想法相關聯的。

> 故百家之言，指奏（湊）相反，其合道一也。譬若絲竹金石之會樂同也，其曲家異，而不失於體。伯樂，韓風，秦牙，管青，所相各異，其知馬一也。<u>故三皇五帝，法籍殊方，其徠民心鈞也</u>。故湯入夏而用其法，武王入殷而行其禮，桀紂之所以亡，而湯武之所以為治。（F）

也就是說，不能靠樹起 "禮樂" 這一外表的形式而強迫壓住 "百家之言"，而是承認所有一切都 "合道"，像過去理想的 "三皇五帝" 那樣，通過 "法籍" 而 "得民心"，只有這才是政治的要訣。

第二，是基於橫向空間的展開中價值觀的多樣性，對 "禮樂" 的絕對、普遍主義的批判。作者考察了實際存在的多數的 "禮樂"，其因地方、地域而不同，在主張應該承認和肯定不只是中國，異民族也有不同的 "禮樂" 的同時，明確地否定了只把 "儒者之禮"、"鄒魯之禮" 看作“禮樂”而讓各地方、各地域一律適用這種絕對、普遍主義。例如：

　　故胡人彈骨，越人契臂，中國歃血也，所由各異，其於信一也。三苗饗首，羌人括領，中國冠笄，越人劗鬋〈髮〉，其於服一也。帝顓頊之法，婦人不辟男子於路者，拂之於四達之衢。今之國都，男女切踦，肩摩於道，其於俗一也。故四夷之禮不同，皆尊其主而愛其親，敬其兄。獫狁之俗相反，皆慈其子而嚴其上……故魯國服儒者之禮，行孔子之術，地削名卑，不能親近來遠。越王句踐劗髮文身，無皮弁搢笏之服，拘（鉤）罷拒（矩）折之容，然而勝夫差於五湖，南面而霸天下，泗上十二諸侯，皆率九夷以朝。胡貉匈奴之國，縱體施髮，箕倨反言，而國不亡者，未必无禮也。楚莊王裾衣博袍，令行乎天下，遂霸諸侯。晉文君〈公〉大布之衣，牂羊之裘，韋以帶劍，威立于海內。豈必鄒魯之禮之謂禮乎……是故入其國者從其俗，入其家者避其諱，不犯禁而入，不忤逆而進，雖之夷狄徒倮之國，結軌乎遠方之外，而無所困矣。（G）

此文章中的各地方、各地域、各民族所具有的“禮”，按其作者的思想，可以説也就是“俗”。因為在引文的最後，作者承認各“國”各“家”都有不同的“俗”。與此相反，作者思想中的“禮”，應該是如“儒者之禮”、“鄒魯之禮”那樣的各地方、各地域一律、普遍適用的硬直的“禮”。然而，實際上這樣一律、普遍的“禮”是不存在的，所以我們可以認為是從批判的角度來使用“禮”一詞的。還有下面的論述：

　　羌、氐、痹、翟，嬰兒生皆同聲，及其長也，雖重象、狄騠，不能通其言，教俗殊也。今令三月嬰兒，生而徙國，則不能知其故俗。由此觀之，衣服禮俗者，非人之性也，所受於外也……夫竹之性浮，殘以為牒，束而投之水則沈，失其體也。金之性沈，託之於舟上則浮，勢有所支也。夫素之質白，染之以淄則黑。繒之性黃，染之以丹則赤。人之性無邪，久湛於俗則易。易而忘其本，〔則〕合於若性。（H）

這段文章中，闡述了包括“羌、氐、痹、翟”的異民族，各地方、各地域都有獨自、固有的 "俗"，政治要承認這一事實，同時必須避免強行各地方、各地域一律、普遍的 "禮樂"。這實際上是在主張地方分權。

第三，是基於縱向的時間推移中的價值觀的多樣性，對 "禮樂" 的絕對、普遍主義的批判。例如：

> 故聖人論世而立法，隨時而舉事。尚（上）古之王，封於泰山，禪於梁父，七十餘聖，法度不同，非務相反也，時世異也。是故不法其以（已）成之法，而法其所以為法。所以為法者，與化推移者也。夫能與化推移者，至貴在焉爾……五帝三王，輕天下，細萬物，齊死生，同變化，抱大聖之心，以鏡萬物之情，上與神明為友，下與造化為人。今欲學其道，不得其清明玄聖，而守其法籍憲令，不能為治，亦明矣。（I）

作者考察了伴隨著時代推移、變化而來的各種各樣的 "法"（包括法律，廣指一般規範），主張應該承認並肯定其由於 "時世" 帶來的相異。同時，不要只把那些既成的 "法" 的表面性結果作為模式，不要只是固守某一時代的 "法籍憲令"。不是超越時代一律的絕對、普遍主義，而應該通過把握在既成 "法" 的根本之 "道"，摸索出適合於各個時代的 "為治" 的政治。這種議論中也能讓我們感到與地方分權相通的想法的存在。另外，還有：

> 道德之論，譬猶日月也，江南，河北不能易其指，馳騖千里不能改其處。趨舍禮俗，猶室宅之居也，東家謂之西家，西家謂之東家，雖皋陶為之理，不能定其處。故趨舍同，誹譽在俗。意行鈞，窮達在時。湯武之累行積善，可及也。其遭桀紂之世，天授也。今有湯武之意，而無桀紂之時，而欲成霸王之業，亦不幾矣……夫武王先武而後文，非意變也，以應時也。周公放兄誅弟，非不仁也，以匡亂也。故事周於世則功成，務合於時則名立……桓公前柔而後剛，文公前剛而後柔，然而令行乎天下，權制諸侯鈞者，審於勢之變也。顏闔，魯君欲相之，而不肯，使人以幣先焉，鑿培而遁之，為天下顯武。使遇商鞅、申不害，刑及三族，又況身乎……是故立

功之人，簡於行而謹於時。（J）

此段文章，主張超越空間和時間而無變化的東西只有"道德之論"（道家所倡導的"道"和"德"的理論）。與其相異，"趨舍禮俗"則因"俗"和"時"之不同，其評價也會相異。故而，統治者應該慎重地把握"俗"和"時"，讓自己的政治與其相調和。對這種像"顏闔"那樣，只是緊緊地抓住一個"禮樂"不放的絕對、普遍主義，作者給予很低的評價，應該説是當然的。

　　第四，儒家所倡導的"禮樂"，作者將其視為與自己最重視的"道德"正相反的東西。從《齊俗篇》多處引用《老子》、《莊子》中可以窺見到的那樣，作者的根本的思想立場是道家。從其立場看來，只有自己的"道德"才是絕對的、普遍性的原理，儒家的"禮樂"等無論如何也不可能是絕對、普遍的東西。有關這一點，已經在前引的（B）中有：

　　　　是故仁義立而道德遷矣，禮樂飾則純樸散矣，是非形則百姓眩〈眩〉矣，珠玉尊則天下爭矣。凡此四者，衰世之造也，末世之用也。（B）

他認為"仁義、禮樂"與"道德、純樸"是正相反、相對立的，是損害"道德、純樸"的東西。還有：

　　　　夫聖人之斲削物也，剖之判之，離之散之。已淫已失，復揆以一。既出其根，復歸其門。已雕已□，遂〈還〉反於樸。合而為道德，離而為儀表。其轉入玄冥，其散應無形。禮義節行，又何以窮至治之本哉。世之明事者，多離道德之本，曰："禮義足以治天下。"此未可與言術也。所謂禮義者，五帝三王之法籍風俗，一世之迹也。（K）

他批判説"禮義"等，能夠讓"天下"，即各地方、各地域以及各時代都一律適用的絕對的、普遍性統治方法是沒有的。充其量也不過是適用了"五帝三王"的各個時代，帶有相對的、個別的意義的事跡，因此與具有絕對、普遍的價值的"道德"不能比。

第四點，與上述第二以及第三點相關。就是說只限於空間性的、即特定的具體的地方、地域的"禮樂"，是與超越空間性限定的"道德"（具體的第一節中說的"所以為法"等）正相反的東西（第二個論點）。而且，時間性的，即特定的具體的時代，被歷史所限定的"禮樂"，與超越時間性限定的"道德"（具體的，仍然是第一節的"所以為法"等）正相反（第三個論點）。另外，《齊俗篇》中還有：

> 樸至大者無形狀，道至眇（妙）者無度量，故天之圓也不中規，地之方也不中矩。往古來今，謂之宙，四方上下，謂之宇。道在其間，而莫知其所。故其見不遠者，不可與語大。其智不閎者，不可與論至。（L）

如上把"道"作為超越"形狀""度量"的本體，還有像下面的引文那樣，將超越空間和時間限定的"道德"，用"形之君"、"音之主"這樣的詞語來表現而展開較為詳細的議論。

> 今夫為平者準也，為直者繩也。若夫不在於繩準之中，可以平直者，此不共之術也。故叩宮而宮應，彈角而角動，此同音之相應者也。其於五音無所比，而二十五絃皆應，此不傳之道也。故蕭條者，形之君。而寂漠者，音之主也。（M）

對此，我們就不作具體的分析了。

如上所述，對儒家的"禮樂"進行批判的另一面，《齊俗篇》熱心地提唱"齊俗"思想，不用說這就是"齊於俗"，即"政治應與世間的風俗相適合"的思想。其主要內容，把上述"禮樂"批判的四個論點都反過來就成為"齊俗"思想的重要的論點。這其中的一大半，已經在上文中有所論述，在此只就若干問題加以補充說明。

在第一個論點中有：

> 衰世之俗，以其知巧詐偽，飾眾無用，貴遠方之貨，珍難得之財，不積於養生之具。澆天下之淳，析天下之樸，牿服馬牛以為

　　牢。滑亂萬民，以清為濁，<u>性命飛揚，皆亂以營，貞信漫瀾，人失</u>
<u>其情性</u>。於是乃有翡翠犀象、黼黻文章以亂其目，芻豢黍粱，荊吳
芬馨以畜其口，鐘鼓管簫，絲竹金石以淫其耳，<u>趨舍行義、禮節謗</u>
<u>議以營其心</u>。於是百姓糜沸豪亂，暮行逐利，煩挐澆淺。法與義相
非，行與利相反，雖十管仲弗能治也。（N）

　　在此他指出 “衰世之俗” 已成為 “滑亂萬民，以清為濁，<u>性命飛揚</u>，
<u>皆亂以營，貞信漫瀾，人失其情性</u>” 這樣的狀態。然而，反過來說作者
之 “盛世之俗”，不是把人的 “性命”、“情性” 看得更為重要嗎？另一
方面，作為 “衰世之俗” 的內容，對 “趨舍行義、禮節謗議以營其心”
等 “禮樂” 的出現加以批判。換句話說，不做 “亂其目”、“畜其口”、
“淫其耳”、“營其心” 等事，不讓人們的 “性命”、“情性” 遭到破壞，
那麼只有保持其各地方、地域的獨自、固有之 “俗” 原有的、正確的
面貌。

　　在第二個論點中有：

　　　治世之體〈職〉易守也，其事易為也，<u>其禮易行也</u>，其責易償
也。<u>是以人不兼官，官不兼事，士農工商，鄉別州異。是故農與農</u>
<u>言力，士與士言行，工與工言巧，商與商言數。是以士無遺行，農</u>
<u>無廢功，工無苦事，商無折貨，各安其性，不得相干</u>……故伊尹之
興土功也，修脛者使之趺鑺〈鏵〉，強脊者使之負土，眇者使之
準，傴者使之塗，各有所宜，而人性齊矣。胡人便於馬，越人便於
舟，異形殊類，易事而悖，失處而賤，得勢而貴。聖人總而用之，
<u>其數一也</u>。（O）

　　這段文章中包括 “禮” 的 “體〈職〉、事、禮、責” 也可以看作事實上
指的是 “俗” 來把握。在作為作者的理想的 “治世” 的國內，因 “士
農工商” 的 “體〈職〉、事、禮、責” 等 “俗”“鄉別州異”，據此而
實行的 “農與農言力，士與士言行，工與工言巧，商與商言數” 的社
會分工，可以極為圓滿地進行。他主張其分工，如：“士無遺行，農無
廢功，工無苦事，商無折貨，各安其性，不得相干。” 這樣不會超越
“俗” 的相異而互相干涉，由分權主義來構成、維持。其次的 “伊尹”

這人"興土功"的情形雖説規模較小，但仍然是一種分工論，在結尾的"胡人便於馬，越人便於舟"以下的部分，在承認異民族也有不同的"俗"的基點上，似乎構想着更為大規模的分工。而且作者在最後讓最高的理想統治者"聖人"登場，提倡一國之内（例如，淮南國）的各"鄉、州"的分工，同時全國、全天下的（或許是）各國的分工，更進一步依據中國、各異民族的"俗"的相異，世界性水準的分工——依據橫向空間的展開中的價值觀的多樣性，可以説這是"俗"的地方分權思想的頂峰。

還有：

　　故堯之治天下也，舜為司徒，契為司馬，禹為司空，后稷為大田，奚仲為工〔師〕。其導萬民也，水處者漁，山處者木，谷處者牧，陸處者農。地宜其事，事宜其械，械宜其用，用宜其人。澤皋織網，陵阪耕田，得以所有易所無，以所工易所拙……是故鄰國相望，雞狗之音相聞，而足迹不接諸侯之境，車軌不結千里之外者，皆各得其所安……故亂國若盛，治國若虛，亡國若不足，存國若有餘。虛者非無人也，皆守其職也。盛者非多人也，皆徼於末也。有餘者非多財也，欲節事寡也。不足者非無貨也，民躁而費多也。故先王之法籍，非所作也，其所因也。其禁誅，非所為也，其所守也。（P）

這段文章也是一面引用《老子》、《莊子》，一面闡述依據"俗"相異進行社會分工論，按照分工論的國之水準的地方分權思想。

在第三個論點中，有下面的一段：

　　故當舜之時，有苗不服，於是舜脩政偃兵，執干戚而舞之。禹之時，天下大雨〈水〉，禹令民聚土積薪，擇邱陵而處之。武王伐紂，載尸而行，□内未定，故為三年之喪。禹遭〈有〉洪水之患，陂塘之事，故朝死而暮葬。此皆聖人之所以應時耦（遇）變，見形而施宜者也……今知脩干戚而笑鑺插，知三年〔而〕非一日，是從牛非馬，以徵笑羽也。以此應化，無以異於彈一絃而會棘下。夫以一世之變，欲以耦（遇）化應時，譬猶冬被葛而夏被裘。夫一儀不

可以百發，一衣不可以出歲。儀必應乎高下，衣必適乎寒暑。是故
世異則事變，時移則俗易。（Q）

作者主張隨着時代的變化，“俗”也會變化，那麼政治統治的體制也應
是與之相對應的柔軟的東西。顯然這是基於在縱向時間長河中的價值觀
的多樣性，包括對“禮樂”這種一律的絕對、普遍主義批判的思想。
還有：

今從箕子視比干，則愚矣。從比干視箕子，則卑矣。從管晏視
伯夷；則戇矣。從伯夷視管晏，則貪矣。趨舍相非，嗜欲相反，而
各樂其務，將誰使正之。曾子曰，擊舟水中，鳥聞之而高翔，魚聞
之而淵藏。故所趨各異，而皆得所便。（R）

這段文章，主要是基於“趨舍、嗜欲”這樣的主義主張、趣味志向等
的相異，論述了過去著名人士行動模式的相異。但是，在此也可以說包
含有隨着時的推移，“俗”也會變，人的行動模式也必須是與此相對應
的柔軟的東西。
在第四個論點中，主張儒家的“禮樂”，與作者最重視的“道德”
正相反，只不過是政治統治的一種硬直的原理而已。與此相反，只有對
“俗”的相對性、個別性的徹底認同，才能實現對所有狀態的柔軟對應
的、“道德”的絕對、普遍主義。例如，

夫重生者不以利害己，立節者見難不苟免，貪祿者見利不顧
身，而好名者非義不苟得。此相為論，譬猶冰炭鉤繩也，何時而
合。若以聖人為之中，則兼覆而并〔有〕之，未有可是非者也……
夫飛鳥主巢，狐狸主穴，巢者巢成而得棲焉，穴者穴成而得宿焉。
趨舍行義，亦人之所棲宿也，各樂其所安，致其所蹠，謂之成人。
故以道論者，總而齊之。（S）

在這段文章中，承認所有的主義主張、趣味志向等相異的“重生者”、
“立節者”、“貪祿者”、“好名者”（“俗”的相對、個別主義），承認其
所有一切，其間不夾雜判斷“是非”的“聖人”狀態，作者將此作為

理想的境界來提倡。同樣的思想內容，在下文歸納為"以道論者，總而齊之"，是說只有讓這樣的"俗"的相對性、個別性得以徹底地貫徹，才是"道"的絕對、普遍主義的獲得。

如上所述，《淮南子·齊俗篇》的思想，是對西漢帝國時期實行的中央集權政治的對抗。其中央集權，在《齊俗篇》中我們看到的是將儒家的"禮樂"作為主要方法來推進的。作者猛烈地批判了要讓"禮樂"與各地方、各地域一律適用的徒有其表的絕對的、普遍主義。

與此同時，在承認、肯定了各地方、地域的獨自、固有的"俗"的存在的基礎上，充分利用古來道家所倡導的絕對的、普遍性的"道德"思想，熱心地論述了應重視"俗"的意義，施行與之相適應的政治這種地方分權。

《淮南子·齊俗篇》的成書，可推測為西漢景帝末年乃至武帝初年。但對《語書》的"鄉俗"思想產生過影響的墨家集團，據記述了它們的《韓非子·顯學篇》（戰國最晚期成書）和《莊子·天下篇》（西漢武帝時成書）來考察的話，在當時還只是勉強地存續着。還有，法家因秦帝國的滅亡而受到極大的打擊。不過，不久有好轉，比起西漢初期，其後的思想以法術官僚（酷吏等）活動成為其精髓而存續。故而，《齊俗篇》問世時，驅使法律、刑罰等方法，想要推進一君萬民的中央集權的人們的政治思想，應該說並沒有衰弱。並且，與這些在旨趣上有若干相異，但仍然是謀求一君萬民的中央集權化政治思想的戰國晚期的《孝經·廣要道章》以來，儒家也倡導"禮樂"以及通過基於其教化的"移風易俗"思想。在西漢初期，隨着儒家地位的逐漸提高，在處理各地方、地域的"風俗"時，儒家的"移風易俗"漸漸地佔據了正統地位。

《齊俗篇》作為批判的靶子的，不是前者《語書》、墨家、法家的依照法律、刑罰來除去"鄉俗"這樣的中央集權，而是後者儒家的由"禮樂"的教化進行"移風易俗"這樣的中央集權。作為其背景，可以考慮到《齊俗篇》成書的西漢武帝初年，所謂儒學的國教化可能就以某種形式開始了。

然而，《齊俗篇》不只是對"禮樂"和中央集權所進行的一種消極批判，而是作為一種不同的提案明確地提出了"風俗"和地方分權的積極的方案。並且，其提倡的根本，是道家的本體"道"的哲學。如上所述，本文探討了中央集權和地方分權的對立，"禮樂"和"風俗"的對立，儒家和道家的對立等問題，不是可以成為研究其前後時代的中國思想史的重要題目嗎？

（2013 年 5 月 29 日擱筆，9 月 1 日修改）

賈誼賦試論

——《楚辭》與漢賦之間

二鬆學舍大學　牧角悦子

序

　　六朝文論中的"風騷"① 一詞，是中國古代詩歌《詩經》與《楚辭》的並稱。"風騷"一詞，一方面表明這兩本詩歌集同為中國詩歌的源流，另一方面也意味着二者具有完全不同的特質。起源於北方黄河流域，以四言詩為中心的《詩經》以現實性的歌咏方式為特徵；起源於南方長江流域，具有獨特文化背景的《楚辭》的特徵則是浪漫抒情的歌咏方式。

　　漢代，《詩經》成為儒學經典，繼承了《詩經》傳統的詩歌被目為正統。"詩人"一詞，是指《詩經》的作者，同時也意味着具有美刺精神，也就是對現實抱有强烈諷諫意識的詩人。漢代，特别是西漢後期到東漢，"賦"這一文體被看作繼承了《詩經》諷諫傳統的正統派文藝，宏大莊重的長篇大賦大量留存。但在漢代初期，詩歌類的主流是更多地引用借鑒了《楚辭》系統的楚歌而非《詩經》。像漢王室的郊祀歌，房中歌等，都是以楚歌的體式被傳寫留存。而《詩經》雖然在漢代成為

---

① "風騷"一詞特指《詩經》與《楚辭》的傳統是由《宋書·謝靈運傳論》開始。之後成為詩歌源流的代表。

儒教正統文體的代名詞，但是詩這一文學形態在漢代反而並不十分成熟。現存的漢代詩，有時也包括歌謠與樂府，可以説四言五言等具體形態都未曾完全確立。在文藝理論發達的六朝時期並稱"風騷"的《詩經》與《楚辭》，很有可能在漢代初期還沒有被看作是並列的兩大文藝。

漢代文學的代表形態是賦。從漢初到西漢武帝期前後的漢賦主要以司馬相如為代表，由雄偉宏大的文章結構與華麗的辭藻構成，是種豪華絢爛的語言藝術。而在揚雄"童子雕蟲篆刻，壯夫不為"[1]的發言以後，賦的特色逐漸集中到以諷諫為第一要義的儒教價值觀下。結果如上面所説，帶諷諫性質的賦被視為文章正道[2]，繼承了《詩經》的傳統。

將賈誼的賦作放在上述漢代文藝源流的變遷當中來閱讀的時候，可以明確意識到它具有與武帝期流行的長篇大賦及東漢期諷刺意識濃厚的賦相區別的不同特徵。換言之，賈誼的賦作具有從《楚辭》到漢賦之間的過渡性特徵。

下面，以賈誼的代表作《弔屈原賦》與《鵬鳥賦》為中心，對其特徵與文學史上的意義進行考察。

《楚辭》、屈原與賈誼

《楚辭》是屈原的作品，這已經成為一個一般性的文學常識[3]。但是現存的《楚辭》作品群與屈原的關係並未達到王逸所認為的那種密切程度，也是《楚辭》的文學讀者公認的常識。關於《楚辭》與屈原的關係，從民國以來就存在多種觀點，甚至還有的研究者連屈原自身的

---

[1]　揚雄的《法言》吾子篇："或問，吾子少而好賦。曰然，童子雕蟲篆刻。俄而曰，壯夫不為。"

[2]　揚雄的《法言》吾子篇説"詩人之賦麗以則，辭人之賦麗以淫"，將具有詩經的諷諫意識的賦作與單純沉溺於表現的世界的所謂辭人之賦相區別。關於揚雄賦的認識請參考牧角悦子《經國與文章——建安期的文學自覺》（林田慎之助博士傘壽紀念《三國志論集》，汲古書院 2012 年版）。

[3]　把《楚辭》作為一本書的名字的話，也就是指後漢王逸的《楚辭章句》，雖然也包含了兩漢的作品，但是這裏所説的《楚辭》，則是與《詩經》並稱的古代詩歌集，指的是南方楚文化中生發出來的一系列楚辭文藝。

存在都予以否定。在日本的《楚辭》研究中，全盤接受《史記·屈賈列傳》與王逸《楚辭章句》的内容，進而進行研究的例子也非常稀少。

但是，"屈原"這一存在，不管是真實存在還是虛構人物，或者哪怕只是單純的象徵，對他全盤否定而進行《楚辭》的研究是不可能的。在此，本文對屈原與《楚辭》的關係並不打算進行深入探討，但是在對屈原與《楚辭》間的因緣進行追溯時，賈誼的《弔屈原賦》是不可忽視的一環。賈誼在此所展現的屈原像被《史記》及之後的王逸全盤繼承，從這一意義上來説，在對《楚辭》文學系統的理解層面上，《弔屈原賦》可以説是非常重要的作品。

《弔屈原賦》在《文選》的分類系統中被放在卷六十的"弔文"部下面，題目被記為《弔屈原文》。但從形式上來看，是非常明確的賦作。《文選》所引序的部分和《漢書》的記述幾乎完全一致，很有可能並非賈誼自己所作。序文如下：

> 誼為長沙王太傅。既以謫去，意不自得。及渡湘水，為賦以吊屈原。屈原，楚賢臣也，被讒放逐，作離騷賦。其終篇曰：已矣哉。國無人兮莫我知也。遂自投汨羅而死。誼追傷之，因自喻。

序文記述了被流放長沙的賈誼在渡湘水時作賦以弔屈原之事。提到屈原作《離騷賦》，投身汨羅而死，而賈誼是把屈原的臨終情境與自身的境遇相重合，寫下這篇賦文。

賦文前半如下：

> 恭承嘉惠兮，俟罪長沙。
> 側聞屈原兮，自沉汨羅。
> 造托湘流兮，敬吊先生。
> 遭世罔極兮，乃隕厥身。
> 嗚呼哀哉，逢時不祥。
> 鸞鳳伏竄兮，鴟梟翱翔。
> 闒茸尊顯兮，讒諛得志。
> 賢聖逆曳兮，方正倒植。
> 世謂隨夷為溷兮，謂跖蹻為廉。

> 莫邪為鈍兮，鈆刀為銛。
>
> 吁嗟黙黙，生之無故兮。
>
> 斡棄周鼎，寶康瓠兮。
>
> 騰駕罷牛，驂蹇驢兮。
>
> 驥垂兩耳，服鹽車兮。
>
> 章甫薦履，漸不可久兮。
>
> 嗟苦先生，獨離此咎兮。

《弔屈原賦》以"訊曰"二字把全文從正中分成兩半。"訊曰"，或"亂曰"在《楚辭》中常見，通常在一篇長文的最後出現，以韵文的形式整理全文的主要内容。但是這篇《弔屈原賦》，則把"訊曰"放在了全篇的中央，有異於普通《楚辭》中"亂"的用法。

"訊曰"之前的半篇，是奉命被流放長沙的賈誼寫給自沉於汨羅江的屈原的弔唁之辭。由於生而不逢其時，賢者聖人遭逢逆境，醜惡無聊的小人反而春風得意。賈誼引了衆多例子為屈原的坎坷命運痛心嘆息。其文章體式如下，是由非常嚴整的四言與"兮"字的組合形成的。

> □□□□兮□□□□
> □□□□兮□□□□（前半以這樣的形式為中心）
>
> □□□□　□□□□兮
> □□□□　□□□□兮（後半以這樣的形式為中心）

篇中關於賢人不遇的部分，雖然題材和内容與《離騷》的前半部分幾乎完全一致，但是詞彙方面却很少借鑒和襲用《離騷》，這一點值得注意。李善在注解本文的時候也是幾乎完全没有涉及以《離騷》為代表的《楚辭》系詞彙，反而泰半都在引用胡廣、應昭等人關於漢代制度語句的説明以及《漢書》注的應用等。對賢人不遇的感嘆等内容雖然與《離騷》相重合，但是文章的抒寫方式與構成形式却非常理性而且精緻，這應該可以説是本賦的一大特徵。

下面看看以"訊曰"開始的後半部分。

訊曰，已矣，
國其莫我知兮，獨壹鬱其誰語。
鳳漂漂其高逝兮，固自引而遠去。
襲九淵之神龍兮，沕深潛以自珍。
偭蟂獺以隱處兮，夫豈從蝦與蛭蟥。
所貴聖人之神德兮，遠濁世而自藏。
使騏驥可得係而羈兮，豈云異夫犬羊。
般紛紛其離此尤兮，亦夫子之故也。
歷九州而相其君兮，何必懷此都也。
鳳凰翔於千仞兮，覽德輝而下之。
見細德之險徵兮，遙曾擊而去之。
彼尋常之污瀆兮，豈能容夫吞舟之巨魚。
橫江湖之鱣鯨兮，固將制於螻蟻。

　　對優秀人才不遇的感嘆這一點雖然與前半的主題共通，但是在這裏，賈誼的叙述從屈原個人的事例脫離，轉而以自己的憤懣為表現中心。以"訊曰"開頭的後半是本賦的中心，它的作用與"亂"通常的意義與用法不同。

　　首先嘆息着"國其莫我知兮、獨壹鬱其誰語"，但連接説"鳳漂漂其高逝兮、固自引而遠去"，表現了強烈的意志。從污濁塵世中作為"自藏"的優秀存在，如"鳳凰"、"神龍"、"吞舟之魚"、"鱣鯨"、"騏驥"等，寫到在"濁世"的"此都"當中生息的"細德"的存在有"蟂獺"、"蝦"、"蛭蟥"、"犬羊"、"污瀆"、"螻蟻"，等等。從前半部分對不遇中死去的屈原的傷悼，轉而在後半表達了自己雖然遠離濁世卻一直擁有的強烈意志。

　　歌的形式與前半截然不同。

　　　　□□□（其、之、以或可、於）□□兮　　□□□（而、夫、於或其、以）□□

　　格式由四言變為三言，增強了躍動感。把"兮"字夾在句中，又加入"其"、"而"等字調整節奏，從而令讀者感受到傾瀉而出的高漲感情。

這一部分也較少借用《楚辭》的詞彙，反而常常能看到《莊子》、《淮南子》、《文子》等道家系書籍中出現的詞彙與意象。

在閱讀《弔屈原賦》時可以發現，本作在以《離騷》的前半部內容為主題，歌頌高潔自身與污濁塵世對比的同時，詞彙上並沒有襲用《離騷》。而且本作與楚辭的大部分作品，特別是《離騷》相比，具有故事明快、言語明晰、形式整齊的特徵。

賈誼《鵩鳥賦》

下面來看《鵩鳥賦》，收在《文選》卷十三。同《弔屈原賦》一樣，本文也帶有序文。

> 誼為長沙王傅三年，有鵩鳥飛入誼舍，止於坐隅。鵩似鴞，不祥鳥也。誼既以謫居長沙，長沙卑濕，誼自傷悼，以為壽不得長。乃為賦以自廣。

這一部分與上面看過的《弔屈原賦》一樣，文本與《漢書‧賈誼傳》所載相同。《文選》將此序文也視作賈誼自身所作。可是，反復閱讀之後却會發現這樣讀解的不妥之處。在不長的文章中"誼"字多次出現，作為自稱不免顯得有些囉唆。尤其是"誼自傷悼"一句，與其解為賈誼自己所說，不如說更接近賈誼傳記編者的語調，作為編者的言辭來讀解會更加自然。

此外，序文中提到："有鵩鳥飛入誼舍，止於坐隅。鵩似鴞，不祥鳥也"，看似因鵩鳥入户其意不祥而自己"以為壽不得長"於是作賦，但是賦文的實際內容中並沒有自傷運命的意思。不吉的鵩鳥與賈誼的不幸短命相結合的序文內容，明顯來源於後世對賈誼的觀感。

賦本文與序文緊密結合構成完整故事的形式在《文選》的賦中並不鮮見。序文有的是作者自己所作，有的則明顯並非出於作者本人之手，而是後人基於後世的價值觀進行的補充創作。此外，有些作者自作的序文也會故意構設一個虛構的背景。對於賦作來說，序文與作品本文的歷史背景没有必然的聯繫。

賈誼《鵬鳥賦》的序文很可能是後人根據後世對賈誼的認識作為賦的背景所附，並不是賈誼本人的言詞。但是從事實上來看，卻因此序文的存在又進一步建立了一個新的賈誼觀。

六朝的嵇康曾作《明膽論》。文章的主要内容是對人的理性判斷力與實際行動中的決斷力之間到底有無關聯的討論。在嵇康與呂子之間反復展開的議論中，賈誼的《鵬鳥賦》作為"明"與"膽"之間矛盾佐證的典型例子也曾登場。文章如下：

（呂子對嵇康論點的反駁）……漢之賈生，陳切直之策，奮危言之至。行之無疑，明所察也。忌鵬作賦，暗所惑也。一人之膽，豈有盈縮乎？蓋見與不見，故行之有果否也……

（嵇康的再次反駁）……二氣存一體，則明能運膽，賈誼是也。賈誼明膽，自足相經，故能濟事。誰言殊無膽，獨任明以行事者乎。子獨自作此言。以合其論也。忌鵬暗惑，明所不周，何害於膽乎……

兩人的議論方向正好相反。但是嵇康和呂子都把賈誼的"忌鵬作賦"一事，看作"暗所惑""忌鵬暗惑"。

但是閱讀《鵬鳥賦》的時候，讀者能讀到的只是一種已經超脱生死的達觀，卻完全找不到惡恨鵬鳥、悲嘆生命短暫的痕迹。可以看出，賈誼忌鵬自傷的序文内容，事實上已經脱離了賦文本身，而是一種獨立的展開。

關於賦文本身的内容，《史記·屈原賈生列傳》的贊中有如下記述：

讀《鵬鳥賦》，同死生，輕去就，又爽然自失矣。

也就是説，賈誼的同視生死，看淡去就，使太史公茫然自失。到底是什麼導致《史記》的編者①"爽然自失"，我們在此姑且不談。文中

———————————

① 關於《史記·屈原賈生列傳》，特別是關於屈原記載的矛盾之處等一直存在種種疑問，甚至有人提出屈原其人純屬虛構。近人研究認為將屈原與賈誼並稱的這部列傳作者並非司馬遷，而是劉向或劉德。

已經明記的是，在客觀的相對之中看透生與死和人生現世的一切，這樣的透徹是一種道家的諦觀。

本文從主人公與鵬鳥的邂逅開始。

> 單閼之歲兮，四月孟夏。
> 庚子日斜兮，鵬集予舍。
> 止於坐隅兮，貌甚閒暇。
> 异物來萃兮，私怪其故。
> 發書占之兮，讖言其度。
> 曰，野鳥入室兮，主人將去。
> 請問於鵬兮，予去何之。
> 吉乎告我，凶言其灾。
> 淹速之度兮，語予其期。
> 鵬乃嘆息，舉首奮翼。
> 口不能言，請對以臆。

左遷長沙三年之後，“單閼之歲”，“四月孟夏”，“庚子日”的傍晚，鵬鳥飛進屋内，停在“坐隅”，姿態優雅。借此機會“予”問鵬鳥自己命運的吉凶，而鵬鳥抖身嘆息説“口不能言，請對以臆”。説出的内容接在此後。

對特定日期與時間的設定；與异物的邂逅；與野鳥之間無言的對話……文章開頭的這些内容，具有相當的獨特性。以“單閼”，“庚子”作為時間設定的表現形式，是繼承《楚辭》、《離騷》開頭的“攝提貞於孟陬兮，惟庚寅吾以降”；而與异物的邂逅，與鳥的對話則更近似《莊子》的世界。超現實地與野鳥進行對話，或是在與非現實登場人物的對話中展開情節的特徵，都成為漢賦的特徵之一流傳後世①。

賈誼所擅長的是政策論中的大量叙述。這種叙述的理論性與現實感、實踐性，擁有超越同時代其他作家的高度。收在《新書》當中的文章群更具有現實性和實用性，與《鵬鳥賦》有着相當大的差异。《鵬

---

① 司馬相如的《子虚賦》中有子虚、烏有先生、亡是公登場。在他們的對話之中描寫了壯大的田獵場面。

鳥賦》並非對現實的客觀分析，而是建立在架空場景當中，探究超越現實與現世的"度（命運）"。也就是説，《鵩鳥賦》的主題，其實是關於命運的問題。

將架空場景的構建與超越現實的對話簡單地概括為"暗惑"，並試圖從中探究賈誼的坎坷命運與他對於國家的個人意識，恐怕不大妥當①。賈誼在這裏意圖呈現的是與《新書》完全不同的表現世界。

以下，《鵩鳥賦》是以鵩鳥的傾訴形式來闡釋"同死生、輕去就"的諦觀，繼而結束全文的。

> 萬物變化兮，固無休息。
> 斡流而遷兮，或推而還。
> 形氣轉續兮，變化而嬗。
> 沕穆無窮兮，胡可勝言。
> 禍兮福所倚，福兮禍所伏。
> 憂喜聚門兮，吉凶同域。
> 彼吳强大兮，夫差以敗。
> 越栖會稽兮，句踐霸世。
> 斯游遂成兮，卒被五刑。
> 傅説胥靡兮，乃相武丁。
> 夫禍之與福兮，何異糾纆。
> 命不可説兮，孰知其極。
> 水激則旱兮，矢激則遠。
> 萬物迴薄兮，振盪相轉。
> 雲蒸雨降兮，糾錯相紛。
> 大鈞播物兮，塊圠無垠。
> 天不可預慮兮，道不可預謀。
> 遲速有命兮，焉識其時。

---

①　關於賈誼賦作的論考在日本還不多見，只有金谷治的《關於賈誼的賦作》，伊藤富雄的《賈誼〈鵩鳥賦〉的立場》兩篇。關於賈誼的賦，特別是《鵩鳥賦》中表現出的道家處世觀與《新書》中的儒家政經論的差異，兩者都在賈誼個人的挫折或其個人感情表達的層次上來把握，認為一方面在政經領域主張儒教的賈誼，另一方面在挫折中基於道家思想表達了個人的感懷。

且夫天地為爐兮，造化為工。

陰陽為炭兮，萬物為銅。

合散消息兮，安有常則。

千變萬化兮，未始有極。

忽然為人兮，何足控搏。

化為异物兮，又何足患。

小智自私兮，賤彼貴我。

達人大觀兮，物無不可。

貪夫徇財兮，烈士殉名。

夸者死權兮，品庶每生。

怵迫之徒兮，或趨東西。

大人不曲兮，意變齊同。

愚士繫俗兮，窘若囚拘。

至人遺物兮，獨與道俱。

衆人惑惑兮，好惡積億。

真人恬漠兮，獨與道息。

釋智遺形兮，超然自喪。

寥廓忽荒兮，與道翱翔。

乘流則逝兮，得坻則止。

縱軀委命兮，不私與己。

其生兮若浮，其死兮若休。

淡乎若深淵之静，泛乎若不繫之舟。

不以生故自寶兮，養空而浮。

德人無累兮，知命不憂。

細故蒂芥兮，何足以疑。

　　在這裏特地換行引用，是為了讓讀者更加注意賦文的整齊格式。對現世不遇的反復闡述是《離騷》前半部分的一大特徵。"離騷"本來和"牢騷"一樣，意味着反復叙述自己的不滿，而對自身不遇的反復咏唱，也是騷體的特色。《鵩鳥賦》雖然反復叙述了命運的諦觀，但是從文體形式來看，與《離騷》偶爾破壞節奏的表現形態相比，本文維持了反復在四言句中間加入"兮"的形式，後半甚至嚴格押韻，可以説體式非常嚴整。雖然咏嘆現世的不遇與對超越現實價值的摸索與《楚辭》保持了一致，但是賈誼的賦文極為沉着冷靜。賈誼的賦作，可以説是保持文章的平衡均等，不流於抒情，純論理性展開的賦。

向漢賦的過渡

對賈誼賦作的特徵進行研究時，我們也應充分重視他的出身與其文化背景。《漢書》賈誼傳記述如下：

> 賈誼，洛陽人也。年十八，以能誦詩書屬文稱於郡中。河南守吳公聞其秀材，召置門下，甚幸愛。文帝初立，聞河南守吳公治平為天下第一，故與李斯同邑，而嘗學事焉，徵以為廷尉。廷尉乃言誼年少，頗通諸家之書。文帝召以為博士。

文中説賈誼是洛陽人，以能誦詩書屬文稱於郡中，也就是説他擅長詩經、書經等儒家典籍，並具有出衆的文字表達能力。就與李斯同鄉並修習了李斯學術一事，可以看出賈誼也具有法家的思維方式。頗通諸家之書一句説明賈誼不僅具備儒家的教養，同時也通曉法家以及其他的諸子思想。

此處的關注點在於賈誼出身洛陽。西漢初期的洛陽是否像後來班固在《兩都賦》所描寫的那樣是一個保守純粹的儒教學術城市尚且不好定論，可是毫無疑問，它坐落在以黃河流域為中心的北方地區，屬於《詩經》文化圈。後來受召於文帝，年少就得到重用得以發揮才幹的賈誼，是屈指可數的足以代表京城長安的優秀文人，這一點可以從《漢書》的記載中得到確認。

對於在北方文化圈中出生成長的賈誼來説，孕育了《楚辭》的長江流域的南方文化想必與他習慣的環境截然不同，而楚地的文化與風俗也一定給不到三十歲就被左遷長沙的年輕的賈誼留下了強烈印象。《弔屈原賦》與《鵩鳥賦》就是在這樣的背景之下誕生的。

《文選》所載的序文很有可能是引自《漢書》，作為賦文的背景，強調了賈誼的懷才不遇與命運的坎坷。可是筆者從作品中感受到的與其説是挫折感，不如説是强烈的表達欲望。賈誼從北方以四言為中心的詩經文化圈突然被放逐到性質完全不同的南方文化圈，於是積極吸收了獨特的楚辭文化與孕育了楚辭的南方文化本身，終於藉助楚辭文化的獨特表達方式完成了個性化的自我剖白。

如上所述，這兩篇賦作沿用了《離騷》的主題與中心思想，可是從作品中反而看不到離騷式的濃厚抒情性與超現實的思維飛躍。在格式上用“兮”字來調整節奏是對節奏感較强的騷體的繼承，但是騷體有時反而會因此破壞節奏，賈誼的賦則至始至終維持了嚴整的格式。

由此，抒情而感傷的楚辭、騷體賦，演變成為了冷静客觀且分析性較强的嶄新的賦體裁。而這樣具有客觀性、理論性的新體賦，正是此後漢賦的最大特徵。

一説起賦的歷史，賈誼通常都會被首先提及。下面舉《宋書·謝靈運傳論》與《文心雕龍·詮賦篇》為例。

> 周室既衰，風流彌著。屈平、宋玉導清源於前，賈誼、相如振芳塵於後。英辭潤金石，高義薄雲天。自兹以降，情志愈廣。王褒、劉向、揚、班、崔、蔡之徒，异軌同奔，遞相師祖。
> ——《宋書·謝靈運傳論》

> 秦世不文，頗有雜賦。漢初詞人，順流而作。陸賈扣其端，賈誼振其緒，枚馬播其風，王揚騁其勢。皐朔已下，品物畢圖。
> ——《文心雕龍·詮賦篇》

“屈平、宋玉導清源於前，賈誼、相如振芳塵於後”，“陸賈扣其端，賈誼振其緒”充分説明賈誼扮演了從騷體到漢賦之間的過渡角色。可是在此更需要强調的是，賈誼原本是北方文人。“能誦詩書屬文”，“頗通諸家之書”的北方文人賈誼接觸到了南方文藝圈的楚辭，并且在兩者的融合過程中創造出新形態的賦作。由此，纔可以説是賦這一形態得到了新的展開。《宋書》所説的“情志愈廣”也正意味着賈誼的賦兼備了《楚辭》的抒情性與《詩經》的言志特色，並因此成為了漢賦發展的基礎。

以上，筆者以南北方文化的融合為切入點對賈誼的賦作展開了分析。北方文人賈誼被流放長沙，接觸到與北方文化截然不同的南方楚文化，並利用其形式與構思創作出了與楚辭、騷體賦迥异的獨特賦作，這也正是漢代莊嚴壯大的賦文化的開端。

東漢末年的荆州與諸葛亮、王肅

早稻田大學文學學術院　渡邊義浩

鄭月超　許喬（譯）

序

東漢末年的荆州，興起了與此前儒教具有不同特點的新儒教——荆州學。它的形成不僅緣於宋忠、綦毋闓等劉表集團的内部成員，同時也包括了司馬徽、龐德公等在野的名士。在這樣廣泛的交友關係中形成的荆州學究竟具有怎樣的特徵，又是為何誕生於荆州？

修習了荆州學的諸葛亮在劉備處仕官，最終在蜀漢的建國過程中起到了重大作用。荆州學又在諸葛亮的思想中佔據了怎樣的地位？此外，在經學上師承宋忠的王肅對漢代經學的集大成者鄭玄進行了全面的否定和批判，荆州學是經過了怎樣的演變才出現了王肅反鄭的現象？

本文對東漢末新興的荆州學及其特徵進行了分析，並闡述其給諸葛亮及王肅帶來的影響。

一　荆州學的特徵

東漢末年，群雄割據，天下大亂，唯有荆州例外，保持了政治上的安定。初平元年（190）、劉表出任荆州刺史，在蔡瑁、蒯越等荆州名

士的幫助下保民息境，没有卷入以曹操與袁紹的對抗為中心的中原抗
爭①。因此，大量的人口為避戰亂流入荆州，僅關中地區就有上十萬
户。其中還有為數不少慕劉表及之名而來的名士，荆州成為當時學術文
化的一大中心。劉表保護名士並在荆州設立學校，在相當程度上振興了
學術活動。《後漢書·劉表傳》有如下記載：

> 關西、兖、豫學士歸者，蓋有千數。表安慰賑贍，皆得資全。
> 遂起立學校，博求儒術。綦毋闓、宋忠等，撰立五經章句，謂之後
> 定（《後漢書》列傳六十四下劉表傳）。

關於寄居到劉表治下的荆州的人士，請參考文後附圖：劉表治下的
荆州和襄陽集團。從圖中可以看出，荆州名士界有着①—⑤的多層結
構，彼此之間以血緣、婚姻或交友等關繫相互來往。

圖中的①是劉表政權成員中，荆州本地的名士、豪族。蔡瑁、蒯越
是他們的中心人物。蒯越則是荆州名士的代表。曹操在平定荆州之後，
曾在給荀彧的信中寫道："不喜得荆州，喜得蒯异度耳。"（《三國志》
卷六劉表傳注引《傅子》）。蔡瑁則是政權骨幹，其姐（有史書記載是
其妹）嫁給劉表為繼室。蔡瑁財力極大，家蓄婢妾數百人，別業達到四
五十處（《水經注》卷二十八沔水所引《襄陽耆舊記》）。在劉表治下的
荆州，蔡氏的力量不容小覷。劉表在決定繼承人的時候没有選擇長子劉
琦，而選擇了與蔡瑁關繫親近的次子劉琮，可見一斑。

圖中的②則是劉表政權内部的荆州學人士。《周易章句》（五經章
句之一）、《新定禮》等據記載為劉表編纂（《隋書》卷三十二經籍志
一），可以説荆州學是在劉表的庇護下發展起來的。五業從事的宋忠、
綦毋闓等人具有劉表政權的參與者和荆州學學者集團重要成員的雙重身

①　關於劉表政權與荆州名士以及荆州學的關係，請參照渡邊義浩《蜀漢政權的成立與荆
州人士》（見《東洋史論》第 6 號，1988 年、《三國政權的構造與名士》（汲古書院 2004 年
版）。關於之後劉表政權的研究，有王永平的《劉表新論》（《江漢論壇》1995 年第 6 期）、
《士人去就與劉表興亡》（見《傳統文化與現代化》1997 年第 6 期）、《中古士人遷移與文化交
流》（社會科學文獻出版社 2005 年版）、宋超《劉表與荆州》（《諸葛亮與三國文化》，四川大
學出版社 2001 年版）、滿田剛《關於劉表政權——漢魏交替期的荆州與交州》（《創價大學人
文論集》第 20 號，2008 年）。

分。但是，荆州學學者集團的成員並不只限於政界。荆州學是在包括圖中③、④、⑤在内各類人士廣泛的學術交流過程中產生的。下文即將提到，荆州學的特點是偏重以義理釋經，同時重視實踐性。因此吸引了大量的名士。

圖中的③是作為劉表的賓客進入荆州的外來名士。例如王粲，之後作為建安七子之一享有盛名。邯鄲淳、隗禧也在曹魏時期被稱為"孺宗"（《三國志》卷二十一王粲傳；卷十三王朗傳附王肅傳注引《魏略》）。他們的學術水平和聲望都非常高，又從王粲説服劉琮降曹一事可以看出，他們在政治上也有一定的發言權。

由上可見，劉表政權是由執政基礎的荆州名士、荆州學核心的御用學者，以及作為賓客參與荆州學並在政治上有一定發言權的外來人士構成的。但是，也並不是在荆州居住的所有名士都與劉表保持着良好的關係。

圖中的④是受到劉表禮遇但又不願意依附劉表而離開襄陽的人士。和洽稱劉表為"昏世之主"、裴潜則認為其"非霸王之才"、杜襲也曾説"豈謂劉牧當為撥亂之主"（《三國志》卷二十三和洽傳、裴潜傳、杜襲傳）。可見他們並不認為劉表是足以為人君的人物。因此為避劉表的厚遇，很多人先後離開了襄陽。

另外，在襄陽還有一組集團⑤，是與劉表劃清了界限的一群人。他們是以司馬徽、龐德公為代表的襄陽文人集團。這個集團在學問上承擔了荆州學的一翼，但是在論天下、國家以及相互之間人物評價方面，與宋忠等劉表身邊的學者持有不同態度。

> 劉備訪世事於司馬德操。德操曰，儒生俗士，豈識時務。識時務者在乎俊杰。此間自有伏龍、鳳雛。備問為誰，曰，諸葛孔明、龐士元也（《三國志》卷三十五諸葛亮傳注引《襄陽記》）。

司馬徽把自己一派定位為察時局之要務的"俊杰"，與純學者的"儒生"相區別。被司馬徽的友人龐德公評為"伏龍"，並認為足以擔當大任的名士則是諸葛亮。與全身心投入經籍注釋的同輩學者不同，他的解讀止於對大概意思的把握。如何實現經典所指示的理想，才是更重要的課題。

　　諸葛亮每每以管仲、樂毅自比。就像龐統論帝王的秘策那樣，他擁有經世濟民的抱負，希望能以所學的荊州學來平定亂世。最終，他選擇了劉備作為自己經世濟民理想的托付對象。

　　加賀榮治第一次着力闡明了名士交流與在劉表保護下形成的荊州學的重要性。他把荊州學的特色定義為：將之前復雜繁瑣的古典解釋修改得簡單易懂；作為反鄭玄學術的萌芽成為魏晉經學的先驅①。對此，唐長孺認為，荊州學校的規模與制度都已經超過郡的國學的範圍，可以説是洛陽太學的南遷；而胡寶國則認為荊州學派對中州學術的繼承只是表面現象②。很難説荊州學在經學史上的重要性已經得到了明確的定位。

　　作為荊州學批判對象的鄭玄經學研究的主要是稱為"三禮"的《周禮》、《儀禮》、《禮記》，其中特別以《周禮》為基礎將諸經進行了系統化的整理③。他對經籍的解釋是以緯書為中心，以感生帝説確立劉邦的正統地位，帶有濃厚的宗教色彩④。與之相對，荊州學是以描述春秋時期戰亂歷史的《左傳》作為中心經籍，具有治理亂世的實踐性。《左傳》中也有很多相關的具體規範。另外，荊州學於黃巾之亂後的東漢衰弱期在遠離帝都洛陽的荊州興起，受東漢權威的約束較少。因此，能夠對支持漢代統治正統性的讖緯書的宗教性提出強烈的質疑，也是具

---

　　①　［日］加賀榮治：《中國古典解釋史》魏晉篇，勁草書房1964年版。

　　②　唐長孺《漢末學術中心的南移與荊州學派》（《地域社會在六朝政治文化上所起的作用》，玄文社1989年版），胡寶國著，葭森健介譯《漢代政治文化中心的轉移》（《德島大學綜合科學部人間社會文化研究》第5號，1998年）。除此之外，關於荊州學的論文還有王韶生《荊州學派對於三國學術之關係》（《崇基學報》第411號，1964年）、野澤達昌《後漢末荊州學派的研究》（《立正大學文學部論叢》第41號，1972年）、魯錦寰《漢末荊州學派與三國政治》（《中州學刊》1982年第4期）、吉川忠夫《後漢末荊州的學術》（《關於中國士大夫階級與地域社會之間關係的綜合研究》科研費報告書，1983年）、程元敏《季漢荊州經學（上）（下）》（《漢學研究》第4卷第1期、第5卷第1期，1986年、1987年）、楊代欣《劉表、諸葛亮與荊州學風》（《諸葛亮成才之路》，武漢大學出版社2000年版）、張曉春《司馬徽荊州事迹淺議》（《諸葛亮成才之路》，武漢大學出版社2000年版）、劉玉同、陳紹輝《劉表與漢末荊州學術文化》（《江漢論壇》2001年第4期）等。

　　③　關於鄭玄經學中《周禮》的位置，請參照［日］間嶋潤一《鄭玄與〈周禮〉——周的太平國家構想》（明治書院2010年版）。

　　④　關於鄭玄的感生帝説，可參照渡邊義浩《鄭箋中的感生帝説與六天説》（渡邊義浩編《兩漢的詩與春秋三傳》，汲古書院2007年版）；關於緯書與感生帝説對六天説的理論支持，可參照渡邊義浩《兩漢的祭天與六天説》（渡邊義浩編《兩漢儒教的新研究》，汲古書院2008年版），均收於渡邊義浩《東漢"儒教國家"的成立》（汲古書院2009年版）。

有合理性的。

如上所述，東漢末的荆州，遠離東漢“儒教國家”的權威，除經學家之外也包含大量名士的自由闊達的辯論過程中，誕生了被稱為荆州學的新儒教。荆州學經籍理解的特點在於具有治理亂世的實踐性和以人為本的合理性。前者的體現是成為蜀漢丞相的諸葛亮；後者的體現則在深化之後，成為對鄭玄加以全面反駁的曹魏的王肅經學。

二　諸葛亮與《左傳》

在荆州學的名士當中，襄陽集團對劉表持續的寬治態度感到失望①。司馬徽不僅拒絕加入政權，而且也避開了與劉表的談話。叔父諸葛玄是劉表的舊友，並娶蔡瑁的侄女為妻的諸葛亮本來也應當在荆州擁有相當高的地位，可他却没有選擇在劉表集團出仕。諸葛亮寧願選擇連出身都不甚明確的劉備，也不願輔佐東漢宗室的成員劉表去復興漢室。

襄陽集團當中，最先開始輔佐劉備的是徐庶。他建議劉備以三顧茅廬之禮來聘請諸葛亮，用意是將劉備集團從以關羽、張飛為中心的傭兵集團變成以名士為中心。如魚得水一詞，是為了給對此不滿的關羽、張飛的一個解釋。得到尊重自己的保証後，諸葛亮出仕了，並在《隆中對》中指出了劉備集團的基本發展方向。《隆中對》雖然一向被稱為三分天下之計，但是所謂三分其實更多的是手段而不是目的。由於曹操的勢力太過強大無法單獨與之抗衡，所以不得不暫時與孫權聯手，求得三分天下。可是，形成天下三分的格局之後，諸葛亮依然没有停止戰爭。就像《隆中對》中所説，先取荆州與益州，然後先後奪取洛陽與長安。先滅曹魏，再滅孫吳，最終目標是漢朝的復興與天下的一統。諸葛亮的《隆中對》歸根到底是統一天下的策略。

漢代儒教最重視的是由聖漢而生的大一統思想。大一統是《公羊傳》隱公元年所記載的春秋之義。根據公羊學，統一當然應該由孔子所

---

①　與曹操的嚴政相比，劉表與袁紹從東漢繼承的寬治方式通常評價較低。關於這一點，可以參照［日］渡邊義浩《從“寬”治到“嚴”政》（《東方學》第102號，2001年）、《三國政權的構造與“名士”》（已見前注）。

推崇的聖漢來實現。諸葛亮《隆中對》的最終目的是以漢代儒教的王道，也就是聖漢來實現的大一統。他力圖通過三分天下這樣的新方法來實現趨於保守正統的理想。具有公羊學的思想基礎與理想的諸葛亮《隆中對》，看似與以《左傳》為中心的荊州學具有不同的理念。

以統一天下為目標的曹操揮師南下，於是劉備派出諸葛亮與孫權聯合抗曹。這就是建安十三年（208）的赤壁之戰。當時劉備由於對孫吳的大都督周瑜的戰略抱有疑慮，並沒有積極參與。但是由於魯肅的支持和劉表政權崩壞之後眾多名士的加入，戰後劉備還是順利佔領了荊州南部。龐統、馬良等荊州名士發揮了巨大的影響力，並經由諸葛亮的推薦參與到政權中樞，實現了自身參政的名士抱負。諸葛亮在荊州名士間聲望甚高，他以荊州名士的影響力為支柱，發揮了重要的作用。

舉兵以來終於第一次擁有了根據地的劉備，下一個目標就是佔領益州。益州的劉璋政權此時正因作為軍事基盤的東州兵與當地豪族之間的對立而日漸衰弱。劉備入蜀時，主要的抵抗勢力就是東州兵。他們在綿竹、雒城等地與劉備軍展開了激烈的戰鬥，其間龐統戰死。前後花了三年時間，益州終於平定，諸葛亮把荊州的守備任務交託給關羽之後與劉備匯合，完成了對益州的征服①。按照《隆中對》的戰略先後佔領了荊州南部與益州的劉備，進一步開往漢中與曹操直接對峙。黃忠斬殺夏侯淵之後，劉備成功佔領了漢中，與已稱魏王的曹操相抗衡，自稱漢中王。諸葛亮的大漢復興計劃正在順利進行當中。

法正在劉備的入蜀過程中發揮了重要的作用。蜀地平定後他認為諸葛亮執政過嚴，進言緩用法刑，提倡曾經支配了東漢儒教國家的寬治。諸葛亮對這種看法進行了強烈的反駁：

> 君知其一，未知其二。秦以無道，政苛民怨，匹夫大呼，天下土崩。高祖因之，可以弘濟。劉璋暗弱，自焉已來，有累世之恩。文法羈縻，互相承奉，德政不舉，威刑不肅……寵之以位，位極則賤，順之以恩，恩竭則慢。所以致弊，實由於此。吾今威之以法，

---

① 關於劉備入蜀之時益州的"名士"與豪族的動向，以及劉備、諸葛亮的應對方式，可以參照渡邊義浩《蜀漢政權的支配與益州人士》（《史境》第 18 號，1989 年）、《三國政權的構造與"名士"》（已見前注）。

法行則知恩，限之以爵，爵加則知榮。榮恩並濟，上下有節。為治之要，於斯而著（《三國志》卷三十五諸葛亮傳注引郭沖《五事》）。

諸葛亮為了管理已經習慣劉焉、劉璋政權惰弱統治的蜀地，强調了法治的重要性。作為批判劉焉、劉璋政權重要論據的"德政不舉，威刑不肅"是以荊州學最為重視的《左傳》中隱公十一年所載"既無德政，又無威刑"為依據。諸葛亮以《左傳》為價值核心，對劉焉、劉璋的政權運作進行了批判。通過劉備復興漢室並一統天下的思想核心，一方面借鑒了春秋公羊學，另一方面有效地發揮了自己所學荊州學中以《左傳》為本的實踐性。

劉備駕崩之後劉禪即位，諸葛亮作為丞相、錄尚書事掌攬大權。不久，興起了一股認為諸葛亮執政過嚴失於寡恩的批判意見。諸葛亮引用劉備所言，表示濫用恩赦於政治清明無益：

治世以大德，不以小惠。故匡衡、吳漢不願為赦。先帝亦言，吾周旋陳元方、鄭康成間，每見啓告，治亂之道備，曾不語赦也。若景昇、季玉父子，歲歲赦宥，何益於治（《華陽國志》卷七劉後主志）。

據諸葛亮所説，先主劉備少時曾受教於主張肉刑的陳紀和漢代儒教的集大成者鄭玄，二者都未提過恩赦。濫用恩赦從寬執法，只會招致墮落。劉備在駕崩之時也曾給劉禪留下遺言，要求他學習史傳《漢書》、經籍《禮記》與兵法書《六韜》、法家《商君書》。還提到相傳諸葛亮自己鈔寫之後，在送給劉禪途中遺失了的法家的《申子》、《韓非子》等書的自學必要性。建立了繼承漢室的季漢之後，劉備本人也意識到東漢儒教國家的寬治之法並不適用於治理亂世。

諸葛亮重視的是以《左傳》昭公二十年"寬猛相濟"為典據的嚴政，具體體現在政事中對法刑的重視。諸葛亮依照自己的價值基準編纂了法令：《蜀科》。參與《蜀科》編纂的人士有：諸葛亮、法正、劉巴、李嚴、伊籍。其中除了主張寬治的法正之外，全都出身荊州。可以說《蜀科》這一法律典籍是在荊州學這一儒教分支的內部演變過程中編纂成型的。

就這樣，以基於儒教的嚴政整治了内政的諸葛亮，為了漢室復興上奏《出師表》並開始對曹魏進行北伐。諸葛亮没有直奔長安，而是為了把通往西域的凉州從曹魏切分開而攻打天水郡。這一戰術奏效，天水郡等三郡都納入了蜀漢治下。曹魏的明帝親征，並以張郃為先鋒打算扭轉局勢。諸葛亮此時起用了心愛的弟子馬謖。馬謖在天水郡東北街亭迎擊張郃時失策駐軍在遠離水源的山上，被張郃軍包圍而遭到慘敗。由於街亭失守，北伐失敗。諸葛亮匯集軍隊返回漢中，揮泪斬馬謖於軍門，並自罰降格三等，為右將軍。

> 臣以弱才，叨竊非據，親秉旄鉞以厲三軍。不能訓章明法，臨事而懼，至有街亭違命之闕，箕谷不戒之失。咎皆在臣授任無方。臣明不知人，恤事多暗。春秋責帥，臣職是當。請自貶三等，以督厥咎（《三國志》卷三十五諸葛亮傳）。

諸葛亮提出，軍隊敗戰的責任在於總指揮官，並因此自貶的理論依據是“春秋責帥”，出處是《左傳》宣公十二年。作為嚴政典據的《左傳》同時也被諸葛亮應用在刑罰的基準上。

益州全盤接受了以《左傳》為依據的諸葛亮嚴格而公正的統治[①]。為了鞏固統治，諸葛亮打算提拔益州本地出身的人士擔當政權要職。北伐途中姜維降蜀，諸葛亮對他的個人評價是在與益州名士李邵、荆州名士馬良的比較之下進行的。像這樣對人物評價進行積累，在蜀漢名士的社會系統中對益州名士進行定位，與提拔益州人士擔任要職一事密切相連。因為諸葛亮是依據名士的名望來確定官位高低的。

在人事政策上取得成功的諸葛亮對經濟生產也十分重視。他在農業生產的要地都江堰專門設立了堰官，通過灌溉盡力實現糧食的增產；又設置司鹽校尉，任命深孚厚望的荆州名士王連控制鹽鐵的專賣。此外，諸葛亮還下令發展特產品蜀錦的生產，採掘漢嘉的金礦與朱提的銀礦，

---

①　關於諸葛亮對益州的治理，可以參照〔日〕渡邊義浩《死而後已——諸葛亮的漢代精神》（《大東文化大學漢學會志》第42號，2002年）、《三國政權的構造與“名士”》（已見前注），收入《諸葛亮與三國文化》（四），四川出版集團·四川科學技術出版社2011年版）。

實行鐵礦山的國有制并且加緊開發，同時大量製造兵器。南征正是這一系列政策的延伸。另外在與曹魏作戰期間，他還為了保証糧食的供給推行屯田制；專門設置督農官管理農業。正是諸葛亮推行的這些經濟政策大大增強了蜀的國力，支撐了蜀軍在遠離成都的漢中與曹魏進行長期作戰。

與軍事及經濟相比，諸葛亮更為重視文化政策。益州的傳統儒教稱為蜀學，相對於先進的荆州儒教來說死氣沉沉，處於停滯狀態。蜀學的學術内容中心是始於楊春卿的讖緯學，學者中出仕蜀漢的周群之父周舒認為曹魏政權是讖緯中説的"代漢者當涂高"。

　　　　時人有問，春秋讖曰，代漢者當涂高。此何謂也。舒曰，當涂高者，魏也。鄉黨學者私傳其語（《三國志》卷四十二周群傳）。

這樣的讖語是蜀學的一大特徵。在蜀漢立國之前，蜀地名士周舒曾經預言魏政權將會取漢而代之。在這種預言廣為流傳的蜀地建立漢朝末裔的季漢，諸葛亮統治的困難可以想見。

諸葛亮以荆州學為思想中心推行嚴政的同時，隨着蜀漢名士社會的形成，他也致力於蜀學的振興，確立了儒教在名士社會文化價值系統中的中心地位。五丈原諸葛亮戰殁時，蜀漢後期蜀學的代表譙周在朝廷禁令下達之前搶先弔問，並明示對諸葛亮的敬愛之情一事，充分説明了在諸葛亮的努力之下蜀學復興的成功。

諸葛亮是"漢"的最終繼承人。下這個定義並不全是因為他事奉的是號稱漢朝正朔，並以復興漢室為目標先後與曹操多次戰鬥的劉備。諸葛亮是東漢儒教國家確立的獨尊儒術這一中心價值觀的正統繼承人。奠定了曹魏統治基礎的曹操更加尊重多樣化的價值觀，是貴族文化的先驅[1]，相對來說代表了先進的思想傾向。與之相對，諸葛亮以荆州學為本，雖然加入了一些重視嚴刑峻法等特色，但還是始終保持了獨尊儒術的價值觀。諸葛亮修習的是先進的荆州學，重視嚴刑峻法，賞罰準則基

----

① 　關於曹操為了與儒教相對抗而宣揚文學的情況，可以參照〔日〕渡邊義浩《三國時代"文學"的政治性宣揚——由六朝貴族制形成的視點説起》（《東洋史研究》第54卷第3號，1995年）、《三國政權的構造與"名士"》（已見前注）。

於《左傳》。另一方面，他以聖漢大一統的實現為目標，重視上承東漢官學今文經學源流的蜀學，成為"漢"傳統的繼承者。而非常可惜的是，他只做到"承前"，沒有能够做到"啓後"，在開拓方面沒有太多的建樹。但是，作為中國自身的傳統去回顧"漢"這一概念的話，例如朱熹，就曾給予諸葛亮極高的評價。從長期來看，諸葛亮作為漢民族的典範形象保存在《三國演義》當中，并且流傳至今。

三　王肅的理

王肅之父王朗在曹魏仕官，曾經官至司徒。他政治理念的中心主要是以寬治為主導的東漢儒教，在重視嚴刑峻法的曹魏並沒有受到重視。但是王肅作為司徒之子還是順利地受到提拔，師從荊州學的中心人物——與劉琮（劉表次子）一同降曹的宋忠。之後的王肅從事了西晋正統學術，經學的注釋工作。他仕於明帝，在對基於鄭玄學説的禮制改革的反駁過程中形成完善了自己的學説。王肅對鄭玄的批判主要是為了對抗倡導改革却忽視明帝期社會現實情況的高堂隆學説的核心——鄭玄的學説。而借由這種批判，王肅邁向了對新的禮説的構築①。

王肅的批判是對鄭玄六天説的支柱即感生帝説的否定，是對其進行的徹底本質性批判。殷的始祖契是簡狄吞燕卵而生；周的始祖后稷是姜嫄履天帝脚跡而生。對鄭玄的這些感生帝説，王肅堅决地進行了反駁。

　　（王肅）又其奏云：稷、契之興，自以積德累功於民事，不以大跡與燕卵也。且不夫而育，乃載籍之所以為妖，宗周之所喪滅。其意不信履大跡之事，而又不能申棄之意。故以為遺腹子，姜嫄避嫌而棄之（《毛詩正義》卷十七大雅生民）。

王肅的議論引用了《毛詩正義》的《生民篇》，認為后稷並非履天

---

　　①　關於王肅經學的特徵與其政治背景，可參照［日］渡邊義浩《王肅的祭天思想》（見《中國文化——研究與教育》第66號，2008年）、《西晋"儒教國家"與貴族制》（汲古書院2010年版）。

帝足跡而生，而是帝嚳的遺腹子，因"姜嫄避嫌而棄"（后稷的名字叫棄）。他明確否定了后稷故事，認為和契的燕卵之説一樣是無稽之談，這種否定可以説相當合理。繼承了荆州學緯書批判傳統的王肅是不可能容忍論據出於緯書的感生帝説的。

王肅否定了感生帝説、讖緯等的神秘性，重視源自荆州學的尊重"理"的闡釋方法。然而鄭學學術跨越諸經，學術體系非常緻密。要推翻它，只針對局部的批判很難奏效。為此，王肅構築了可取代鄭玄六天説的祭天思想。

> 案聖證論，王肅難鄭云：……鄭玄以祭法禘黄帝及嚳，為配圜丘之祀，祭法説禘無圜丘之名。周官圜丘不名為禘。是禘非圜丘之祭也。玄既以祭法禘嚳為圜丘，又大傳，王者禘其祖之所自出，而玄又施之於郊祭后稷，是亂禮之名實也。案爾雅云：禘，大祭也。繹，又祭也。皆祭宗廟之名。則禘是五年大祭先祖，非圜丘及郊也……又詩思文，后稷配天之頌，無帝嚳配圜丘之文。知郊則圜丘，圜丘則郊。所在言之則謂之郊，所祭言之則謂之圜丘……（《禮記注疏》卷二十六郊特牲）。

王肅依據《禮記注疏》所引用的《聖證論》中關於《禮記》的記述與《周禮》的記事，認為圜丘、南郊二者並無本質的不同；禘為五年一次的宗廟大祭而並非圜丘祭祀。作為經籍的闡釋，王肅的説法更合乎道理。他的思想中很難看到鄭玄式的跳躍性較強的理論展開，這可能是因為關於漢代祭祀錯誤的訂正與流傳後世的經籍闡釋的集大成工作，王肅並没有那麼急迫的問題意識。當然，以王肅繼承的荆州學為開端，魏晋經學超越漢代儒教的宗教性而趨向於依理解釋經籍的風潮，可以説是由王肅基於"理"的祭天思想所推動的。

加賀榮治認為，正始末年（240—249），王肅僞纂了《孔子家語》[①]。根據王肅的序文，由於他的學友，孔子的二十二世孫孔猛的《孔子家語》印證了其學説的正確性，所以他給本書作了注釋。而正如唐代孔穎達所説，現在流傳的《孔子家語》並非當年鄭玄所見，而是

---

① ［日］加賀榮治：《中國古典解釋史》魏晋篇（已見前注）。

經王肅改竄後的版本，是從其他衆多的書籍中剪接選取孔子的言行，又添上部分僞作之後重新編輯而成的①。通過《孔子家語》，王肅確立了五帝的五行之神地位。

> 五祀上公之神，故不得稱帝也。其序則五正不及五帝，五帝不及天地。而不知者，以祭社爲祭地，不亦失之遠矣。且土與水、火俱爲五行，是地之子也。以子爲母，不亦顛倒，失尊卑之序也（《孔子家語》卷六五帝注）。

在《孔子家語》注中，王肅反對鄭玄將稱其爲天帝，依照緯書冠以黃帝含樞紐之名的五帝之説，而把他尊爲五行之神，認爲是助天者，也就是説主張五帝是人帝。又認爲鄭玄將五帝之一的人帝土（亦即鄭玄説中的黃帝含樞紐），置之於大地，亦即其母之上，是本末倒置。五帝並非天而是人帝，天又只是昊天上帝之一柱。王肅的祭天思想，就是這樣在與鄭玄學説的正面衝突之下逐漸成型的。

《孔子家語》的成書時間大約在正始末年。司馬懿在正始之變中推翻皇族曹爽，掌握大權。王肅將女兒嫁於其子司馬昭爲妻。司馬昭之子，也就是王肅的外孫司馬炎剷滅曹魏，建立了西晋②。建國次年，也就是泰始二年（266），司馬炎否定了曹魏明帝期的禮制改革，廢除了圜丘與方澤，把圜丘合並到南郊，方澤合並到北郊。關於此事，《宋書》卷十六禮志三明確説明，是由於從前宣帝司馬懿采用了王肅的建議。最終，依照以摯虞爲中心所確立的新禮，確定了五帝作爲配天之神存在而並非天本身的地位（《晋書》卷十九禮志上）。

在西晋，王肅的學説被采納一方面是因爲與司馬氏密切的個人關

---

① ［日］宇野精一譯：《孔子家語》（明治書院1996年版）。另，關於王肅如何處理引用的書籍，可參照［日］吉田照子《〈韓詩外傳〉與〈孔子家語〉》（《福岡女子短大紀要》第60號，2002年）。另有［日］伊藤文定《王肅與孔子家語》（《静岡大學教育學部研究報告》人文・社會科學篇，第25號，1975年）可作參考。

② 關於司馬氏的婚姻關係，可參照［日］渡邊義浩《西晋司馬婚姻考》（《東洋研究》第161號，2006年）；關於西晋的建國過程，可參照［日］渡邊義浩《司馬氏的抬頭與西晋建國》（《大東文化大學漢學會志》第46號，2007年）。兩者都收在《西晋“儒教國家”與貴族制》（已見前注）中。

係，另一方面是由於司馬氏的建國過程中没有利用讖緯思想，這與王肅的學説産生了思想史上的共鳴①。

西晉武帝司馬炎，在泰始元年（265）以禪讓的形式繼曹奂之後稱帝，在南郊祭天即天子位。在司馬炎的告代祭天文（告知上天即位爲天子的祭文）中，關於晉魏相代的正統性着重闡述了兩點。第一，漢→魏→晉的禪讓是以堯→舜→禹的禪讓爲準則進行的；第二，瑞祥的出現。

關於第一條，以五行相生説把禪讓行爲正統化早已見於曹魏文帝時。當時以《禮記·禮運》的"天下爲公"爲理念基準，依照堯舜的相代肯定了漢魏相代的正統性。如果肯定曹魏是舜的後裔，爲土德國家，那麽受其禪讓的西晉則應是禹的後裔，金德國家。然而司馬氏並没有把自己一族附會爲禹的後裔，從這裏就可看出其與曹魏的不同之處。西晉也始終没有倡導國家的創始者擁有特殊出身的感生帝説。與西晉同樣主張金德的孫吳在其政權末年，通過類似感生帝説的故事將孫堅的出生神秘化②。由此可以看出，與曹魏、孫吳相比，西晉並未爲了維護國家的正統性而求諸宗教性與神秘主義。

關於第二條，可以明顯看出的是，建立在以天的神秘性爲基礎的天人感應學説之上，關於肯定即位合理性的瑞祥大量減少。不僅限於告代祭天文，意在推舉司馬昭爲晉王的鄭冲的勸進文（由阮籍代筆）也没有出現瑞祥或讖緯的因素。雖然曹魏的告代祭天文也極少言及瑞祥并且没有引用緯書，但是臣下的勸進文中卻出現了衆多關於瑞祥或緯書的記載③。與曹魏相比，西晉的正統性在確立過程中，告代祭天文與臣下的勸進文中極少出現瑞祥并且不引用緯書的特徵更爲明顯。可以説西晉脱離了將漢的統治正統化的宗教性讖緯思想，繼承并發展了更注重"理"的時代風潮。

---

① 西晉基於"理"而建國的過程，可參照〔日〕渡邊義浩《西晉"儒教國家"的形成》（《大東文化大學漢學會志》第 47 號，2008 年）、《西晉"儒教國家"與貴族制》（已見前注）。

② 孫吳展開的種種正統化理論，可參照〔日〕渡邊義浩《孫吳的正統性與國山碑》（《三國志研究》第 2 號，2007 年）。

③ 關於曹魏的勸進文，可參照〔日〕渡邊義浩《〈魏公卿上尊號奏〉中表現的漢魏革命正統性》（《大東文化大學漢學會志》第 43 號，2004 年）、《後漢"儒教國家"的成立》（已見前注）。

　　綜上所述，王肅的以“理”為基礎的經典解釋，對於在現實政治活動中，以經典為中心的基於理的對於國家正統性的主張，以及對基於經義的國政運作都給予了相當大的影響。這樣，從鄭玄到王肅，對於經典闡釋方式的變化淡化了在兩漢形成的儒教的神秘性及宗教性，而逐漸更具備合理性。

　　魏晉革命的次年，泰始二年（266）正月，伴隨着改訂郊祀制度詔書的頒佈，群臣進行了討議，決定廢止曹魏明帝期開始采用的鄭玄學說，而改用王肅的學說。上承荆州學，對緯書持明確否定態度的王肅也正是武帝的外祖父。武帝依照宣帝司馬懿所用的王肅之議，廢止了鄭玄的六天說，廢除了祀天的明堂與南郊的五帝之座，實行了郊祀制度的改革，又在泰始三年（267）明令禁止“星氣、讖緯之學”。

　　遵循以經籍為依據的泰始律令的西晉，在實際治理國家的政策方面也重視在經義中尋找依據。基於儒教，國家的經營有三大支柱：封建、井田、學校。關於王的封建部分出自《左傳》僖公十一年、异姓五等爵的封建部分出自《禮記》王制篇。占田、課田制的出處也是《禮記》的王制篇；而國子學的設置則是基於《禮記》的學記篇①。眾多重大政策都有明確的經典做理論支持，可以說這是西晉作為儒教國家的一大特徵。當然，也可以說儒教的滲透和對儒家經典的參照，是與東漢儒教國家相比進一步發展演變的結果。

　　如上所述，在西晉，曾經為聖漢提供了理論支持的儒學宗教性大幅衰退，而以荆州學為開端，以“理”為基準的王肅經學受到重視。這一點在皇帝即位時的告代祭天文以及郊祀制度的改革當中有非常明確的表現。

結　　論

　　東漢末年形成的荆州學的特徵在於它的實踐性與“理”。這是因為

---

　　①　西晉各政策的經學典據，可參照［日］渡邊義浩《西晉“儒教國家”的成立》（《大東文化大學漢學會志》第47號，2008年）、《西晉“儒教國家”的成立與貴族制》（已見前注）。

東漢儒教國家的覆滅本身就已經證明了支撐其統治的儒學宗教性的虛妄。而接收了中原到蜀地出身的大量留學生的荊州，已經超越古文今文之辯，具有了窮究一切儒教經典所包含的根本原理的必要性與可能性。王肅，則抓住了其中的根本原理，也就是"理"。

　　具有精密性和體系性，同時又帶有强烈宗教性的鄭玄經學在西晉失去了正統地位。西晉轉而重視王肅經學的理由在於，王肅的"理"與時代風潮的要求相吻合。而對諸葛亮來説，由於"理"本身具有"經世濟民"的性質，為了匡正亂世，他充分重視了荊州學的實踐性。他對繼承了東漢儒學的蜀學的保護，也是優先看重其安定國政的實踐性。而在這一切之上，諸葛亮的終極目標是聖漢的大一統。他對繼承了後漢官學，也就是今文經學傳統的蜀學的尊重，也就是對"漢"的傳統的繼承。這就是諸葛亮的思想特徵。

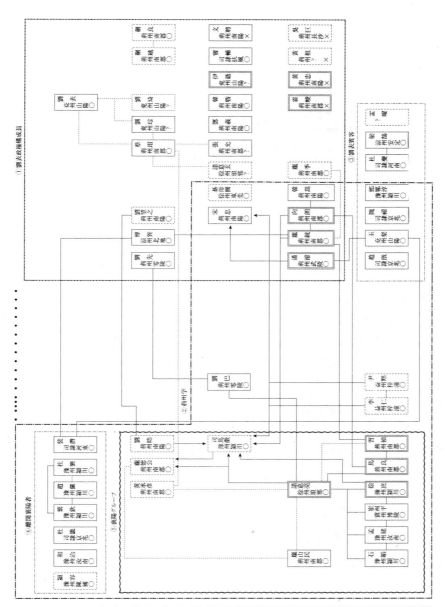

附圖　劉表治下的荊州和襄陽集團

晋宋之際北府地域學術群體之
興起及其學術文化風尚

揚州大學歷史系　王永平

　　晋宋之際，以京口為中心的北府地域軍政勢力的崛起，不僅直接導致晋、宋政權的更迭，而且促成了門閥政治格局的終結和皇權政治的回歸，這無疑是中古時代一個重要的歷史環節，頗受學界之關注。檢點相關學術史，可見以往多聚焦於北府兵之興衰、北府集團之軍政活動等問題，這自是北府研究的題中應有之義，無可非議。不過，從地域社會、新興社會階層興起與變動的角度着眼，北府勢力之崛起，必然引發當時社會一系列的深刻變革，難免波及學術文化、社會思想領域，導致學術群體的構成與學術風尚的變異。從相關史籍的零散記載中，我們能夠隱約地感覺到當時北府地域學者之地位、學術影響得到了明顯提升，並促成了此後學術文化的諸多新變化。只是以往人們少有從學術文化的角度考慮北府問題，而忽視了中古時代這一頗有趣味的學術文化現象。有鑒於此，本文就晋宋之際京口地域學者及其學術活動略作專題考論，不當之處，懇請教正。

一　北府勢力之崛起與京口學術文化地位之提升

　　衆所周知，東晋以來，以京口為中心的北府地域是一個重要的移民聚集地，《宋書》卷三五《州郡志一》"南徐州刺史"條載："晋永嘉大亂，幽、冀、青、并、兗州及徐州之淮北流民，相率過淮，亦有過江在晋陵郡界者。晋成帝咸和四年，司空郗鑒又徙流民之在淮南者於晋陵諸縣，其徙過江南及留在江北者，並立僑郡縣以司牧之。徐、兗二州或治江北，江北又僑立幽、冀、青、并四州。安帝義熙七年，始分淮北為北徐，淮南猶為徐州。後又以幽、冀合徐，青、并合兗。武帝永初二年，加徐州曰南徐，而淮北但曰徐。文帝元嘉八年，更以江北為南兗州，江南為南徐州，治京口，割揚州之晋陵、兗州之九郡僑在江南者屬焉，故南徐州備有徐、兗、幽、冀、青、并、揚七州郡邑。"南徐州地區是東晋南朝時代最重要的僑民聚集地，譚其驤先生論述永嘉亂後民族遷徙問題曾指出：

> 南渡人户中以僑在江蘇者為最多，約二十六萬……江蘇省中南徐州有僑口二十二萬餘，幾占全省僑口十之九。南徐州共有口四十二萬餘，是僑口且超出於本籍人口二萬餘。有史以來移民之盛，迨無有過於斯者矣。[1]

東晋流民之僑置與定居，不僅與其籍貫相關，而且往往與其社會階層有關，陳寅恪先生曾論述當時流民的分布指出：

> 北人南來避難約略可分為二路線，一至長江上游，一至長江下游，路線固有不同，而避難人群中其社會階級亦各互異，其上層階級為晋之皇室及洛陽之公卿士大夫，中層階級亦為北方士族，但其政治社會文化地位不及聚集洛陽之士大夫集團，除少數人如徐澄之、臧琨等外（見晋書玖壹儒林傳徐邈傳），大抵不以學術擅長，而用武勇擅戰著稱，下層階級為長江以北地方低等士族及一般庶族，以地位卑下及實力薄弱，遠不及前二者之故，遂不易南來避難，其人數亦因是較前二者為特少也……東西晋之間江淮以北次等

---

① 譚其驤：《晋永嘉喪亂後之民族遷徙》，《長水集》，人民出版社1987年版，第220頁。譚先生的這一統計數據，是依據相關正史材料得出的，田餘慶先生在《論郗鑒——兼論京口重鎮的形成》一文中曾就此指出："按照東晋制度，僅奴不入籍，客雖得'注家籍'，但漏注者多。流民在徐州為僮客而未著籍者，當然未計入此二十二萬之内。從人口數字看，徐州是江左僑寓人口最為集中的地方。"（《東晋門閥政治》，北京大學出版社2009年，第81頁）

士族避亂南來，相率渡過阻隔胡騎之長江天塹，以求保全，以人事地形便利之故，自必覓較接近長江南岸，又地廣人稀之區域，以為安居殖產之所。此種人群在當時既非佔有政治文化上之高等地位，自不能亦不必居住長江南岸新立之首都建康及其近旁。復以人數較當時避難南來之上下兩層社會階級為多之故，又不便或不易插入江左文化士族所聚居之吳郡治所及其近旁，故不得不擇一距新邦首都不甚遠，而又在長江南岸較安全之京口晉陵近旁一帶，此為事勢所必致者也。……此種北來流民為當時具有戰鬥力之集團，易言之，即江左北人之武力集團，後來擊敗苻堅及創建宋、齊、梁三朝之霸業皆此集團之子孫也。①

由陳先生所論，可知當時遷移到以京口為中心的晉陵郡的北方移民，就其階層而言，可謂當時北方移民的中層，"中層階級亦為北方士族"，即所謂"次等士族"，其南遷也多以宗族、鄉里為組織單位，其政治、社會與文化地位顯然不及聚集洛陽之名士群體；就其文化與社會風尚而言，他們"大抵不以學術擅長，而用武勇擅戰著稱"。確實，自東晉前期以來，郗鑒在京口組織北府軍鎮以協調荊、揚間軍政局勢，東晉中期後謝安、謝玄叔侄等重建北府兵以抗擊前秦入侵，東晉末劉裕等在京口再造北府軍團以反桓玄，依靠的正是這一地區僑寓尚武次等士族家族及其人物的勢力。關於這一地域的僑寓社會的尚武風尚，《世說新語·捷悟篇》"郗司空在北府"條注引《南徐州記》載："徐州人多勁悍，號精兵，故桓溫常曰：'京口酒可飲，箕可用，兵可使。'"② 毫無疑義，崇尚武力是京口地域僑寓社會最顯著的文化特徵。

東晉設立僑州郡縣制度後，聚集於南徐州晉陵郡的北方移民形成了以舊有地緣籍貫為紐帶的相對封閉的僑寓社會，他們雖然無法完全抗拒社會風尚的變化，但確實依然頑強地保持着固有的文化特徵。不僅如此，東晉時代，在嚴格的門閥等級制度的限制下，京口地區尚武次等士

---

① 陳寅恪：《述東晉王導之功業》，《金明館叢稿初編》，三聯書店2001年版，第65—68頁。另外，關於京口、晉陵地區的環境與流民問題，田餘慶先生的《論郗鑒——兼論京口重鎮的形成》有深入論述（《東晉門閥政治》，北京大學出版社2009年版），也請一並參看。

② 《晉書》卷六七《郗鑒傳附郗超傳》載郗愔"在北府，徐州人多勁悍，（桓）溫恒云'京口酒可飲，兵可用'，深不欲愔居之"。

族人物的仕宦、交遊等社會活動，自然受到諸多局限，其子弟難以進入當時的政治、文化中心的首都建康任職，也少有人參與高門士族的玄學化交遊。久而久之，這種限制不僅使得一些次等士族政治、社會地位日益下降，而且在經濟上陷於貧困化，文化上則表現出粗鄙化。這方面以劉裕及其家族的情況最為典型，《魏書》卷九七《島夷劉裕傳》說他"家本寒微，住在京口，恒以賣履為業"。① 在文化上，《魏書·島夷劉裕傳》稱其"意氣楚刺，僅識文字，樗蒲傾産，為時賤薄"，他對當時士族社會重視的經史學術、玄談義理、書法、文學、音樂等一無所長，② 他發迹後猶自稱"本無術學，言義尤淺"，③ 可謂實録。可以説這類次等士族已陷入寒門化的窘境。

　　特別在語言方面，劉裕在語言上"楚音未變"。東晉南朝時代，語言是區分和判斷一個人社會等級地位的重要標準。陳寅恪先生在《東晉南朝之吳語》、《從史實論切韻》等論文中反復强調指出，東晉南朝的僑寓士族以漢晉之際的舊都洛陽語音為準，江東本土的士族階層人物也如此，而江東其他土著社會階層則説吳語。不過，以京口為中心的晉陵郡地區僑居的徐州等地移民的後代（屬漢代西楚地區）則比較特殊，他們既沒有高級士族化，成為雅言階級，也沒有完全融入江東本土社會中，操吳語，而是比較頑固地保持着原本的鄉音，即楚聲。沈約在《宋書》卷五二傳末"史臣曰"中説："高祖雖累葉江南，楚言未變，雅道風流，無聞焉爾。"這裏説劉裕"楚言未變"，正是從士大夫的角度而言的，鄙視他不能説雅言。劉裕弟劉道憐也如此，《宋書·宗室·長沙景王道憐傳》載："長沙景王劉道憐，高祖中弟也……道憐素無才能，言音甚楚，舉止施

———————————

　　① 《宋書》卷四七《劉懷肅傳》載："劉懷肅，彭城人，高祖從母兄也。家世貧窶，而躬耕好學……懷肅次弟懷敬，澀訥無才能。初，高祖産而皇妣殂，孝皇帝貧薄，無由得乳人，議欲不舉高祖。高祖從母生懷敬，末期，乃斷懷敬乳，而自養高祖。高祖以舊恩，懷敬累見寵授，至會稽太守，尚書，金紫光禄大夫。"《宋書》卷七一《徐湛之傳》載："初，高祖微時，貧陋過甚，嘗自往新洲伐荻，有納布衫襖等衣，皆敬皇后手自作。"《宋書·武帝紀上》載有一實例云："初高祖家貧，嘗負刁逵社錢三萬，經時無以還。逵執録甚嚴，王謐造逵見之，密以錢代還，由是得釋。高祖名微位薄，盛流皆不與相知，唯謐交焉。"

　　② 關於劉裕的文化素養，拙文《論宋帝劉裕之文化素養及其文化傾向》（刊於《史學月刊》2010年第二期，收入拙著《東晉南朝家族文化史論叢》，廣陵書社2010年版）已有比較細緻的考叙，敬請參看。

　　③ 《宋書》卷六四《鄭鮮之傳》。

為，多諸鄙拙。"陳寅恪先生據此有論云："劉宋皇室之先世，本非清顯，而又僑居於北來武裝集團所萃聚之京口，故既未受建鄴士人即操洛陽雅音者之沾溉，又不為吳中庶族即操吳語者所同化，此所以累葉江南而其舊居彭城即楚地之鄉音無改也。沈休文以宋高祖'楚音未變，雅道風流無聞'為言，是南朝士流之鄙視楚音，據此可見矣。"① 這裏，我們特別需要強調指出的是，劉裕及其家族在經濟上之貧困化、文化上之粗鄙化，從一個側面集中體現出當時北府尚武次等士族社會中一種普遍現象，諸多京口僑寓次等士族都有相似的處境。之所以如此，這與東晉門閥政治及其社會制度所造成的對北府地域社會的限制及其相對封閉狀態不無關係。

　　不過，京口北府僑寓社會雖以崇尚武力著稱，但其僑寓人口數量衆多，成員也絕非單一，譚其驤先生曾指出："南徐州所接受之移民最雜，最多，而其後南朝杰出人才，亦多產於是區，則品質又最精。劉裕家在京口（鎮江），蕭道成蕭衍家在武進之南蘭陵（武進），皆屬南徐州……南徐州之人才又多聚於京口。今試於列傳中查之，則祖逖范陽遒人，劉穆之東莞莒人，檀道濟高平金鄉人，劉粹沛郡蕭人，孟懷玉平昌安丘人，向靖河內山陽人，劉康祖彭城呂人，諸葛璩琅邪陽都人，關康之河東揚人，皆僑居京口。"② 田餘慶先生論述京口地區的移民也指出，這一地區自"西晉末年以來，吸引了大量的流亡人口，有士族也有平民。范陽祖逖率部曲南來，曾一度留居京口。渤海刁協，南來後子孫世居京口。潁川庾亮家於暨陽，地屬晋陵。東莞徐澄之與鄉人臧琨，率子弟并閭里士庶千餘家南渡，世居京口，兩族墳墓分別在晋陵及丹徒。彭城劉裕，自高祖徙居京口。北府諸將出於京口者，為數甚多。蘭陵蕭道成、蕭衍在武進寓居"。③ 譚先生以為南朝時期杰出人才多出自南徐州，而南徐州"人才又多聚於京口"，其中除了晋宋之際活躍的北府尚武人

　　① 陳寅恪：《從史實論切韻》，見陳寅恪《金明館叢稿初編》，三聯書店 2001 年版，第387 頁。

　　② 譚其驤：《晋永嘉喪亂後之民族遷徙》，《長水集》，人民出版社 1987 年版，第 220—221 頁。

　　③ 田餘慶：《論郗鑒——兼論京口重鎮的形成》，《東晋門閥政治》，北京大學出版社2009 年，第 81 頁。

士外，還包括一些學者。① 自東晋中後期以來，隨着高門士族階層的衰弱和門閥政治格局的式微，北府武人勢力逐漸浮到歷史前臺，劉裕之建宋代晋，後來的蕭齊、蕭梁也出自北府地域，蕭子顯在《南齊書》卷一四《州郡志上》叙及南徐州，有論云：“宋氏以來，桑梓帝宅，江左流寓，多出膏腴。”這雖主要指該區域相繼出帝室王侯而言，但也可見其地域社會群體地位總體有所提升、影響有所擴展的情形。與此相應，在東晋時代門閥社會文化風尚壓制下難以進入主流文化層面的京口學者，隨着晋宋更替與社會變革，他們憑藉與新興王朝及其統治集團的種種關聯，其社會地位也明顯提升，學術活動與影響則日益擴大，並在一定程度上推動了當時及此後南朝學風的變異。②

二　晋宋之際京口地域之文化家族與寒門學人

若欲論述晋宋之際出自京口地域學者之學術文化活動，必先考述僑寓京口地域以學術文化著稱的相關家族及其代表性人物。根據晋、宋史籍，可考者大體如下：

（一）東莞徐氏家族

東莞徐氏，主要學者有徐邈、徐廣兄弟。《晋書》卷九一《儒林·徐邈傳》載：“徐邈，東莞姑幕人也。祖澄之為州治中，屬永嘉之亂，遂

---

① 關於東晋一度僑居京口的著名人士，除上述譚、田二先生所述，可確知的還有劉惔，《晋書》卷七五《劉惔傳》載字真長，沛國相人，祖劉宏字終嘏，宏兄劉粹字純嘏，宏弟潢字冲嘏，“並有名中朝”，時人語曰：“洛中雅雅有三嘏”，其父劉耽，南渡後為“晋陵太守，亦知名”。劉惔是東晋中期最著名的玄談名士之一，“惔少清遠，有標奇，與母任氏寓居京口，家貧，織芒屩以為養，雖篳門陋巷，晏如也。人未之識，惟王導深器之”。劉惔後來尚明帝女廬陵公主，“以惔雅善言理，簡文帝初作相，與王濛並為談客。……尤好《老》《莊》，任自然趣……年三十六，卒官。孫綽為之誄曰：‘居官無官官之事，處事無事事之心。’時人以為名言”。以劉惔的家世、文化、婚宦等情况看，他與京口北府主流尚武階層差異明顯，他可能是隨其父劉耽出任晋陵太守，一度短暫僑寓京口，而非長期定居此地者。

② 劉宋時期京口地區受到重視，在文獻方面也有體現。《隋書》卷三三《經籍志二》著錄有“《京口記》二卷，宋太常卿劉損撰”、“《南徐州記》二卷，山謙之撰”。劉義慶還撰著《徐州先賢傳》等。這類地記文獻在劉宋時期集中出現，正從一個側面體現出京口地區地位的提升。

與鄉人臧琨等率子弟并閭里士庶千餘家，南渡江，家於京口。父藻，都水使者。邈姿性端雅，勤行勵學，博涉多聞，以慎密自居。少與鄉人臧壽齊名，下帷讀書，不游城邑。"其仕宦活動主要在晋孝武帝年間，晋安帝隆安元年"遭父憂。邈先疾患，因哀毁增篤，不踰年而卒，年五十四，州里傷悼，識者悲之"。

徐廣，《宋書》卷五五《徐廣傳》載："徐廣字野民，東莞姑幕人也。父藻，都水使者。兄邈，太子前衛率。家世好學，至廣尤精，百家數術，無不研覽。"徐廣在晋孝武帝時以學優而仕，晋末劉裕掌控朝政後，其政治與學術地位有所提升。劉裕立國後，其返歸京口，"性好讀書，老猶不倦。元嘉二年，卒，時年七十四"。①

徐豁，徐邈子，《晋書》卷九一《儒林·徐邈傳》載："邈長子豁，有父風，以孝聞，為太常博士、秘書郎。"《宋書》卷九二《良吏·徐豁傳》詳載其事迹，"晋安帝隆安末，為太學博士"。尤長於吏事，晋末宋初"歷二丞三邑，精練明理，為一世所推"。元嘉初，他出任始興太守，"在郡著績，太祖嘉之"，宋文帝特下詔表彰，卒於元嘉五年。徐豁雖不以學術顯名，但從他一度為太學博士和桓玄時議論朝儀等情況看，他當具有相當的學術修養。

（二）東莞臧氏家族

東莞臧氏，主要學者有臧燾。《宋書》卷五五《臧燾傳》載："臧燾字德仁，東莞莒人，武敬皇后兄也。少好學，善《三禮》。貧約自立，操行為鄉里所稱。晋孝武帝太元中，衛將軍謝安始立國學，徐、兖二州刺史謝玄舉燾為助教。"東莞臧氏與劉宋政權關係尤為密切，臧燾乃"武敬皇后兄也"，作為劉宋之外戚，臧氏代表人物政治、社會地位與影響頗為顯著。義熙年間，劉裕控制東晋軍政，臧燾位至侍中，劉裕代晋，"徵拜太常……永初三年，致仕，拜光禄大夫，加金章紫綬。其

---

① 徐廣，《晋書》卷八二、《南史》卷三三也有傳。關於徐廣年歲，《晋書》本傳載其死時年七十四，與《宋書》同，但未載死於何年；《南史》本傳則載其"性好讀書，年過八十，猶歲讀《五經》一遍。元嘉二年卒"。徐廣年歲究竟多少？曹道衡、沈玉成《中古文學史料叢考》（中華書局 2003 年版）"徐廣"條論此云："廣年七十四卒，《晋書》、《建康實録·恭帝紀》所記同。《南史》不記卒年，而言'年過八十，猶歲讀《五經》一遍。元嘉二年卒。'如所記，得年當在八十二、三以上，則其生年將早於其兄邈，不可據。"（第 246 頁）

年卒，時年七十"。

臧燾子孫多有以學術顯名者，如臧盾，《梁書》卷四二《臧盾傳》載其"高祖燾……父未甄，博涉文史，有才幹，少為外兄汝南周顒所知……盾幼從徵士琅邪諸葛璩受《五經》，通章句。璩學徒常有數十百人，盾處其間，無所狎比"。臧嚴，《梁書》卷五〇《文學下·臧嚴傳》載其為臧燾曾孫，"孤貧勤學，行止書卷不離於手……從叔未甄為江夏郡，攜嚴之官，於途作《屯遊賦》，任昉見而稱之。又作《七算》，辭亦富麗……嚴於學多所諳記，尤精《漢書》，諷誦略皆上口。（湘東）王嘗自執四部書目以試之，嚴自甲至丁卷中，各對一事，並作者姓名，遂無遺失，其博洽如此"。《南史》卷一八傳論稱"臧氏文義之美，傳于累代"，主要是就臧燾後人而言的，可以說臧氏在南朝已成為一個著名的文化世族。

晋宋間臧燾一輩的學人還有其弟臧熹，《宋書》卷七四《臧質傳》載："臧質字含文，東莞莒人。父熹字義和，武敬皇后弟也。與兄燾並好經籍。隆安初，兵革屢起，熹乃習騎射，志在立功……高祖入京城，熹族子穆斬桓脩。進至京邑，桓玄奔走，高祖使熹入宮收圖書器物，封閉府庫。有金飾樂器，高祖問熹：'卿得無欲此乎？'熹正色曰：'皇上幽逼，播越非所。將軍首建大義，劬勞王家。雖復不肖，無情於樂。'高祖笑曰：'聊以戲卿爾。'"臧熹雖"習騎射，志在立功"，不再以經術為業，但對糾正劉裕輕視文化的觀念和保存國家"圖書器物"不無貢獻。臧質雖致力武事，然也有一定文化修養，"涉獵史籍，尺牘便敏，既有氣幹，好言兵權"。然宋孝武帝時，臧質因變亂受誅，臧熹一支自然子孫無聞。

論及東莞臧氏學人，不能不提及宋齊間的經史學者臧榮緒。《南齊書》卷五四《高逸·臧榮緒傳》載其東莞莒人，祖臧奉先，建陵令，父庸民，國子助教，"榮緒幼孤，躬自灌園，以供祭祀。毋喪後，乃著《嫡寢論》，掃灑堂宇，置筵席，朔望輒拜薦，甘珍未嘗先食"。從這一記載看，臧榮緒篤孝如此，當有優良之門風傳統。其學術成就主要在史學方面，本傳載其"純篤好學，括東西晋為一書，紀、錄、志、傳百一十卷。隱居京口教授。南徐州辟西曹，舉秀才，不就"。蕭齊立國後，蕭道成徵之不至，司徒褚淵尋之，建元中上啟太祖曰："榮緒，朱方隱者。昔臧質在宋，以國戚出牧彭岱，引為行佐，非其所好，謝疾求免。

蓬廬守志，漏濕是安，灌蔬終老。與友關康之沈深典素，追古著書，撰
《晉史》十裘，贊論雖無逸才，亦足彌綸一代。臣歲時往京口，早與之
遇。近報其取書，始方送出，庶得備錄渠閣，採異甄善。"齊太祖答曰：
"公所道臧榮緒者，吾甚志之。其有史翰，欲令入天祿，甚佳。"由此
可見臧榮緒一支世代僑寓京口。他在經學方面也頗有造詣，《南齊書》
本傳載："榮緒惇愛《五經》，謂人曰：'昔呂尚奉丹書，武王致齋降
位，李、釋教誠，並有禮敬之儀。'因甄明至道，乃著《拜五經序論》。
常以宣尼生庚子日，陳《五經》拜之。自號'被褐先生'。又以飲酒亂
德，言常為誠。永明六年，卒。年七十四。"臧榮緒雖入齊，但其經歷
與學術活動主要在劉宋。

（三）東海何氏家族

東海何氏，代表性學者主要有何承天等人。《宋書》卷六四《何承
天傳》載其"東海郯人也。從祖倫，晉右衛將軍。承天五歲失父，母
徐氏，廣之姊也，聰明博學，故承天幼漸訓義，儒史百家，莫不該覽"。
此外，何氏又與東莞劉氏通婚，《宋書》卷八一《劉秀之傳》載："劉
秀之字道寶，東莞莒人，司徒劉穆之從兄子也。世居京口……秀之少孤
貧，有志操……東海何承天雅相知器，以女妻之。"關於何氏之僑居地，
這裏雖未明載其居京口，但從家族與世代"家於京口"的東莞徐氏、
劉氏聯姻的情況看，東海何氏當世代僑居京口。此外，作為北府人物，
東晉末何承天參與政務；在仕宦方面，元嘉時期，官至御史中丞，但其
"為性剛愎，不能屈意朝右，頗以所長侮同列"，早年在荊州任職地方，
"與士人多不協"，後在朝廷為權臣殷景仁所不平，晚年又與出自高門
的謝元交惡，"二人競伺二臺之違，累相糾奏"。可以說他與高門人物
的關係並不融洽，除了性格關係外，也許與其門第相對低微不無關係。
不過，宋文帝對何承天頗多優遇，"承天素好弈棋，頗用廢事。太祖賜
以局子，承天奉表陳謝，上答：'局子之賜，何必非張武之金邪。'承
天又能彈箏，上又賜銀裝箏一面。"在仕宦方面更是如此，與何承天交
惡的謝元"長歸田里，禁錮終身"，而何承天僅"坐白衣領職"，元嘉
二十四年欲以其為吏部尚書，"已受密旨，承天宣漏之，坐免官，卒於
家，年七十八"。何承天母為著名經史學者徐廣姊，"聰明博學"，何承
天"幼漸訓義，儒史百家，莫不該覽"，其學術淵源來自徐氏家族。在

劉宋學術史上，何承天是最具影響力的學者之一，涉及經、史、曆法和教育等諸多方面。義熙年間，曾除太學博士，"高祖在壽陽，宋臺建，召為尚書祠部郎，與傅亮共撰朝儀"；宋文帝元嘉十五年後設儒、玄、史、文四學，以何承天領史學；① 元嘉十六年，其任著作佐郎，"撰國史"；十九年，"立國子學"，何承天領國子博士，"皇太子講《孝經》，承天與中庶子顏延之同為執經"。何承天主持有關《禮論》的刪節和《元嘉曆》的製作，學術貢獻甚著。

　　何承天之後，其家族子孫在南朝多有以文學顯名者，尤其在齊梁之間相繼出現了何遜、何思澄等人。《梁書》卷四九《文學上·何遜傳》載其"曾祖承天，宋御史中丞"，何遜八歲即能賦詩，後來頗得范雲、沈約等著名文人的賞識，范雲稱曰："頃觀文人，質則過儒，麗則傷俗；其能含清濁，中古今，見之何生矣。"沈約贊曰："吾每讀卿詩，一日三復，猶不能已。"梁世祖亦著論云："詩多而能者沈約，少而能者謝朓、何遜。"又，《梁書》卷五〇《文學下·何思澄傳》載其"少勤學，工文辭"，以文學才能深得沈約等人賞識，"初，思澄與宗人遜及子朗俱擅文名，時人語曰：'東海三何，子朗最多。'思澄聞之，曰：'此言誤耳。如其不然，故當歸遜。'思澄意謂宜在己也"。又載何子朗"早有才思，工清言，周捨每與共談，服其精理。嘗為《敗冢賦》，擬莊周馬棰，其文甚工。世人語曰：'人中爽爽何子朗。'"何承天之後，齊梁間何氏學人主要工文辭，善談論，而在經史學術方面則無特殊建樹，這與南朝之文化風尚及其門風轉變不無關係。

　　晋宋之際東海何氏學人還有一位何長瑜，《宋書》卷五一《宗室·臨川烈武王劉道規傳附劉義慶傳》載劉義慶招聚文學才士，其中有東海何長瑜，據《宋書》卷六七《謝靈運傳》，何長瑜長期與謝靈運交往，為其"以文章賞會"的"四友"之一。日本學者川勝義雄先生在《〈世說新語〉的編纂——元嘉之治的一個側面》中設"何長瑜與《世說》"一節，推測何長瑜可能是《世說新語》的編纂者："我的結論是，一般所說的撰者劉義慶僅僅只是名義上的監修者而已，實際上該書成於與劉

---

① 《宋書》卷九三《隱逸·雷次宗傳》載元嘉十五年，宋文帝徵雷次宗至京師聚徒教授，"時國子學未立，上留心藝術，使丹陽尹何尚之立玄學，太子率更令何承天立史學，司徒參軍謝元立文學，凡四學並建"。

義慶持相反立場的帳下文人之手。至於真正的作者，雖然還不能完全斷定，很有可能就是何長瑜，或者説與何長瑜一樣具有反體制傾向的人物。"① 可見何長瑜是晉宋間一個重要的文士。

（四）晉宋間京口之隱逸經師

晉宋之際，北府地區出現了一些著名的隱逸之士，他們或長於經史，或長於文藝，其中當以譙國戴逵父子最為著名。《晉書》卷九四《隱逸·戴逵傳》載："戴逵字安道，譙國人也。"《宋書》卷九三《隱逸·戴顒傳》載其"譙郡銍人也。父逵，兄勃，並隱遁有高名"。戴氏南遷後僑寓何地，正史無載，根據相關文獻所載，可見譙國戴氏家族在西晉亂亡後自淮北遷徙丹徒。戴逵有兄長戴逯，《世説新語·棲逸篇》"戴安道既厲操東山"條注引《戴氏譜》曰："逯（'逯'當從《晉書·謝安傳》作'逯'）字安丘，譙國人。祖碩，父綏，有名位。逯以武勇顯，有功，封廣陵侯，仕至大司農。"② 唐梁肅《戴叔倫神道碑》載戴逵父戴綏曾為金城太守，"始金城當晉亂，自譙沛徙於丹徒"。唐權德輿《戴叔倫墓誌銘》則説："（戴）逯後南渡，始居丹徒。"又，宋米芾《畫史》説"家山乃（戴）逵故宅"。米芾本襄陽人，後定居潤州丹徒。這都説明戴逵自父輩難遷後確實僑居北府之丹徒。關於戴逵家族之門户特徵與地位，《戴氏譜》雖稱戴逵之"祖碩，父綏，有名位"，但具體仕宦情況未有明載，《戴叔倫神道碑》則載戴綏為金城太守，戴逯"位大司農，從謝玄破苻堅，封廣信侯，與其兄安道，或出或處，焯於當時"。實際上，戴逵祖、父輩名望不顯、仕宦不著，戴逯位至大司農，並受封侯，在於淝水戰功，並非門第依託。可以説，譙國戴氏人物地位之提升，與北府社會勢力之發展及劉宋統治者關係甚為密切。根據相關材料，戴氏家族與北府兵頗有淵源。《晉書》卷七九《謝安傳附謝玄傳》載："始從玄征伐者，何謙字恭子，東海人，戴逯字安丘，處士逵之弟，並驍果多權略。逯厲操

---

① ［日］川勝義雄著，徐谷芃、李濟滄譯：《六朝貴族制社會研究》，上海古籍出版社2007年版，第250頁。

② 關於戴逵與戴逯之長幼次第，相關記載有不一致處，《世説新語·棲逸篇》載戴逯為兄，而《晉書·戴逵傳》、唐梁肅《戴叔倫神道碑》則載戴逵為長。此以《世説新語·棲逸篇》所載早出，姑且從之。

東山，而遂以武勇顯。謝安嘗謂遂曰：'卿兄弟志業何殊？'遂曰：'下官不堪其憂，家兄不改其樂。'遂以軍功封廣信侯，位至大司農。"① 可見戴遂為謝玄北府重要將領。田餘慶先生曾就此指出："謝玄所募北府諸將，有些人原來就是北府舊將，久戰江淮……從謝玄征伐的北府將戴遂（遁），譙國人，晋隱士戴逵之弟。戴遂原為北府鎮將苟羡參軍。《晋書》卷七五《苟羡傳》，苟羡攻慕容儁還，留'參軍戴遂、蕭鍇二千人守泰山'。戴遂自受苟羡之命守泰山，至從謝玄征伐，其間二十年以上，事迹不見於史籍。估計苟羡死後戴遂即脱離北府建制，擁衆於江淮間，獨立活動。《謝玄傳》附戴遂，謂遂以武功顯，封侯，位至大司農，當為隨謝玄立功以後之事。"② 可見譙國戴氏家族之門第顯然屬於非高門士族，當屬次等士族。戴遂早入北府，顯名於謝玄時期，正説明了這一點。與此同時，戴遂兄戴逵則隱逸不仕，從表面上兄弟二人志業"何其太殊"，但其出處選擇都體現出其門第特徵。在門閥政治背景下，他們難以正常發展，故戴遂致力武事，而戴逵則以隱逸求名。在高門陳郡謝氏經營、掌控北府的背景下，戴氏兄弟之名位皆有所提升：戴遂在北府的軍事活動，提高了其家族的政治地位，而戴逵、戴顒父子奠定了其家族高隱門風，特別是藉助其突出的文藝才學，結交晋宋士族與皇室，擴大了其家族的文化影響。

　　譙國戴氏以隱逸著名，在學術文化上也有突出的表現，其中尤其是戴逵儒玄兼修，在經學方面具有突出表現。《晋書》本傳載其"少博學，好談論，善屬文，能鼓琴，工書畫，其餘巧藝靡不畢綜。……性不樂當世，常以琴書自娛。師事術士范宣於豫章，宣異之，以兄女妻焉"。戴逵長期隱於會稽剡縣，太元二十年卒。晋孝武帝重儒學，其一再徵召戴逵，與其儒學修養相關，《晋書》卷九四《隱逸·龔玄之傳》載孝武帝下詔徵之，其中稱"譙國戴逵、武陵龔玄之並高尚其操，依仁游藝，潔己貞鮮，學弘儒業，朕虚懷久矣"。可見戴逵之"學弘儒業"，本質

---

① 《世説新語·棲逸篇》載："戴安道既厲操東山，而其兄欲建式遏之功。謝太傅曰：'卿兄弟志業，何其太殊？'戴曰：'下官不堪其憂，家弟不改其樂。'"

② 田餘慶：《北府兵始末》，《秦漢魏晋史探微》（重訂本），中華書局 2004 年版，第350 頁。

上具有儒者特點。① 戴逵之儒學及其隱逸頗受其師范宣影響。② 當然，戴逵也具有玄學名士氣質，與諸多高門名士有交往，《世說新語·雅量篇》"戴公從東出"條注引《晉安帝紀》載其"少有清操，恬和通任，為劉真長所知。性甚快暢，泰於娛生，好鼓琴，善屬文，尤樂遊燕，多與高門風流者遊，談者許其通隱"。此外，戴逵在雕塑、繪畫、音樂等方面也具有突出的表現。③

　　戴逵子戴勃、戴顒也是晉宋之際著名的隱逸高士，特別是戴顒，一度隱居京口，並深得宋文帝等劉宋皇室人物之賞愛。《宋書》卷九三《隱逸·戴顒傳》載其"父逵，兄勃，並隱遁有高名……以父不仕，復修其業。父善琴書，顒並傳之，凡諸音律，皆能揮手……顒及兄勃，並受琴於父，父沒，所傳之聲，不忍復奏，各造新弄，勃五部，顒十五部。顒又制長弄一部，並傳於世"。東晉末，戴顒一度隱居吳地，宋武帝、宋文帝一再徵辟，後衡陽王劉義季鎮京口，長史張邵"與顒姻通，迎來止黃鵠山……為義季鼓琴，並新聲變曲，其三調《遊絃》、《廣

---

①　《隋書》卷三二《經籍志一》載："《五經大義》三卷，戴逵撰。"

②　《晉書》卷九一《儒林·范宣傳》載其陳留人，"年十歲，能誦《詩》《書》"，"家於豫章"，當為僑寓人士，"少尚隱遁，加以好學，手不釋卷，以夜繼日，遂博綜眾書，尤善《三禮》。家至貧儉，躬耕供養。至於其學風，庾爰之曾曰："君博學通綜，何以太儒？"范宣答曰："漢興，貴經術，至於石渠之論，實以儒為弊。正始以來，世尚《老》《莊》。逮晉之初，競以裸裎為高。僕誠太儒，然'丘不與易'。宣言談未嘗及《老》《莊》。"范宣在豫章傳授儒業，"宣雖閒居屢空，常以講誦為業，譙國戴逵等皆聞風宗仰，自遠而至，諷誦之聲，有若齊、魯"。關於范宣對戴逵的影響，《世說新語·巧藝篇》載："戴安道就范宣學，視范所為，范讀書亦讀書，范抄書亦抄書。唯獨好畫，范以為無用，不宜勞思於此。戴乃畫《南都賦圖》，范看畢咨嗟，甚以為有益，始重畫。"

③　戴氏諸隱皆有學術根底，但就其最突出的特長而言，還是音樂、繪畫。戴逵善書畫，《世說新語·識鑒篇》載："戴安道年十餘歲，在瓦官寺畫，王長史見之曰：'此童非徒能畫，亦終當致名，恨吾老，不見其盛時耳。'"注引《續晉陽秋》曰："逵善圖畫，窮巧丹青也。"唐張彥遠《歷代名畫記》卷五敘述晉代畫家時介紹戴氏父子的繪畫、雕塑成就，特別在佛教塑像方面，戴逵"善鑄佛像及雕刻，曾造無量壽木像，高六丈，並菩薩。逵以古制樸拙，至於開敬，不足動心，乃潛坐帷中，密聽眾論，所聽褒貶，輒加詳研，積思三年，刻像乃成"；戴逵中年後，"畫行像甚精妙"。《宋書·隱逸·戴顒傳》又載："自漢世始有佛像，形制未工，逵特善其事，顒亦參焉。宋世子鑄丈六銅像於瓦官寺，既成，面恨瘦，工人不能治，乃迎顒看之。顒曰：'非面瘦，乃臂胛肥耳。'既錯減臂胛，瘦患即除，無不嘆服焉。"（《高僧傳》卷一三《興福·晉京師瓦官寺釋慧力傳》也載此事）張彥遠在《歷代名畫記》同卷中贊其父子曰："後晉明帝、衛協皆善畫像，未盡其妙。洎戴氏父子皆善丹青，又崇釋氏，範金賦采，動有楷模。至如安道潛思於帳內，仲若懸知其臂胛，何天機神巧也。"

陵》、《止息》之流，皆與世異。太祖每欲見之，嘗謂黄門侍郎張敷曰：'吾東巡之日，當讌戴公山也。'以其好音，長給正聲伎一部。顒合《何嘗》、《白鵠》二聲，以為一調，號為清曠。"元嘉十八年，戴顒卒，"景陽山成，顒已亡矣，上嘆曰：'恨不得使戴顒觀之。'"①

其他如前述宋齊間的臧榮緒，也是京口地域隱逸經師的杰出代表，這裡不再贅述。又，《宋書》卷九三《隱逸·關康之傳》載："關康之字伯愉，河東楊人。世居京口，寓屬南平昌。少而篤學，姿狀豐偉。下邳趙繹以文義見稱，康之與之友善。特進顏延之見而知之。晋陵顧悦之難王弼《易》義四十餘條，康之申王難顧，遠有情理。又為《毛詩義》，經籍疑滯，多所論釋。嘗就沙門支僧納學算，妙盡其能……棄絶人事，守志閑居……時有閒日，輒卧論文義。"宋順帝昇明元年卒，時年六十三。《南齊書》卷五四《高逸·臧榮緒傳》載："（關）康之字伯愉，河東人。世居丹徒。以墳籍為務。四十年不出門……弟子以業傳受。尤善《左氏春秋》。（齊）太祖為領軍，素好此學，送《春秋》、《五經》，康之手自點定，并得論《禮記》十餘條。上甚悦，寶愛之。遺詔以經本入玄宫。"關康之也是當時著名的經師。②

辛普明，《南史》卷七五《隱逸·關康之傳》載："時又有河南辛普明、東陽樓惠明皆以篤行聞。"普明字文達，"少就康之受業，至性過人"，後僑居會稽。辛普明從關康之受業，也當一度隱於京口。

諸葛璩，《梁書》卷五一《處士·諸葛璩傳》載："諸葛璩字幼玟，琅邪陽都人也，世居京口。璩幼事徵士關康之，博涉經史。復師徵士臧榮緒，榮緒著《晋書》，稱璩有發摘之功，方之壺遂。"諸葛璩後也隱居，以講學授業為務，本傳載"璩性勤於誨誘，後生就學者日至，居宅狹陋，無以容之，太守張友為起講舍。璩處身清正，妻子不見喜愠之色。旦夕孜孜，講誦不輟，時人益以此宗之"。其所著文章二十卷，門人劉蹤"集而錄之"。可見諸葛璩先後師從關康之與臧榮緒，可謂京口經學的主要傳人，他"勤於誨誘"，生徒甚多，對京口學術的傳播發揮了重要作用。

---

① 《宋書》卷七八《蕭思話傳》載蕭氏為劉宋外戚，宋文帝曾賜蕭思話弓琴，手敕曰："前得此琴，云是舊物，亦有名京邑，今以相借。因是戴顒意於彈撫，響韻殊勝，直爾嘉也……良材美器，宜在盡用之地，丈人真無所與讓也。"由此也可見宋文帝對戴顒之贊譽。

② 《南史》卷七五《隱逸·關康之傳》主要綜合《宋書》卷九三《隱逸·關康之傳》和《南齊書》卷五四《高逸·臧榮緒傳》的相關記載，相關事迹有所增補。

（五）北府武人後裔之學人與北府系統之寒門學士

晉宋之際，北府尚武將門子弟雖多以軍事勛功顯名，但作為次等士族階層，其中有些人物依然具有一定的文化素養。與劉裕同起之北府人物如諸葛長民，《晉書》卷八五本傳載其琅邪陽都人，"有文武幹用，然不持行檢，無鄉曲之譽"；何無忌，《晉書》卷八五本傳載其東海郯人，"州辟從事，轉太學博士"；魏咏之，《晉書》卷八五本傳載其任城人，"家世貧素，而躬耕為事，好學不倦"；如劉穆之，《宋書》卷四二本傳載其"東莞莒人……世居京口。少好《書》、《傳》，博覽多通，為濟陽江敳所知"。劉懷肅，《宋書》卷四七本傳載其"彭城人，高祖從母兄也。家世貧窶，而躬耕好學"。朱齡石，《宋書》卷四八本傳載其沛郡沛人，"家世將帥"，弟朱超石"亦果銳善騎乘，雖出自將家，兄弟並閑尺牘"。特別是劉毅，《晉書》卷八五本傳載其"與劉裕協成大業，而功居其次，深自矜伐，不相推伏"，受到劉裕的打壓。相較而言，劉毅的文化修養要好一些，《南史》卷一七《胡藩傳》載有胡藩謂劉裕曰："夫豁達大度，功高天下，連百萬之衆，允天人之望，毅固以此服公。至於涉獵記傳，一詠一談，自許以雄豪，加以誇伐，搢紳白面之士，輻輳而歸，此毅不肯為公下也。"這裏說劉毅"涉獵記傳，一詠一談，自許以雄豪"，具有較高的接近士族社會的文化修養，因此士族社會人物"輻輳而歸"。劉毅愛好書法，據《法書要錄》卷二所錄虞龢《論書表》，"劉毅頗尚風流，亦甚愛書，傾意搜求，及將敗，大有所得"。劉毅常讀史，《晉書》本傳載"毅驕縱滋甚，每覽史籍，至藺相如降屈於廉頗，輒絕嘆以為不可能也。嘗云：'恨不遇劉項，與之爭中原。'"劉毅能賦詩，《晉書》本傳載："初，裕征盧循，凱歸，帝大宴於西池，有詔賦詩。毅詩云：'六國多雄士，正始出風流。'自知武功不競，故示文雅有餘也。"顯然，他是以風流名士自居，崇尚"正始風流"的。又如孟昶，平昌安丘人，世居京口，《世說新語·企羨篇》載："孟昶未達時，家在京口。嘗見王恭乘高輿，被鶴氅裘。於時微雪，昶於籬間窺之，嘆曰：'此真神仙中人！'"可見孟昶對高門士族名士風采頗為仰慕。《通鑒》卷一一三《晉紀》三五安帝元興三年載："平昌孟昶為青州主簿，桓弘使昶至建康，（桓）玄見而悅之，謂劉邁曰：'素士中得一尚書郎，卿與其州里，寧相識否？'邁素與昶不善，對曰：

'臣在京口，不聞昶有異能，唯聞父子紛紛更相贈詩耳。'玄笑而止。昶聞而恨之。"孟昶"父子紛紛更相贈詩"，顯然具有相當的文化素養。這些北府尚武之勛貴，自然不可能專心治學，但隨着其政治、社會地位上升後，其子孫有機會接受較好的教育與學術訓練。《南齊書》卷一《高帝紀上》載蕭道成南蘭陵人，蕭氏與劉宋有姻親關係，蕭道成生於元嘉四年，"儒士雷次宗立學於鷄籠山，太祖年十三，受業，治《禮》及《左氏春秋》"，其"博涉經史，善屬文，工草隸書，弈棋第二品。雖經綸夷險，不廢素業"。① 向靖，《宋書》卷四五《向靖傳》載其何内山陽人，"世居京口，與高祖少舊"，其子向柳"有學義才能，立身方雅，無所推先，諸盛流並容之。太尉袁淑、司空徐湛之、東揚州刺史顏竣皆與友善"。這些有學養的勛貴子弟也出現了一些經史學者。

劉謙之，《宋書》卷五〇《劉康祖傳》載："劉康祖，彭城吕人。世居京口。伯父簡之，有志幹，為高祖所知……簡之弟謙之，好學，撰《晋紀》二十卷，義熙末，為始興相。"劉謙之在晋末已著《晋紀》，這在北府將門中實屬難得。

檀道鸞、檀超叔侄，《南齊書》卷五二《文學·檀超傳》載其高平金鄉人，祖弘宗，宋南琅邪太守，其祖姑乃劉裕弟長沙王劉道憐妃，宋孝武帝孝建年間因事被徙梁州，"孝武聞超有文章，敕還直東宫"。檀超是一個頗為名士化的人物，"超嗜酒，好言詠，舉止和靡，自比晋郗超，為'高平二超'。謂人曰：'猶覺我為優也。'"南齊立國，他與江淹共掌史職，"上表立條例"，但因遭流放，未竟其業。《南史》卷七二《文學·檀超傳》載："超叔父道鸞字萬安，位國子博士、永嘉太守，亦有文學，撰《續晋陽秋》二十卷。"檀道鸞、檀超叔侄之文史業績，體現出一部分北府將門子弟在學術領域的成就。② 又如《梁書》卷五〇《文學下·劉勰傳》載其東莞莒人，祖劉靈真，宋司空劉秀之弟，"勰早孤，篤志好學"，著有《文心雕龍》。

---

① 《南齊書》卷四五《宗室·衡陽元王道度傳》載其"太祖長兄也。與太祖俱受學雷次宗。宣帝問二兒學業，次宗答曰：'其兄外朗，其弟内潤，皆良璞也。'"蕭道成兄弟皆入學受教，體現了當時新興勛貴階層文化風尚的變化。

② 《宋書》卷九四《恩幸·徐爰傳》載宋孝武帝孝建年間，尚書金部郎檀道鸞參與劉宋國史體例的討論。

　　除了一部分北府武人勛貴子弟學者化之外，北府地區一些原本社會地位低下的北府寒門學人也有機會浮到前臺，參與國家與社會的學術活動。可考者如鮑照，《宋書》卷五一《宗室·臨川烈武王劉道規傳附劉義慶傳》載劉義慶"愛好文義"，"招聚文學之士"，除了"文冠當時"的袁淑，"其餘吳郡陸展、東海何長瑜、鮑照等，並為辭章之美，引為佐史國臣"，鮑照、何長瑜籍貫東海，顯然二人當為京口僑寓人士，屬於北府系統人物。關於鮑照的生平，《宋書·劉義慶傳附鮑照傳》載："鮑照字明遠，文辭贍逸，嘗為古樂府，文甚遒麗。元嘉中，河、濟俱清，當時以為美瑞，照為《河清頌》，其序甚工……世祖以照為中書舍人。上好為文章，自謂物莫能及，照悟其旨，為文多鄙言累句，當時咸謂照才盡，實不然也。"虞炎《鮑照集序》記載鮑照生平："鮑照字明遠，本上黨人，家世貧賤。少有文思。宋臨川王愛其才，以為國侍郎。王薨，始興王濬又引為侍郎。孝武初，除海虞令，遷太學博士，兼中書舍人。出為秣陵令，又轉永安令。大明五年，除前軍行參軍，侍臨海王鎮荊州，掌知內命，尋遷前軍刑獄參軍事。宋明帝初，江外拒命。及義嘉敗，荊土震擾，江陵人宋景因亂掠城，為景所殺，時年五十餘。"① 這裡說鮑照為上黨人，與《宋書》所載東海人不同，實際上上黨為鮑氏祖籍，後鮑氏有支系遷移到東海郡，兩晉之際南遷後，其中應寓居於南徐州的南東海郡，鮑照本人自應出生於京口，所以其詩文中稱京口為其"舊邦"。鮑照家族經濟上雖"家世貧賤"，但其頗重視文化教育，鮑照以辭賦著名，在文學史上與謝靈運、顏延之並稱為"元嘉三大家"，而且其妹也有文集。② 不僅如此，在當時，鮑照不僅以辭賦顯名，而且也是一個博通的"學士"。③

---

① 見丁福林《鮑照集校注》（中華書局 2012 年版）所録虞炎《鮑照集序》及其校注。

② 鮑照妹鮑令暉也有才學，能詩文，《小名録》卷下載："鮑照字明遠，妹字令暉，有才思，亞於明遠，著《香茗賦集》，行於世。"鍾嶸《詩品》將鮑令暉列入下品："令暉歌詩，往往嶄絕清巧，《擬古》尤勝。唯《百韵》淫矣。（鮑）照嘗答孝武云：'臣妹才自亞於左芬，臣才不及太冲爾。'"鮑氏兄妹具有良好的文化修養，可推測其家庭頗重視文化教育。

③ 《南齊書》卷五二《文學·賈淵傳》載其"世傳譜學。孝武世，青州人發古冢，銘云'青州世子，東海女郎'。帝問學士鮑照、徐爰、蘇寶生，並不能悉。淵對曰：'此是司馬越女，嫁苟晞兒。'檢訪果然。由是見遇"。可見宋孝武帝時，鮑照是朝廷充任顧問的寒門"學士"之一。

　　丘巨源，《南齊書》卷五二《文學·丘巨源傳》載其"蘭陵蘭陵人也。宋初土斷屬丹陽，後屬蘭陵。巨源少舉丹陽郡孝廉，為宋孝武所知。大明五年，敕助徐爰撰國史。帝崩，江夏王義恭取為掌書記"。丘巨源為北府地域寒門具有文化素養的學人。

　　劉宋時期北府系統的寒門學術人物中地位最突出的當屬徐爰。《宋書》卷九四《恩幸·徐爰傳》載其字長玉，南陽琅邪開陽人，晋末義熙年間入劉裕軍府，"微密有意理，為高祖所知"，歷經文帝、孝武帝、前廢帝、明帝諸朝，"爰便僻善事人，能得人主微旨"，尤其在宋文帝時期，特見"親任"，參與重大軍政事務。在學術領域，孝武帝以其主持修撰國史："先是元嘉中，使著作郎何承天草創國史，世祖初，又使奉朝請山謙之、南臺御史蘇寶生踵成之。"孝武帝"又以爰領著作郎，使終其業。爰雖因前作，而專為一家之書"。此外，徐爰擅長禮儀，本傳載其"頗涉書傳，尤悉朝儀。元嘉初便入侍左右，預參顧問，既長於附會，又飾以典文，故為太祖所任遇。大明世，委寄尤重，朝廷大禮儀注，非爰議不行，雖復當時碩學所解過人者，既不敢立異議，所言亦不見從"。[1] 可見徐爰在當時的影響。不過，徐爰作為權幸，畢竟學植不深，對朝典禮儀常有隨意處，《宋書》本傳載："世祖崩，公除後，晋安王子勛侍讀博士咨爰宜習業與不？爰答：'居喪讀喪禮，習業何嫌。'少日，始安王子真博士又咨爰，爰曰：'小功廢業，三年喪何容讀書。'其專斷乖謬皆如此。"[2] 徐爰作為與劉宋皇權密切的北府舊屬，盡管原本門第寒微，但憑藉皇權的支持，在學術文化領域發揮了重要作用。隨着晋宋更替，除了京口地域學人地位明顯上升，一些有一定學養寒門人士也相繼進入宮廷和諸王藩府，其活動不僅影響到當時的政治，而且也

---

　　[1]　《宋書》卷九四《恩幸·徐爰傳》載："世祖將即大位，軍府造次，不曉朝章，爰素諳其事，既至，莫不喜説，以兼太常丞，撰立儀注。"王鳴盛《十七史商榷》卷六四"徐爰不當入恩幸傳"條曰："徐爰本儒者，長於禮學，又修《宋書》，仕至顯位。考其生平，駮歷內外，無大過惡。沈約乃入之《恩幸傳》，與阮佃夫、壽寂之、李道兒輩同列，此必沈約一人之私見。約撰《宋書》，忌爰在前，有意污貶，曲成其罪，正與魏收强以酈道元入《酷吏》相似。"徐爰是否入《恩幸傳》，自可討論，但指出"本儒者，長於禮學，又修《宋書》，仕至顯位"，則確為事實。

　　[2]　《南史》卷七七《恩幸·徐爰傳》載徐爰子徐希秀"甚有學解，亦閑篆隸，正覺、禪靈二寺碑，即希秀書也"。

影響到了學術文化等方面。①

三　京口地域學人的社會群體特點與學風特徵

通過上文晉宋之際出自京口地域之學術文化人物比較細緻的考察，可以説，自東晉後期以來，隨着以京口為核心的北府軍政勢力的崛起，京口地域的學術文化人物也逐漸登上歷史前臺，成為一個具有鮮明的地域與社會階層特徵的學術文化群體，對此後的學術文化發展產生了重要影響。以往人們論述東晉南朝學術文化史，對其重要學者、文士的仕宦狀況、具體的文化表現等，皆有所涉及，但並非將其作為一個具有地域性、階層性社會特徵的學術群體來認識。

（一）京口地域學人幾個突出的群體性特徵

首先，晉宋之際京口地域學人的相繼涌現形成了一個具有地域性特徵的學術群體。關於出自京口學術人物的地域性特點，北府本為東晉重要之軍鎮，加以此地流民普遍尚武，因而人們長期忽視從學術文化角度考察這一地域的相關問題。但由上文所考，可知在高門士族陳郡謝安、謝玄叔侄等再建北府兵團以抵禦前秦的過程中，北府地域學術人物也同時被推薦到晉孝武之朝廷，似乎可以説，北府學人之顯現與北府兵團之崛起幾乎是同步的。早期的北府學人徐邈、徐廣兄弟和臧燾等人進入朝廷和成為國學經師，皆緣於謝安、謝玄的引薦。此後，隨着北府武人逐步掌控軍政，其代表人物劉裕代晉建宋，北府學人更是層出不窮，其中既有東莞徐氏、臧氏和東海何氏等學人相繼的文化家族，更有原本不以文化顯名的寒門學人。毫無疑問，北府地域學術群體的興起，與東晉後期北府軍勢力的興起和晉宋變革存在着內在關聯。我們知道，劉宋立國

---

① 關於徐爰之門第，《建康實録》卷一二《宋太祖文皇帝紀》載元嘉十八年十一月，"中書舍人徐爰有寵於帝，帝嘗命王球及殷景仁與之相知，倩玉辭曰：'士庶區別，國之章也。臣不敢奉詔。'帝改容謝焉"。高門士族人物不願與權幸徐爰交往，即便宋文帝有命也拒而不從。可見徐爰出身寒微。

後，對京口發祥地多有優遇，[①] 這也惠澤及其學者。《宋書·臧燾傳》載劉裕起兵反桓玄後，"高祖鎮京口，與燾書曰：'頃學尚廢弛，後進頹業，衡門之内，清風輟響。良由戎車屢警，禮樂中息，浮夫恣志，情與事染，豈可不敷崇墳籍，敦厲風尚。此境人士，子姪如林，明發搜訪，想聞令軌。然荆玉含寶，要俟開瑩，幽蘭懷馨，事資扇發，獨習寡悟，義著周典。今經師不遠，而赴業無聞，非唯志學者鮮，或是勸誘未至邪。想復弘之。'"劉裕主政之初，欲意整肅儒學教育，他明確對其姻親經師臧燾説"此境人士，子姪如林，明發搜訪，想聞令軌"云云，顯然主張首先在京口地域聚徒授業，興復儒學。《宋書·徐廣傳》又載，劉裕於永初元年下詔曰："秘書監徐廣，學優行謹，歷位恭肅，可中散大夫。"徐廣上表曰："臣年時衰耄，朝敬永闕，端居都邑，徒增替怠。臣墳墓在晋陵，臣又生長京口，戀舊懷遠，每感暮心。息道玄謬荷朝恩，忝宰此邑，乞相隨之官，歸終桑梓，微志獲申，殞没無恨。"劉裕"許之，贈賜甚厚"。[②] 劉裕

---

① 關於劉宋統治者對北府故里的優遇，早在劉氏建國前即已施行，《宋書》卷二《武帝紀中》載義熙九年實行"土斷"，"唯徐、兗、青三州居晋陵者，不在斷例。諸流寓郡縣，多被並省"。義熙十二年以世子為徐、兗二州刺史，下書曰："吾倡大義，首自本州，克復皇祚，遂建勳烈，外夷勁敵，内清姦軌，皆邦人州黨竭誠盡力之效也。情若風霜，義貫金石……其犯罪繫五年以還，可一原遣。文武勞滿未蒙榮轉者，便隨班序報。"《宋書》卷三《武帝紀下》載永初元年八月下詔："彭、沛、下邳三郡，首事所基，情義纏綣，事由情獎，古今所同。彭城桑梓本鄉，加隆攸在，優復之制，宜同豐、沛。其沛郡、下邳可復租布三十年。"《宋書》卷五《文帝紀》載元嘉四年二月文帝"行幸丹徒，謁京陵"，三月詔曰："丹徒桑梓綢繆，大業攸始，踐境永懷，觸感罔極……思播遺澤，酬慰士民，其蠲此縣今年租布，五歲刑以下皆悉原遣；登城三戰及大將家，隨宜隱卹。"又載元嘉二十六年二月文帝"幸丹徒，謁京陵"，三月下詔'復丹徒縣僑舊今歲租布之半。所行經縣，蠲田租之半。二千石官長並勤勞王務，宜有沾錫。登城三戰及大將戰亡墜没之家，老病單弱者，善加瞻卹'；又"申南北沛、下邳三郡復"；又以京口城"軍民徒散"而有所敗落，詔令"皇基舊鄉，地兼蕃重，宜令殷阜，式崇形望。可募諸州樂移者數千家，給以田宅，并蠲復"；五月，又下詔曰："吾生於此城……歲月不居，逝踰三紀，時人故老，與運零落。眷惟既往，倍深感嘆。可搜訪於時士庶文武今尚存者，具以名聞。人身已亡而子孫見在，優量賜資之。"由此可見，京口地域作為"皇基舊鄉"，在劉宋得到了多方優遇，其地域人物自然也得到重視。

② 徐廣何以在劉宋立國後決意返居京口，其上表所述理由在於"年時衰耄"，希望"歸終桑梓"。但仔細分析其心態，作為當時著名的儒者，他經歷了晋末桓玄建楚代晋和晋末更替，其内心頗覺失落，《宋書》本傳載："初，桓玄篡位，安帝出宫，廣陪列悲慟，哀動左右。及高祖受禪，恭帝遜位，廣又哀感，涕泗交流。謝晦見之，謂之曰：'徐公將無小過？'廣收淚曰：'身與君不同。君佐命興王，逢千載嘉運；身世荷晋德，實眷戀故主。'因更歔欷。"確實，就社會地位與社會文化觀念而言，東晋南朝高門士族普遍以門第自持，並不以王朝興廢為意，而徐廣兄弟作為門第較低的次等士族尚儒人士，其兄弟地位之顯，得益於晋孝武帝之提攜，他們在思想上也有忠君之觀念，故而面對王朝更替，徐廣表現出傷感之情，於是尋求隱逸。

立國後即表彰出自京口的著名學者徐廣，顯然也有推崇鄉邦學人及其學術之用意。因此，晋宋之際北府地域學術群體之聚集、其學術代表之凸顯，正與北府軍政勢力日漸壯大及其推動的社會之變革密切相關。

其次，就京口地域學術人物的群體性特徵而言，相對於兩晋以來主導社會文化風尚和政治局勢的高門士族，他們在社會地位與門第方面明顯相對低下，其主要學術家族當為日趨衰落的低級士族，劉宋立國後更出現了一些寒門化的學人。

從京口一些崇尚學術的家族如東莞徐氏、臧氏和東海徐氏人物的仕宦和婚姻情況，依據當時的門第標準，應當屬於低等士族。在仕宦上，徐廣"父藻，都水使者"，據《宋書》卷四一《后妃·武敬臧皇后傳》，臧燾"祖汪字山甫，尚書郎。父儁字宣父，郡功曹"。這種仕宦處境，與高門士族迥異。在門風上，這些北府學門之文化風尚也出現蛻化的現象，如臧熹便因"兵革屢起，熹乃習騎射，志在立功"（《宋書》卷七四《臧質傳》）。在婚姻方面，東莞徐氏與東海何氏通婚，而何氏又與東莞劉氏聯姻，東莞臧氏則與寒微化的彭城劉氏通婚，臧氏還與北地傅氏通婚。[①] 由此可見，以上所謂北府之學門，其家族門第當與劉裕、劉穆之諸北府武人基本相當，屬於寒微化的低級士族。正因為如此，在他們地位有所上昇後，受到一些高門舊族的鄙視。如《宋書·何承天傳》載何承天除著作佐郎，撰國史，"承天年已老，而諸佐郎並名家年少，穎川荀伯子嘲之，常呼為嬭母。承天曰：'卿當云鳳凰將九子，嬭母何言邪！'"表面上看，荀伯子似乎以何承天年老，而其諸佐郎皆年少，故譏笑其為"嬭母"，但實際上這些年少之佐郎出自"名家"，皆為高門士族子弟，而荀伯子本人出自魏晋高門，素以"舊族"自傲，對"新出門户"的陳郡謝氏尚且不以為然，故對門第更為寒微的低級士族

---

① 《宋書》卷五五《臧燾傳》載："傅僧祐，祖父弘仁，高祖外弟也。以中表歷顯官，征虜將軍、南譙太守，太常卿。子邵，員外散騎侍郎，妻燾女也，生僧祐，有吏才，再為山陰令，甚有能名，末世令長莫及。"《宋書》卷九二《良吏傳》載："時有北地傅僧祐、穎川陳珉、高平張祐，並以吏才見知。僧祐事在《臧燾傳》。"可見北地傅氏一支與彭城劉氏聯姻，又與東莞臧氏聯姻，成為一個婚姻集團。傅弘仁一支僑居地不明，《宋書》卷五五《傅隆傳》載其"北地靈州人"，劉裕重臣傅亮為其族弟，其"家在上虞"。至於傅弘仁與傅隆、傅亮族屬關係如何，則待考。

東海何氏表示輕視。① 其他入宋後顯名的京口地域學人，如北府武人子
孫，自然多屬於低級士族子弟。至於那些隱逸高士和佞幸"學士"，其
中肯定有人屬於純粹的寒門子弟，但由於史籍不載其家世，難以確考。
可以大略推測的是鮑照。關於鮑照的門第地位，一般認為其出自寒門，
鐘嶸《詩品》卷中"宋參軍鮑照詩"條有"嗟其才秀人微，故取湮當
代"的評論，所謂"才秀人微"，則正是指鮑照門第寒微。鮑照本人詩
文中一再自稱"臣孤門賤生，操無炯迹。鶉棲草澤，情不及官"。(《解
褐謝侍郎表》)、"臣自惟孤賤，盜幸榮級"(《謝解禁止表》)，"臣田茅
下第，質非謝品"(《謝永安全解禁止啓》)、"臣北州衰淪，身地孤賤"
(《拜侍郎上疏》) 云云，至於其家庭經濟生活，更是貧困潦倒。《南齊
書》卷五六《倖臣傳序》載："宋文世，秋當、周紕並出寒門，孝武以
來，士庶雜選。如東海鮑照，以才學知名，又用魯郡巢尚之，汇夏王義
恭以為非選。"這裡固然將鮑照與出自"寒門"的"倖臣"對稱，但又
暗示着他的士人特點。從當時的門第制度與鮑照個人仕宦而言，可以推
測"鮑照無疑屬於低級士族之列"。② 確實，以鮑照家族之文化承襲等
方面看，當屬於門第日益微賤化的"寒士"，晉宋之際的社會變革，使
他們有機緣憑藉某種文化特性而得以浮現出來。鮑照之門第如此，其他
以學術見長的隱逸高士恐也大致相類。因此，總體而言，晉宋之際興起
的京口地域學術群體的社會門第大體以寒微化的低級士族階層為主體；
由於時值風雲際會，社會急劇變革，也有個別寒門才學之士參與其間，
但畢竟鳳毛麟角，且學術積澱與成就畢竟有限，究屬難得。

　　再次，京口地域學人總體上表現出明顯的隱逸傾向與旨趣。

　　由上文所考列諸位晉宋之際京口地域之學術人物，晉宋之際著名的
隱逸之士戴顒居於京口，劉宋時代的關康之、臧榮緒等經、史學者，都

---

　　① 對此，前揭曹道衡、沈玉成《中古文學史料叢考》"何承天為著作郎撰國史"條指
出：荀伯子嘲何承天為"爛母"，是"以承天年老且非望族，主撰國史為郎，所領諸佐郎年少
並出望族，故一若爛母也"。(第 344 頁) 這涉及對何承天非望族之門第認定。

　　② 丁福林：《鮑照評傳》，前揭《鮑照集校注》附錄，第 1056 頁。段熙仲先生在《鮑照
五題》(《文學遺産》1983 年第 3 期) 一文中曾考論鮑照門第指出："如依顏氏文例斟鐘記室
人微之語，至少可以說，明遠決非寒族，而很可能是上黨舊族，南渡較遲，致仕宦不達，亦非
勢族。"曹道衡先生在《關於鮑照的家世和籍貫》(收入《中古文學史論集》，中華書局 2002
年版) 則根據相關材料，以為鮑照的出身，"很可能是庶族"，從現有的材料看，"鮑照的出身
比起左思、陶淵明等出身於所謂'寒門'的作家要貧寒得多"(第 402 頁)。

是當時隱逸不仕的著名高士，一再拒絕朝廷之徵辟。《南齊書·高逸·臧榮緒傳》載："初，榮緒與關康之俱隱在京口，世號為'二隱'。"《南史》卷七五《隱逸上·關康之傳》載其"徵辟一無所就，棄絕人事，守志閑居"，劉宋時"特進顏延之等當時名士十許人入山候之，見其散髮被黃布帊，席松葉，枕一塊白石而臥，了不相昕。延之等咨嗟而退，不敢軒也"。又載其"性清約，獨處一室，希與妻子相見，不通賓客"。臧榮緒之隱逸大體與關康之相似，一再拒絕宋、齊朝廷之徵辟。二人不僅同隱京口，有"二隱"之稱，而且都聚徒講授，使這一且隱且學的風尚得以傳承，後隱於京口的諸葛璩便是他們的代表性傳人；還有弟子遊歷異地，傳播其風尚，如關康之弟子辛普明後僑居會稽，隱逸不仕，便是如此。不僅如此，早在東晉後期顯名的京口經史學者，雖然並非隱士，但其生活態度都表現出一定的謙退和隱逸的情趣。如徐邈，《晉書·儒林·徐邈傳》載其"少與鄉人臧壽齊名，下帷讀書，不游城邑"。徐廣在晉宋易代後，拒絕劉裕的任命，表示"端居都邑，徒增替怠……戀舊懷遠，每感暮心"，要求返回京口，讀書終老。《宋書·臧燾傳》載其晉孝武帝時雖一度入仕，但"頃之，去官。以母老家貧，與弟熹俱棄人事，躬耕自業，約己養親者十餘載。父母喪亡，居喪六年，以毀瘠著稱"。後來劉裕掌權，臧燾"雖外戚貴顯，而彌自沖約，茅屋蔬飱，不改其舊，所得奉祿，與親戚共之"。可見京口諸儒也曾有"俱棄人事，躬耕自業"的經歷。何以如此呢？對於京口學者的這一地域群體普遍的隱逸情思，應該說這與其門第與社會地位不無關係。由前文考論，京口地域代表性學者多出自寒微化的低級士族，甚至有的已淪落至寒賤之境。眾所周知，東晉以來高門士族壟斷政局，形成了典型的門閥政治的格局，而在思想文化領域，高門士族普遍崇尚玄學風尚。在這一背景下，京口地域學人的門第身份與學術品格自然受到鄙視，難以合流，從而無法與高門士族社會正常交往，仕途艱困，這必然導致一些人或以隱逸養名，或以謙退自持，甚至以此自保。① 不僅如此，早期京

---

① 晋宋之際另一位儒者傅隆也出自次等士族，其作風與京口儒者頗為相似，《宋書》卷五五《傅隆傳》載："隆少孤，又無近屬，單貧有學行，不好交遊……家在上虞，及東歸，便有終焉之志。"元嘉中致仕，"歸老在家，手不釋卷，博學多通，特精《三禮》。謹於奉公，常手抄書籍"。傅隆也出自門單勢弱的次等士族，其行事作風與京口學者基本相同，體現了其社會階層的特點。

口學人在政治領域也頗為謙抑謹慎，如徐邈，據《晋書》本傳，其年至四十四歲才由謝安推舉出仕，位至散騎常侍，"前後十年，每被顧問，輒有獻替，多所匡益，甚見寵待"，然而面對晋孝武帝朝廷皇族内部與朝臣之間的復雜鬥争，"邈孤宦易危，而無敢排强族，乃為自安之計"，曾表白："邈陋巷書生，惟以節儉清修為暢耳"，故司馬道子"以邈業尚道素"，孝武帝也"嘉其謹密"。徐邈的這一謹慎從事的為政作風，正是由其"孤宦易危"的門第地位所決定的。

（二）京口地域學人的學術業績及其學風特徵

縱觀晋宋之際京口地域諸學人的學術活動，其學術業績主要體現在經、史領域。根據《晋書》、《宋書》、《南史》諸人傳記、志及《隋書·經籍志》等相關文獻著録，後來學人據之匯總諸人著作名目，由此大體可見京口地域學人所涉獵之學術領域及其學術業績的基本情況。

徐邈之著作，《晋書·儒林·徐邈傳》載其"撰正《五經》音訓，學者宗之"；"所注《穀梁傳》，見重於時"。據《隋書·經籍志》和陸德明《經典釋文序録》等所載，徐邈有《周易音》一卷；《古文尚書音》一卷；《毛詩音》，《隋志》云："梁有《毛詩音》十六卷，徐邈等撰；《毛詩音》二卷，徐邈撰，亡"；《周禮音》一卷；《禮記音》三卷；《左氏春秋音》，三卷；《春秋穀梁傳注》十二卷；《春秋穀梁傳義》十二卷；《論語音》一卷；《莊子音》三卷、《楚辭音》一卷，《徐邈集》九卷，《隋志》云："梁二十卷，録一卷。"①

徐廣之著作，《宋書》本傳載其撰《車服儀注》、《晋紀》四十六卷、"《答禮問》百餘條，用於今世"。劉汝霖《東晋南北朝學術編年》著録其著作：《毛詩背隱義》二卷；《禮記答問》五十卷；《史記音義》十二卷；《漢書音義》；《晋紀》四十六卷；《車服雜注》一卷；《晋尚書儀曹新定儀注》四十一卷；《孝子傳》三卷；《彈棋譜》一卷；《既往七曜歷》；《徐廣集》十五卷，録一卷。

何承天之著作，《宋書》、《南史》本傳載其撰朝儀、刪並《禮論》三百卷、宋國史及《前傳》、《雜語》、《纂文》、論、文集，"並傳於世"，

---

① 關於徐邈經學著作目録及其篇數，吳承仕：《經籍舊音序録》（《經典釋文序録疏証》附録，中華書局 2008 年版）匯集《隋書·經籍志》、陸德明《經典釋文序録》所載，可參看。

"又改定《元嘉歷》"。劉汝霖《東晉南北朝學術編年》著録其著作：《禮論》三百卷；《分明士制》三卷；《注孝經》一卷；《春秋前傳》十卷；《春秋前傳雜語》九卷；《合皇覽》一百二十三卷；《宋元嘉歷》二卷；《歷術》一卷；《驗日食法》三卷；《漏刻經》一卷；《何承天集》三十卷；《陸機連珠賦注》一捲；《纂文》三卷；《姓苑》十卷。①

以上三人為晉宋之際著述最豐、影響力最突出的京口地域學者之代表，其他京口學者之主要著作已在前文中叙及，不再一一考列。由以上諸人著作目録，並結合相關事迹，可以對其學術活動狀況及其特點略作分析。

第一，京口地域學者治學範圍廣泛，內容豐富，但其核心內容則在儒家經術之學。

在經學方面，北府諸儒雖衆經並治，在研究內容上既有經注，也闡發義理，更致力音訓，但其最突出者，則在於禮學領域。徐邈、徐廣、臧燾、何承天等人皆精於禮學，晉、宋正史典籍中諸人本傳、禮志和《通典》等文獻，記録了他們參議當時禮制建設的大量議禮文字，涉及當時禮制的各方面。其中徐廣有《禮論答問》、②何承天整理《禮論》三百卷，可謂這方面的代表成果，也是當時禮學的集成性著作。皮錫瑞《經學歷史》之六《經學分立時代》指出，自西晉之後，南北分裂，經學亦有"南學"、"北學"之分別，"南學之可稱者，惟晉、宋間諸儒善説禮服……當崇尚老、莊之時，而説禮謹嚴，引證詳實，有漢石渠、虎觀遺風，此則後世所不逮也。其説略見於杜佑《通典》"。③皮錫瑞又説："漢魏至六朝諸儒，多講禮服，《通典》所載，辨析同異，窮極深微，朱子謂六朝人多精於禮，當時專門名家有此學，朝廷有禮事，用此等人議之……

---

① 關於何承天著作，《宋書》卷六四《何承天傳》中華書局本有校勘記云："按《隋書·經籍志》著録何承天所撰《春秋前傳》、《春秋前傳雜語》、《纂文》。《南史》無'纂文'下之'論'字，有'及文集'三字。此無文集，而云論，或即謂'安邊論'。"前揭曹道衡、沈玉成《中古文學史料叢考》"何承天著作及標點本之誤"條對此有辨析，以為《宋書》、《南史》的校點有不當處，特別是《纂文》，不應加書名號，當理解為動詞編輯之意，而非書名。但《舊唐書》卷四七《經籍志下》著録何承天有《纂文》，入小學類，後人以為此書共文章、辭藻等類書，以供習文者模擬取法，其中當有小學方面的內容。

② 《建康實録》卷一二《宋太祖文皇帝紀》載："（徐）廣世篤學，為時儒所宗，……俗世禮法，皆取決焉。"

③ 《經學歷史》，中華書局 2004 年版，第 118 頁。

案六朝尚清言習浮華之世，講論服制，如此謹嚴，所以其持期功去官，猶遵古禮，除服宴客，致掛彈章，足見江左立國，猶知明倫理，重本原，故能以東南一隅，抗衡中原百餘年也。"① 皮氏所謂"南學之可稱者，惟晋、宋間諸儒善説禮服"云云，當主要指徐邈、何承天諸人。

第二，京口地域代表性學者之治理經學，在學風上與當時以建康為中心的高門世族社會倡導的玄儒交融的學風有所不同，顯得相對保守，較多地保存着漢儒學以致用的學術風尚。

晋、宋之際，京口地域諸儒參與禮制建構，不僅在禮制上有嚴謹的承襲，② 而且也具有現實的社會意義，如晋末劉裕掌權，臧燾等人議太廟制度，"時學者多從燾議"；③ 何承天"與傅亮共撰朝儀"，④ 這都當涉及當時制度興替和王朝更迭。尤其能體現京口地域學人務實學風者，當以何承天經律並治，長於斷獄，《宋書》本傳載多則事例，如撫軍將軍劉毅鎮姑蘇，版為行參軍，劉毅出行，鄱陵縣吏陳滿射鳥，"箭誤中直帥，雖不傷人，處法棄市"，何承天議曰："獄貴情斷，疑則從輕。昔驚漢文帝乘輿馬者，張釋之劾以犯蹕，罪止罰金。何者？明其無心於驚馬也。故不以乘輿之重，加以異制。今滿意在射鳥，非有心於中人。按律過誤傷人，三歲刑，況不傷人乎？微罰可也。"又，"時有尹嘉者，家貧，母熊自以身貼錢，為嘉償責。坐不孝當死"。何承天詳細分辨禮律關係，以為應當"降嘉之死，以普春澤之恩；赦熊之愆，以明子隱之宜"。又，"吳興餘杭民薄道舉為劫。制同籍期親補兵。道舉從弟代公、道生等並為大功親，非應在補謫之例，法以代公等母存為期親，則子宜隨母補兵"。何承天依禮制議之，以為"代公等母子並宜見原"。又，"時丹陽丁況等久喪不葬"，何承天依禮法議之，以為"況等三家，且可勿問，因此附定制旨，若民人葬不如法，同伍當即糾言，三年除服之後，不得追相告列，於事為宜"。禮律合一、禮律並重，這是漢儒之務

----

① 《經學通論》之三《三禮》"論古禮最重喪服六朝人尤精此學為後世所莫逮"條，中華書局 2003 年版，第 40—41 頁。

② 清人李慈銘《越縵堂讀書記》"史部·正史類·《晋書》"部分説："永和習議祧廟，太康初之議王昌前母服制，衆議並陳，各有據依，足以徵六朝禮學。然徐邈訓傳稱毀主升合乎太祖，升者自下之名，不可降尊就卑，其誼最正。"可見徐邈禮學頗為純粹。

③ 《宋書》卷五五《臧燾傳》。

④ 《宋書》卷六四《何承天傳》。

實風尚，魏晉以降，高門名士普遍崇尚玄談，尤輕吏治法術，而何承天則精於此道，顯示了京口地域學者相對傳統與務實的學術特色。之所以如此，從地域上說，京口地域在東晉並非文化中心地，相對封閉；從階層上說，京口次等士族學術群體，受到社會地位的限制，少有與高門士族名士交往的機會，自然與玄學風尚存在隔膜；從學術傳授而言，京口學術家族多在本族之內和姻親家族間進行學術傳授，其傳統得以保持和延續。①

第三，京口地域代表性學者多通覽淵博，經術之外，涉獵廣泛，尤精於天文、律歷。

關於諸人學識之廣博，前述徐邈"勤行勵學，博涉多聞"；徐廣"家世好學，至廣尤精，百家數術，無不研覽"；何承天"幼漸訓義，儒史百家，莫不該覽"。② 後來的臧榮緒、關康之等，也出入經史，也可謂博通之士。經學之外，他們比較集中地表現在歷史學領域，大多參與晉、宋歷史編撰。如徐廣受命主持編撰《晉紀》四十六卷，何承天受命修劉宋國史。這兩位京口大儒分別受命劉裕、劉義隆修晉、宋歷史，這具有政治含義，與當時現實政治變替當不無關係。至於北府學人私自撰史者，據前述有劉謙之，撰《晉紀》二十卷；臧榮緒撰《晉紀》百一十卷，其弟子諸葛璩也助其事；檀道鸞撰《續晉陽秋》，其侄檀超後來受命修齊國史。此外，何承天的《春秋前傳》十卷、《春秋前傳雜語》九卷等實際上屬於歷史研究著作。如果將當時劉宋皇族人物如劉義慶等人的史學著述再加匯聚，可見晉、宋間京口學人在史學著作方面十分豐富，特別是北府武人之後，史著頗豐，構成了中古學術史上一個富

---

① 關於東晉南朝律學之鬆弛，《南齊書》卷二八《崔祖思傳》載崔祖思上書蕭道成陳政事，其中有言："憲律之重，由來尚矣……漢來治律有家，子孫並世其業，聚徒講授，至數百人。故張、于二氏，絜譽文、宣之世；陳、郭兩族，流稱武、明之朝。決獄無冤，慶昌枝裔，槐袞相襲，蟬紫傳輝，今廷尉律生，乃令史門戶，族非咸、弘，庭缺於訓。刑之不措，抑此之由。"《南齊書》卷四八《孔稚珪傳》載齊武帝蕭賾"留心法令"，責令臣屬修訂律章，孔稚珪上表有言："尋古之名流，多有法學。故釋之、定國，聲光漢臺，元常、文惠，績映魏閣。今之士子，莫肯為業。縱有習者，世議所輕。"可見當時高門士族倡導玄學，其主流文化風尚輕視實用之律學。

② 關於劉宋時代博學之士，《建康實錄》卷一二《宋太祖文皇帝紀》載元嘉十九年四月"以何尚之領國子祭酒，中散大夫裴松之、太子率更令何承天領國子博士。於時朝廷碩學推裴、荀（伯子）、何、傅（隆）"。何承天是當時公認的"碩學"之一。

有地域特色的史家羣體。

談及北府學者學識之淵深廣博，尤以律歷方面的建樹為典型。由以上何承天著述目録，有《宋元嘉歷》、《歷術》、《驗日食法》、《漏刻經》等，可見其在歷法、天文方面的成就。《宋書》卷一〇〇《自序》稱何承天始撰《宋書》，其中"其所撰志，唯天文、律歷，自此外，悉委奉朝請山謙之"。《宋書》卷一一《律歷志序》稱："天文、五行，自馬彪以後，無復記録。何書自黄初之始，徐志肇義熙之元。今以魏接漢，式遵何氏。"又云："元嘉中，東海何承天受詔纂《宋書》，其志十五篇，以續馬彪《漢志》，其證引該博者，即而因之，亦由班固、馬遷共為一家者也。"何承天撰《宋書》，自撰天文、律歷二志以接續馬彪，上承司馬遷、班固的傳統。何承天精於天文、律歷之學，不僅表現在歷史文獻記録方面，更在於他創制《元嘉歷》。《宋書》卷一二《律歷志中》載"宋太祖頗好曆數，太子率更令何承天私撰新法"，元嘉二十年，何承天上表進其所撰《元嘉歷》，宋文帝詔曰："何承天所陳，殊有理據。可付外詳之。"盡管當時何承天之歷法多有議論，但有司上奏："承天歷術，合可施用。宋（元嘉）二十二年，普用《元嘉歷》"，文帝詔可之。《建康實録》卷一二《宋太祖文皇帝紀》載元嘉二十一年十一月，何承天上《元嘉歷》外，"又奏改刻漏二十五箭，帝並從之"。可以説，何承天所制《元嘉歷》，在以往歷法的基礎上，達到了相當精密的程度。

何承天在天文、歷法方面具有深厚學養。《宋書·律歷志中》載其言："夫曆數之術，若心所不達，雖復通人前識，無救其為敝也"。關於何承天歷學之承繼，他在《上元嘉歷表》中自述："臣授性頑惰，少所關解。自昔幼年，頗好曆數，耽情注意，迄於白首。臣亡舅故秘書監徐廣，素善其事，有既往《七曜歷》，每記其得失。自太和至太元之末，四十許年。臣因比歲考校，至今又四十載。故其疏密差會，皆可知也。"可見何承天之天文、律歷之學，其淵源在於其舅徐廣，徐廣"素善其事"，其"有既往《七曜歷》，每記其得失"，何承天承襲其學，"自昔幼年，頗好曆數，耽情注意，迄於白首"，終得大戒。① 南朝裴子

---

① 在天體論方面，何承天傾向於孫吳王蕃的渾天説。《宋書》卷二三《天文志一》載"御史中丞何承天論渾象體曰：'詳尋前説，因觀渾儀，研求其意，有以悟天形正圓，而水周其下……徑天之數，（王）蕃説近之。'"

野論此曰：以往歷法有隨意穿鑿的毛病，"削遠以附近，毀雅以敦俗，多鄙俚之説，亂採索之旨，由是，搢紳先生不以陰陽為學。及何承天能正累代遺術，博物君子也"。① 不僅如此，何承天繼踵徐廣之歷學，得其大成，引發了南朝歷學的熱潮。《宋書·律歷志下》載宋孝武帝大明六年，南徐州從事史祖冲之上表，以為"古曆疏舛，頗不精密，群氏糾紛，莫審其要。何承天所奏，意存改革，而置法簡略，今已乖遠……臣生屬聖辰，逮在昌運，敢率愚瞽，更創新歷"。祖冲之也為門第寒微之人士，數術世家，他自稱"少鋭愚尚，專功數術，搜練古今，博采沈奧，唐篇夏典，莫不揆量，周正漢朔，咸加該驗。罄策籌之思，究疏密之辨"。就學術風尚而言，祖冲之與何承天而言，則有其一致性。宋代葉適在《習學記言序目》卷三一"《宋書·律歷志》"條中論云："自蔡邕、杜預用新術治歷，至何承天、祖冲之，考索愈精。承天以月蝕之冲推日躔次，冲之言古術之作在漢初周末，所謂求詳于未差之前，蓋劉歆、班固所不能到也。"王夫之《讀通鑒論》卷一五宋文帝之十七條有論云："歷法至何承天而始得天，前此者未逮，後此者為一行、為郭守敬，皆踵之以興，而無能廢承天之法也……承天之法，以月食之衝，知日之所在；因日躔之異於古，知歲之有差；以月之遲疾置定朔，以參合於經朔，精密於前人。天之聰明，以漸而著，其於人也，聰明以時而啓，唯密以察者能承之。"這從中國古代天文歷法史的角度，高度評價了何承天歷法的地位。又有論者稱何承天治學廣博，然"厥功最巨者，則在於律歷、天文"，由其所撰歷法等，"可窺見承天造詣之深，南朝一百七十年中，足與祖冲之相頡頏焉"。② 從徐廣、何承天等精於天文、歷法，也可見京口儒者群體在學風方面承襲漢代傳統與偏於保守的特點。③

---

①　《建康實錄》卷一二《宋太祖文皇帝紀》載元嘉二十一年十一月條所引裴子野論。

②　前揭曹道衡、沈玉成《中古文學史料叢考》"何承天著作及標點本之誤"條，第345頁。

③　《南齊書》卷三九《劉瓛傳》載其為當時著名經師，曾講《月令》畢，謂弟子曰："江左以來，陰陽律數之學廢矣。吾今講此學，曾不得其倣佛。"可見自東晋以來，玄化高門士族社會也輕視陰陽律數之實用學問，而北府地域低級士族則在一定程度上延續漢代學風。在研習歷法方面，何承天還注意域外歷法方面的情況，《高僧傳》卷七《義解四·宋京師東安寺釋慧嚴傳》載："東海何承天以博物著名，乃問嚴佛國將用何歷，嚴云：'天竺夏至之日，方中無影，所謂天中，於五行土德，色尚黃，數尚五，八寸為一尺，十兩當此土十二兩，建辰之月為歲首。'及討嚴分至，推校薄蝕，顧步光影，其法甚詳，宿度年紀，咸有條例，承天無所厝難。後婆利國人來，果同嚴説，帝勅任豫受焉。"何承天與僧人探討天竺歷法，可見其追求通博之學術旨趣。

　　論及京口地域儒者之學風，他們的社會地位有所提升後，在生活方式、思想文化方面自然不可能完全排拒高門士族社會風尚的影響。《宋書·隱逸·戴顒傳》載其"述莊周大旨，著《消搖論》，注《禮記·中庸篇》"，① 可見戴顒在學術上是禮玄兼治的。這可謂戴氏家族的一個特色。戴顒父戴逵是一個名士化的隱士，與高門玄化名士交往甚多，但他在吸收玄風的同時，對任誕玄風則加以批評。《晋書·隱逸·戴逵傳》載其"性高潔，常以禮度自處，深以放達為非道"，其著論以為"然竹林之為放，有疾而為顰者也，元康之為放，無德而折巾者也，可無察乎"！其論中辨析儒、道關係，實際上強調儒道互補、禮玄雙修。又，前引文稱關康之治經，"晋陵顧悦之難王弼《易》義四十餘條，康之申王難顧，遠有情理"，顧悦之為江東本土學人，其"難王弼《易》義"，很可能是出於學風之不同，出於對王弼玄化經學的隔閡，而關辰之"申王難顧，遠有情理"，則説明他對王弼《易》學甚為熟悉，其治經可能是推崇魏晋以來之玄化經學的。當然，總體而言，由上文所論，京口地域諸儒之學風旨趣是相對保守持舊的。

　　第四，京口地域諸儒及其學術之興與晋宋之際統治者之倡儒政策不無關係。

　　我們知道，自魏晋以降，玄風昌熾，經學衰微，《晋書》卷九一《儒林傳序》稱："有晋始自中朝，迄於江左，莫不崇飾華競，祖述虛玄，擯闕里之典經，習正始之餘論，指禮法為流俗，目縱誕以清高，遂使憲章馳廢，名教頽毁，五胡乘間而競逐，二京繼踵以淪胥，運極道消，可為長嘆息者矣。"沈約在《宋書》卷五五傳論中説："自黄初至于晋末，百餘年中，儒教盡矣。"因此，總體而言，魏晋六朝可謂經學衰微時期。不過，在此過程中，隨着政局的變動，晋宋之際學風也發生了微妙的變化。據田餘慶先生論述東晋門閥政治之興衰過程所揭示，隨着東晋高門士族的日漸腐化，晋孝武帝時期"皇權有振興之勢，門閥政治出現轉折"，"就士族地位和皇權狀況言之，孝武帝一朝伸張皇權，正是由東晋門閥政治向劉宋皇權政治的過渡"。② 東晋孝武帝之振興皇

---

① 《隋書》卷三二《經籍志一》載："《禮記中庸傳》二卷，宋散騎常侍戴顒撰。"
② 田餘慶：《門閥政治的終場與太原王氏》，《東晋門閥政治》，北京大學出版社 2009 年版，第 265、269 頁。

權，在用人標準與思想文化上也有表現，"孝武帝力圖伸張皇權，還可以從他用儒生、興儒學這兩端得到説明"。孝武帝時重用的徐邈、范寧、王雅等三人"在士族中門第都不很高，都以儒學事孝武帝，與江左前此玄風流煽、名士縱橫的情況大不一樣"。① 與此同時，孝武帝着力恢復國子學，整頓太學，盡管成效並非很大，"但却為南朝開通風氣，鋪陳道路"。② 由於孝武帝重儒學和儒生，當時執政的陳郡謝氏便盡力推薦儒生，前引文稱"孝武帝始覽典籍，招延儒學之士"，③ 謝安舉徐邈應選，謝玄又推薦徐廣。④ 東莞徐氏以精於儒學而為晉孝武帝所用，臧燾也在此時由謝玄所薦入國學任助教的。⑤ 作為晉宋之際最早顯名的一批京口地域儒學之士的代表，其背景正在於此。

自東晉義熙以來，北府武人代表劉裕憑藉其軍功與實力，掌控朝權，並最終代晉建宋。在此過程中，門第寒微的劉宋統治者在政治上壓制高門士族，大力強化皇權，同時在意識形態上倡導儒學。沈約《宋書》卷五五傳論説："高祖受命，議創國學，宮車早晏，道未及行。迄于元嘉，甫獲克就，雅風盛烈，未及曩時，而濟濟焉，頗有前王之遺典……臧燾、徐廣、傅隆、裴松之、何承天、雷次宗，並服膺聖哲，不為雅俗推移，立名於世，宜矣。"劉裕本人雖"素無術學"，但其強化專制集權必然在思想上提倡儒學。此後宋文帝更是大力恢復國子學，重

---

① 田餘慶：《門閥政治的終場與太原王氏》，《東晉門閥政治》，北京大學出版社 2009 年版，第 270 頁。

② 同上書，第 272 頁。

③ 關於晉孝武帝之重視儒學，《晉書》卷六五《王導傳附王珣傳》載："時帝雅好典籍，珣與殷仲堪、徐邈、王恭、郗恢等並以才學文章見昵於帝。"又，《晉書》卷七五《范汪傳附范甯傳》載："孝武帝雅好文學，甚被親愛，朝廷疑議，輒諮訪之。"

④ 《通鑒》卷一一三《晉紀》三五安帝元興三年胡三省注云："徐邈以文學為孝武所親信"。關於晉孝武帝之重視儒學，胡寶國先生指出，"太元中大規模徵集圖書可能也是復興儒學計劃的一部分"，以為《晉書》卷八二《孫盛傳》所載"太元中，孝武博求異聞"，實際上"就是大規模徵集圖書"，《晉書》卷八二《徐廣傳》載"孝武世，除秘書郎，典校秘書省"，就是他在孝武帝時"進入秘書省參預校書工作，可能就是因為當時徵集到了大量圖書，急需像他這樣的重要學者參預整理"。（胡寶國：《知識至上的南朝學風》，刊於《文史》，中華書局 2009 年第四期）

⑤ 關於謝安向晉武帝舉薦儒者，田餘慶先生在《門閥政治的終場與太原王氏》中指出："謝安其人出入玄儒，居位以後以恭慎自持，企圖恢復西晉初年以孝為治的氣氛，表示輸忠晉室。這種振興儒學的活動，與以後孝武帝伸張皇權的要求，是完全吻合的。"見前揭《東晉門閥政治》，第 272 頁。

視儒學教育，徵辟名儒。在此過程中，對京口鄉邦儒者自然倍加重視。從社會階層興替的角度看，由於重視經學風氣的影響，一些門第寒微的經學之士必然受到提攜。劉宋立國後，京口地域儒者政治、社會地位明顯提升，學術方面日益活躍，著述日漸豐富，一些家族還子孫相延，成為南朝新的學術世家。

南朝經教道教形成的歷史背景探析[*]

首都師範大學歷史學院　劉　屹

一　引言

　　1983 年，索安（Anna Seidel）指出道教史上一個耐人尋味的歷史現象：在南北朝初期，北魏寇謙之的改革雖然看起來轟轟烈烈，但在進入隋唐以後，北天師道的影響却似乎銷聲匿迹了。隋唐時期的道教是以來自南朝陸修静、陶弘景、宋文明等人開創的上清和靈寶經派的經典、教義和儀式為主流[①]。1997 年，筆者嘗試對這一歷史現象做出解釋，認為是六朝前期的南方道教走上了經教化的道路，所以在道教内部的經典和教義建設方面，南方道教具有獨特的優勢，代表了中古道教發展的主流趨向[②]。事實上，北方道教並不是到了隋唐時期才開始全面接受南方的經教思想，早在寇謙之改革時就已經吸取了一些來自南方的經教思想，而最晚到 5 世紀末的關中道教造像中，更是清晰地體現了北方道教對南

　　* 本文是國家社科基金項目（12BZS025）和教育部人文社會科學規劃基金項目（12YJA770030）的成果之一。也是北京市教委人才强教古文獻學創新團隊的成果。
　　① Anna Seidel，"Imperial Treasures and Taoist Sacraments"，in Michel Strickmann ed.，*Tantric and Taoist Studies*，Vol. 2，Bruxelles，1983，p. 366. 此據劉屹中譯文《國之重寶和道教秘寶》，《法國漢學》第 4 輯，中華書局 1999 年版，第 93 頁。
　　② 劉屹：《試論南朝經教道教的形成及其對北方道教的影響》，首都師範大學歷史系1997 年碩士學位論文，後收入劉屹《神格與地域——漢唐間道教信仰世界研究》，上海人民出版社 2011 年版，第 245—280 頁。

方道教的吸收和借鑒①。此外，筆者還在敦煌道經寫本中發現了很可能是出自北朝末北方道教造作的經典，取之與南方道教的經典相比，其教理和教義、思想和儀式等方面都明顯地落後於南方的道經②。因此，從整體上看，可以認為南方道教比北方道教的經教思想要完備和高深一些，所以南方道教逐漸成為中古道教的主流，原因主要在於此。

　　然而，從歷史上看，南方的經濟、文化全面地形成與北方抗衡之勢，是從永嘉之亂、晉室南遷才開始的。漢末出現的有組織的道教形態，其最早的發源地也不在南方。為何到了六朝時期，南方道教會形成如此強大的生命力和影響力，不僅反超了北方道教，而且還幾乎使得此後數百年間北方道教對南方道教一直亦步亦趨？筆者此前對這一問題的思考，只是提出由於南方道教率先走上經教化的道路，所以引領了南北方道教的發展趨勢。現在要追問的是：為何南方道教會邁出經教化的步伐，而北方道教則只能甘居其後？這雖然是南北道教的關係問題，在一定程度上或許也是南北朝時期南方文化和北方文化關係的一個縮影。本文想在分析南方道教因何得以成為中古道教經教化的主流方面做一嘗試，也希望這一嘗試有助於我們瞭解南北朝至隋唐時期的南北方文化的互動關聯問題。

二　移民與土著：從信仰到政治的分合

　　所謂的南方和北方之分，依據六朝時期的情況，廣義而言應是以秦

　　①　關於寇謙之改革時受到南方道教的影響，見劉屹《寇謙之與南方道教的關係》，《中國中古史研究》第二期，臺北：蘭臺出版社 2003 年版，第 71—99 頁。關於北朝關中道教造像受到南方經教思想的影響，見〔日〕神塚淑子《南北朝時代の道教造像》1992 年初刊，此據氏著《六朝道教思想の研究》，東京：創文社 1999 年版，第 497—506 頁。柏夷（Stephen R. Bokenkamp）"The Yao Boduo Stele as Evidence for the Dao-Buddhism of the Early Lingbao Scriptures", *Cahiers d'Extreme-Asie*, Vol. 9, 1996–1997, pp. 55–67. Stephen Bokenkamp, "The Salvation of Laozi: Images of the Sage in the Lingbao Scriptures, the GeXuan Preface, and the Yao Boduo Stele of 496 C. E." 李焯然、陳萬成主編《道苑繽紛錄》，香港：商務印書館 2002 年版，第 287—314 頁。劉屹《五、六世紀之交關中道教的特點——以姚伯多碑為中心》，2006 年初刊，收入《神格與地域》，第 281—302 頁。

　　②　這主要體現在筆者對《太上妙法本相經》、《太上靈寶元陽經》的研究，相關論文已收入劉屹《經典與歷史——敦煌道經研究論集》，人民出版社 2011 年版，第 214—277 頁。

嶺、淮河為界分為南北。但因六朝經教道教的主要發源地在三吳地區，這一地區道教所展開的經教化歷程，足以引領廣義範圍內的南方道教。而這一地區也是六朝前期南方政治、經濟、文化的重心所在，故本文所謂的"南方道教"，其核心應是指江東三吳之地的道教。對於這一地區的民間信仰情況，從《漢書·地理志》到《隋書·地理志》，史家都籠統而言：荊楚與吳越之地相接，又互相兼併，所以三地民俗略同，都是"信巫鬼，重淫祀"或"俗信鬼神，好淫祀"。① 饒宗頤先生曾利用新出土的材料，提出楚文化中有一些要素被後來的道教所繼承②。然楚文化之外的吳越文化如何？目前無論從考古材料還是文獻資料，都還難以直接反映早到漢末三國以前江東地區的宗教信仰情況③。大概巫鬼淫祠一直是這一地區民眾信仰的特點。

從地理上看，吳越之地除了與西邊的荊楚之地相連，也與北邊的齊魯之地，或稱青徐兗豫之地相接。在漢末三國以前，北方中原地區的經濟文化無疑要比江南地區發達。從東漢以來，無論是在承平之時，還是在中原板蕩之際，南方和北方人民的交流則從未中斷。青徐兗豫地區的人民如果選擇向南遷徙，最直接和最方便的路綫就是先過淮河，再過長江至江東。這是由自然地理狀況所決定的一個重要人文地理背景，却往往被研討六朝道教史的學者所忽視。因此就南北關係而言，在文化、習俗和人群等方面，江東地區與青徐兗豫諸州的關聯不可忽視。

漢末東部地區爆發黃巾起義時，長江以北的青徐兗豫之地基本全被波及，而長江以南的三吳之地，則未見黃巾起義。孫氏佔據江東後，到公元 200 年，"有道士琅邪于吉，先寓居東方，往來吳會，立精舍，燒香讀道書，製作符水以治病"。④ 漢末《太平經》出世後，就是被琅琊的方士奉獻給朝廷的。此于吉雖然未必就是造作出《太平經》的方士

---

① 《漢書》卷二十八《地理志》下，中華書局點校本，1666 頁。《隋書》卷三十一《地理》下，中華書局點校本，第 886 頁。

② 饒宗頤：《道教與楚俗關係新証——楚文化的新認識》，1985 年初刊，此據《饒宗頤二十世紀學術文集》卷五《宗教學》，北京：中國人民大學出版社 2009 年版，第 91—101 頁。

③ 學界通常依據釋玄嶷的《甄正論》，認為有關道教"靈寶五符"的最早的傳說，見於記載春秋末年越國故實的《越絕書》。但實際上釋玄嶷的説法不可信，見劉屹《古靈寶經形成之前的靈寶五符》，提交"東嶽文化和北京東嶽廟"學術會議論文，2013 年，北京。

④ 裴松之注《三國志》引西晉虞溥《江表傳》，《三國志·吳書》卷一《孫策傳》，中華書局點校本，第 1110 頁。

干吉，但他本是齊地的方士，又在黃巾起義的背景下渡江到江東，主要憑借自己的法術治病，廣收人心，一度成為孫氏政權的座上賓。盡管他最終被孫策處死，但他却是一個具有典型意義的人物。在漢末三國時，北方有一批方術之士因戰亂而南渡江東，以其術人的法術引得江東人士信服。這樣的例子，還有原本被曹操招攬的方士左慈①，以及一批在《真誥》裡面記載的北方方術之士或仙道信徒，他們或是為了避亂，或是為了在江南地區尋找靈山秀水來修道修仙②，把原本在中原和北方非常普遍的法術和仙道技術帶到南方，既豐富了南方的信仰世界，也充當了早期南北道術道教之間的交流橋樑。或可認為，從漢末開始的北方方術之士南遷，使得江南地方信仰在原有的巫鬼淫祀之外，多了一些追求神仙信仰的仙道思想和技術。這可看作是當時的北方對南方道教思想的單向影響。實際上，後來因傳授和造作出上清經和靈寶經而聞名的句容許氏家族和葛氏家族，他們的祖先也都是從北方南渡江東的③。只不過他們的祖先在南渡時，都不是因為仙道信仰的原因。而當這兩個家族在東晉中後期登上道教史舞臺時，已是不折不扣的江東土著道教信仰世家了。是什麼原因使得原本信奉巫鬼淫祠的江東地區，到東晉時却產生出經教色彩如此濃厚的上清經和靈寶經？

既有的研究在分析道教上清經產生的原因和背景時，一般是將上清經作為江東土著士族在兩個層面上對北方中原傳統道教信仰進行刻意分離的結果。從信仰層面上講，認為上清經派的出現，是對從北方傳來的天師道傳統的分化和超越。從社會政治關係層面講，認為是北方南渡的高門大族來到江東，對江東土著士族形成了政治和經濟上的排擠和壓

———————

① 左慈籍貫廬江，位於江北。其事迹最早的記載，應來自與其同時代的曹丕《典論》和曹植的《辯道論》，説其善補導之術。范曄在《後漢書·方術列傳》中將其變成了一個善法術變化，且莫知所終的方士。見《後漢書》卷八十二下《方術列傳》下，中華書局點校本，第2747—2748頁。葛洪《抱樸子·內篇》則説其在漢末避地江東，傳授葛玄金丹經術，見王明《抱樸子·內篇校釋》，中華書局1985年版，第71頁。可知左慈的形象也是不斷被塑造而成的。

② 如杜契，京兆杜陵人，建安之初，來渡江東。張祖常，彭城人，吳時從北來。趙廣信，陽城人，魏末來渡江。分別參見趙益點校《真誥》，中華書局2011年版，第236、244、252頁。

③ 《真誥·真胄世譜》謂許謐的六世祖許光於中平二年（185）渡江，許氏遂始居丹陽句容，見趙益點校本《真誥》，第349頁。葛洪《抱樸子外篇·自叙》謂葛廬在東漢建立時就遷居句容，見楊明照《抱樸子·外篇校箋》，中華書局1997年版，第646—648頁。

迫，使得像句容許氏這樣江東土著中的次等士族，懷着對北方移民的不滿，而在精神信仰上尋求新的出路，因此産生了上清神啓[1]。

從這樣的角度來理解上清經的出現，强調的是江南信仰傳統與北方傳來的道教傳統之間的斷裂和對立性，這很可能只是問題的一個方面。在不否認南北方信仰存在一定的差異和對立的同時，我認爲有必要重視問題的另一方面，即南方信仰對北方中原道教傳統的繼承性和超越性。以往説到北方道教的影響，往往將其簡單歸結爲是五斗米道和天師道的影響。但事實上，有關北方天師道隨北方移民遷徙到江東地區之説，現在看來已不是堅不可破的一個認識前提了。

首先，永嘉之亂時，江東地區接受的北方移民，主要來自青徐兖豫等原本是太平道信仰波及的諸州。而在曹操平定漢中、張魯降曹後，五斗米道徒雖然被遷至中原甚至是鄴城、洛陽附近，但在西晋末年人們大規模遷徙過程中，鄴城和洛陽地區的移民應該是直接南下至荆襄地區避難，不應該直接到江東地區。認爲五斗米道信徒在永嘉之亂時曾直接遷徙到江東地區，或許有違北人南徙的地理大背景。

其次，在 317 年成書的《抱樸子·内篇》中，葛洪不僅没有提及天師道的任何信息[2]，而且他所耳聞目睹的北方道術人士或團體的遷徙情況，也看不出有天師道組織南渡的踪跡[3]。當時南渡來的北方道術之士，往往能够憑借法術或自夸久壽而吸引南方信衆的聚集，這大概是因爲這些道術法術，相較於一成不變的江南巫鬼淫祠信仰，容易帶來新鮮感和吸引力，就像當年于吉到江東時産生的轟動影響。如葛洪説："世

---

① 代表性的觀點來自 Michel Strickmann（司馬虛），"The Mao Shan Revelations: Taoism and the Aristocracy"，*T'oungPao*，Vol. 63，1977，pp. 1 – 64. 此文的日文版《茅山における啓示—道教と貴族社會—》，收入 [日] 酒井忠夫編《道教的總合的研究》，東京：國書刊行會 1977 年版，第 333—369 頁。並參都築晶子《南人寒門·寒人的宗教的想象力について—『真誥』をめぐって—》，1988 年日文初刊，此據宋金文中譯文《關於南人寒門、寒士的宗教想象力》，劉俊文主編《日本中青年學者論中國史·六朝隋唐卷》，上海古籍出版社 1995 年版，第 174—211 頁。

② 關於《抱樸子·内篇》未見天師道信息，有多位學者持此觀點，如前揭司馬虛 1977 年文，第 8 頁。[日] 小林正美《六朝道教史研究》，1990 年日文初版，此據李慶中譯本，四川人民出版社 2001 年版，第 180 頁。施舟人（KristoferSchipper）《道教的清約》，《法國漢學》第七輯，中華書局 2002 年版，第 152 頁。

③ 劉屹：《神格與地域》，第 174—177 頁。

人多逐空聲，鮮能校實。聞甲乙多弟子，至以百許，必當有異，便載馳競逐，赴為相聚守之徒。"① 這些從北方來的方士，對於南方固有的巫鬼淫祀信仰是一種競爭和衝擊，但這樣的方士通常是個人身份到了江南，然後聚集起大量的信徒，他們並不是有現成組織形態的天師道道士。

再次，有關天師道吉陽治祭酒李東和錢唐杜治的杜子恭，他們的信仰來源通常被認為是南遷後的天師道。但如果考察他們宗教活動的特點和最早開始從事宗教活動的時代，可知他們早在永嘉之亂以前就已經在江東地區進行道教活動了。這說明李東和杜子恭的道教信仰不一定是從天師道在永嘉之亂時南遷才開始的，他們很可能自有在江東地區的信仰淵源②。還有魏華存與天師道和張道陵的關係問題，以及《真誥》中對張陵黃赤之術的批判等。這些都是以往學者認為上清經出自天師道傳統，而又對天師道傳統有所超越的依據。但我認為關於天師道南遷的問題，關鍵在於天師道是否只有張道陵創立的五斗米道這一個來源③？六朝時的張道陵，也並不是只有在鶴鳴山創立五斗米道這一種形象，他甚至在江南地區的傳統中，只是被認為是東部地區的煉丹方士，而非天師道的創立者④。在天師道的概念沒有搞清之前，不宜過分強調來自西部巴蜀漢中的五斗米道對江東地區的影響。

最后，五斗米道起自夷漢混雜的西南地區，且深入到當地的社會組織，不太可能以求仙和清靜無為作為道團的修行目標。以往學界認為琅琊王氏等兩晋高門士族的道教信仰來自五斗米道或天師道，其實琅琊王氏所處的東方濱海地域，自戰國時期就有求仙的傳統和各種求仙技術，何必非要等五斗米道從西南傳至中原再到東部濱海地區後，青徐兖豫諸州的高門士族才因服膺天師道而開始求仙的信仰？在我看來，基於民眾信仰層面的五斗米道，與魏晋間高門大族追求的仙道理念有極大的差距，他們很可能是來自起源不同的信仰體系。與其認為王氏等高門大族是五斗米道信徒，不如認為他們的信仰來源於東部地區悠久的仙道

---

① 《抱樸子·内篇校釋》，第 257 頁。

② 劉屹：《神格與地域》，第 178—188 頁。

③ 劉屹：《王凝之之死與晋宋天師道的淵源》，《中國史研究》2011 年第 2 期，第 59—75 頁。

④ 施舟人：《道教的清約》，第 165 頁注⑪。

傳統。

　　總之，天師道是否通過永嘉之亂而傳佈江東地區，是以上清經為代表的南方道教信仰是否在背離與超越天師道傳統的基礎上才產生出來的一個重要前提。而現在，這樣一個前提面臨不少的質疑。

　　此外，認為許氏家族為代表的土著士族，在現實世界中受到來自北方士族的打壓，於是就在精神信仰世界尋求一種超越北方士族的宗教地位的看法，似乎也有必要重新考慮。首先牽涉的問題是六朝時期的社會階層劃分標準。例如，許氏家族雖然肯定算不上是江東的高門大族，但他們是屬於南方的次等士族？還是屬於寒門或寒人？這在學界尚有不同的看法①。其次，江南土著士族的確在政治上受到北來大族的壓制，但這是否就一定會導致兩個士族群體之間在信仰上出現隔絶和對立？社會階層的高下與精神信仰層面的對應關聯，不能説沒有道理，如前述巴蜀漢中的民衆信仰五斗米道，與東部濱海地區的高門大族信仰仙道的差別，還是很明顯的。下層普通民衆信道入道的目的是解決溫飽，趨利避害，而高門大族自然會以求仙長生為目的。但無論高門大族還是次等士族，或是得到權勢的寒門寒人，他們在條件許可的情況下，都會關心自身的生死和家族的延續問題。此時，無論是民間巫俗淫祠，還是上清道法，甚或佛教修行，只要讓人覺得有一綫希望，一般都不會因為自己的階級立場而對宗教信仰故意有所取捨。

　　事實上，許氏在創制上清經的過程中，也並沒有排斥高門大族的介入，或是僅僅把上清神啓局限在與自己同等級的次等士族圈子中。而高門大族也沒有因為許氏的社會地位不高就對他們的修道活動避而遠之。例如許謐之兄許邁，基本上沒有直接參與神真降授上清經的活動，他走的還是傳統仙道技術之路，即隱居山林，服食採藥。他結交的是王羲之父子、郗愔這樣的高門大族。許邁在頗有道名之後，還曾被會稽王司馬昱諮詢廣嗣之術②。《真誥》還收録了仙真降神給許謐及其"同學"郗愔的詩③，説明高門子弟郗愔是參與了許謐的降真活動的。而郗愔最為

①　例如，都築晶子依據川勝義雄的見解，將許氏歸為寒門與寒人，而田餘慶先生則把劉裕等以軍功崛起之輩認作寒門。

②　《晋書》卷三十二《孝武文李太后》，第981頁；卷八十《王羲之傳》附《許邁傳》，第2106—2107頁。

③　《真誥》卷三《運題象》，第50頁。

人所熟知的信道舉動，却不是修行上清道法，而是服符這一古老的傳統仙道技術，即《世說新語·術解》記載的郗愔服符故事①。還有錢唐杜氏交接王氏、陸氏等移民和土著大族子弟，而許氏的後人許黃民還曾被錢唐杜道鞠數相招致②。可見當時高門大族與中下等士族相互之間，就精神信仰方面的交流還是很頻繁和緊密的。對高門大族子弟來說，從北方帶來的傳統仙道技術，與許氏通過降神得到的上清道法，都是其嘗試長生不死的備選方案，並不會因為王氏和郗氏從北方南渡而來，就更偏愛他們早已熟知的傳統仙道技術，而對許氏這樣的江東土著家族新造的上清道法不屑一顧。

　　上清經之所以給人以排斥北方大族的印象，是因為上清經法原本就不是為了廣宣於世而造作的，其本身的神秘性決定了這些經書的流傳範圍大受局限。許邁和許謐兄弟兩人原本的信仰是同一的，只不過許邁闖出了名堂，而許謐因為身體多病，不能像許邁那樣廣泛地與高門大族子弟交遊修仙，只能閉門在家選取適合自己的修仙方式。上清神啓出世的方式，即仙真通過降神，借神媒楊羲之筆寫下真誥，原本就是對巫師通靈降神傳統的一種改造。也正因此，其固有的巫俗降神傳統就容易受到儒家立場的高門大族的輕視。而上清經主要講存思身神的修行方法，這種方法則有從《太平經》到《抱樸子内篇》的“守一”觀念作基礎和鋪墊。《真誥》所反映的給楊、許降真授誥的仙真們，如三茅君、魏華存等，也大都是從北方中原傳來的仙真信仰。因此，上清經法的出現，從本質上講還是江南巫鬼信仰與來自北方的漢魏仙道傳統結合後的產物。高門大族也許會排斥其中的巫俗因素，但有關仙道的追求，却是不論地位高低的士族子弟的同好。

　　到東晋中後期，無論是來自北方的政治上享有特權的高門士族，還是江東土著的次等士族，在政治上都面臨着寒族崛起的衝擊③。孫恩、盧循之亂的性質雖然仍有不同看法，但同為道教信徒的高門士族王凝之被次等士族孫、盧所帥叛軍殺害，表明了這場鬥爭的政治利益上的爭奪

---

　　①　余嘉錫箋疏，周祖謨等整理：《世說新語箋疏》，上海古籍出版社 1993 年版，第 708 頁。

　　②　《真誥》卷十九《翼真檢》，第 340 頁。

　　③　代表性論著參田餘慶《東晋門閥政治》，北京大學出版社 2005 年第 4 版，第 239—269 頁。

遠大於信仰層面的差異①。也說明在重大的政治事件面前，決定宗教信仰者立場和傾向的因素，往往並不是社會階層和信仰範疇的東西，而是實際的政治利益。

待到劉裕為代表的寒門勢力逐漸掌握了政治權力後，江東地區的信仰世界，特別是已經超脫了民間信仰層面的經教化的道教，也開始以寒門勢力為新的恩主，為劉裕政權的合理性鼓噪宣傳。如在東晉末劉宋初作成的《三天內解經》、《大道家令戒》等天師道經典，頗具江南信仰特色的《洞淵神咒經》最初四卷和由上清經衍出的《三天正法經》，乃至後文論及的靈寶經出世等，都有為劉裕代晉鼓噪宣傳的目的。原本為士族仙道信仰服務的上清經和靈寶經，都在現實政治實力面前，轉而支持政治新貴了。

所以，東晉中後期上清經出現時，是否真地存在不同社會階層信仰上的分歧，在我看來是值得考慮的問題。即便真有這樣的分歧，也應該沒有影響到不同信仰者的政治立場，反倒是政治立場和利益的趨同性決定了宗教信仰的合流，而不是分流。在這樣的背景下，來自北方特別是東部濱海地域的仙道信仰，以及南北方共有的巫俗信仰，在東晉時期的江東地區通過各階層士人的求仙好道活動而開始了融合，巫俗信仰受仙道信仰的感染而實現蛻變，是六朝道教實現經教化的一個前提。與此同時，北方地區正處在十六國戰亂之中，道教的發展因為缺乏穩定的社會環境和有能力、有閑心追求仙道的士族支持，從一開始就落後於南方道教了。

三　道教與佛教：從文化到思想的取捨

巫鬼信仰和仙道信仰，這兩者本來都是中國的本土信仰，而且從歷史上看，這兩者也並不是只有到了江東地區才開始共處和結合。為何只

---

①　孫、盧之亂長期被認為是天師道的叛亂，但黎志添提出應該從士族內部政治鬥爭的角度來重新解讀這場叛亂，不應過分強調其宗教色彩。見 Lai Chi-tim, "Daoism and Political Rebellion during the Eastern Jin Dynasty", in Cheung Hok-ming and Lai Ming-chiu, eds., *Politics and Religion in Ancient and Medieval Europe and China.* Hong Kong, Chinese University Press, 1999, pp. 77 – 100.

有在六朝的江東地區，巫鬼與仙道信仰的融合，就產生了影響中古道教至深至遠的經教化運動？這其中的關鍵，就在於"經教"的特色從何而來？

上清經的創立者們原本有着鮮明的巫鬼降神信仰的特色。許氏家族原來並不是信奉天師道，而是信奉帛家道。帛家道的創立者帛和應為三國末、西晉初人，約生活在公元 300 年前後。帛家道最初在洛陽和河北地區傳流，約在兩晉之際傳入江東，在句容的許氏、葛氏等家族中頗有信徒。《真誥》載天地水三官各執丹簡罪簿，質問許邁說："汝本屬事帛家之道，血食生民。"① 《周氏冥通記》講周子良家"本事俗神禱，俗稱是帛家道，許先生被試時亦云爾。子良祖母姓杜，為大師巫"。② 在楊羲之前替許氏通神的神媒是晋陵冠族華僑，《紫陽真人內傳》說華僑是"世奉俗神"③，《真誥》稱華僑"世事俗禱，僑初頗通神鬼"。④ 說明許氏及與之相關的姻親士族，包括神媒華僑，原本都是屬於俗神信仰的帛家道信徒。許氏在楊羲降神之前既然信奉的是俗神，就不可能是天師道的信徒。俗神信仰的特點就是要殺生血祠來祭祀鬼神，而天師道是反對殺生血祠的。許氏信仰的轉變，就是從楊、許降神開始的。於是從東晉中期開始，追求不殺生血祠的"清約"信仰，逐漸成為道教信仰的一大特色⑤。許氏等家族"捨俗入道"，主要就是指捨棄原來的殺生血祠帛家道信仰，改而信奉"清約"的仙道修行道法。而"清約"或可看作是"經教"思想發展的第一階段，也是"經教"思想的第一個主要特徵。

道教"清約"的思想從何而來？天師道的"清約"思想，清晰地表達在《三天內解經》中，但那已是劉宋建立前後的道書。早在葛洪《抱樸子‧內篇》就明確反對祭祀鬼神以求福的觀念，所以"清約"的觀念至少有葛洪的思想作為基礎之一。施舟人還依據自稱附屬於《太平

---

① 《真誥》卷四《運題象》，第 71 頁。

② 《道藏》5 册，文物出版社、上海書店、天津古籍出版社 1988 年影印本，第 522a 頁。

③ 同上書，第 548a 頁。

④ 《真誥》卷二十《翼真檢》，第 357 頁。

⑤ 如《真誥》載范伯慈的故事，強調"大道清約無所用"，見《真誥》卷十四《稽神樞》，第 255 頁。這也直接影響到天師道的"清約"意識。參見前揭施舟人《道教的清約》，以及劉屹《中古道教的"三道說"》，《華林》第一卷，中華書局 2001 年版，第 283—293 頁。

經》的《老君説一百八十戒》中藴含的“清約”思想，指出“清約”
概念的起源在太平道而非天師道①。但因為《百八十戒》的成書時代還
有爭議，其與《太平經》的關聯也有待進一步澄清。至少應該看到，
東部濱海地區的仙道傳統以及太平道的信仰，自身可以産生出反對殺生
血祠俗神信仰的“清約”觀念。這恐怕也是正在形成中的道教信仰必
然要與俗神信仰進行明確分割的重要界限之一。因此，“清約”思想的
産生，也可看作是來源不一的各種道教信仰，在江東地區這一特殊的環
境下所匯聚後發生的觀念革新運動。

　　巫鬼與仙道信仰之融合，由單純的反對祭祀鬼神發展到系統的“清
約”思想，這其中的關鍵性外力影響，筆者認為就是佛教思想的介入。
從兩漢之際就傳入中國的印度佛教，以殺生為第一大戒，所以在反對傳
統的民間巫鬼信仰殺生血祠祭祀鬼神這一點上，外來的佛教和正在百流
歸海的道教站在同一立場上。《真誥》反映出東晋中期的上清經創立者
已經明顯受到了佛教的影響②。在與傳統的民間信仰，甚至包括傳統的
儒家祭祀傳統相區別的過程中，道教的優越感逐漸建立起來。同時，在
與佛教的關係方面，道教通過“化胡説”而把佛教兼併為道教的一個
分支，認為佛教是老子為教化蠻夷戎狄野蠻落後之地而施行的教法③。
這既是基於中國本土文化對域外文化的優越感，也是在對佛教没有徹底
和充分瞭解的情況下做出的判斷。

　　這種優越感至少建立起了一個前提，使得道教可以堂而皇之地採用
佛教的理論和概念來充實自己原本並不完備和豐滿的理論體系。道教在
“佛道一家，同根异枝”的旗號下，的確從佛教那裏學習和借用了大量
的經教因素，乃至招來道教“抄襲”佛教的批評。道教在某些方面確
實是在“抄襲”佛教，但不能認為凡是佛道教相同或相近的地方，就
都是道教“抄襲”佛教，也不能認為這些“抄襲”行為只是無良道士

---

① 施舟人：《道教的清約》，第152—156頁。

② 如［日］神塚淑子《六朝道教思想の研究》，第86—87頁指出，《真誥》描繪的真人
世界，可以看到對東晋中期的支通對阿彌陀佛國描繪的影子。而有關《真誥》抄襲《四十二
章經》的公案，雖然還不能確定是楊、許還是陶弘景抄撮了《四十二章經》，但上清經與佛教
的關聯也由此可見一斑。見蕭登福《試論胡適〈陶弘景的真誥考〉》，2005年初刊，此據氏著
《六朝道教上清派研究》，臺北：文津出版社2005年版，第694—712頁。

③ “化胡説”和《化胡經》的研究，見劉屹《經典與歷史》，第1—89頁。

的盲目亂抄。實際上，道教對佛教思想和概念術語的採納，很多情況下是站在中土文化和道教自身的立場上進行的有選擇的吸收。例如，賀碧來（Isabelle Robinet）指出，上清經在一些思想觀念上與佛教有本質上的矛盾之處，使得上清經從一開始就對佛教進行了有選擇性的吸納[①]。體現在上清經大膽地吸收佛教的一些概念和術語，如"法輪"、"三界"、"三途"、"十方"、"宿命"、"宿緣"，等等。上清經雖然使用了這些佛教詞彙，但却往往不是按照佛經的原義來理解，而是進行了適合上清經語境的改造。當然，這也不能理解為道教有多麼高深的思想理論做基礎，可以清晰地對佛教思想和概念做出準確的判斷後再來進行取捨。很多情況下，道教是在對佛教略知皮毛的情況下所做的取捨。但無論如何，當道教刻意脱離傳統的俗神信仰之時，正好有佛教這一經教色彩甚濃的外來宗教可以參照，於是大量的、新的佛教詞彙、概念和理論，啓發了道教對相關或相近話題的思考，充實了道教的思想話語體系。

在六朝江東地區，吸收佛教思想而發展完善道教經教體系的歷史任務，主要是由上清經和靈寶經的造作者們來完成的。道教"經教"思想發展的第二個階段，也是第二個重要的特徵，就是道教經典的批量造作。道書很早就有，但直到葛洪《抱樸子·內篇·遐覽》所著錄的道書，雖然數量也很多，基本上都是仙道技術類，幾乎没有講道教思想理論的。而上清經和靈寶經的出現，大大改變了道書的形式和内容，使道教經典在形式上也與佛經接近。上清經還只是限於對個别佛教詞彙的借用和改造，而到靈寶經形成的東晉末期至劉宋前期，道教對佛教經教因素的吸收就進入一個全新的階段。可以説，靈寶經對佛教思想和概念的吸收，是促成南方道教實現經教化的重要途徑；而靈寶經的大行於世，也就奠定了中古道教經教化的主流趨勢。

靈寶經形成的過程比較復雜，以往研究認為三十幾卷靈寶經大體上都是由葛巢甫在390—400年間作成的。而近年的研究顯示，很有必要將靈寶經進一步區分為由幾個不同階段作成，到最後匯聚在一起的經典集成。按筆者的觀點，東晉隆安末年，葛巢甫所作的只是靈寶經的第一批（葛仙公所傳部分）；其後，從400—437年，是第二批靈寶經問世

---

①　賀碧來：《佛道基本矛盾初探》，1984年法文初刊，此據萬毅中譯文，載《法國漢學》第七輯，第168—187頁。

（元始天尊所傳的最初十卷左右）；437—471 年，是第三批靈寶經（元始天尊所傳的第二批十卷左右）出世①。

如前所述，靈寶經對佛教因素的吸收，已有上清經作為先例，所以上清經中一些從佛教借用來的名詞概念，也深深影響到了靈寶經。此外，靈寶經的造作者們，與江東甚至是關中地區的佛經翻譯事業有密切的關係，如在仙公所傳的靈寶經中推崇的是吳地仙道人物葛玄（164—244），與其時代大體同時，就有支謙於 222—253 年在建康譯經。靈寶經中還說葛玄有三個弟子，其中也有與葛玄同時的佛教人物竺法蘭②。在靈寶經中，也的確有一些地方明顯地是借鑒了漢譯佛經特別是支謙譯經的影響③。此外，靈寶經中也很可能有來自鳩摩羅什譯經的內容④，說明當時羅什的譯經可以很快地從關中傳到江東。因此，從漢末古譯佛經到羅什的舊譯佛經，都是靈寶經陸續造作時參考的資源。

靈寶經對佛教譯經的參考和借用是很有特點的，很多學者已經就此發表了自己的看法，其中以許理和所做的工作最為全面，他既看到了靈寶經明顯從佛教中借用的概念和術語乃至思想，同時也指出了靈寶經特意將一些佛教的思想和觀念棄之不用的現象⑤。這是因為靈寶經的作者在借鑒佛教因素時，有自己的選擇和取捨標準。這一標準應該是建立在如何豐富和完備道教自身的理論體系，而不是盲目地以模倣外來的新奇術語或理論為目的。雖然在靈寶經中幾乎看不到明顯的"化胡說"，但是靈寶經卻用實際行動在證明：佛道原本一家，佛教中適合道教應用的理論和概念，可以毫不掩飾地直接援引到道經中來。

---

① 劉屹：《古靈寶經出世論——以葛巢甫和陸修靜為中心的考察》，《敦煌吐魯番研究》第 12 卷，上海古籍出版社 2011 年版，第 157—178 頁。

② Stephen Bokenkamp, "Sources of the Ling-pao Scriptures", Michel Strickmann ed., *Tantric and Taoist Studies In Honour of R. A. Stein*, Vol. 2, Brussels, 1983, p. 466.

③ 如柏夷在上揭文 468、474 頁指出：《靈寶真一自然五稱符經》中的十方真人名號和館名，取自支謙譯《菩薩本業經》；《靈寶赤書玉訣妙經》中阿丘曾的故事，取材於支謙譯《龍施女經》。

④ 例如《太極真人敷靈寶齋戒威儀諸經要訣》中有關"劫"之長短的譬語，就很有可能是模倣了 402 年羅什譯出的《大智度論》。

⑤ Erik Zürcher, "Buddhist Influence on Early Taoism: A Survey of Scriptural Evidence", *T'oungPao*, Vol. 66, 1980, pp. 84 – 147.

　　有關靈寶經采用佛教因素的論題，值得在許理和工作的基礎上，按照新的靈寶經形成的歷史觀，另做一番通盤的考察。在此僅舉一例說明靈寶經如何采用佛教概念以充實自己經教理論。靈寶經中最先作出的是仙公系經典，有些地方明顯借用佛教的觀念，乃至於對中國本土舊有的觀念產生了不小的衝擊甚至否定。例如，在漢魏六朝時代中國的本土文化中，個人與家族、家庭的關聯一直很密切，甚至可以說是個人一直從屬於家族或家庭。但是在仙公系靈寶經中，就出現了受到漢譯佛經影響而認為父母、妻子、兄弟、君臣、友朋等社會關係，都是因緣而生而滅的觀念①。基於這樣明顯來自佛教的新觀念，仙公系統的靈寶經一度違背中國文化的傳統，不再強調祖先和父母的功德對子孫的影響，而認為修道成仙與否只關乎個人的前世功德。但在隨後作出的元始系靈寶經中，就特意既想辦法認可了佛教的概念，又竭力地回歸到中國本土文化所認可的範疇內②。這說明靈寶經對佛教因素的采用，並不是完全地模倣和抄襲，除了有選擇地使用，還會在發現與中國文化傳統矛盾衝突時，主動進行必要的調適。這種做法，既完善和提升了道教的理論和思想，又為佛教觀念的中國化提供了重要的途徑。

　　當然，中古時期佛教與道教之間的關係，不是僅靠幾部上清經和靈寶經就能說明的。但佛教帶來的宇宙論、業報輪迴等觀念，却深深地影響了道教的思想和概念。更重要的是，靈寶經所反映出現的修道者的修行方式，也在佛教的影響下發生了重要的轉變。從漢魏仙道傳統的各種求仙方技，轉變為誦經、功德、寫經、造像、布施等佛教化色彩鮮明的經教化修行。這些內容成為道經的主體內容，就是道教"經教"思想發展的第三個階段，也是第三個重要特徵。所以，六朝前期的江東道教之所以能够告別巫鬼和仙道信仰，走上經教化的大路，接觸到佛教，並全面地從佛教中選取有用之需，幾乎是最重要的原因之一。從這個意義上或許可以認為：如果沒有佛教的刺激，大約很難產生出經教化的道教。

---

　　①　《太上洞玄靈寶智慧本願大戒上品經》，《道藏》第 6 册，第 156b 頁。
　　②　相關論述見劉屹《古靈寶經業報輪迴發展的一個側面——以新經、舊經中的"先世"一詞為中心》，待刊。

四　結語

構成日後中古道教三洞道書的洞真上清經和洞神三皇經，基本上還是以中國傳統的仙道技術和符咒法術為主，這些經典適合於個人或小團體的求仙及避害。而洞玄靈寶經却因為廣泛地涉及了以下幾個主題，且試圖解決更廣大信衆的信仰需求而得以大行於世：

一是救度的主題，包括了個人的救度，即仙公系靈寶經講求的個人如何修得上仙；度人，個人之外還要救度廣大信衆；度亡，不僅要救度現世的生人，還要救度死去的祖先，使他們死魂成仙。二是子孫與祖先的關係，這方面雖然曾受到佛教觀念的衝擊，但最終確立起來的，還是既兼顧了中國本土文化傳統，又接受了外來佛教思想的新的祖先觀念。三是技術法咒與經教戒律的關係。早出的靈寶經對漢魏仙道傳統的繼承還是很明顯的，其經教化的特色是逐步樹立起來的，總的趨勢是道術色彩逐漸趨淡，經教色彩逐漸加重。

以上這些主題，並不是靈寶經所要考慮解答的全部，也並不是只有靈寶經才開始考慮這些問題。但在中古時期，大概只有靈寶經對它們做出解答得到道教信徒的廣泛認可。其原因就在於靈寶經實現了最廣泛和深入地吸收佛教的有用之資。當充分結合了中國本土傳統信仰與佛教經教思想的靈寶經在南方流行開來時，北魏才結束了十六國亂世，統一了北方，寇謙之道教改革時，不僅他面對的北方道教的傳統仍然很深厚，而且南方已有現成的經典可以參照，他也就疏於對北方道教進行新的經教體系建設。而當陸修靜完成了整理道教三洞的工作，南方道教無疑就徹底站上了中古道教經教化的歷史制高點。當然，佛教在此過程中對南北方道教所產生的不同影響及原因，或許是另一個牽涉更多但又非常值得探究的話題了。

唐代地志的修撰與山東士人

陝西師範大學歷史文化學院　黃壽成

　　唐代是中國封建社會的一個鼎盛時期，在這一歷史時期我們的先民們不僅建立了一個龐大的唐帝國，還創造了燦爛多彩的文化，并且在史學方面做出了突出的貢獻，二十四史中有八部是在唐朝初年修撰完成的，另外是在歷史地理學方面先後修撰了《括地志》、《元和郡縣圖志》等多部地志，為華夏文化的發展做出了傑出的貢獻。因此以往雖然從事唐代地志研究的學者甚多，取得的成果也頗豐，[①] 但是對於唐代地志修撰與區域文化之間關聯的却少有涉及，因此余以為有必要弄清楚這個問題，進而對於自魏晉南北朝以至隋唐時期的文化發展，以及唐代地志修撰的相關問題做更深入地探討。

一

　　自魏晉以來將史書從經部中獨立出來，與經部、子部、集部並列，成為典籍中的史部，地志也就歸為史部的地理類。進入唐代地志修撰就更引起人們的重視，有唐一代學者撰寫的地志頗多，可惜大多撰者不詳，或撰者籍貫、學術淵源不可考，而據《新唐書》卷58《藝文志》記載其中撰寫者可考的地志有《括地志》五百五十卷《序略》五卷、

---

　　① 見《二十世紀唐研究·地理學》中第721—722頁、724頁、727頁，中國社會科學出版社 2002 年版。

《西域國志》六十卷、李吉甫《元和郡縣圖志》五十四卷、梁載言《十道志》十六卷、王方慶《九崚山志》十卷、賈耽《地圖》十卷、①《皇華四達記》十卷、《古今郡國縣道四夷述》四十卷、《關中隴右山南九州別錄》六卷、《貞元十道錄》四卷、韋澳《諸道山河地名要略》九卷、韋述《兩京新記》五卷、段公路《北戶雜錄》三卷、袁滋《雲南記》五卷、高少逸《四夷朝貢錄》十卷等，其中有些地志沒有著錄撰者，可知的修撰者據《新唐書》卷58《藝文志》記載有《括地志》撰寫者有蕭德言、顧胤、蔣亞卿、謝偃、蘇勗，《西域國志》主持撰寫者是許敬宗，還有撰寫《元和郡縣圖志》的李吉甫，撰寫《十道志》的梁載言，撰寫《九崚山志》的王方慶，撰寫《地圖》、《皇華四達記》、《古今郡國縣道四夷述》、《關中隴右山南九州別錄》、《貞元十道錄》的賈耽，撰寫《諸道山河地名要略》的韋澳，撰寫《兩京新記》的韋述，撰寫《北戶雜錄》的段公路，撰寫《雲南記》的袁滋，撰寫《四夷朝貢錄》的高少逸，另外據《新唐書》卷109《宗楚客傳》所云，其父宗炭也參與了《括地志》的修撰。② 而要弄清楚這些地志與各區域學者之間的關係就知能從這些地志的撰修者的籍貫入手，下面就注意考試這些撰修者的籍貫或學術淵源。

蕭德言，《舊唐書》卷189上本傳説他"本蘭陵人，陳亡，徙關中。祖介，梁侍中、都官尚書；父引，陳吏部侍郎，並有名於時。德言博涉經史，尤精《春秋左氏傳》，好屬文"，"晚年尤篤志於學，自晝達夜，略無休倦"。所以説他的學術淵源當是出自江左地區。

---

　　① 按：《舊唐書》卷138《賈耽傳》所載進書表曰："歷踐職任，誠多曠闕，而率土山川，不忘寤寐。其大圖外薄四海，內別九州，必藉精詳，乃可摹寫，見更繢集，纘冀畢功。然而隴右一隅，久淪蕃寇，職方失其圖記，境土難以區分。輒扣課虛微，採掇輿議，畫《關中隴右及山南九州等圖》一軸。伏以洮、湟舊墟，連接監牧；甘、涼右地，控帶朔陲。岐路之偵候交通，軍鎮之備御衝要，莫不匠意就實，依稀像真。如聖恩遣將護邊，新書授律，則靈、慶之設險在目，原、會之封略可知。諸州諸軍，須論里數人額；諸山諸水，須言首尾源流。圖上不可備書，憑據必資記注，謹撰《別錄》六卷。又黃河為四瀆之宗，西戎乃群羌之帥，臣並研尋史牒，翦棄浮詞，罄所聞知，編為四卷，通錄都成十卷。"《唐會要》卷36《修撰》又説："〔貞元〕十四年十月。左僕射平章事賈耽。撰《郡國別錄》六卷。《通錄》四卷。"因此賈耽《地圖》十卷應算作地志。

　　② 雖然《隋書·地理志》也涉及了地理的內容，但是根據史書我們只知道《隋書志》的主要作者，具體《隋書·地理志》作者是誰則不詳，因此不對《隋書·地理志》作者以及相關問題作考釋。

顧胤，《舊唐書》卷 73 本傳說他"蘇州吳人也。祖越，陳給事黃門侍郎。父覽，隋秘書學士。胤，永徽中歷遷起居郎，兼修國史。撰《太宗實錄》二十卷成"，"又撰《漢書古今集》二十卷，行於代"。可見他的學術源自江左地區。

謝偃，《舊唐書》卷 190 上本傳說他是"衛縣人也，本姓直勒氏。祖孝政，北齊散騎常侍，改姓謝氏"。"時李百藥工為五言詩，而偃善作賦，時人稱為李詩謝賦焉"。可知謝偃雖然是胡人，但是他的祖上即已進入山東地區，久已漢化，再加上他的賦與李百藥的五言詩齊名，因此他的學識不一般，并且出自山東地區。

蘇勖，《舊唐書》卷 88《蘇瓌傳》說他是蘇瓌的從祖，是京兆武功人，"既博學有美名，甚為［魏王李］泰所重，因勸泰請開文學館，引才名之士"，因此他的學術源自關隴地區。

宗炎，《新唐書》卷 109《宗楚客傳》說他是宗楚客之父，"其先南陽人"。祖父宗丕"後梁南弘農太守，梁亡入隋，居河東之汾陰，故為蒲州人"。可見宗炎出自南陽宗氏，後輾轉遷徙至河東汾陰，而河東歷來為山東、關隴兩屬地區，再加上宗炎將自己的兩個兒子分別起名為楚客、秦客，可見他在文化上應該是認同與山東地區的，也就是說他的學術是源自山東地區的。

許敬宗，《舊唐書》卷 82 本傳說他是杭州新城人，"其先自高陽南渡，世仕江左"，因此他的學業也就出自江左地區。

李吉甫，《舊唐書》卷 148 本傳說他出自趙郡李氏，"少好學，能屬文"。"該洽多聞，尤精國朝故實，沿革折衷，時多稱之。""吉甫嘗討論易象異義，附於一行集注之下；及綴錄東漢、魏、晋、周、隋故事，訖其成敗損益大端，目為六代略，凡三十卷；分天下諸鎮，紀其山川險易故事，各寫其圖於篇首，為五十四卷，號為《元和郡國圖》；又與史官等錄當時户賦兵籍，號為國計簿，凡十卷；纂六典諸職為百司舉要一捲。皆奏上之，行於代。"因此說他的學術淵源當然出自山東地區。

梁載言，《舊唐書》卷 190 中本傳說他是"博州聊城人"，"撰《具員故事》十卷、《十道志》十六卷，並傳於時"。可見他的學術也是源自山東地區的。

王方慶，《舊唐書》卷 89 本傳說他是南北朝後期著名學者王褒的後人，"其先自琅玡南度，居於丹陽，為江左冠族。褒北徙入關，始家咸陽焉"。"嘗就記室任希古受《史記》、《漢書》，希古遷為太子舍人，方慶隨之卒業。""博學好著述，所撰雜書凡二百餘卷。尤精《三禮》，好事者多詢訪之。"可見王方慶是出自琅玡王氏，雖然他的祖上永嘉之亂後遷居江左地區，文化受到江左地區的影響，但是王方慶又曾受業於任希古，而據《新唐書》卷195《孝友·任希古傳》所云，任希古是山東地區的學者。因此說王方慶的學術淵源當出自山東地區。

賈耽，《舊唐書》卷138本傳說他是"滄州南皮人。以兩經登第，調授貝州臨清縣尉"。"好地理學，凡四夷之使及使四夷還者，必與之從容，訊其山川土地之終始。是以九州之夷險，百蠻之土俗，區分指畫，備究源流。"可見他的學術淵源出自山東地區。

韋澳，《舊唐書》卷158本傳說他是韋貫之子，"大和六年擢進士第，又以弘詞登科"。而同卷《韋貫之傳》又說他"八代祖夐，仕周，號逍遥公"。因此說韋澳的學識是出自關隴地區的。

韋述，《舊唐書》卷102本傳說他是司農卿韋弘機曾孫，"父景駿，房州刺史。述少聰敏，篤志文學"。《新唐書》卷100《韋弘機傳》說他是京兆萬年人。因此韋述的學術源自關隴地區。

李仁實，《舊唐書》卷73本傳說他是魏州頓丘人，"嘗著《格論》三卷、《通歷》八卷、《戎州記》，並行於時"。其學識也源自山東地區。

段公路，《新唐書》卷58《藝文志》說他是段文昌之孫，而《舊唐書》卷167《段文昌傳》說段文昌是西河人，但是家於荊州，由此推測段公路的學識當出自江南地區。

袁滋，《舊唐書》卷185下本傳說他是陳郡汝南人，"弱歲强學，以外兄道州刺史元結有重名，往來依焉。每讀書，玄解旨奥，結甚重之"。所以他的學識出自山東地區。

高少逸，《舊唐書》卷171本傳說他是高元裕的兄長，他們出自渤海高氏，因此高少逸的學識也是源自山東地區的。

除蔣亞卿籍貫、學術淵源皆不可考外，籍貫或學術淵源皆可考有16人，其中謝偃、宗崀、李吉甫、梁載言、王方慶、賈耽、李仁實、袁滋、高少逸九人籍貫或學術源自山東地區，占58%之多；蕭德言、顧胤、許敬宗、段公路四人籍貫及學術源自江左地區，占25%；蘇勖、韋澳、韋述三人籍貫及學術源自關隴地區，約占19%。

《西域國志》參與撰寫者不詳，在《括地志》這部大型地理總志參與撰寫的蕭德言、顧胤、蔣亞卿、謝偃、蘇勖、宗岌六位學者中除蔣亞卿籍貫或學術淵源不詳外，其他五人中謝偃、宗岌二人籍貫或學術源自山東地區，蕭德言、顧胤二人籍貫及學術源自江左地區，各占 40％；只有蘇勖一人籍貫及學術源自關隴地區，占 20％。

再則，以上這些作者可考或作者籍貫或學術淵源可考的著述中除去《括地志》、《西域國志》是多人撰寫而成書的著述外，還有《元和郡縣圖志》、《十道志》、《九嵕山志》、《地圖》、《皇華四達記》、《古今郡國縣道四夷述》、《關中隴右山南九州別錄》、《貞元十道錄》、《諸道山河地名要略》、《兩京新記》、《北戶雜錄》、《雲南記》、《四夷朝貢錄》13部，其中由籍貫或學術淵源出自山東地區學者撰寫的有 10 部，約占總數的 77％；籍貫或學術淵源出自江南地區學者撰寫的有一部，約占總數的 8％；籍貫或學術淵源出自關隴地區學者撰寫的有兩部，占總數的15％多。

可見唐代地志的修撰不論從撰寫者的人數還是著述的數量上看都是山東地區的士人學者占優，特別值得注意的是那部傳世的地理總志《元和郡縣圖志》即是由出自趙郡李氏的李吉甫撰寫的。因此説唐代地志主要出自該地區的士人學者之手，在這方面所取得的成就也主要依賴於該地區的文化。

二

至於為何在地志修撰方面出現山東地區的學者所做出的貢獻遠超過其他地區的學者的狀況，這要從各地區的人文地理環境來看，首先看中國北方的山東地區，據《隋書》卷 30《地理志》記載，從整體上説山東地區大多數地方或 "好尚稼穡，重於禮文" 或 "有周孔遺風"，"其人尚多好儒學，性質直懷義，有古之風烈矣"。或 "人性多敦厚，務在農桑，好尚儒學"。或 "性尤樸直，蓋少輕詐"。"人物殷阜，然不甚機巧"。或 "始太公以尊賢尚智為教，故士庶傳習其風，莫不矜於功名，依於經術，闊達多智，志度舒緩"。或 "莫不殘商賈，務稼穡，尊儒慕學"，"男子多務農桑，崇尚學業，其歸於儉約，則頗變舊風"。"涿郡、太原，自前代已來，皆多文雅之士，雖俱曰邊郡，然風教不為比也"。但是也有的地方如洛陽"其俗尚商賈，機巧成俗"。梁郡"巧偽趨利，賤義貴財"魏郡"浮巧成俗，雕刻之工，特雲精妙，士女被服，咸以奢麗相高，其性所尚習，得京、洛之風矣"。邊地"人性勁悍，習於戎馬"。可見從整體上來看山東地區的文化發展是較快的。

再看當時關隴地區的人文習俗，據《隋書》卷29《地理志》所説：該地區的主要所轄地雍州"京兆王都所在，俗具五方，人物混淆，華戎雜錯。去農從商，爭朝夕之利，游手為事，競錐刀之末。貴者崇侈靡，賤者薄仁義，豪强者縱横，貧寠者窘蹙。桴鼓屢驚，盜賊不禁，此乃古今之所同焉。自京城至於外郡，得馮翊、扶風，是漢之三輔。其風大抵與京師不异。安定、北地、上郡、隴西、天水、金城，於古為六郡之地，其人性猶質直。然尚儉約，習仁義，勤於稼穡，多畜牧，無復寇盜矣。雕陰、延安、弘化，連接山胡，性多木强，皆女淫而婦貞，蓋俗然也。平凉、朔方、鹽川、靈武、榆林、五原，地接邊荒，多尚武節，亦習俗然焉。河西諸郡，其風頗同，並有金方之氣矣"。"漢中之人，質樸無文，不甚趨利。性嗜口腹，多事田漁，雖蓬室柴門，食必兼肉。好祀鬼神，尤多忌諱，家人有死，輒離其故宅。崇重道教，猶有張魯之風焉。""傍南山雜有獠户，"還有許多地方"皆連雜氏羌。人尤勁悍，性多質直。皆務於農事，工習獵射，於書計非其長矣"。卷30《地理志》又説：附屬於關隴地區的"上洛、弘農，本與三輔同俗"。① 河東、絳郡、文城"土地沃少埼多，是以傷於儉嗇。其俗剛强，亦風氣然乎？"② 可見關隴地區以及相鄰并且在南北朝後期隸屬於西魏北周政權的上洛、弘農、河東等地的文化發展有些不正常，明顯的落後於山東地區。

最後再瞭解一下當時江左地區的人文習俗的概況，據《隋書》卷31《地理志》所説：或"其人君子尚禮，庸庶敦厖，故風俗澄清，而

---

①　上洛、弘農、商洛等地在南北朝後期是西魏北周政權所控制的地區，該地文化自當受到來自該政權統治中心的三輔地區的影響，因此本文把上洛、弘農、商洛等地歸入關隴地區加以分析。

②　河東、絳郡、文城等地在南北朝後期多為西魏北周政權所控制的地區，該地文化自當受到來自該政權統治中心的關中地區的影響，而且至今這些地方的方言也與陝西的關中地區相近，因此本文也把河東、絳郡、文城等地歸入關隴地區加以分析。

道教隆洽，亦其風氣所尚也"。或"南郡、襄陽，皆為重鎮，四方湊會，故益多衣冠之緒，稍尚禮義經籍焉"。特別是江都、弋陽、淮南、鐘離、蘄春、同安、廬江、歷陽"自平陳之後，其俗頗變，尚淳質，好儉約，喪紀婚姻，率漸於禮。其俗之敝者，稍愈於古焉"。佢是又說："江南之俗，火耕水耨，食魚與稻，以漁獵為業，雖無蓄積之資，然而亦無饑餒。其俗信鬼神，好淫祀，父子或異居，此大抵然也。"或"人物本盛，小人率多商販，君子資於官祿，市廛列肆，埒於二京，人雜五方，故俗頗相類"。或"本並習戰，號為天下精兵"。或"人性並躁勁，風氣果決，包藏禍害，視死如歸，戰而貴詐，此則其舊風也"。或"人性並輕悍，易興逆節，椎結踑踞，乃其舊風。其俚人則質直尚信，諸蠻則勇敢自立，皆重賄輕死，唯富為雄"。或"多雜蠻左，其與夏人雜居者，則與諸華不別。其僻處山谷者，則言語不通，嗜好居處全异，頗與巴、渝同俗"。"大抵荊州率敬鬼，尤重祠祀之事"，可見雖然江左一些地區漢文化發展較快，但是由於還有許多地區尚未開發，因此從整體上看江左地區的文化發展稍遜於山東地區。

由此可見，山東地區的文化最為先進，這當然是與儒學以及諸子百家大多發源於該地區的齊魯一帶，以及魏晉南北朝時期的戰亂也沒有給該地區的漢文化造成大的破壞相關。而江左地區雖然由於永嘉之亂後士族等漢族人口的大量南遷使該地區的宣城、毗陵、吳郡、會稽、餘杭、東陽、南郡、襄陽等地文化取得了長足的進步，特別是江都、弋陽、淮南、鐘離、蘄春、同安、廬江、歷陽等地在平陳後文化又得到進一步發展，可是由於該地區受制於"信鬼神，好淫祀"的舊俗，以及蠻人、俚人與漢族雜居的原因，在文化發展方面還是略遜於山東地區。可是關隴地區由於自東漢以來的長期漢羌戰爭以及隨之而來的氐、羌涌入，此後五胡十六國時期氐、羌、匈奴、鮮卑等胡族割據關隴，並在該地區與漢人雜居。雖然其間雖然有張軌建立了以漢族為最高統治者的前涼政權，使得河西地區成為以儒家思想為主體的漢文化在中國北方的一個重要的傳播地，使漢文化能够傳習並得到發展，可是由於前涼政權短命，此後河西地區又多為胡族政權所割據，關中地區也在相當長的時期為胡族政權所控制。加上北魏統一中國北方後還將河西地區特別是敦煌等地的學者胡方回、宋繇、張湛、宋欽、段暉、段承根、趙柔、索敞、陰仲

達等人徵召至平城等山東地區。① 這樣的內憂外患使關隴地區的漢文化
元氣大傷，由此造成了文化相對落後的格局，特別是其核心地區的關中
"俗具五方，人物混淆，華戎雜錯"。幸而由於居住在該地區的漢族文
化水準高於其他民族，使得進入該地區的胡族大量漢化，再加上漢族士
人的不懈努力，都對於漢文化在該地區的保存和發展起了一定的作用。
不過從整體關隴地區的文化來看，那些不利因素還是制約了漢文化發展
的，因此從整體上看關隴地區文化是比山東、江左兩大區域遜色一些
的。而文化的演變是有着歷史的延續性，是落後於政治、經濟發展演變
的，因此說這種文化格局至少到唐代的一個相當長的歷史時期還是少有
變化的，這也必然對於唐代地志的修撰產生一定的影響。

三

此外，山東地區學者在地志修撰方面所做出的貢獻遠超過其他地區
的學者還得益於在永嘉之亂後特別是北朝的統治者對於該地區文化恢復
和繼承發展，據《魏書》卷 84《儒林傳》所云：

太祖初定中原，雖日不暇給，始建都邑，便以經術為先，立太
學，置五經博士生員千有餘人……太宗世，改國子為中書學，立教
授博士。世祖始光三年春，別起太學於城東，後征盧玄、高允等，
而令州郡各舉才學。於是人多砥尚，儒林轉興……高祖欽明稽古，
篤好墳典，坐輿據鞍，不忘講道。劉芳、李彪諸人以經書進，崔
光、邢巒之徒以文史達，其餘涉獵典章，關歷詞翰，莫不糜以好
爵，動貽賞眷。於是斯文鬱然，比隆周漢……暨孝昌之後，海內淆
亂，四方校學所存無幾。永熙中，復釋奠於國學；……及遷都於
鄴，國子置生三十六人。至於興和、武定之世，寇難既平，儒業復
光矣。

---

① 見《魏書》卷 52《胡方回傳》、《宋繇傳》、《張湛傳》、《宋欽傳》、《段承根傳》、
《趙柔傳》、《索敞傳》、《陰仲達傳》，中華書局 1974 年版。

這些都説明自北魏政權割據中原之初就開始接受漢文化，設立太學，置五經博士及生員，此後又設立四門小學、州郡鄉學，使得學業大盛，特別是北魏孝文帝遷都之後"故燕齊趙魏之間，橫經著録，不可勝數"，整個文化也隨之興盛起來。此後雖經北魏末年戰亂，儒學的發展受到一定的負面影響，但是到東魏興和、武定年間以儒家思想為核心的漢文化重新恢復。進入北齊文化又得到進一步發展，如《北齊書》卷45《文苑傳》所云：

> 有齊自霸圖雲啓，廣延髦俊，開四門以納之，羣八紘以掩之，鄴京之下，煙霏霧集，河間邢子才、鉅鹿魏伯起、范陽盧元明、鉅鹿魏季景、清河崔長儒、河間邢子明、范陽祖孝征、樂安孫彥舉、中山杜輔玄、北平陽子烈並其流也。復有范陽祖鴻勛亦參文士之列……後主雖溺於群小，然頗好諷咏，幼稚時，曾讀詩賦，語人云："終有解作此理不？"及長亦少留意……祖珽奏立文林館，於是更召引文學士，謂之待詔文林館焉。珽又奏撰《御覽》……

可見這時山東地區涌現出了邢子才、邢子明、魏收、魏季景、盧元明、崔長儒、祖孝征、祖鴻勛、孫彥舉、杜輔玄、陽子烈等一批文士學者。北齊後主又設立文林館，招攬文士學者，修撰《修文殿御覽》。這種文化現象在其他地區也是少見的，這勢必促進了該地區漢文化的發展。

而江左地區的南朝文化發展狀況如何？據《梁書》卷48《儒林傳》所云：

> 江左草創，日不暇給，以迄於宋、齊，國學時或開置。而勸課未博，建之不及十年，蓋取文具，廢之多歷世祀，其棄也忽諸。鄉里莫或開館，公卿罕通經術，朝廷大儒，獨學而弗肯養衆。後生孤陋，擁經而無所講習，三德六藝，其廢久矣。高祖有天下，深愍之，詔求碩學，治五禮，定六律，改斗歷，正權衡。

卷49《文學傳》又云：

> 高祖聰明文思，光宅區宇，旁求儒雅，詔採异人，文章之盛，

焕乎俱集。每所御幸，輒命群臣賦詩，其文善者，賜以金帛，詣闕
庭而獻賦頌者，或引見焉。其在位者，則沈約、江淹、任昉，並以
文采，妙絕當時。至若彭城到沆、吳興丘遲、東海王僧孺、吳郡張
率等，或入直文德，通燕壽光，皆後來之選也。

可見在東晉政權草創之時，江左地區文化發展緩慢，就連國子學都沒有
恢復，進入宋、齊時期國子學才重新恢復，但“勸課未博”。至梁武帝
天監年間文化才得以恢復並逐漸出現了一個比較興盛的局面，“於文德
殿內列藏衆書，華林園中總集釋典，大凡二萬三千一百六卷，而釋氏不
豫焉。梁有秘書監任昉、殷鈞四部目録，又文德殿目録”。但是好景不
長，侯景之亂後“〔元帝〕收文德之書及公私經籍，歸於江陵，大凡七
萬餘卷。周師入郢，咸自焚之”。① 陳霸先建立陳朝後文化的發展狀況
據《陳書》卷33《儒林傳》記載：“高祖創業開基，承前代離亂，衣
冠殄盡，寇賊未寧，既日不暇給，弗遑勸課。世祖以降，稍置學官，雖
博延生徒，成業蓋寡。”與前文所述的山東地區文化相比當然存在着一
定的差距。

至於關隴地區的文化沿襲發展，據《周書》卷45《儒林傳》所云：

　　　　及太祖受命，雅好經術。求闕文於三古，得至理於千載，黜
魏、晉之制度，復姬旦之茂典。盧景宣學通群藝，修五禮之缺；長
孫紹遠才稱洽聞，正六樂之壞。由是朝章漸備，學者向風。世宗纂
歷，敦尚學藝。內有崇文之觀，外重成均之職。握素懷鉛重席解頤
之士，間出於朝廷；圓冠方領執經負笈之生，著録於京邑。濟濟焉
足以踰於向時矣。洎高祖保定三年，乃下詔尊太傅燕公爲三老。帝
於是服袞冕，乘碧輅，陳文物，備禮容，清蹕而臨太學。袒割以食
之，奉觴以�酳之。斯固一世之盛事也。其後命輶軒以致玉帛，征沈
重於南荆。及定山東，降至尊而勞萬乘，待熊生以殊禮。是以天下
慕向，文教遠覃。衣儒者之服，挾先王之道，開黌舍延學徒者比
肩；勵從師之志，守專門之業，辭親戚甘勤苦者成市。

────────────

① 《隋書》卷32《經籍志》，中華書局1973年版。

從上文看似乎北周文化得到了較快的發展，但是《周書》只有《儒林傳》，無《文學傳》，《儒林傳》的下文中所列舉的儒士卻只有盧誕、盧光、沈重、樊深、熊安生、樂遜六人，而且學術淵源皆非關隴地區，特別是其中進入關隴地區較早的盧誕、盧光學術水準有限，無著述。樊深、樂遜雖有著述，可是二人不論從學術著述還是從社會影響上都無法與沈重、熊安生二位名儒相比，而沈重是北周武帝即位之初纔來到關中的，熊安生更是晚在北齊滅亡之後被迫遷徙到關中的，進入西魏北周統治區的時間都很晚，加上關隴地區原有的學術根底不夠深厚，因此他們雖然對於西魏北周統治區的文化發展有一定的影響，但是這種影響的範圍有相當的局限性，而並非《儒林傳》中在論述西魏北周統治區儒學發展概況時所叙述的那樣，這也就不難理解關隴地區的學者對於唐代地志修撰的影響為何遠遜於山東地區的學者。

另外《隋書》對於自永嘉之亂後文化的恢復發展有一個相對全面的表述，據卷75《儒林傳》所云：

> 自晉室分崩，中原喪亂，五胡交爭，經籍道盡。魏氏發迹代陰，經營河朔，得之馬上，茲道未弘。暨夫太和之後，盛修文教，搢紳碩學，濟濟盈朝，縫掖巨儒，往往傑出，其雅誥奧義，宋及齊、梁不能尚也。南北所治，章句好尚，互有不同。

卷76《文學傳》又云：

> 自漢、魏以來，迄乎晉、宋，其體屢變，前哲論之詳矣。暨永明、天監之際，太和、天保之間，洛陽、江左，文雅尤盛。於時作者，濟陽江淹、吳郡沈約、樂安任昉、濟陰溫子昇、河間邢子才、鉅鹿魏伯起等，並學窮書圃，思極人文，縟彩鬱於雲霞，逸響振於金石。英華秀發，波瀾浩蕩，筆有餘力，詞無竭源。方諸張、蔡、曹、王，亦各一時之選也。聞其風者，聲馳景慕，然彼此好尚，互有異同。江左宮商發越，貴於清綺，河朔詞義貞剛，重乎氣質。氣質則理勝其詞，清綺則文過其意，理深者便於時用，文華者宜於咏歌，此其南北詞人得失之大較也。

這是對於自"永嘉之亂"後漢文化的發展以及學術演變做出的一個比較準確地論述，特別是對於南北方各地區文化的特點做出了比較中肯的評價，認為"南北所治，章句好尚，互有不同"。"江左宮商發越，貴於清綺，河朔詞義貞剛，重乎氣質。氣質則理勝其詞，清綺則文過其意，理深者便於時用，文華者宜於咏歌。"但是不論是對於那一時期總體的敘述中還是所列舉的學者都沒有涉及關隴地區，而主要涉及山東及江左地區。這也正好可以作為唐代地志之所以多由山東地區士人來修撰的佐証。

綜上所述，唐代地志多由山東地區的士人學者修撰完成，該地區士人學者所做出的貢獻是多於江南、關隴兩大地區的。究其緣由，是由於早在先秦時期諸子百家大多就出自於山東地區，後雖經秦始皇"焚書坑儒"，並沒有對於該地區文化造成太大的負面影響，十六國北朝時期雖然該地區戰亂頻繁，但是由於一部分士族仍留居在原籍，據塢堡而居，并且他們很快就加入到各割據政權中。加之該地區的漢文化底蘊雄厚，那些邊地胡族進入該地區不久即接受了漢文化，認同了高度文明的漢文化。因此山東地區的漢文化在當時非但沒有遭到大的破壞，相反仍然在繼續發展。反觀江左地區雖然在"永嘉之亂"後有許多北方士族南遷，帶去了先進的漢文化，可是由於江左的許多地區尚未開化，蠻夷聚居。加之"侯景之亂"、"西魏平江陵"等發生在該區域文化最為發達地區的大規模戰亂的破壞，都制約了該地區文化的發展。而關隴地區原本在先秦時期文化就遠落後於山東六國，此後又經秦始皇"焚書坑儒"對於的文化破壞，到東漢時期又有大批羌人涌入該地區，"永嘉之亂"後該地區的士族又大量遷出，這些都使得該地區文化的發展受到制約，因此關聯地區的文化也就必然落後於山東、江南兩大地區。這種文化格局也正是唐代地志多由山東地區的士人學者修撰完成的重要緣由。

唐代太原士族的婚姻關係
與門第消融[*]

山西大學歷史文化學院　范兆飛

　　隋唐重建統一帝國，中央集權强力復蘇，國家機器重新回歸高效運轉的軌道之上。帝國統治者勵精圖治，强化國家職能，創立科舉制度，重建國子六學體系，掌握文化主導權。與此同時，帝國經濟長足發展，商品流通更加頻繁，新興城市星羅棋佈。但是，李唐帝國仍然處於六朝貴族主義的慣性之下，李唐創業君臣的貴族特色，不讓前朝，正所謂"創業君臣，俱是貴族，三代以後，無如我唐。"[①] 在這種雙綫並行的形勢下，扎根鄉里的六朝門閥紛紛面臨着土著化和城市化、地方化和中央化、貴族化與官僚化的兩難選擇。換言之，李唐帝國體制内，仍然存在着國家與社會、貴族與官僚之間的力量消長。在這種背景下，士族在政治社會中的表現就變得格外有趣。婚姻是士族社會生活極爲重要的組成部分，旨在重建國家權威、本身卻充滿和炫耀貴族氣息的唐帝國内部，其主要統治階層如公主、貴族、勳貴、武將等的婚姻關係，不可避免地在這兩種力量之間搖擺不定，尋求平衡。學人關於唐代士族著名房支的

　　* 基金項目：國家社科基金後期資助項目"漢唐之際太原士族羣體研究（12FZS014）"、教育部人文社科青年項目"魏晋北朝并冀二州士族羣體比較研究（10YJC0024）、山西省高等學校優秀青年學術帶頭人支持計劃（2013052005）"。
　　① 《唐會要》卷三六《氏族》，中華書局 1955 年版，第 663 頁。

婚姻及其影響因素，研究甚多，精彩紛呈。① 但是，學界以州郡為討論單元、討論同一州郡內部不同等級的士族門第、諸多士族家庭通婚情況的具體差異，以此觀照李唐國家主義大行其道的背景下，地方精英家族面臨的重重抉擇及其深遠影響，成果則極為罕見。近年來，隨着新出墓誌的相繼刊佈，唐代士族羣體的通婚情況，尚有進一步細化考量和深入討論的必要。循此思路，筆者以搜集的 1100 餘份太原士族墓誌為基礎，② 考察唐代太原士族通婚情況的嬗變，由此管窺唐代太原地方勢力的演變及其與國家力量的互動關係。

一   太原四房王氏之婚姻

北周隋唐三代，政治權力之轉移，社會階層之昇降，與關隴集團存在或輕或重的關係。盡管學人一度對關隴集團提出若干富有建設性的批

---

① 學人對唐代婚姻的研究成果，極為豐富，其中有關唐代士族婚姻研究較有代表者，如〔日〕仁井田陞：《中國法制史研究：奴隸農奴法，家族村落法》，東京大學出版會 1962 年版。陳寅恪：《記唐代之李武韋楊婚姻集團》，《金明館叢稿初編》，三聯書店 2001 年版，第 266—295 頁。毛漢光：《中古大族著房婚姻之研究——北魏高祖至唐中宗神龍年間五姓著房之婚姻關係》，《中央研究院歷史語言研究所集刊》第 56 本第 4 分，1985 年；《關隴集團婚姻圈之研究——以王室婚姻關係為中心》，《中央研究院歷史語言研究所集刊》第 61 本第 1 分，1990年，第 119—189 頁；《晚唐五姓著房之婚姻關係》，《國立臺灣大學歷史學系學報》第 15 期，1990 年，第 135—157 頁。〔日〕愛宕元：《唐代范陽盧氏研究——婚姻關係を中心に》，川勝義雄等編《中國貴族制社會の研究》，京都大學人文科學研究所 1987 年版，第 166—190 頁。〔日〕前田愛子：《女帝武則天と唐代貴族——山東五姓を中心として》，《東アジア史の展開と日本——西嶋定生博士追悼論文集》，山川出版社 2000 年版；《唐代山東五姓婚姻與其政治影響力——通過製作崔氏、盧氏、鄭氏婚姻表考察》，《唐史論叢》第 14 輯，陝西師範大學出版社 2012 年版，第 247—271 頁。

② 關於 1100 餘份唐代太原士族墓誌的來源，主要是目前比較通行的墓誌資料匯編，如董誥等編：《全唐文》，中華書局 1983 年版。周紹良、趙超主編：《唐代墓誌匯編》（表中簡稱"匯編"），上海古籍出版社 1992 年版。周紹良主編：《唐代墓誌匯編續集》（簡稱"續集"），中華書局 2002 年版。吳鋼主編：《全唐文補遺》（簡稱"補遺"）第 1—8 輯，三秦出版社 1994—2000 年、2005 年、2007 年版；以及《全唐文補遺》之《千唐志齋新藏專輯》（簡稱"千唐專輯"），三秦出版社 2006 年版。陳尚君輯校：《全唐文補編》（簡稱"補編"），中華書局 2005年版。趙君平編：《邙洛碑誌三百種》，中華書局 2004 年版。趙力光主編：《西安碑林博物館新藏墓誌匯編》，綫裝書局 2007 年版。劉澤民總主編：《三晉石刻大全·晉中市榆次區卷》，三晉出版社 2012 年版。

評，但在社會勢力的層面上，山東士人集團無疑表現出與關隴集團極為不同的异質性特徵。最顯著的表現就是山東士族婚姻圈所具有的封閉性和排斥性。在這種特徵之下，即便以皇室之尊，企圖聯姻山東士族的代表家族——五姓家族，也非易事。學人通過考察發現，北周、隋唐三代皇室與山東五姓家族的通婚實例，僅僅集中於早已入關、融入關隴集團的博陵崔氏第二房，與其他五姓房支通婚的實例極少。① 與此相對，山東五姓家族結成界限森嚴的婚姻網絡。李唐建國垂百餘年，皇室卻置身高貴的山東五姓婚姻圈之外，於是李唐皇室必須在社會勢力之外，援引政治力量予以强行干預。唐代先後兩次頒布旨在干涉山東五姓之家互婚的禁婚令。第一次禁令即為頒佈於唐高宗顯慶四年（659）的壬戌詔：

> 初，太宗疾山東士人自矜門地，婚姻多責資財，命修《氏族志》例降一等；王妃、主婿皆取勳臣家，不議山東之族。而魏徵、房玄齡、李勣家皆盛與為婚，常左右之，由是舊望不減，或一姓之中，更分某房某眷，高下懸隔。李義府為其子求婚不獲，恨之，故以先帝之旨，勸上矯其弊。壬戌，詔後魏隴西李寶、太原王瓊、滎陽鄭溫、范陽盧子遷、盧渾、盧輔、清河崔宗伯、崔元孫、前燕博陵崔懿、晉趙郡李楷等子孫，不得自為婚姻。②

高宗頒佈禁婚詔，與其下令編纂《姓氏録》互為表裏，其宗旨是徹底貫徹“各以品位為家族等第”的官方標準，宗旨無疑是重建國家主導的官僚政治體系。③ 這道詔令究竟有没有得到切實的貫徹，《太平廣記》記載云：

---

① 毛漢光：《關隴集團婚姻圈之研究——以王室婚姻關係為中心》，《中央研究院歷史語言研究所集刊》第 61 本第 1 分，第 119—189 頁。

② 《資治通鑑》卷二〇〇《唐紀十六》“唐高宗顯慶四年（659）”，第 6318 頁。

③ 參見杜希德《唐代統治結構的組成——從敦煌發現的新綫索》，載芮沃壽和杜希德編《唐代透視》，耶魯大學出版社 1973 年版，第 62—64 頁，中譯文參見何冠環《從敦煌文書看唐代統治階層的構成》，收於國立編譯館主編《唐史論文選集》，幼獅文化事業公司 1990 年版，第 87—130 頁。[日]竹田龍兒：《關於貞觀氏族志編纂的一個考察》，《史學》第 25 卷第 4 期，1952 年。[日]池田温：《唐代氏族志研究——關於〈敦煌名族志〉殘卷》，《北海道大學文學部紀要》第 13 卷第 2 期，1965 年，第 1—64 頁。

> 高宗朝，以太原王，范陽盧，滎陽鄭，清河博陵二崔，趙郡隴西二李等七姓，其族望恥與諸姓為婚，乃禁其自相姻娶。於是不敢復行婚禮，密裝飾其女以送夫家。①

這段材料顯得曖昧和騎墙，似乎高宗的壬戌禁婚詔得以推行，五姓士族不敢大張旗鼓的舉行婚禮，以高身價；但是也表明，他們之間的通婚雖然不能公開進行，卻轉而暗度陳倉秘密進行，既然能夠被記錄下來，就說明秘密的程度並不高。實際上，高宗的禁婚令肯定沒有令行禁止，因為近半個世紀之後，第二道禁婚令頒佈：

> 神龍中，申明舊詔，著之甲令，以五姓婚媾，冠冕天下，物惡大盛，禁相為姻。隴西李寶之六子，太原王瓊之四子，滎陽鄭溫之三子，范陽盧子遷之四子、盧輔之六子，公之八代祖元孫之二子，博陵崔懿之八子，趙郡李楷之四子，士望四十四人之後，同降明詔，斯可謂美宗族人物而表冠冕矣！②

神龍年間的禁婚令，反向說明高宗的壬戌令沒有得到切實的執行，因此需要重發禁令。但是，當世的士大夫對此不以為然，記載這份詔令的神道碑就明確記載，清河崔貞固的通婚之家是趙郡李氏，而神道碑主人的婚姻對象是滎陽鄭氏，俱為五姓七家。尤其是神道碑文末所發的議論更具諷刺意味，"世傳清白，子孝臣忠，山東士大夫以五姓婚姻為第一，朝廷衣冠以尚書端揆為貴仕，惟公兼之。清河崔氏，至趙公三代僕射，可謂盡善矣！泰山羊衜，世傳清德；北海范毓，兒無常親。總此二者，為公家法"。

如果說，李華在神道碑文所發的議論代表社會勢力的話，這種聲音對抗的顯然是自上而下的國家力量。那麼，我們自然就要追問，這些高貴的士族子弟到底有沒有進行通婚，通婚的對象到底如何？筆者以搜集的 500 餘份唐代太原王氏墓誌為基礎，結合其他記載太原王氏通婚的墓誌材料，統計發現涉及太原王氏的通婚關係將近有 400 多例，其中屬於

---

① 《太平廣記》卷一八四《氏族》引《國史纂異》。
② 《全唐文》卷三一八《李華·唐贈太子太師崔公神道碑》，第 3230 頁。

太原四房王氏的通婚例証,[①] 約有 34 例, 僅占王氏通婚案例的 8.5%, 列表如下。

表 1　　　　　　　　　唐代太原四房王氏婚姻表[②]

A. 男性成員

姓名	通婚對象	身份	卒年	墓葬所在	所據資料	史料來源
王元方	清河崔氏	七姓	687	太原榆次故塋	王約墓誌	三晉/晉中榆次卷
王約	清河房氏	大族	687	太原榆次故塋	王約墓誌	三晉/晉中榆次卷
王慶祚	清河崔氏	七姓	698	洛州北邙山	王慶祚墓誌	唐聖曆 017/補遺 1
王望之	清河崔氏	七姓	698	洛州北邙山	王望之墓誌	唐聖曆 018/補遺 5
王齊丘	西河蘭氏	次族	709	洛州北邙原	王齊丘墓誌	唐景龍 029/補遺 1
王慶詵	隴西李氏	七姓	715	河南龍門	王慶詵墓誌	千唐新藏
王勖	高安公主	皇族	727	北邙山	高安公主神道碑	文苑 933
王士寬	清河崔氏	七姓	804	長子城西北	王士寬墓誌	全唐 679
王播	清河崔氏	七姓	830	長安	王播神道碑	全唐 714
王德進	京兆杜氏	舊族	832	河南伊汭鄉	王德進墓誌	千唐新藏
王建侯	樂安任氏	次族	867	洛陽清風鄉	王氏玄堂記	千唐新藏

---

①　按: 至於哪些王氏成員屬於太原王氏最顯赫的四房王氏, 主要依據當然是《新唐書·宰相世系表》"王氏條", 第 2632—2641 頁。但是,《新表》多有遺漏, 四房王氏僅存大房王氏和二房王氏, 三房、四房王氏俱付之闕如。學人根據墓誌資料進行考訂和補充, 參見 [日] 守屋美都雄《六朝門閥的一研究——太原王氏系譜考》, 日本出版協同株式會社 1951 年版。趙超:《新唐書宰相世系表集校》, 中華書局 1998 年版。王洪軍:《名門望族與中古社會——太原王氏研究》, 南開大學博士論文, 2005 年。和慶鋒:《隋唐太原王氏的變遷與影響》, 上海師範大學博士論文, 2013 年。

②　如何確定婚姻對象的社會地位, 極其複雜。北朝以降, 迄於唐末, 垂四百年之久, 其間家族昇降沉浮, 榮辱興衰, 必有變化。比如, 開元五年 (717) 頒佈一道詔令, 類似於北魏孝文帝的定姓族, 其中將十姓稱為"國之柱", 將十六姓稱為"國之樑", 最後申明二十六姓若與他族聯姻, 當責二年徒刑。關於這道詔令的討論, 參見 [日] 多賀秋五郎《宗譜的研究》, 東洋文庫 1960 年版。[日] 仁井田陞:《中國法制史研究: 奴隸農奴法, 家族村落法》, 東京大學出版會 1962 年版, 第 657 頁。實際上, 這個詔令是令人費解的, 著名的七姓之中, 只有滎陽鄭氏名列二十六姓; 唐初極為活躍的太原武氏, 卻被摒棄在外。因此, 本章關於身份之劃分, 還是沿用北朝以降的舊規, 並參考唐人柳芳在《氏族論》中的意見。即, 博陵崔氏、范陽盧氏、隴西李氏、滎陽鄭氏、太原王氏、清河崔氏、趙郡李氏稱為七姓; 柳芳《氏族論》中的其他家族並稱舊族, 如河東裴氏; 其他魏晉以降享有名望的家族稱為大族, 如南陽張氏; 其他家族一律稱為次族。

續表

姓名	通婚對象	身份	卒年	墓葬所在	所據資料	史料來源
王渙	范陽盧氏	七姓	906	南海	王渙墓誌	補編 92/補遺 1
王衆仲	滎陽鄭氏	七姓	—	—	王正雅傳	舊唐 165

B. 女性成員

血統歸屬	通婚對象	身份	卒年	所據資料	史料來源
王孝遠女	博陵崔氏	七姓	684	崔君妻王氏墓誌	補遺 7
王崇女	隴西李氏	七姓	714	李君妻王氏墓誌	唐開元 007/補遺 7
王慶詵女	京兆來俊臣	酷吏	715	王慶詵墓誌	舊唐 186
王慶詵女	隴西李先	七姓	715	王慶詵墓誌	千唐新藏
王慶詵女	隴西李美玉	七姓	715	王慶詵墓誌	千唐新藏
王方大	博陵崔沔/范陽盧沼	七姓	778	王方大墓誌	唐大曆 061/補遺 3
王媛	博陵崔暄	七姓	778	王媛墓誌	唐大曆 063
王約女	南陽張氏	舊族	792	張君妻王氏墓誌	補遺 4
王訥女	博陵崔藏之	七姓	796	崔藏之之妻王氏墓誌	千唐新藏
王光謙女	隴西李榮初	七姓	802	李榮初墓誌	補遺 8
王澄女	隴西李收	七姓	804	李收妻王氏墓誌	補遺 9
王澄女	范陽盧氏	七姓	804	李收妻王氏墓誌	補遺 9
王訥女	博陵崔俠	七姓	812	崔俠墓誌	千唐新藏
王翩女	隴西李士華	七姓	816	李士華墓誌	補遺 8
王愛景女	趙郡李崗	七姓	817	李崗墓誌	唐元和 099/補遺 5
王行仙女	隴西李泳	七姓	838	李泳妻王氏墓誌	補遺 3
王凝母	范陽盧氏	七姓	849	盧約妻崔氏墓誌	補遺 7
王照乘	隴西李氏	七姓	856	王照乘墓誌	補遺 8
王冲女	博陵崔昱	七姓	—	李收妻王氏墓誌	補遺 9
王仁祐女	高宗	皇族	—	后妃傳	舊唐 51
王翊女	相州源休	舊族	—	源休傳	舊唐 127

　　表 1 顯示，四房王氏的通婚案例多存在於武則天統治以後。但是，通婚時間往往早於墓誌成立的年代（大多數情況下，即墓主卒年），因此，表 1 顯示的情況與真實的情況多有出入，如上表《王約墓誌》記載王元方在隋代僅僅擔任卑微的乘丘縣主簿，通婚對象是清河或博陵崔

氏，成婚時代必然在隋代抑或唐初。而墓主王約卒於貞觀十六年（627），時年38歲，則其通婚時間必然更早。由此，大房王氏王元方、王約父子的通婚時間俱在隋唐之際。王元方沒有在隋唐帝國擔任高官顯宦，其通婚之家崔氏卻可能是七姓之家；王約擔任左監門率府兵曹參軍，亦不顯赫，其婚家雖然是大族清河房氏，卻顯然不是七姓之家。據《王齊丘墓誌》推斷，王齊丘成婚時間大致在670年，肯定在高宗壬戌禁婚詔令以後，其通婚對象西河蘭氏顯然不屬於七姓範圍，甚至連大族都稱不上。我們自然不清楚，這幾例通婚情況是不是受到高宗壬戌詔禁婚令的影響，但他們通婚對象皆非七姓家族的事實，提醒我們應該動態地觀察五姓婚姻圈的彈性變化。這兩例較為特殊的婚姻案例之外，四房王氏的婚姻對象還有非七姓之家的情況，如表1所示，至少還有3例：王勔尚高安公主，王德進娶京兆杜氏，王建侯娶樂安任氏。高安公主是高宗之女，盡管貴為皇族，但不是嚴格意義上的七姓之家。京兆杜氏雖是關中郡姓，也是漢魏以降的名族，但也不是榮寵高貴的七姓之家，樂安任氏更不足道，屬於次等士族。據《高安公主神道碑》，高安公主和王勔成婚於咸亨二年（671），也在高宗壬戌詔頒佈以後。後兩者的通婚時間必然在第二道禁婚令頒佈以後。表1顯示，唐初以降，四房王氏並未嚴格遵守七姓通婚的習慣，禁婚令的相繼頒佈，應該有其他的政治意圖。

　　四房王氏女性成員的通婚案例中，王慶詵女和酷吏來俊臣的通婚，值得關注。[①] 因為唐朝立國二百年後，社會風氣仍然是"不計官品而尚閥閱"，高門大族的聯姻更是崇尚"五姓婚媾，冠冕天下"。[②] 在清河崔氏、趙郡李氏等一流高門眼中，皇室公主的婚嫁尚且不如太原王氏，正所謂"太原王氏，四姓得之為美"。[③] 據《舊唐書》本傳，來俊臣出身低微，其父是一介賭徒，其母又是以賭資的形式嫁給其父，血統混雜。史家筆下的來俊臣父子，都是主流精英階層以外的浪子歹人，連普通民衆都不如。來俊臣的婚事極富戲劇性：

　　① 參見俞鋼、和慶鋒《唐代〈王慶詵墓誌〉反映的太原王氏婚姻關係》，《上海師範大學學報》2012年第6期，第95—101頁。

　　② 《文苑英華》卷九〇〇《李華·唐贈太子少師崔公神道碑》，中華書局1966年版，第4740頁。

　　③ 《唐國史補》卷上，上海古籍出版社1979年版，第21頁。

始王慶詵女適段簡而美，俊臣矯詔彊娶之。它日，會妻族，酒
酣，遂忠詣之，閽者不肯通，遂忠直入嫚駡，俊臣恥妻見辱，已命
驅而縛于廷，既乃釋之，自此有隙，妻亦慙，自殺。簡有妾美，俊
臣遣人示風旨，簡懼，以妾歸之。①

來俊臣出身卑微，但他是武則天時期惡名昭著的酷吏。這樣的通婚案
例，並非士族通婚的常態。相似的事情，幾乎發生在另一名酷吏侯思止
身上，卻招致士大夫的反對：

來俊臣棄故妻，奏娶太原王慶詵女。侯思止亦奏娶趙郡李自挹
女。敕政事商量，内史李昭德撫掌謂諸宰曰：“大可笑！大可笑！”
諸宰問故，昭德曰：“往年來俊臣賊劫王慶詵女，已太辱國；今日
此奴又請索李自挹女，乃復辱國耶？”遂寢。思正竟為昭德所繩，
搒殺之。②

李昭德本人並非七姓之屬，但他認為來俊臣婚娶高門太原王慶詵女，不
是正常的婚姻案例，是强盜型的欺男霸女。李昭德認為，這樣的婚事不
是門當户對的嫁娶，而是“賊劫”，並稱這樣的婚媾行為有辱國風。正
是在李昭德的干預下，侯思止强娶趙郡李氏的行為没有得逞。李昭德的
言論，讓我們聯想到六朝時期沈約聽到東海王氏嫁女富陽滿氏時所發的
言論，“源雖人品庸陋，冑實參華……竊尋（滿）璋之姓族，士庶莫
辨……王滿聯姻，寔駭物聽！”③但這兩件事情不可同日而語，因為王
慶詵女的婚事，雖然被李昭德視為辱國之事，但其先婚段簡的事情，似
乎在士人中没有引起什麽异議。段簡極可能是新進官宦，絶非七姓高門
之家，也非漢魏以降的名族。另外，源休之婚姻，似乎也没有引起士人
的强烈關注，但是卻因家庭糾紛和王氏離婚，造成除名流配的結果。④
源休、段簡婚娶四房王氏的故事，説明王氏著房的婚姻並未嚴格局限在

---

① 《新唐書》卷二〇九《來俊臣傳》，第5907頁。
② 《大唐新語》卷三《公直》，中華書局1984年版，第44頁；《新唐書》卷二〇九《侯
思止傳》，第5910頁。
③ 《文選》卷四〇《沈約·奏彈王源》，上海古籍出版社1986年版，第1814—1815頁。
④ 《舊唐書》卷一二七《源休傳》，第3574頁。

七姓婚姻圈之內。但是，我們也不能根據"溢出"的特例，貿然否定七姓通婚圈的客觀存在。表1女性成員的通婚情況顯示這個封閉性婚姻圈的長期存在。如表1所示，王氏女性成員的21例通婚案例，只有4例不是七姓成員，80%的通婚對象都屬於七姓通婚圈。這些門第相當的通婚案例，幾乎遍佈李唐帝國的各個時期。

二　王氏旁門枝葉之婚姻

唐代太原王氏除卻血統最高貴的四房王氏以外，還有中山三氏、河東王氏、祁縣王氏等房支，他們在唐代的影響力不亞於四房王氏。衆所周知，絕大多數墓誌上都會撰寫其配偶的家族狀況，其郡望出自尤其是墓誌書寫的習慣。我們可借此分析太原王氏的通婚情況及其社會地位。筆者搜集的500餘份唐代太原王氏墓誌顯示，在唐代政治生活中比較重要的王氏成員的婚姻情況，大概有71例；普通王氏成員的婚姻情況，則有108例；唐代王氏女性成員的通婚情況，約有194例。四房王氏以外所有太原王氏成員的通婚案例，總計373例，具體情況參見文末附表1—3。如果再加上四房王氏的婚姻情況，共計407例。

表2　　　　　　　　　**唐代407例太原王氏婚姻對象的家庭出身**

	七姓	舊族	大族	次族	總計
四房王氏	27	3	1	3	34
政治上重要者	34	13	19	5	71
普通太原王氏	25	20	41	22	108
女性王氏成員	48	33	47	66	194
總計	134（32.9%）	69（16.9%）	108（26.5%）	96（23.6%）	407（100%）

從表2可以明顯看出，王氏成員中的精英分子意圖在婚姻方面建立一個排他性的社交網絡，這個網絡中的主要構成就是唐人柳芳在《氏族論》中所列舉的南北朝以降的29個顯赫的家族（如趙郡李氏、滎陽鄭氏等），以及漢魏以降的精英家族（如太原郭氏、南陽張氏等）。在四

房王氏和政治上較為重要的王氏成員中，僅有 8 個和普通的地方精英通
婚的例証，僅占這些家族通婚案例的 7.5％。顯而易見，王氏不同房
支、政治地位不同的成員的婚姻狀況，存在着天壤之別。政治上顯赫或
血統上尊貴的太原王氏及其家屬，60％ 的婚姻對象都是高宗壬戌詔禁止
"自為婚" 的七姓家族，73.3％ 的婚姻對象都是七姓家族以及漢魏以降
的名望家族，這些家族之間結成學人所謂的舊族身份集團。① 有的學者
指出，唐代崔氏、盧氏、鄭氏等五姓家族全部婚姻案例中的五姓通婚率
分別是 62％、73％ 和 65％。② 事實上，這個比例略有虛高之嫌，因為從
太原王氏的情況看，通婚案例的總數大致相近，而五姓通婚率高達
60％—70％，僅僅局限在政治上比較重要者或血統比較尊貴者。如果以
全部太原王氏計算，其五姓通婚率僅達 33％ 左右。不僅如此，通婚案
例中的諸多姓氏，多數不能從《宰相世系表》中得到確証，因為他們
在墓誌中的出現僅僅是趙郡李氏，至於屬於哪個房支，不能確定。也就
是說，不能確認他們是不是高宗限制通婚的七姓家族的成員或後裔。再
者，太原王氏、榮陽鄭氏、趙郡李氏等五姓家族，在六朝時代和唐代的
意義截然不同，換言之，這些五姓家族的自我認同和邊界問題出現巨大
的變化。③ 即便在這個集團內部，七姓家族和其他舊族之間也有高低貴
賤的家族分野，王氏家族的精英成員總是可以輕而易舉地攀龍附鳳，聯
姻名族。

　　舊族身份集團內部，家族禮法成為維繫這個身份集團的核心要素，
即便皇族也不能置身事外，一件發生在翁媳間的故事頗富象徵意味：

　　　　時珪子敬直尚南平公主。禮有婦見舅姑之儀，自近代公主出
　　降，此禮皆廢。珪曰："今主上欽明，動循法制。吾受公主謁見，

---

　　①　伊沛霞：《早期中華帝國的貴族家庭——博陵崔氏個案研究》，第 119—127 頁。
　　②　參見［日］前田愛子《唐代山東五姓婚姻與其政治影響力》，《唐史論叢》第 14 輯，
第 251—253 頁。
　　③　姜士彬：《世家大族的沒落——唐末宋初的趙郡李氏》，耿立羣譯，收於［美］瑞特
（Arthur F. Wright）等著（按：瑞特的漢譯名應為芮沃壽），陶晉生等譯：《唐史論文選集》，幼
獅文化事業公司 1990 年版，第 231—339 頁。伊沛霞：《早期中華帝國的貴族家庭——博陵崔
氏個案研究》，第 115 頁。范兆飛：《中古郡望的成立與崩潰——以太原王氏的譜系塑造為中
心》，《廈門大學學報》2013 年第 5 期。

豈為身榮，所以成國家之美耳。"遂與其妻就席而坐，令公主親執
笄行盥饋之道，禮成而退。是後公主下降有舅姑者，皆備婦禮，自
珪始也。[1]

太原祁縣王珪是唐初重臣，一度是太子李建成僚佐，其後玄武門之變
後，王珪實現政治上的華麗轉身，投身太宗集團，成為股肱之臣，拜禮
部尚書，正定《五禮》，企圖讓唐帝國回歸禮制秩序。王珪不僅是《五
禮》的理論家，也是實踐家。[2] 公主拜或不拜舅姑之禮，實際上關涉夫
權與父權的力量角逐，也涉及皇權與貴族之間的力量角逐。S.1725 在
行合巹禮及 "引婦入青廬" 下記此禮曰："至曉，新婦整頓釵花，拜見
舅姑大人翁於北堂南階前東畔鋪席，面向西坐；嫗北堂戶西畔，面向南
坐；新婦在中庭正南鋪席，面向北，立中庭近東，鋪席，面向北，立中
庭近東鋪……令新婦直北質方行，先將脯合大人翁前，再拜訖，互獻
脯，合向本處。大人翁尋後答，再拜。新婦又將果合質方行，至大家前
再拜。互跪獻果，回向本處。大家尋後答，再拜。" 根據禮經的規定，
婦女在拜舅姑後便正式成為男家的一員，從此與父家參商分離。[3] 當
然，王珪傳的記載頗有夸大之辭，這項規定並沒有迅速得以在全國範圍
內推行，尤其是公主下降的例外情況，比比皆是。《册府元龜》卷 589
載建中十一年辛酉因下詔曰："冠婚之意，人倫大經。昔唐堯降嬪，帝
乙歸妹，逮於漢氏，同姓主之。爰自近代，禮教凌替，公主郡主，法度
僭差；姻族闕齒叙之義，舅姑有拜下之禮，自家刑國，多愧古人。今縣
主有行，將俟嘉命，俾親執棗栗，以見舅姑，近尊宗婦之儀，降就家人
之禮，事資變革，以抑浮華。宜令禮儀使、典禮官約古今儀禮，詳定公
主郡主縣主出降覿見之儀以聞。" 於是禮儀使顏真卿等奏 "郡縣主見舅
姑，請於禮會院過事。明日早，舅坐於堂東階上，西向，姑南向，婦執
笄，盛以棗栗"，跪奠於姑舅席前，行再拜之禮。這說明在德宗朝，公

---

① 《舊唐書》卷七〇《王珪傳》，第 2530 頁。

② 和慶鋒：《隋唐太原王氏的變遷與影響》，第 98 頁。

③ 關於唐代婚姻禮俗的研究，參見趙守儼《唐代婚姻禮俗考略》，原載《文史》第三
輯，1963 年；收入《趙守儼文存》，中華書局 1998 年版，第 13—31 頁。周一良：《敦煌寫本
書儀中所見的唐代婚喪禮俗》，原載《文物》1985 年第 7 期，收入《唐五代書儀研究》，中國
社會科學出版社 1995 年版，第 287—301 頁。

主郡縣主拜舅姑的禮儀，仍需要重申和慎重的"詳定"，説明在此之前並未形成嚴格的規定加以執行。實際上，太原王氏的家學禮法，淵源有自，《全唐文》記載西晉王昶《家誡》云：

> 然因官婚，或棄鄉族，迷失宗望，亦往往而在。晉司徒昶翁誡宗人曰："若結婚姻，如暴貴無識，猥富不仁，慎勿為也。"又誡曰："勿三代不仕不學，不看客失婚無譜，不葬無墳墓，不修仁。若是惡事，三代皆淪小人也。戒之慎之。"

這裏所謂的"暴貴無識，猥富不仁"，即所謂的政治暴發户或富賈豪霸，如來俊臣、侯思止之流，也針對王媛所云的"權右之家"，他們所言的通婚佳偶，都是恪守家學禮法的高門大族。正是在這種背景下，符合七姓通婚習俗的案例，便被士人所稱羨，如趙郡李崗和太原王愛景女的聯姻，墓誌在描述趙郡李氏的郡望時，體現出不同於其他墓誌的特色，"魏氏重山東氏姓，定天下門閥，有甲乙之科，不唯地望之美，兼綜人物之盛。洎高齊、周、隋、有唐，益以光大焉。故氏族志洎著姓略，文憲公及叔父允玉、鳳昇，並為四海盛門"。這段話明確表明該房趙郡李氏是北魏孝文帝以降法律確定的高貴家族，非其他旁門枝葉所能比擬，而王愛景女的特徵則是"行高族黨，禮盛閨門"。即便連没有任何仕宦經歷的太原王元方，其妻子崔氏可能是清河崔氏或博陵崔氏，墓誌記載其"動中儀軌，言成典則，恩禮之至，中外莫儔"。[1] 墓誌之言當然不可盡信，尤其涉及人物品德的評價，更是譽多毁少。但志文中屢見不鮮的"儀規"、"禮法"等字眼，多少反映出唐代士人家庭維繫舊族傳統的努力。

關於公主拜舅姑的禮儀，學人還敏鋭指出："公主郡縣主不拜舅姑雖然是為了突出皇家的威儀和尊貴，似乎很自然，但事實上表明父家的權勢可以決定婦女在夫家的地位，這就牽涉到婦女出嫁後究竟是從父還是從夫，父權和夫權何者為重的問題。"[2] 這種説法當然可靠，但同時

---

① 《唐故左監門率府兵曹參軍王府君墓誌銘並序》，《三晉石刻大全·晉中市榆次區卷》，三晉出版社 2012 年版，第 8—9 頁。

② 吳麗娛：《唐代婚儀的再檢討》，《燕京學報》新 15 期，2003 年。

亦需體會這種禮儀爭執背后皇權與貴族力量角逐的因素。王珪所言的
"吾受公主謁見，豈為身榮，所以成國家之美耳"，和李昭德所説的
"辱國"論正好是七姓通婚的一體兩面：堅持七姓家族的通婚禮儀和習
慣，就是國家之美；摒棄七姓家族的婚姻禮俗和習慣，則是辱國之行。
祁縣王珪不是著名的四房王氏，但其提倡的士族精神，尤其是堅守山東
士族的行為禮儀，代表唐代所有舊族門户的禮法精神。王氏以外，七姓
成員身體力行者，屢有發生，如隴西李仲言在為從叔李士華撰寫的墓誌
中抒發議論云：

> 至于我祖故臧公，咸彰聞於天下。當時第百氏，俾居實品。故
> 以我族及山東他族凡五為天下甲氏。其後相婚姻，率儉德為常，故
> 世世有令聞。謹案：公王父母至于公夫人及子婦，咸太原王氏女。
> 娶于四世。姻出一門。論者以盛。又宗姻中，有以男女婿婦於權
> 富，以市其財官。公居下位，冠高門，故以是為求者比比焉。公率
> 不肯。夫嗣姻婚修儉德者，其族以為光其祖矣。小子敢贊于銘曰：
> "賣宗失業，神其誅。修姻嗣德，神愉愉。祖先之法冥不改，淑兮
> 子孫宜光大。"①

博陵崔暟之妻太原王媛是二房王氏，她在為子女安排婚姻對象時，"抑
嘗深見淳薄，不慕榮盛，胄實稱美，姻則惟親，皆山東素門，罕涉權
右"。② 據《王媛墓誌》、《王方大墓誌》可知，王媛家族的世系為："實
倫—仁緒—惠子—媛"；而王方大的世系為：仁緒—惠子—温之—方
大"。則王媛、王方大係姑侄關係。而王媛、王方大的通婚對象分別是
博陵崔暟和崔沔，後者是父子關係。可見，崔沔和王方大的婚姻關係，
是王媛一手操辦的。不僅如此，王媛還將博陵崔氏的女子一一嫁給七姓
之家："長女適芮城尉范陽盧沼，次女適冠氏尉范陽盧招，少女適臨汝
郡司户參軍事范陽盧衆甫。"③ 另外，崔祐甫之妻為王氏，極可能是太

　　① 《唐故太原府祁縣丞李公（士華）墓銘》，《全唐文補遺》第 8 輯，第 125 頁。
　　② 《有唐安平縣君贈安平郡夫人王氏墓誌》，《唐代墓誌匯編》，第 1803—1804 頁。
　　③ 《有唐太原郡太夫人王氏（方大）墓誌》，《唐代墓誌匯編》，第 1801 頁，同見《全唐
文補遺》第 3 輯，第 95 頁。

原王氏。① 則崔氏父祖三世，和太原王氏三代聯姻。兩個七姓家族連續三代互婚，以及一家子女盡數嫁給第三個七姓家族，是對王媛所云"姻則惟親"的生動註腳。實際上，"姻則惟親"有回門親、二姓互婚、三姓循環為婚、四姓循環為婚的情況。② 這也正如趙超所云，"唐代政治經濟中心兩京地區乃至全國，自始至終，都存在着大姓門閥之間相互通婚的密閉式婚姻圈，而且越到後來越興盛，越是大姓中的名支著房，越重視與門第名望相對的族姓聯姻"。③ 晚唐時期的太原王氏即出身於這些層疊不一的婚姻圈內。但是，我們也要注意到，王氏不但和所謂的名門大族互為婚姻，實際上和其他次等士族之間也有循環為婚的情況，比如南安姚嗣駢墓誌記載，其母是太原王氏，嗣駢妻太原王氏，姊適太原王氏。④ 則南安姚氏和太原王氏連續兩代互為婚姻。不過，這種循環婚姻的性質和七姓內部的婚姻關係，不可同日語。

　　盡管如此，太原王氏堅守魏晉以來婚姻禮俗的同時，體現出官僚化和城市化的傾向。表1顯示，即便是七姓之家的四房王氏，已知13例墓葬地中，占76.9%的10個墓葬地都在洛陽邙山一帶，只有王元方、王約父子二人的卒葬地位於山西太原南約30公里的榆次地區。四房王氏以外，比較重要的太原王氏成員，已知墓葬地者58例，占53.5%的31例在河南邙山一帶；18.9%的11例分佈在西京長安一帶；占10.3%的6例分佈在幽州一帶；占7%的4例集中在襄陽一帶。如此，唐代十之八九的太原王氏成員，卒葬地都有"因官卜葬"的特徵，這是太原王氏城市化和官僚化的集中反映。與之相反，太原王氏死後的卒葬地位於太原及其周邊地區者，極為罕見。墓葬地"因官卜葬"的實質，正是太原王氏喪失六朝時期的自立性和鄉里基礎，淪為帝國的專職官僚，從而表現出寄生性和依附性的特徵。這一切變化，正如杜希德所云，"比較隋代以前的情況，可以清楚的看到，那些高門大族和地方士族在

① 關於崔氏的婚姻關係，參見伊沛霞《早期中華帝國的貴族家庭——博陵崔氏個案研究》，第178—200頁。

② 毛漢光：《晚唐五姓著房之婚姻關係》，《國立臺灣大學歷史學係學報》第15期，1990年，第135—157頁。

③ 趙超：《從唐代墓誌看士族大姓通婚》，《周紹良先生欣開九秩慶壽文集》，中華書局1997年版，第69頁。

④ 《姚嗣駢墓誌》，《全唐文補遺》第4輯，第517頁。

唐代的力量，已趨於薄弱，他們在經濟上和法律上的特權已受到剝奪"①。

三　其他太原士族之婚姻

　　北朝隋唐三代，胡漢力量雜糅交融，決定唐代初年李唐皇室與北族通婚之事，屢見不鮮，如果以北朝、隋唐三代比較而言，卻是皇室婚姻對象的漢人成分在逐步加大。陳寅恪先生深信此期政治權力集中於西北官僚之手，"關中本位政策"依然發揮作用，因此認為唐初文官及軍事體系主要由關隴集團的成員組成。實際上，正如學者所言，唐代文官體系地理重心的轉移，始於唐初，至貞觀年間而更形顯著；甚至指出，唐初没有一個官員集團在廣泛的政策決定上意見一致，或者連成一氣達成一致的目標。② 具體到太原地域的舊門新貴，也未形成具有地域關係的黨派集團。唐初活躍於政壇的太原士望，有主張將東突厥遷至邊境之内的溫彦博、③ 有贊成太宗行封禪禮的武士護、④ 有反對將謀反者子孫連坐處死的唐儉、⑤ 有支持李承乾繼位的王敬直，⑥ 等等。李唐武德貞觀年間與太原士望漢姓通婚之事，計有四例：太原烏丸王氏 1 例、太原王氏 1 例、太原溫氏 1 例、太原唐氏 1 例。太原是李唐帝國龍興之地，太原士望多有參與者。在這種情況下，李唐婚姻圈擴及太原、河北、山東等地區。但這種婚姻對象，皆非北朝以降的名望貴冑，即便有太原王氏，也非北魏王慧龍的後嗣。在此時期内，舊族門户如七姓家族堅守封閉的婚姻網絡，李唐皇室罕見和七姓家族通婚之事，與貨真價實的太原王氏通婚之事，於史無徵。這個時期，李唐統治者對元從勢力表現出濃

---

①　杜希德：《從敦煌文書看唐代統治階層的成份》，《唐史論文選集》，第 115 頁。

②　陳寅恪：《唐代政治史述論稿》，上海古籍出版社 2001 年版，第 1—49 頁。魏侯瑋（Wechsler, Howard J.）：《唐初政治上的派系分野》，載芮沃壽、杜希德編《唐代透視》，耶魯大學出版社 1973 年版，中譯文參見李聖光《初唐政治上的黨爭》，國立編譯館主編：《唐史論文選集》，第 46—86 頁。

③　《唐會要》卷七三《安北都護府》、《貞觀政要》卷九《安邊篇》。

④　《資治通鑒》卷一九三《唐紀九》唐太宗貞觀五年（631），第 6090 頁。

⑤　《舊唐書》卷七四《崔仁師傳》，第 2621 頁。

⑥　《舊唐書》卷七〇《王珪傳》，第 2527—2531 頁。

厚的關照，如特令唐儉子善識尚豫章公主。① 如果説王珪堅守公主拜翁婿之禮顯示出山東家族試圖在禮法世界與皇權分庭抗禮的話，則這段時期的新貴家族如唐、温等人更具備"皇權附庸"的特徵。

李唐皇室和士大夫聯姻，政治意味自然不可小覷，公主下嫁對象的選擇，更是李唐帝國政治婚姻的重要組成部分。唐初太宗厭惡山東士人，《高儉傳》稱："王妃、主婿皆取當世勳貴名臣家，未嘗尚山東士族。"在唐高宗至睿宗時期，公主下嫁太原家族者，絕大多數集中於武氏家族，大概有 7 個公主先後下嫁武氏家族，而公主下嫁弘農楊氏者有 4 例，京兆韋氏 6 例。② 衆所周知，唐代自高宗至玄宗朝，政壇上存在着極為活躍的李武韋楊婚姻集團，武則天時期，李唐皇室的婚姻觀念發生戲劇性變化。正如陳寅恪先生所云："自高宗之初年至玄宗之末世，歷百年有餘，實際上最高統治者遞嬗輪轉，分歧混合，固有先後成敗之不同，若一詳察其內容，則要可視為一牢固之複合團體，李、武為核心，韋、楊助之黏合，宰制百年之世局，幾占唐史前期最大半時間，其政治社會變遷得失莫不與此集團有重要關係。"③ 這和武則天當政，極力凝結李、武兩家，鞏固武氏勢力，並寄望於武氏成員在政治上有所作為密切相關。武氏首先對付的勁敵——高宗王后，也是出身并州，係祁縣王仁祐女，則太原家族勢力的生死競爭，上昇到國家政治鬥爭的層面。正如陳寅恪先生所言，高宗廢王皇后與立武昭儀之爭，非僅宮闈后妃之爭，實為政治社會上關隴集團與山東集團決勝負之一大關鍵。易言之，王皇后的支持者是關隴集團，武昭儀的擁戴者是山東集團。④ 但是，王皇后和武氏都出自并州太原的地域背景，未被引起格外的關注。李唐皇室通婚的範圍，開始突破關中區域，河東地區的士大夫家族成為李唐婚姻圈擴展的首選。其中，高宗廢后王仁祐女，太原祁人；涼國長公主所嫁温曦，并州祁人；太平公主女所嫁唐晙，并州晉陽人。由此可以看到，在唐高宗至玄宗時期，武氏家族是太原地區首屈一指的政治新貴，其家族影響力已經遠遠超過魏晉以降的舊族，如太原王氏和太原郭

---

① 《舊唐書》卷五八《唐儉傳》，第 2307 頁。

② 毛漢光：《關隴集團婚姻圈之研究——以王室婚姻關係為中心》，第 59—60 頁。

③ 陳寅恪：《記唐代之李武韋楊婚姻集團》，《金明館叢稿初編》，三聯書店 2001 年版，第 266—295 頁。

④ 陳寅恪：《記唐代之李武韋楊婚姻集團》，《金明館叢稿初編》，第 266—295 頁。

氏；其他新近崛起的家族也不甘示弱，唐氏家族呈現出羽翼漸豐之勢；溫曦家族也已經不是活躍於兩晉時代的溫嶠家族之後裔，兩個家族恐怕很難建立清晰可辨的血統關係，因此，該段時間內，以士族昇降的眼光來看，王氏家族固然是百足之蟲，影響猶存；但新貴家族來勢洶洶，風頭正健，尤其是武氏家族卓然成為李唐帝國的政治樞紐，宰制世局近百餘年。值得關注的是，太原武氏作為李唐元從力量的崛起，其家族成員不僅在政壇上銳意進取，而且積極經營鄉里網絡，《武客墓誌》記載其家族云："唐初元從，股肱鸞鷺，謀擒赤眉。"說明其家族崛起的原因正是武士護參與李唐起事，從而攀龍附鳳，以致龍興。但是，志文後來又記載"合葬於縣西南廿五里之原"，[1] 係武士護本人也是歸葬并州，顯示武氏家族墓葬地並沒有如其他士族那樣因官卜葬。

　　傳世文獻中太原家族的諸多表現，同時可在石刻資料中得到印證，筆者搜集太原地區士族羣體的墓誌資料，凡 600 餘份，其中涉及太原士族婚姻事件的案例，共有 169 例，茲將其婚姻對象的家庭出身，略加整理，列表如下：

表 3　　　　　　　　　唐代 169 例非王姓士族婚姻對象的家庭出身

出身＼成員		七姓	舊族	大族	次族	總計
男性成員	天寶前	16	10	8	19	53
	天寶後	13	12	5	17	47
女性成員	天寶前	3	8	6	14	31
	天寶後	6	4	9	19	38
總計		38 (22.5%)	34 (20.1%)	28 (16.6%)	69 (40.8%)	169 (100%)

　　從表 3 可以看出，太原地區非王姓士族的通婚情況，總體來看，以次等士族作為通婚對象的比例，幾乎占半壁江山，這種情況與非王姓士族的社會地位成正比關係。在 169 例可知的婚姻案例中，非王姓士族和七姓聯姻者較少，比重不足五分之一；而且，即便表 3 所出現的七姓家

---

① 《維大唐武公（客）墓誌銘》，《全唐文補遺》第 7 輯，第 344 頁。

族，很多情況都是可以懷疑的，因為太原王氏、榮陽鄭氏、趙郡李氏不
一定是貨真價實的七姓家族，高宗壬戌詔中的七姓家族是特指的幾個家
族的幾個房支，而大多數墓誌中僅僅聲稱丈夫或妻子是趙郡李氏，這裏
我們暫且統計為七姓，實際上未必屬於真正意義上的七姓家族。考慮到
這種因素，婚家為七姓家族的比例勢必更低，有可能不足十分之一，甚
至更少。非王姓士族的通婚對象，主要是以介於七姓家族與普通民眾之
間的階層為主，其中大族、次族、舊族僅僅是一種形而上的劃分。與此
同時，我們不妨換個視角，考察單個唐代太原士族家庭在婚姻對象選擇
上的表現，根據材料，列表如下：

表 4　　　　唐代主要非王姓士族婚姻對象家庭出身的數理分佈①

出身 ＼ 家族	七姓	舊族	大族	次族	總計
郭氏	13	13	15	38	79
白氏	4	6	4	3	17
武氏	5	1	3	1	10
溫氏	3	2	1	4	10
孫氏	5	2	0	3	10
弓氏	0	2	0	2	4
郝氏	0	1	3	0	4
龍氏	0	0	2	1	3
唐氏	2	1	0	0	3
張氏	1	0	1	1	3
陰氏	1	0	0	1	2
康氏	1	0	0	1	2
何氏	1	0	0	1	2
范氏	0	1	0	1	2
總計	36	29	29	57	151

---

①　表 4 非王氏家族的通婚案例總數，少於表 3 的 169 例。原因是表 4 主要列舉 2 例及以
上婚姻案例的家族，其他還有常、董、宮、侯、賈、令狐、劉、聶、祁、申屠、陶、田、萬
于、鄔、魚等 17 個家族只有一例通婚案例以及兩個姓氏不明的家族的通婚案例，此處不列入
表中，具體情況參見文末附表 4 及附表 5。

現在對此表進行簡單的分析。筆者麤略統計唐代太原王氏可知的通婚案例，凡400餘例，幾乎遍佈李唐帝國的各個時期，從政治權力和社會聲望而言，太原王氏無疑是太原士族羣體中首屈一指的家族。郭氏家族緊隨其後，通婚案例79個，多於其他士族家庭通婚案例的總和，也表明郭氏家族的社會地位依舊延續了北魏以來的傳統。郭氏家族之聯姻，突破其家族固有的舊族地位，居然能夠躋身七姓婚姻圈，[①] 比如婚娶太原王氏、趙郡李氏等七姓家族，占到非王姓士族通婚對象是七姓家族的36.1%，占到已知郭氏通婚案例的16.5%。郭氏婚姻對象是舊族和大族的比例與此相差無幾。與之相對，郭氏婚姻對象是次族的情況幾乎是已知郭氏通婚情況的50%，這説明郭氏社會地位在高門大姓和次等士族之間搖擺不定的特徵。郭氏之後，白氏、武氏是李唐帝國的新貴家族，他們雖然在通婚數量上屈居王、郭舊族之後，但在某些時候的政治影響力遠逾王、郭二族。武氏家族在唐前期將近百年所具有的巨大影響力，呈現出“政治暴發户”的明顯特徵。武氏通婚對象身份的比例也説明了這種情況，已知武氏的通婚對象中，一半是七姓家族，而且幾乎全是迎娶李唐公主。[②] 另外，舊族和大族又占將近一半，可見武氏通婚對象的身份符合武氏政治新貴的政治地位。中晚唐以降，從武氏家族婚姻對象數量的驟減和姻親之家社會地位的降低，反映出武氏家族作為“政治附庸型”家族的發展後勁乏力，不再擁有顯赫的政治地位和社會聲望。其他類似的家族還有唐氏家族等。温氏、孫氏家族的表現堪稱不温不火，仍然處在六朝以降這些家族社會地位的延長綫上，雖有昇降，幅度不大。温氏、孫氏婚姻對象身份的均衡分佈，也是其社會地位的佐證。其他涌現的新進家族，如弓氏、郝氏、龍氏、范氏等，婚娶對象並無七姓之家，多在

---

①　論者指出郭子儀對郭氏家族的重要貢獻，郭子儀顯貴之前，郭氏的聯姻對象大體而言家世不顯，顯貴之後，其聯姻對象發生巨大變化，其中包括皇室、將門、相門，甚至還有顯赫的文化士族，參見劉琴麗《墓誌所見唐代的郭子儀家族》，《唐史論叢》第16輯，2013年，第194—210頁。關於郭子儀家族的晚近研究，參見榮新江、李丹婕《郭子儀家族及其京城宅第——以新出墓誌為中心》，《北京大學學報》2013年第4期，第17—25頁。

②　關於唐代公主婚姻的研究，參見王壽南《唐代公主之婚姻》，收於國立編譯館主編《唐代研究論集》第1輯，新文豐出版公司1992年版。陳寒《唐代公主的婚配特點及分析》，《人文雜誌》1998年第3期。

舊族、大族和次族之間擇偶，顯示這些家族無法躋身一流婚姻圈，至於張氏、康氏、陰氏、何氏等家族，雖然也有聯姻七姓家族之例，但也是曇花一現，沒有起到真正抬昇家族地位的目標。

四. 結論

概觀唐代太原士族羣體的婚姻關係，大體分為幾個層面：舊族門戶如隸屬七姓家族的王氏著房，力圖維繫七姓婚姻圈；王氏家族的旁門枝葉，其婚姻對象的社會地位明顯低於七姓王氏，但其婚姻對象中的七姓家族，佔有相當的比例；其他家族中政治地位較高者的婚姻對象，明顯體現出政治婚姻的特點，尤以武氏家族為代表；其他家族中政治地位較低者的婚姻對象，則以名不見經傳的地方精英或次等士族為主，但也不乏七姓家族和舊族門戶點綴其中。如果再以歷時性的眼光觀察這個問題，我們就會發現，天寶以前，太原士族羣體的婚姻亂中有序；天寶以後，太原士族羣體的婚姻漸呈亂象。不僅如此，太原士族羣體中影響較大的婚姻案例，政治權力的影響因素越來越大。從唐代太原士族羣體的婚姻關係看，再結合筆者搜集的墓誌資料，太原王氏無疑仍然是舉足輕重的家族，其墓誌資料的數量，在筆者搜集的1100餘份太原墓誌資料中，幾乎占二分之一；但是，王氏家族已經不能同六朝時代相比，新貴家族對王氏家族的傳統地位，形成強有力的衝擊，如武氏家族，成為天寶以前太原最重要的家族。如果從整體上說太原王氏仍然是唐代太原家族領頭雁的話，其他形形色色的新貴舊門則構成了太原郡諸多家族百舸爭流的複雜生態。征諸文獻和石刻資料，唐代活躍於太原郡或著籍為太原的士族家庭，計有安、白、畢、常、董、范、馮、耿、弓、宮、郭、郝、何、侯、斛斯、賈、康、令狐、劉、龍、聶、祁、申屠、叔孫、孫、唐、陶、田、萬于、衛、溫、鄔、吳、武、僖、薛、閻、楊、陰、魚、雲、臧、張等四十餘個家族。《太平寰宇記》卷四十"并州"條下列太原郡十一姓：王、武、郭、霍、廖、郝、溫、閻、昝、令狐、尉遲。而《新集天下姓望氏族譜》（S. 2052）記載并州太原郡出二十七姓，則依次為弘、王、郭、郝、溫、尉遲、祁、令狐、武、閻、宮、部、孫、伏、昝、霍、閔、弓、師、義、招、酉、廖、易、龍、韶、沈等。三相對照，我們發現，無論《太平寰宇記》，還是《新集天下姓望氏族譜》，都不能反映唐代太原家族的實情。實際上，以墓誌資料而論，太原郡最為活躍的家族，依然是魏晉以降的舊族，如王氏、郭氏、溫氏，還有北朝或隋唐以來的新貴家族，如白氏、武氏家族等。至於弘氏、昝氏、廖氏等家族，沒有證據表明他們在唐代太原佔有一席之地。

有唐一代，太原地區形形色色的二三十個家族，無論是六朝以降延續不斷的舊族門戶，還是隋唐之際因緣附會的政治新貴，幾乎都不同程度地脫離地方基礎，呈現以兩京化為代表的城市化傾向。9世紀末葉，隨着唐帝國的崩潰，太原士族羣體在失去鄉里基礎之後，又失去在城市中賴以寄託的官僚權力，從這個意義上説，正如一羣折翼之鳥的唐代太原士族以及與其他士族之間的競爭和聒噪已經變得意義全無。因此，他們出現在史籍中的頻率越來越少，意味着他們在政治社會中的重要性越來越低。9—10世紀將近百年的混亂和戰爭，以摧枯拉朽之勢加速了這個社會階層的崩潰。至此，士族羣體已經失去對國家權力、地方行政乃至社會傳統的控制，他們作為一個社會階層的壽終正寢成為歷史的必然，太原士族羣體的宿命見证了這個社會階層的生死沉浮。通過本文對唐代太原士族婚姻關係的分析，我們可以明晰，唐代士族門第的蕩然無存，不是一蹴而就，而是逐漸形成的，這個變化的過程伴隨着唐帝國的始終。

宋元以降的太原士族，不再如隋唐墓誌或文獻那樣層出不窮，也不再像中古士族那樣熱衷於排列譜系、攀附先世和僞冒郡望。現存山西和順縣青城鎮虎峪村的《處士王敖碑》，見證着中古士族時代已成絕響。碑主王敖雖然是處士，但他是南京户部尚書王佐同胞兄弟。碑文卻樸實無華，沒有絲毫中古士族的虛夸和驕矜之氣，茲錄其碑文云：

> 公諱敖字。公諱義，贈光禄寺卿。母張氏，贈淑人。配陝西武功焦氏。公為人慷慨，號為能事，善治家，致饒裕而不自私。男雲鴻，陰陽訓術。女二，婿為李延昌、李尚文。側室□□□。男四，雲鵬、雲雁，晋府典膳；雲□、雲鷃。公嘗入幕為義官，非其好也。正德四年三月十八日以疾卒□□□。正德四年秋七月二十九日

男雲鴻立石。①

這份墓誌的行文風格，和現在華北鄉村普通村民卒後所立碑文，已經相差無幾。至若如唐代貴冑士人的墓誌，竭力彰顯家族血統之高貴與綿長，如"山東之姓，崔為大，仍世以門閥與盧、王、鄭、李雄冠天下。自後魏及聖朝，鐘鼎軒裳，賢良忠孝，四百餘年"，② 抑或炫耀通婚之家的顯赫，如隴西李氏"官婚推天下之最，人物冠名家之首"。③《王敖墓誌》的行文風格本身，説明無論是墓主本身，抑或母族、妻族、子女通婚之家，都没有任何渲染或夸耀門第高貴或郡望顯赫的企圖。中古門第的意義在這份墓誌中已經了無痕迹。當然，宋代地方精英不乏沽名釣譽、延攬家族名望以張聲勢者。皇祐五年（1035）《王仲方墓誌》記載其先世云："王氏居太原，自唐至五代，世為著姓。"更是在銘文中聲稱："嗚呼府君，代為晉人。"更可注意的是，宋太宗平定後晉，强遷王仲方家族於京輔，並以口數分置田地，王仲方"率其子事耕稼，勤以治生。中間或誘私以還鄉者，人多可其説，獨府君止之，謂：'今天下大同，此亦王土，然懷之去鄉須命。'"④ 由此可見，此處太原郡望對王仲方而言純粹是故土之思，再不能如六朝時期一樣提供現實的經濟基礎、政治特權和社會聲望，因此王仲方才會産生"天下大同"之想法。

---

① 《處士王公之墓》，《三晉石刻大全·晉中市和順縣卷》，三晉出版社 2012 年版，第 33 頁。

② 《唐故朝散大夫使持節郴州諸軍事守郴州刺史博陵崔公（俠）墓誌》，《千唐志齋新藏專輯》，第 313 頁。

③ 《大唐故中散大夫襄陽郡別駕上柱國李府君（庭芝）墓誌銘》，《千唐志齋新藏專輯》，第 200 頁。

④ 《大宋并州榆次縣王府君墓誌銘並序》，《三晉石刻大全·晉中市榆次區卷》，三晉出版社 2012 年版，第 22—23 頁。

附表 1　　唐代太原四房以外重要王氏男性成員通婚表

姓名	通婚對象	身份	卒年	墓葬所在	所據資料	史料來源
王護	路氏	次族	637	邙山	王護墓誌	唐貞觀 056／補遺 4
王君	弘農楊摩耶	舊族	641	邙山	王君及妻楊摩耶墓誌	補編 150／補遺 4
王孝瑜	孫弘長女	大族	655	邙山	王孝瑜墓誌	唐永徽 128／補遺 2
王敬	郭氏	舊族	663	洛陽邙山	王敬墓誌	補遺 2
王宣	南陽張氏	大族	665	河南平樂邙山	王宣墓誌	唐麟德 064／補遺 2
王道智	彭城劉氏	大族	667	北邙山	王道智墓誌	唐乾封 022／補遺 5
王和	隴西李氏	七姓	667	邙山	王和墓誌	唐乾封 040／補遺 5
王裕	同安公主	七姓	687	—	王方翼神道碑	新唐 83／全唐 228
王玄裕	南陽張氏	大族	691	邙山平樂鄉	王玄裕墓誌	唐天授 033／補遺 3
王基	安定皇甫氏	大族	692	北邙山	王基墓誌	續長壽 005／補遺 5
王侁	隴西李氏	七姓	703	洛陽北邙山	王侁墓誌	唐長安 031
王行果	中山甄氏	大族	709	洛陽清風原	王行果神道碑	全唐 264／唐景龍 027／補遺 2
王大禮	遂安公主	七姓	723	洪池原	王玄起墓誌	唐開元 175／補遺 5／新唐 83
王玄起	趙郡李文敬女	七姓	723	河南河陰邙山	王玄起墓誌	唐開元 176／補遺 7
王庭玉	博陵崔金剛	七姓	724	邙山	崔金剛墓誌	補遺 2
王遜之	滎陽鄭氏	七姓	729	河南金谷鄉邙山	王遜之墓誌	續開元 089／補遺 6
王景曜	李氏／高氏	大族	735	河南平樂原	王景曜墓誌	唐開元 413／補遺 2
王元楷	韓氏	大族	736	金谷鄉邙山	王元楷墓誌	續開元 142／補遺 6
王爽	東平呂氏	大族	745	洛陽邙山	王爽墓誌	唐天寶 076／補遺 4
王貞	趙郡李氏	七姓	747	上黨郡城西南	王貞墓誌	唐天寶 104／補遺 4
王之咸	隴西李氏	七姓	747	洛陽邙山	王之咸墓誌	千唐新藏
王鉷	河東薛氏	舊族	752	—	王鉷墓誌	全書 420
王□昇	隴西李氏	七姓	759	河南平樂鄉邙山	王□昇墓誌	補遺 6
王鈞	范陽盧氏	七姓	776	北邙山	王鈞墓誌	續大曆 027／補遺 6
王景祚	弘農楊氏／天水趙氏	舊族／大族	778	臨晉峨嵋原	王景祚墓誌	補編 57
王□□	廬江何氏	大族	783	易縣州城東南	王□□墓誌	唐建中 019／補遺 4
王崇俊	清河崔氏	七姓	793	順義鄉彭村	王崇俊墓誌	唐貞元 050／補遺 7

續表

姓名	通婚對象	身份	卒年	墓葬所在	所據資料	史料來源
王仙鶴	南陽鄧氏	大族	800	—	王仙鶴墓誌	千唐新藏
王永	南陽張氏	大族	801	洛陽平陰鄉	王永墓誌	唐貞元100/補遺4
王顏	隴西李氏	七姓	807	—	王顏神道碑	補編61
王榮	隴西李氏	七姓	808	鳳城龍首原	王榮神道碑	全唐720
王大劍	安氏/曹氏/盧氏	七姓	809	襄陽漢陰縣	王大劍墓誌	唐元和034/補遺5
王叔雅	河東薛氏	舊族	809	京兆咸陽	王叔雅墓誌	全唐713/唐元和033
王昇	天水趙氏	大族	812	鄠縣西北	王昇墓誌	補遺7/補遺8
王叔原	北平田氏	大族	812	幽都縣	王叔原墓誌	唐元和060/補遺3
王紹	西河李氏	次族	814	萬年縣洪固鄉	王紹神道碑	全唐646
王郅	博陵崔氏	七姓	814	幽州府城東南	王郅墓誌	唐元和077/補遺1
王端	隴西李氏	七姓	815	萬年縣鳳栖	王端墓誌	全唐506
王晃	博陵崔氏	七姓	823	—	王公先廟碑	劉賓客文集2/全唐608
王逆修	郭氏/賈氏	大族	823	軍南原	王逆修墓誌	補遺7
王元政	博陵崔氏	七姓	823	—	王公先廟碑	劉賓客文集2/全唐608
王質先	博陵崔氏	七姓	823	卜廟西京崇業裏	王公先廟碑	全唐608
王思旭	京兆杜氏	舊族	826	河南平洛鄉	王敬仲墓誌	補遺1
王英	彭城劉氏	大族	826	河南平洛鄉	王敬仲墓誌	補遺1
王謔	滎陽鄭氏	七姓	826	河南平洛鄉	王敬仲墓誌	補遺1
王敬仲	濮陽宇文氏	舊族	826	河南平洛鄉	王敬仲墓誌	補遺1
王師正	□南房氏/京兆韋氏	舊族	828	河南平樂鄉	王師正墓誌	唐太和015/補遺1
王恭	滎陽鄭氏	七姓	832	洛陽清風鄉	王恭墓誌	千唐新藏
王仁遇	博陵崔氏/彭氏	七姓	833	江都縣興寧鄉	王仁遇墓銘	補編109
王翼	渤海高氏	舊族	834	襄陽—邙山	王翼墓誌	唐太和065/補遺1
王智溫	彭城劉氏	大族	834	襄陽—邙山	王翼墓誌	唐太和065/補遺1
王時邕	隴西李全實女	七姓	846	薊縣南	王時邕墓誌	補編73/續會昌030/補遺4
王略	博陵崔氏	七姓	847	邙阜之陽清風鄉郭村	王翱墓誌	唐大中001/補遺1

續表

姓名	通婚對象	身份	卒年	墓葬所在	所據資料	史料來源
王公淑	濮陽吳氏	次族	852	幽州幽都	王公淑墓誌	補編3／補遺5
王元逵	公主	七姓	855	鎮府壽陽崗	王元逵墓誌	唐大中096／補遺4
王公肅	樂安高氏	次族	859	京兆萬年	王公肅墓誌	唐大中148
王廷評	京兆韋氏	舊族	864	河南平樂鄉	王廷評墓誌	補編82／補遺4
王晟	清河張氏	大族	870	幽都縣保大鄉	王晟墓誌	唐彧通083
王處直	博陵崔氏／幽國費氏	七姓	923	曲陽縣	王處直墓誌	補遺7
王瑢	李氏／盧氏／楊氏	七姓／舊族	924	河南平樂北邙	王瑢墓誌	補編95
王某	李氏	七姓	942	江都縣	王某墓誌	全唐886
王廷胤	沛郡周氏／清河張氏	大族	945	河南平樂北邙	王廷胤墓誌	補編102／補遺6
王珪	永寧公主	七姓	—	長安	王旭傳	舊唐186
王某	弘農楊氏	舊族	—	—	王君墓誌	全唐215
王詮	永和公主	七姓	—	—	公主列傳	新唐83
王仁祐	河東柳氏	舊族	—	—	后妃傳	舊唐51
王仁祐父	安長公主	舊族	—	—	后妃傳	舊唐51
王守一	薛國公主	七姓	—	—	公主列傳	新唐83
王恕	清河崔氏	七姓	—	—	王恕墓誌	長慶集42
王用	河南胡氏	次族	—	萬年縣落女原	王用神道碑	全唐561
王敬直	南平公主	七姓		—	王珪傳	舊唐70

附表2　　　　　唐代太原王氏普通男性成員通婚表

姓名	通婚對象	身份	卒年	墓葬所在	所據資料	史料來源
王君	弘農楊摩耶	舊族	641	邙山	王君及楊摩耶墓誌	補編150／補遺4
王彥	河東樊氏	大族	641	邙山	王彥墓誌	千唐新藏
王通	南陽趙氏	大族	644	河南北邙	王通墓誌	唐貞觀103
王才	南陽張氏	大族	646	邙山之陽	王才墓誌	貞觀132／補遺3
王則	南陽張氏	大族	652	北邙山	王則墓誌	唐永徽053／補遺4
王謙	清河張氏	大族	656	長安縣龍門	王謙墓誌	補遺7

續表

姓名	通婚對象	身份	卒年	墓葬所在	所據資料	史料來源
王通	京兆杜氏	舊族	656	邙山	王通墓誌	千唐新藏
王朗	鉅鹿魏氏	大族	661	邙山	王朗墓誌	唐龍朔005/補遺6
王羅	隴西段氏	次族	662	邙山	王羅墓誌	唐龍朔044/補遺4
王耀	扶風馬氏	大族	662	邙山	王耀墓誌	補遺8
王柱	隴西李氏	七姓	667	洛陽清風原	王柱墓誌	千唐新藏
王德	彭城劉氏	大族	669	邙山	王德墓誌	唐總章024/補遺5
王令	隴西李氏	七姓	669	邙山	王令墓誌	唐總章028/補遺5
王德	弘農楊氏	舊族	672	北邙山	王德墓誌	補遺2
王韋/瑋	略陽狄氏	次族	673	北邙山	王韋墓誌	續咸亨024/補遺5
王則	□井陳氏	次族	674	河南平樂邙山	王則墓誌	唐咸亨100/補遺2
王深	隴西牛氏	次族	679	壺關城東	王深墓誌	唐調露012/補遺4
王賢	郗氏	大族	682	長安東南	王賢墓誌	補遺6
王歧	京兆孫氏	大族	684	北邙山平樂鄉	王歧墓誌	唐文明008/補遺3
王林	廣平宋氏	大族	688	—	王林墓誌	續垂拱020/補遺6
王貞	安定樔氏	大族	692	洛陽北邙	王貞墓誌	唐長壽021/補遺2
王挺	渤海高氏	舊族	693	—	王挺墓誌	續長壽002/補遺5
王乾福	沛郡劉氏	大族	694	北邙山	王乾福墓誌	唐延載005/補遺2
王弘則	扶風馬氏	次族	698	邙山	王弘則墓誌	唐聖曆021/補遺6
王義	會稽朱氏	舊族	702	長治	王義墓誌	唐長安014/補遺2
王美暢	河南長孫氏	舊族	703	洛州合宮縣龍門山寺	長孫氏墓誌	唐長安054
王養	中山成氏	次族	703	合宮縣北邙山	王養墓誌	唐長安028/補遺2
王寶	魏郡胥氏	次族	704	合縣楊堡村	王寶墓誌	唐長安057/補遺5
王詢	趙郡李氏	七姓	704	洛陽邙山	王詢墓誌	唐長安056/補遺6
王昕	趙郡李清禪	七姓	707	邙山高原	李清禪墓誌	補遺6
王景之	清河崔氏	七姓	709	北邙山	王景之墓誌	唐景龍028/補遺2
王佺	潁川陳氏	舊族	709	邙山平樂原	王佺墓誌	唐景龍023/補遺6
王信威	滎陽鄭氏	七姓	709	臨淇縣西北	王信威墓誌	續景龍012/補遺6
王玄度	安定樔氏	大族	709	統萬城	王玄度墓誌	補遺8
王君	河南陳寧	次族	715	河東侯舊塋	陳寧墓誌	補遺8
王行立	弘農楊氏	舊族	717	襄垣縣城南	王行立墓誌	補遺8

續表

姓名	通婚對象	身份	卒年	墓葬所在	所據資料	史料來源
王子麟	長樂馮氏	次族	718	金谷原	王子麟墓誌	唐開元 062/補遺 5
王元	清河張氏	大族	719	北邙山	王元墓誌	唐開元 090/補遺 2
王楚賓	隴西李普明	七姓	723	河南平樂鄉	李普明墓誌	唐開元 166/補遺 6
王叡	彭城劉氏	大族	723	滻水郊	王叡墓誌	補遺 5
王曉	清河崔淑	七姓	726	邙山大塋	崔淑墓誌	補遺 2
王思齊	平原張氏	大族	727	河南梓澤原	王思齊墓誌	唐開元 266
王遊藝	彭城劉氏	大族	727	河南邙山	王遊藝墓誌	唐開元 269/補遺 1
王琦	清河崔氏	七姓	729	龍門北原	王琦墓誌	千唐新藏
王君	清河崔元彥女	七姓	731	—	崔君妻裴氏墓誌	補編 3
王崇禮	彭城劉氏	大族	732	河南平樂	王崇禮墓誌	唐開元 340/補遺 2
王令	隴西李氏	七姓	732	河南北山	王令墓誌	補遺 1
王景先	博陵崔氏	七姓	735	河南伊汭鄉	王景先墓誌	千唐新藏
王景元	范陽張氏/ 博陵崔氏	七姓	735	河南伊汭鄉	王景元墓誌	補遺 8
王羊仁	吳興陳氏	大族	735	河南平樂原	王羊仁墓誌	唐開元 418/補遺 4
王忌	扶風傅氏	大族	738	相州湯陰	王忌墓誌	補遺 6
王君	隴西李敬國女	七姓	739	—	李敬國墓誌	唐開元 481/補遺 4
王智言	清河張氏	大族	739	邙山清風原	王智言墓誌	唐開元 497/補遺 2
王冷然	河東裴氏	舊族	742	邙山平樂原	王冷然墓誌	唐天寶 002/補遺 2
王訓	會稽朱氏	舊族	745	邙山	王訓墓誌	唐天寶 062/補遺 4
王君	渤海李滌女	次族	748	洛陽北原	王君妻李氏墓誌	補遺 1
王承裕	渤海高氏	舊族	751	北邙山平樂原	王承裕墓誌	唐天寶 179/補遺 1
王君	蘭陵蕭博	舊族	752	北邙山平樂鄉	蕭博墓誌	補遺 2
王守節	清河張氏/ 會稽朱氏	大族	753	臨皋北原	王守節墓誌	續天寶 C87/補遺 2
王賓	陳留阮氏	大族	757	—	王賓墓誌	補遺 7
王操	上黨程氏	次族	761	上黨屯留	王操墓誌	補遺 6
王晉俗	蕭氏	舊族	771	—	王晉俗墓誌	唐大曆 024/補遺 1
王守質	馮翊盧氏/ 北平陽氏	大族	771	洛陽清風邙山	王守質墓誌	唐大曆 030/補遺 1
王休泰	金城申氏	次族	771	潞州北平原	王休泰墓誌	唐大曆 023/補遺 5

續表

姓名	通婚對象	身份	卒年	墓葬所在	所據資料	史料來源
王珍	元氏	舊族	772	—	王珍墓誌	續大曆018/補遺5
王景秀	鉅鹿魏氏	大族	776	薊城保大鄉	王景秀墓誌	唐大曆048
王景詮	西河宋氏	次族	782	長子縣城西北	王景詮墓誌	唐建中012/補遺4
王君	清河張媛	大族	785	河南府洛陽縣平陰鄉	張媛墓誌	補遺8
王求古	太原郭氏	舊族	799	鄠縣北灌鍾鄉	王求古墓誌	補遺7
王求烏	河南達奚氏	次族	799	鄠縣北灌鍾鄉	王求烏墓誌	補遺7
王君	清河張遊藝女	大族	802	河南府邙山	張遊藝墓誌	補遺6
王君	清河張遊藝幼女	大族	802	河南府邙山	張遊藝墓誌	補遺6
王叔寧	隴西李氏/謝氏	七姓	815	長安龍首原	王叔寧墓誌	續元和057
王海潮	弘農楊氏	舊族	816	河南濟源	王海潮墓誌	續元和065/補遺6
王佺	隴西李氏	七姓	820	青州益都西北	王佺墓誌	唐元和148/補遺3
張暉	隴西牛氏	次族	823	河南溫縣	張暉墓誌	續長慶007
王式	譙郡曹氏	舊族	824	—	王式墓誌	補遺1
王曇	范陽盧氏	七姓	824	邙山	王曇墓誌	續長慶014
王友玉	隴西李氏	七姓	825	邯鄲西北	王友玉墓誌	續寶曆002/補遺4
王誕	范陽盧嘉猷女	七姓	831	—	盧嘉猷墓誌	補遺8
王甫	武功蘇氏	大族	831	邙山平樂鄉	王甫墓誌	補遺8
王德進	京兆杜氏	舊族	832	河南伊汭鄉	王德進墓誌	千唐新藏
王清	隴西李氏	七姓	832	長沙鄉	王清墓誌	補編67/補遺7
王君	清河傅氏/杜氏	大族	833	郡城天祿鄉	王君妻傅氏墓誌	補遺9
王君	清河張榮恩女	大族	835	—	張榮恩墓誌	補遺3
王從政	河東薛氏	舊族	836	涇州靈台縣	王從政墓誌	唐開成002
王君	安定皇甫鏞女	舊族	836	—	皇甫鏞墓誌	全唐679
王方徹	隴西李氏	七姓	841	真定縣永安鄉	王方徹墓誌	唐會昌007/補遺4
王叔寧	晉陵弘氏	次族	848	潤州蒜山	王叔寧墓誌	補遺2
王顥	彭城劉氏	大族	848	京兆萬年龍首原	王顥墓誌	補遺9
王銳	吳興姚氏	大族	853	銅鞮縣北	王銳墓誌	補遺7
王怡政	江夏孟氏	次族	854	京兆萬年	王怡政墓誌	補遺3
王君	雁門田章女	次族	858	—	田章墓誌	補遺3
王玉	南陽鄧氏	大族	859	魏州冠氏	王玉墓誌	續大中075/補遺4

續表

姓名	通婚對象	身份	卒年	墓葬所在	所據資料	史料來源
王玉銳	吳興姚氏	大族	860	銅鼓縣	王玉銳墓誌	續大中 079
王譚	趙郡李續女	七姓	864	河南府河南縣平樂鄉	王譚墓誌	補遺 4
王誕	滎陽鄭氏	七姓	865	河南武德縣	王誕墓誌	唐咸通 045/補遺 7
王仲建	清河張氏/安氏	大族	865	河陽縣豐平鄉	王仲建墓誌	唐咸通 047
王德	南陽張氏	大族	868	魏州元城縣	王德墓誌	續咸通 054
王君	南陽宗庠女	次族	868	—	宗庠墓誌	續咸通 050/補遺 4
王文進	張/李/程/郭	大族	886	長子縣城北	王文進墓誌	唐光啓 003/補遺 7
王君	清河張蒙女	大族	916	—	張蒙墓誌	補遺 5
王素	張氏/常氏	大族	931	襄垣城北	王素墓誌	補遺 7
王君	朔州石金俊孫女	次族	940	—	石金俊墓誌	補遺 1
王君	南安姚崇女	次族	942	—	姚嗣騈墓誌	補遺 4
王暉	隴西李氏	七姓	—	□□西北原	王暉墓誌	唐天寶 192/補遺 6
王靜信	義興周氏	次族	—	杜城東郊	周氏墓誌	全唐 995
王儀	趙郡李氏	七姓	—	—	杜瓊墓誌	全唐 765

附表 3　　　　　　　唐代太原王氏女性成員通婚表

名號	通婚對象	身份	卒年	所據資料	史料來源
王氏	河南士崇俊	次族	640	士崇俊墓誌	補遺 3
王氏	真定賈貞	次族	648	賈貞墓誌	補遺 5
王氏	河南孫遷	次族	651	孫遷墓誌	唐永徽 029/補遺 7
王氏	長安董僧利	次族	652	董僧利墓誌	續永徽 017/補編 150/補遺 6
王氏	汝南周藻	次族	653	周藻墓誌	唐永徽 084/補遺 4
王淨	渤海高士明	舊族	655	高士明墓誌	補遺 5
王氏	趙州趙勖	次族	655	趙勖墓誌	唐永徽 134
王氏	洛陽樂文義	次族	656	樂文義墓誌	唐顯慶 023
王氏	河南張伽	次族	657	張伽墓誌	唐顯慶 051/補遺 3
王氏	京兆杜文貢	舊族	657	杜文貢墓誌	補遺 2
王妃	皇室	七姓	662	彭國太妃墓誌	補遺 3

續表

名號	通婚對象	身份	卒年	所據資料	史料來源
王太妃	皇室	七姓	662	彭國太妃王氏墓誌	續龍朔 019
王氏	南陽張士幹	大族	663	張士幹墓誌	補遺 5
王氏	南陽張士幹	大族	663	張士幹墓誌	補遺 5
王氏	河東張通	次族	665	張通墓誌	續麟德 017／補遺 7
王氏	洺州靖徹	次族	668	靖徹墓誌	唐乾封 058
王氏	清漳靖徹	次族	668	靖徹墓誌	補遺 3
王氏	京兆杜智	舊族	669	杜智墓誌	補遺 6
王長仁女	廬江崔師	次族	674	崔師墓誌	續咸亨 031／補遺 5
王令賓女	南陽張貞	大族	674	張貞墓誌	唐咸亨 109／補遺 3
王級女	隴西李胡	七姓	675	李胡墓誌	補遺 8
王氏	渤海高德	舊族	675	高德墓誌	續上元 006／補遺 5
王氏	渤海封德	舊族	676	封德墓誌	補遺 3
王婉	洛陽長孫晟女／韋氏	舊族	682	王婉墓誌	補遺 3
王氏	隴西董義	大族	683	董義墓誌	補遺 2
王氏	麻索	次族	684	麻索墓誌	千唐新藏
王衛春女	河東裴氏	舊族	690	裴公妻王氏墓誌	唐天授 001／補遺 2
王遠之女	南陽張懿	大族	691	張懿墓誌	補遺 8
王公則女	洛陽□隱	次族	693	□隱墓誌	唐長壽 010／續長壽 004
王氏	京兆葛威德	次族	698	葛威德碑	全唐 227
王氏	彭城劉光贊	大族	698	劉光贊墓誌	補遺 1
王氏	潁川陳嗣通	舊族	699	陳嗣通妻王氏墓誌	補遺 7
王媛	東海于氏	大族	700	王媛墓誌	唐聖曆 046／補遺 2
王氏	南陽張茂	大族	703	張茂墓誌	唐長安 047／補遺 2
王氏	鉅鹿霍方	次族	703	霍方墓誌	續長安 022／補遺 6
王氏	南陽張茂	大族	703	張府君墓誌	補遺 2
王氏	南安龐德威	次族	703	龐德威墓誌	補遺 3
王氏	洛陽姬玄範	次族	703	姬玄範墓誌	補遺 8
王氏	魏郡束良	次族	709	束良墓誌	補遺 3
王氏	清河張信	大族	711	張信墓誌	唐景雲 009
王氏	酒泉唐璿	大族	712	唐璿神道碑	全唐 257
王熾女	河南元溫	舊族	715	元溫墓誌	唐開元 036

續表

名號	通婚對象	身份	卒年	所據資料	史料來源
王樂女	洛陽元溫	舊族	715	元溫墓誌	唐開元 036／補遺 7
王容	弘農楊氏	舊族	715	王容墓誌	千唐新藏
王昕女	京兆杜實	舊族	715	杜實妻王氏墓誌	千唐新藏
王仁皎女	玄宗	七姓	719	后妃傳	舊唐 51
王仁皎女	皇室	七姓	719	江元王祥傳	舊唐 64
王仁祐女	高宗	七姓	719	后妃傳	舊唐 51／新唐 76
王晏女	七姓	七姓	720	衛國夫人墓誌	續開元 037／補遺 6
王氏	滎陽暢善威	次族	721	暢善威墓誌	唐開元 132／補遺 2
王令軌女	河南田靈芝	次族	722	田靈芝墓誌	補遺 5
王氏	京兆韋晃	舊族	722	韋晃墓誌	補遺 5
王氏	南陽張敞	大族	723	張敞墓誌	唐開元 180／補遺 2
王氏	廣平宋運	次族	724	宋運墓誌	唐開元 193／補遺 5
王義女	隴西李誕	七姓	724	李誕墓誌	補遺 6
王氏	西河段萬頃	大族	727	段萬頃墓誌	補遺 2
王氏	扶風茹義恩	次族	729	茹義恩墓誌	續開元 090
王氏	隴西孟頭	次族	730	孟頭墓誌	補遺 6
王氏	朱君	次族	732	朱君妻王氏墓誌	唐開元 357
王氏	魏州劉林甫	次族	732	劉林甫墓誌	補編 106
王氏	渤海高欽德	舊族	733	高欽德墓誌	補遺 1
王早女	侯氏	次族	735	侯君妻王氏墓誌	續開元 139／補遺 6
王氏	趙郡李君會	七姓	736	李君會墓誌	續開元 150／補遺 6
王氏	拓跋寂	舊族	736	拓跋寂墓誌	補遺 8
王氏	潞城常玄	次族	737	常玄墓誌	續開元 152／補遺 6
王承法	衡州束氏	大族	739	王承法墓誌	唐開元 502／補遺 4
王氏	南陽趙聞	大族	739	趙聞墓誌	千唐新藏
王氏	上黨范沼	次族	743	范沼墓誌	唐天寶 029
王氏	隴西李超	七姓	743	李超墓誌	續天寶 009
王晉	陳留薛襄	大族	744	王晉墓誌	千唐新藏
王氏	汝南袁通	舊族	744	袁通墓誌	唐天寶 040／續天寶 014
王氏	汝南袁君	舊族	744	袁君墓誌	補遺 4
王先進女	隴西李庭芝	七姓	744	李庭芝墓誌	千唐新藏

續表

名號	通婚對象	身份	卒年	所據資料	史料來源
王芳媚	睿宗	七姓	745	王芳媚墓誌	續天寶 026/補遺 1
王氏	趙郡李懷	七姓	745	李懷墓誌	唐天寶 064/補遺 1
王氏	趙郡李懷	七姓	745	李懷墓誌	唐天寶 064
王悌女	博陵崔晞	七姓	745	崔晞墓誌	千唐新藏
王辯釋女	潁陽馮復	次族	747	馮復墓誌	千唐新藏
王氏	何知猛	次族	748	何知猛墓誌	補遺 4
王思立女	隴西李復	七姓	748	李復妻王氏墓誌	補遺 6
王忠嗣女	鳳翔元載	舊族	750	王忠嗣傳	新唐 145/全唐 369
王福孫女	清河張大振	大族	751	張大振墓誌	千唐新藏
王氏	河南陶元欽	次族	751	陶元欽墓誌	唐天寶 137/補遺 2
王光贊	彭城劉氏	大族	752	王光贊墓誌	補遺 5
王氏	河東廉元泰	次族	752	廉元泰墓誌	補遺 6
王氏	南陽張迅	大族	752	張迅墓誌	千唐新藏
王氏	南陽張安生	大族	753	張安生墓誌	全唐 995
王京	清河崔氏	七姓	754	王京墓誌	唐天寶 216/補遺 2
王氏	天水趙琮	大族	756	趙琮墓誌	全唐 817
王氏	樂安任金	次族	757	任金墓誌	續聖武 001
王瑾女	吳郡陸振威	舊族	758	陸君妻王氏墓誌	唐乾元 005/補遺 6
王進興女	仇文義	宦官	758	仇文義妻王氏墓誌	補遺 2
王氏	潁川陳希烈	舊族	766	陳希烈墓誌	續永泰 003/補遺 7
王氏	蘭陵蕭安親	舊族	772	蕭安親墓誌	補遺 8
王氏	信都馮昭遷	次族	773	馮昭遷墓誌	補遺 6
王昕女	趙郡李震	七姓	773	李震墓誌/李氏墓誌	補遺 8/千唐新藏
王侑女	天水權自挹	大族	774	權自挹墓誌	全唐 502
王嫣	博陵崔氏	七姓	775	王嫣墓誌	補遺 8
王嫣	博陵崔佚	七姓	775	王嫣墓誌	補遺 8
王嫣	博陵崔佚	七姓	775	王嫣墓誌	補遺 8
王守一女	汾陽郭子儀	大族	777	霍國夫人王氏神道碑	全唐 331
王氏	河內常俊	次族	779	常俊墓誌	唐大曆 079
王氏	南陽張文緒	大族	779	張文緒墓誌	續大曆 011
王氏	博陵崔祐甫	七姓	780	崔祐甫墓誌	補遺 4

續表

名號	通婚對象	身份	卒年	所據資料	史料來源
王氏	譙郡曹秀	次族	782	曹景林墓誌	唐建□ 015
王氏	河內司馬齊卿	舊族	787	司馬齊卿墓誌	補遺 1
王氏	河東程遵	次族	790	程俊墓誌	唐貞元 030
王處泰女	南陽張氏	大族	792	張君妻王氏墓誌	唐貞元 043/補遺 4
王氏	西土論惟賢	次族	799	論惟賢神道碑	全唐 479
王氏	清河崔積	七姓	799	崔君妻王氏墓誌	補編 5
王閏女	清河崔廠	七姓	800	崔廠墓誌	千唐新藏
王氏	施先生	次族	802	施先生墓銘	全唐 566
王氏	廣平程翰林	次族	804	程翰林墓誌	補編 3
王氏	清河崔稅	七姓	806	崔稅墓誌	補遺 2
王氏	譙郡曹乂	次族	807	曹乂墓誌	唐元和 019/補遺 3
王氏	趙郡李翹	七姓	812	李翹墓誌	補遺 1
王氏	秦士寧	次族	812	秦士寧墓誌	補遺 6
王滏字女	隴西李氏	七姓	815	王氏墓誌	補遺 3
王氏	彭城劉氏	大族	816	劉君妻王氏墓誌	續元和 063
王氏	咸陽秦愛	次族	816	秦愛墓誌	補遺 4
王氏	金城邊君	次族	816	李弘墓誌	千唐新藏
王氏	隴西李素	七姓	819	李素墓誌	補遺 3
王氏	平原俱海	次族	821	俱海墓誌	唐長慶 001
王氏	彭城劉皓	大族	821	劉皓墓誌	唐長慶 003
王氏	彭城劉皓	大族	821	劉皓墓誌	補遺 1
王氏	扶風馬進朝	大族	823	馬進朝墓誌	續長慶 003/補遺 6
王□人	清河崔□父	七姓	828	崔樅墓誌	補遺 1
王師正女	博陵崔氏	七姓	828	王師正墓誌	唐大和 015/補遺 1
王氏	弘農楊士真	舊族	828	楊士真墓誌	續太和 015/補遺 2
王氏	清河崔湛	七姓	829	崔縱墓誌	唐太和 013/補遺 2
王茂章女	天水趙思虔	大族	831	趙思虔妻王氏墓誌	補遺 4
王紹女	博陵崔弘禮	七姓	831	崔弘禮墓誌	唐太和 039/補遺 1
王緩	滎陽鄭當	七姓	835	王緩墓誌	唐太和 067/補遺 4
王氏	博陵崔抗	七姓	835	崔元亮墓誌	全唐 579
王氏	趙郡李端	七姓	836	鄭樞妻李氏墓誌	千唐新藏

續表

名號	通婚對象	身份	卒年	所據資料	史料來源
王氏	彭城劉公制	大族	837	劉公制墓誌	補遺 7
王氏	清河崔揆	七姓	840	崔揆墓誌	唐開成 044／補遺 1
王玭女	吳郡陸日峴	舊族	842	陸日峴妻王氏墓誌	補遺 4
王氏	陳郡謝壽	舊族	842	謝壽墓誌	唐會昌 024／補遺 3
王氏	彭城劉舉	大族	847	劉舉墓誌	唐大中 009
王氏	渤海高可方	舊族	850	高可方墓誌	補遺 3
王氏	天水趙石	大族	854	趙進誠墓誌	續大中 052
王氏	隴西李映	七姓	854	李映墓誌	續大中 050
王氏	天水趙石	次族	854	趙石墓誌	續大中 052
王氏	天水趙進誠	大族	854	趙進誠墓誌	補遺 3
王氏	天水趙建遂	次族	855	趙建遂墓誌	唐大中 089／補遺 4
王氏	鉅鹿時清	次族	857	時清墓誌	續大中 065／補遺 4
王氏	潁川陳諭	舊族	857	陳諭墓誌	補遺 2
王傅女	范陽盧公則	七姓	859	盧公則墓誌	唐大中 154／補遺 4
王少舉女	隴西董唐之	次族	859	董唐之墓誌	續大中 071
王氏	京兆韋行貫	舊族	859	韋氏墓誌	唐大中 151／補遺 7
王氏	敦煌張審文	大族	859	張審文墓誌	補遺 1
王氏	隴西李逸子	七姓	859	李逸妻劉氏墓誌	補遺 7
王虛明	河東柳汶實	舊族	859	王虛明墓誌	補遺 8
王澧女	太原唐思禮	大族	862	王夫人墓誌	續咸通 011／補遺 3
王氏	扶風馬惟良	大族	862	馬惟良墓誌	補遺 6
王氏	扶風馬惟良	大族	862	馬惟良墓誌	唐咸通 012／補遺 6
王氏	清河崔敬章	七姓	862	崔氏墓誌	補遺 4
王氏	安定皇甫伾	舊族	862	皇甫伾墓誌	千唐新藏
王氏	清河張諒	大族	864	張諒墓誌	唐咸通 037／補遺 1
王氏	河內常克謀	次族	864	常克謀墓誌	續咸通 033／補遺 4
王氏	尋陽翟慶全	次族	865	翟慶全墓誌	續咸通 027／補遺 3
王太師女	隴西李氏	七姓	866	李君妻王氏墓誌	補遺 7
王建侯女	弘農楊氏	舊族	867	楊公妻王氏墓誌	千唐新藏
王英信女	隴西李氏	七姓	868	李君妻王氏墓誌	唐咸通 070
王少舉女	濟陰董氏	次族	870	董君妻王氏墓誌	續咸通 068／補編 82

續表

名號	通婚對象	身份	卒年	所據資料	史料來源
王氏	濟陰董唐元	大族	870	董唐元妻王氏墓誌	補遺 3
王妃	懿宗	七姓	871	德妃王氏墓誌	續咸通 075／補遺 2
王氏	陳留蔡儼	次族	871	蔡儼墓誌	唐咸通 089
王氏	河南元運	舊族	871	元郇墓誌	續咸通 079
王元宥女	扶風馬公度	大族	875	王夫人墓誌	續乾符 001／補遺 3
王氏	高陽耿庸	次族	876	耿庸墓誌	唐乾符 029
王氏	支訥	次族	878	支訥墓誌	補遺 4
王從長女	彭城劉思友	大族	879	劉君妻王氏墓誌	唐乾符 030／補遺 4
王氏	南陽張周抗	大族	880	張周抗墓誌	唐廣明 003
王氏	清河張歡用	大族	888	清河張氏譜	唐光啓 004
王氏	清河張仲平	大族	888	張仲平墓誌	補遺 7
王氏	魯國唐彦隨	次族	896	唐彦隨墓誌	補遺 4
王讓女	博陵崔寶慶	七姓	912	崔寶慶妻王氏墓誌	續乾元 006／補遺 6
王氏	昌黎韓氏	大族	913	韓君妻王氏墓誌	補編 94／補遺 1
王重師女	昌黎韓氏	大族	913	韓君妻王氏墓誌	補編 94／千唐新藏
王氏	河内張宗諫	次族	916	張宗諫墓誌	補遺 5
王氏	譙郡戴思遠	次族	935	戴思遠墓誌	補遺 6
王氏	安定樊慶	次族	940	樊環墓誌	補遺 1
王氏	南安姚崇	次族	942	姚嗣駢墓誌	補遺 4
王氏	南安姚嗣駢	次族	942	姚嗣駢墓誌	補遺 4／補遺 7
王卿女	隴西李氏	七姓	946	李君妻王氏墓誌	補遺 4
王□義女	安邑關氏	次族	—	關君妻王氏墓誌	唐咸亨 113／補遺 2
王氏	博陵崔抗	七姓	—	王恕墓誌	長慶集 42
王氏	鉅鹿魏叔瑜	舊族	—	魏叔瑜碑	全唐 227
王氏	長樂桑爽	次族	—	桑禪師墓碑	全唐 228
王氏	陳留邊敏	次族	—	邊敏墓誌	全唐 862
王恕女	范陽盧仲通	七姓	—	王恕墓誌	長慶集 42
王循	隴西李景裕	七姓	—	王循墓誌	續殘志 011／補遺 2

附表 4　　　　　王氏以外唐代太原士族男性成員通婚表

姓名	通婚對象	身份	卒年	所據材料	具體來源
郭通	太原王氏	七姓	628	郭通墓誌	唐貞觀 009／補遺 4
郭雲	唐氏	次族	631	郭雲墓誌	唐貞觀 023／補遺 7
唐善識	豫章公主	七姓	636	新表	新唐 74
郝榮	南陽張氏	舊族	651	郝榮墓誌	唐永徽 024／補遺 7
郭長生	潁川許氏	次族	652	郭長生墓誌	續永徽 012／補編 150
郝氏	劉君	次族	652	劉君妻郝氏墓誌	續永徽 016
龍潤	何氏	次族	655	龍潤墓誌	續永徽 035／補遺 5
唐儉	河南元氏	大族	656	唐儉墓誌	續顯慶 006／補編 1／全唐 991／補遺 1
范澄	韓氏	次族	660	范澄墓誌	續顯慶 046／補編 150／補遺 6
郭敬	太原王氏	七姓	660	郭敬墓誌	補遺 5
龍義	廣平游氏	大族	663	龍義墓誌	續龍朔 023／補遺 6
郭君副	鄭氏	七姓	667	郭君副墓誌	唐乾封 047／補遺 2
□德	弘農楊氏	舊族	670	□德墓誌	唐咸亨 054
郭德	安定櫟氏	大族	670	郭德墓誌	唐咸亨 021／補遺 3
康武通	酒泉唐氏	次族	670	康武通墓誌	唐咸亨 051／補遺 2
郭海	太原王氏	七姓	685	郭海墓誌	續垂拱 009／補遺 6
郭敬宗	范陽張氏	次族	685	郭敬宗墓誌	續文明 002／補遺 5
郭本	王氏	七姓	688	郭本墓誌	唐垂拱 066／補遺 3
郭善摩	柴氏／焦氏	次族	688	郭善摩墓誌	續垂拱 021／補編 151／補遺 4
郭行節	弘農劉氏	次族	692	郭行節墓誌	續長壽 009
郭志該	弘農劉氏	次族	694	郭志該墓誌	補遺 5
郭喬	太原王惠舉女	七姓	695	郭喬墓誌	唐証聖 003／補遺 1
溫曦	涼國長公主	七姓	673	溫大雅傳	新唐 91
郭信	蘇氏／李氏／張氏／雍氏	次族	700	郭信墓誌	續久視 009／補遺 6
武延基	永泰公主	七姓	701	武承嗣傳	舊唐 183
郭盛	彭城劉氏	大族	705	郭盛墓誌	續神農 006／補遺 7
武崇訓	安樂公主	七姓	707	后妃傳	舊唐 51
郭恒	京兆韋玄泰妹	舊族	708	郭恒墓誌	唐景龍 013／補遺 2

姓名	通婚對象	身份	卒年	所據材料	具體來源
唐晙	太平公主	七姓	708	唐儉傳	舊唐 58
郭如玉	洛陽達奚思敬女	次族	709	達奚思敬神道碑	全唐 165
郭小師	孝義蘭氏	次族	709	郭小師墓誌	補遺 8
武延秀	公主	七姓	710	新表	新唐 74
郭思訓	清河張氏/平陽柴氏	舊族/次族	711	郭思訓墓誌	唐景雲 025/全唐 994
武延暉	公主	七姓	712	新表	新唐 74
郭逸	杜氏	舊族	715	郭逸墓誌	補遺 6
侯感	郭氏	舊族	715	侯感墓誌	續開元 007
溫挺	千金公主	七姓	720	新表	新唐 72
郭思謨	彭城劉氏/河南元氏/清河張氏	大族	721	郭思謨墓誌	唐開元 136/補遺 3
張景旦	太原王凱冲女/安定皇甫氏	七姓/大族	721	張景旦墓誌	唐開元 126/補遺 2
郭馮德	韓氏/王氏	次族	724	郭馮德墓誌	唐開元 203/補遺 7
董師	趙氏	次族	726	董師墓誌	續開元 073
孫漢韶	譙國李氏	次族	732	孫漢韶墓誌	補編 119/補遺 7
郭君	昌黎韓氏	大族	733	郭君墓誌	補編 23/補遺 7
白知禮	彭城劉氏/清河張氏	大族	734	白知禮墓誌	唐開元 529/補遺 2
郭元誠	琅琊王氏	舊族	734	郭元誠墓誌	續開元 134/補編/補遺 4
白慶先	彭城劉氏	大族	735	白慶先墓誌	唐開元 417/補遺 7
白羨言	河南賀若氏	次族	735	白羨言墓誌	唐開元 419/補遺 2
郭瑜	吳興沈希逸女	舊族	738	郭瑜墓誌	千唐新藏
白知新	榮陽鄭氏	七姓	739	白知新墓誌	唐開元 494/補遺 5
常來	龐氏	次族	739	常來墓誌	唐開元 498/補遺 7
龍叡	清河張氏	大族	741	龍叡墓誌	補遺 6
郭師	程氏	次族	745	郭師墓誌	續天寶 025/補編 154
武客	郭氏	大族	765	武客墓誌	補遺 7
郭幼明	武功蘇氏	次族	773	郭幼明墓誌/郭幼明妻蘇氏墓誌	西安碑林
郭幼儒	博陵崔氏/河南屈突氏	七姓	773	郭幼儒墓誌	西安碑林

續表

姓名	通婚對象	身份	卒年	所據材料	具體來源
郭弼	隴西李液女	七姓	778	李液墓誌	補遺 8
郭幼冲	琅琊王氏	舊族	785	郭幼冲墓誌	西安碑林
孫成	范陽盧氏	七姓	789	孫成墓誌	唐貞元 026
宮如玉	邵氏	次族	807	宮如玉墓誌	補遺 6
郭超岸	弘農楊氏	舊族	810	郭超岸墓誌	續元和 028/補遺 6
申屠逸	王氏	次族	810	申屠逸墓誌	續元和 029
白確鍾	河東薛氏	舊族	811	白確鍾墓誌	全唐 680
白季庚	潁川陳氏	舊族	814	白幼美墓誌	全唐 679
弓□□	郭氏	舊族	820	弓君妻郭氏墓誌	唐元和 151/補遺 5
張暉	隴西牛氏	次族	823	張暉墓誌	續長慶 007
郭獻忠	曲氏	次族	823	郭獻忠墓誌	補遺 8
郭文應	范陽盧垣女	七姓	826	郭文應墓誌	千唐新藏
郭密	太原武氏	大族	829	郭密墓誌	續大中 022/補編 155/補遺 6
白季康	河東薛氏/高陽敬氏	舊族	833	白季康墓誌	全唐 680
孫審象	范陽盧氏	七姓	841	孫審象墓誌	唐會昌 010
郭威制	渤海高遂女	舊族	842	郭威制妻高氏墓誌	千唐新藏
白居易	弘農楊氏	舊族	846	白居易墓誌	全唐 679
白公濟	吳興姚氏	次族	855	白公濟墓誌	補遺 5
孫景商	河南于敖女	舊族	856	孫景商墓誌	唐大中 120
郭君	韓氏	次族	858	郭君墓誌	補遺 7
郭君	吳郡朱萱女	舊族	859	朱萱墓誌	唐大中 153
郭願符	范陽盧公則女	七姓	859	盧公則墓誌	唐大中 154/補遺 4
白敏中	博陵崔寬女/京兆韋氏	七姓/舊族	861	白敏中墓誌	補遺 3
郭免	韓氏/李氏/任氏	次族	862	郭免墓誌	續咸通 014
郭傳則	孟氏	次族	863	郭傳則墓誌	補遺 3
令狐紃	博陵崔厚女	七姓	867	令狐紃墓誌	唐咸通 062
郭克全	宋氏	次族	873	郭克全墓誌	續咸通 092/補遺 3
孫公器	滎陽鄭氏/河東裴氏	七姓/舊族	873	孫簡墓誌	續咸通 099/補遺 4

續表

姓名	通婚對象	身份	卒年	所據材料	具體交源
孫簡	沛國武氏/隴西李氏	次族/七姓	873	孫簡墓誌	續咸通099/補遺4
溫令綬（全綬）	樂安門氏/齊氏	次族	874	溫令綬墓誌	續咸通102/補遺4
郭宣	彭城劉氏	大族	875	郭宣墓誌	唐乾符005/補遺4
白敬宗	吳興姚氏/隴西李氏	大族/七姓	879	白敬宗墓誌	續乾符030/補編
郭楚	苗氏	次族	879	郭楚墓誌	續乾符025
郭聿	鉅鹿耿宗倚女	次族	881	耿宗倚墓誌	補遺4
郭順	武氏/王氏/董氏/楊氏	次族	888	郭順墓誌	續文德002/補編155/補遺5
郭順祐	彭城劉敬和女	大族	901	郭順祐妻墓誌	補遺6
孫乃任	始平馮氏	次族	905	孫彥思墓誌	續天祐002
孫彥思	太原王氏	七姓	905	孫彥思墓誌	續天祐002
康贊美	范陽盧氏	七姓	914	康贊美墓誌	補編97/北拓36

附表5　　　　王氏以外唐代士族女性成員通婚表

姓名	通婚對象	身份	卒年	所據材料	具體來源
何氏	太宗	七姓	631	何氏墓誌	唐貞觀018/補遺3
郝氏	劉氏	次族	649	郝氏墓誌	補遺6
郝氏	劉君	次族	652	劉君妻郝氏墓誌	續永徽016
郭祥女	南陽趙嘉	次族	654	趙嘉妻郭氏墓誌	唐永徽097/補遺4
劉妙蕫	弘農楊康	舊族	655	劉妙蕫墓誌	唐永徽145/補遺4
陰容	王君	七姓	656	陰容墓誌	唐顯慶003
郭氏	周氏	次族	664	郭氏墓誌	唐麟德046
范氏	南陽張運才	舊族	665	張運才墓誌	唐麟德048/補遺3
郭貴女	長樂公	次族	665	長樂公夫人墓誌	補遺2
郭長衡女	隴西上官義	次族	669	上官義墓誌	唐總章039/補遺1
何氏	曹氏	次族	673	何氏墓誌	唐咸亨104
弓美	許氏	次族	678	弓美墓誌	補遺6

續表

姓名	通婚對象	身份	卒年	所據材料	具體來源
郭氏	隴西董師	大族	688	董師墓誌	續垂拱 022／補遺 5
郭琳女	曲阜孔業	舊族	690	孔業墓誌	續天授 008
郭之中女	隴西董師	大族	690	董師墓誌	續天授 005／補遺 2
郭寶	劉氏	大族	696	郭寶墓誌	唐萬歲登封 005／補遺 5
郭氏	京兆葛威德	大族	698	葛威德碑	全唐 227／231
弓志弘女	北平陽儉	舊族	700	陽儉墓誌	千唐新藏 84—85
郭氏	河內司馬論	舊族	702	司馬論墓誌	唐長安 004
武則天	高宗	七姓	705	則天皇后本紀	舊唐 6
白光倩	東莞臧南金	次族	709	白光倩墓誌	唐景龍 037／補遺 1
郭氏	汝南袁義全	舊族	712	袁義全墓誌	補遺 6
萬于氏	彭城劉德	大族	718	劉德墓誌	補遺 8
郭華嚴	張氏	舊族	719	郭華嚴墓誌	唐開元 092／補遺 6
郭氏	秦青	次族	730	秦青墓誌	續開元 094
郭氏	秦育	次族	730	秦育墓誌	補遺 5
郭氏	琅琊趙南山	次族	732	趙南山墓誌	唐開元 352／補遺 4
郭氏	魏州劉林甫	次族	732	劉林甫墓誌	補編 106
武延壽女	慕容氏	大族	736	慕容公妻王氏墓誌	唐開元 437／補遺 2
武氏	沛郡崔／曹氏	舊族	737	武氏墓誌	千唐新藏
郭氏	河東張思鼎	次族	742	張思鼎墓誌	唐天寶 043
郭賓女	河內士如珪	次族	744	士如珪墓誌	唐天寶 047／補遺 4
郭玉女	廣平程氏	次族	746	程君妻郭氏墓誌	唐天寶 097
武氏	蔡君	次族	747	武氏墓誌	補遺 8
郭班	常山閭氏／張氏	次族	751	郭班墓誌	唐天寶 183／補遺 6
鄔氏	常山張薦	大族	754	張薦墓誌	全唐 506
賈氏	河東楊和	次族	755	楊和神道碑	全唐 422
弓氏	天水闔神	次族	756	闔神墓誌	續至德 001
溫氏	趙郡李邕	七姓	768	李邕墓誌	唐大曆 009／補遺 1
郭湜女	隴西李華	七姓	778	李華墓誌	唐大曆 057／補遺 1／補遺 4
郭仙芝女	扶風竇伯陽	大族	794	竇伯陽妻郭氏墓誌	補遺 6
郭儀	清河張溁	大族	797	郭儀墓誌	續貞元 047／補遺 6
郭珮	博陵崔君	七姓	801	郭珮墓誌	西安碑林

續表

姓名	通婚對象	身份	卒年	所據材料	具體來源
郭氏	渤海高彥	大族	804	高彥墓誌	唐貞元 136
祁芳	許氏	次族	805	許氏妻祁芳墓誌	唐貞元 137
郭氏	渤海吳江女	次族	808	吳江墓誌	補遺 6
田淹女	隴西王氏	次族	815	田氏墓誌	續元和 060
陶岸女	曹朝憲	次族	827	陶氏墓誌	補編 67/續大和 004/補遺 3
郭氏	安定樊守謙女	次族	828	樊守謙墓誌	唐太和 012/補遺 4
郭涔女	魏郡柏元封	次族	832	柏元封墓誌	續太和 038/補編/補遺 4
郭氏	趙郡李虞仲	七姓	836	趙郡李氏墓誌	千唐新藏
郭氏	隴西李從易	七姓	838	李從易墓誌	西安碑林
溫造女	京兆韋塤	舊族	841	韋塤墓誌	補遺 4
郭氏	彭城劉氏	大族	852	劉君妻郭氏墓誌	唐大中 067
白公濟女	彭城劉仲文	大族	855	白公濟墓誌	補遺 5
溫氏	京兆韋著	舊族	856	韋都師墓誌	補遺 1
白敏中女	皇甫煒	舊族	861	皇甫煒妻白氏墓誌	補遺 7
郭氏	南陽宗庠	次族	868	宗庠墓誌	續咸通 050/補遺 4
魚氏	天水趙宗祜	大族	870	趙宗祜墓誌	補遺 3
□氏	京兆杜鴻	舊族	873	杜鴻墓誌	補遺 4
溫琯女	長樂賈洮	次族	873	賈惠元墓誌	唐咸通 105/補遺 1
溫氏	彭城劉氏	大族	874	溫令綏墓誌	續咸通 102/補遺 4
溫氏	隴西辛氏	次族	874	溫令綏墓誌	續咸通 102/補遺 4
白敬宗女	太原王景復	七姓	879	白敬宗墓誌	續乾符 030
溫氏	琅琊符進昌	次族	897	符進昌墓誌	補遺 3
聶慕闐	代郡李氏	次族	928	聶慕闐墓誌	補遺 7
武氏	京兆薛逢吉	大族	955	薛逢吉墓誌	補遺 5
郭氏	上黨李章	次族	—	李章墓誌	續殘志 002
陰客	王君	次族	—	陰客墓誌	補遺 2

中華文明中的汴京元素

——論宋代東京開封的歷史貢獻

河南大學宋代研究所　程民生

北宋東京開封，由於地處中原地區的平原以及全國水陸交通的中心，在成為全國政治中心的同時也成為經濟、文化中心，乃當時世界上人口最多、最繁華的超級城市。由於坊市制的打破，開封成為近代城市的源頭和代表，比以往任何都城都更具活力。像現代大都市一樣，其集聚功能十分強大，猶如一個巨大的磁場，吸引各種文明百川歸海，在此匯集並加以融合提高，結聚成絢麗多姿、博大精深的綜合文化。集聚首先是人才的集聚，朝廷的文武百官、官營手工業的能工巧匠、各類藝術精英自不必說，全國的士子更是無不向往："國家用人之法，非進士及第者不得美官，非善為賦、詩、論、策者不得及第，非遊學京師者不善為賦、詩、論、策。以此之故，使四方學士皆棄背鄉里，違去二親，老於京師，不復更歸。"[1] 開封是士子成才的最佳起點，是最好的成才之地，人才聚集優勢顯著。各地商旅數量更多，故而曾鞏指出："京師天下之聚，俗雜五方之民。"[2] 開封是國人匯聚輻輳之地，各種奇風异俗均有體現。至於物質文化更是如此，正如孟元老所説："八荒爭凑，萬

---

① 司馬光：《司馬光集》卷 30《貢院乞逐路取人狀》，四川大學出版社 2010 年版，第 728 頁。

② 曾鞏：《曾鞏集》卷 25《開封府獄空轉官制》，中華書局 1984 年版，第 391 頁。

國咸通。集四海之珍奇，皆歸市易，會寰區之異味，悉在庖廚。"① 對此，有關論述甚多，毋庸贅言。在此需要特別指出的是，作為亞洲各國經濟文化交流中心的開封，大都市的集聚功能同時產生出強大的輻射功能：不僅領袖全國，而且被周邊政權學習；不僅影響當時，而且波及後代，在歷史上發揮了巨大帶動作用。本文試對其輻射、擴散影響作一論述，揭示中國歷史文化中的汴京元素及其貢獻。本文所謂汴京，專指北宋時期的開封；所謂元素，專指當時擴散，影響，延續後代的文明。歷史研究需要無數個城市、地區的文明切片，以體貼入微地觀察研究其生理組織和脈絡。

一　在全國的示範作用

京師開封作為政治中樞，不僅是政令發佈之地，還是首善之地，在精神方面號令天下，其文明諸方面是全國各州縣傚法的榜樣，所謂："聖朝祖宗開國，就都於汴，而風俗典禮，四方仰之為師。"② 各地自覺地將首都當作導師尊崇。地方對京師文明學習追求，也即崇敬仰慕，實質是政治上、文化上向心力的表現。對此，王安石進一步指出："且聖人之化，自近及遠，由內及外。是以京師者風俗之樞機也，四方之所面內而依傚也……至於發一端，作一事，衣冠車馬之奇，器物服玩之具，且更奇制，夕染諸夏。"③ 陳舜俞也說："今夫諸夏必取法於京師，所謂京師則何如？百奇之淵，衆偽之府，異服奇器，朝新於宮廷，暮傚於市井，不幾月而滿天下。"④ 京師開封就是新奇事物的淵藪和發源地，輻射強度和速度都令人驚訝。典型如時間性很強的流行時裝，總是率先在開封創制，然後迅速流傳全國："宣和之季，京師士庶競以鵝黃為腹圍，謂之腰上黃；婦人便服不施衿紐，束身短制，謂之不制衿。始自宮掖，未幾而通國皆服之。"⑤ 時尚是一種共性追求，但這個共性却由京師來

---

①　孟元老著，伊永文箋注：《東京夢華錄箋注·序》，中華書局 2006 年版，第 1 頁。

②　耐得翁：《都城紀勝·序》，中國商業出版社 1982 年版，第 1 頁。

③　王安石：《王文公文集》卷 32《風俗》，上海人民出版社 1974 年版，第 380 頁。

④　陳舜俞：《都官集》卷 2《敦化》5，文淵閣四庫全書本第 1096 冊，第 425 頁。

⑤　岳珂：《桯史》卷 5《宣和服妖》，中華書局 1981 年版，第 54 頁。

選擇，通常是開封的個性。京師引領着時尚潮流，任何新事物都為全國所關注並很快就模倣起來，中心城市文化的輻射功能和主導作用極為突出。

作為"中原雅音"基礎的宋代開封話，[①] 自然得到全國的認可和喜愛。一些南方官員進京到達京城南部郊縣陳留時，大多敏銳地感到了當地人的口音變化。如江西人孔平仲："青青麥隴鳥相呼，淡淡長空尺鷃無。驛道寬平人語好，共知明日到皇都。"[②] 又如兩浙人許景衡："藹藹多佳氣，飛飛亦好音。寧辭去家遠，魏闕舊馳心。"[③] 這裏的"人語好"、"好音"，就是讓人感到高尚、悦耳的開封口音。范仲淹在睦州（今浙江建德東）任職時，一次在衆聲噪雜中被獨特的開封話所吸引，遂不恥下問，與那位老兵交談起來："江城有卒老且貧，憔悴抱關良苦辛。衆中忽聞語聲好，知是北來京洛人。我試問云何至是，欲語汍瀾墮雙泪。斯須收泪始能言，生自東都富貴地。家有城南錦綉園，少年止以花為事。"[④] 這位老兵是出生在京師的破落户，其開封口音在南方地區特別有吸引力。他們均認為開封話泠泠入耳，從中得到了快慰和滿足。既然如此，模倣、推廣開封話自在情理之中，南宋杭州的史實就是典型："今街市與宅院，往往效京師叫聲。"[⑤] 用開封口音叫賣是時尚，顯得正統、高尚，以便推銷產品。浸潤日久，以至於改變了杭州語音，近代著名語言文字學家黃侃即指出："杭州話本與蘇、常同，今則同於汴洛，以宋之南遷也。"[⑥] 至少在古代確實如此。例如，南宋鄞縣（今浙江寧波）人樓鑰，在汴京淪陷 42 年後的乾道五年（1169）出使北國，在開封聽到當地人"語音亦有微帶燕音者，尤使人傷嘆"。[⑦] 作為一個

---

① 元人孔齊云："北方聲音端正，謂之中原雅音，今汴、洛、中山等處是也。南方風氣不同，聲音亦异，至於讀書，字樣皆訛，輕重開合亦不辨，所謂不及中原遠矣，此南方之不得其正也。"（孔齊：《静齋至正直記》卷 1《中原雅音》，上海古籍出版社 1996 年版）。

② 孔文仲、孔武仲、孔平仲：《清江三孔集》，孔平仲：《入陳留界》，齊魯書社 2002 年版，第 450 頁。

③ 許景衡：《橫塘集》卷 3《次陳留》，文淵閣四庫全書本第 1127 册，第 189 頁。

④ 范仲淹：《范仲淹全集》卷 3《和葛閎寺丞接花歌》，四川大學出版社 2002 年版，第 45 頁。

⑤ 吳自牧：《夢粱錄》卷 20《妓樂》，浙江人民出版社 1984 年版，第 193 頁。

⑥ 黄侃述，黄焯編：《文字聲韻訓詁筆記》，上海古籍出版社 1983 年版，第 137 頁。

⑦ 樓鑰：《北行日錄》卷上，叢書集成初編本，中華書局 1991 年版，第 12 頁。

江南人第一次到開封，"居然敢斷定胡人統治下的汴京人説話'有微帶燕音者'"，[①] 我們可據此推論，樓鑰長期生活在開封話的語境中，所以能敏鋭地聽出開封話中細微的燕京口音，至少説明他會説開封話。語音是語言符號系統的載體，代表着一定的語義，具有"社會性"。開封語音作為京師官話，擁有強勢，是汴京文明在宋代的軟實力。

二　對西夏、金朝都城的影響

北宋版圖有限，周邊尤其是西北的少數民族先後建立起契丹、西夏政權，在中華大地上與宋政權鼎足而立。三者之間既有政治的對立，軍事衝突，更有經濟交流和文化滲透。強大的農耕文明、禮樂文明或漢文化自然居於中心地位和主導地位，作為漢文化的代表，開封文明的輻射力穿透國界，進一步表現在對周邊國家和政權的深刻影響。其中以對西夏的影響最明顯，特別是在都城名稱以及建設方面，西夏公然模倣開封。

西夏最強悍的君主李元昊曾頑固地排斥漢文化，揚言："衣皮毛，事畜牧，蕃姓所便。英雄之生，當王霸耳，何錦綺為！"[②] 他繼位後，公開與宋政府分庭抗禮，獨立建國，但在都城建設方面却竭力模倣宋朝。他昇都城興州為興慶府，"其名號悉倣中國故事"。[③] 具體而言就是倣照宋朝都城開封府的名稱，以此來提昇西夏正統、正式的政治地位。這一點得到學界的廣泛認可。如有西夏史學者認為："西夏立都興慶府之時，曾先後多次對都城進行了大規模建設，'構門闕宮殿，及宗社借田'，'廣宮城，營殿宇'……成為東西長，南北短的長方形城郭，這

---

　　① ［日］平田昌司：《回望中原夕靄時——失陷汴洛後的"雅音"想象》，陳平原、王德威、關愛和主編：《開封：都市想象與文化記憶》，北京大學出版社 2012 年版，第 292 頁。

　　② 李燾：《續資治通鑒長編》卷 111，明道元年十一月壬辰，中華書局 1993 年版，第 2594 頁。

　　③ 吳廣成撰，龔世俊等校证：《西夏書事校证》卷 11，明道二年五月，甘肅文化出版社 1995 年版，第 133 頁。

是借鑒了北宋東京（開封）內城形制的營造方法。"① 宋史學者也指出：
"就都城布局而言，興慶之外城東西長而南北短，元昊宮位外城中央而
略偏西北，這與宋開封宮城與外城的關係相一致，其受開封建設之影
響，於此可見一斑……宋都開封稱東京，而以洛陽為西京，東西方位明
確。而夏稱興慶亦號東京，而以西平府（靈州）為西京，其方位似以
南北相稱為好，却非要東西兩京對稱。"② 之所以不按方位稱南京、北
京，而非要東西兩京對稱，就是為了與宋朝對應。

更令人驚異的是，西夏政權連興慶府的管理機構也叫開封府："其
官分文武班，曰中書、曰樞密、曰三司、曰御史臺、曰開封府……"；③
"曰開封府，掌尹正畿甸之事，屬有六曹、左右軍巡使、判官、左
右厢公事幹當等官"。④ 開封是從西漢始延續千餘年的地名，開封府
是五代以來至宋朝行政區劃名稱和管理機構名稱，西夏却直接照搬西
去，如"京師"一般當做了都城地區管理衙門名稱，在其心目中做
佛只有稱開封府才是都城，才有正統的權威性，開封府成了都城的
代名詞。

無獨有偶，滅掉北宋的金國雖然在軍事、政治方面蔑視宋朝，對宋
朝的經濟文化和東京却是崇敬有加，其京城也是竭力倣照東京建造。

率先倣照開封改造的是其首都上京。在東京淪陷 19 年之後的紛紛
亂世中，在開封以北 4 千里之外的白山黑水間，東京開封的形象赫然顯
現。皇統六年（1146），金熙宗完顏亶決定重建都城上京（今黑龍江阿
城）："以上都會〔寧〕府舊內太狹，才如郡治，遂役五路工匠，撤而
新之。規模雖倣汴京，然僅得十之二三而已。"⑤ 新興而且偏遠的金朝，
首都簡陋狹小得如同一個州郡所在地，與已經强盛的金朝不相適應，皇
帝於是徵發 5 路民工拆除舊建築，建設新都城。新都城的設計方案就是
模倣汴京，但畢竟地理環境、經濟文化等背景、基礎差距較大，技術力

---

① 馬文明：《西夏建築藝術與中原文化的關係》，中國古都學會、銀川古都學會編《中國
古都研究》第九輯，三秦出版社 1994 年版，第 130 頁。

② 周寶珠：《北宋西夏間貢賜交往中的開封與興慶》，《史學月刊》2000 年第 1 期。

③ 《宋史》卷 485《夏國傳》，中華書局 1977 年版，第 13993 頁。

④ 吳廣成撰，龔世俊等校證：《西夏書事校證》卷 11，明道二年五月，第 133 頁。

⑤ 宇文懋昭撰，崔文印校證：《大金國志》卷 12《熙宗孝成皇帝四》，中華書局 1986 年
版，第 174 頁。

量有限，上京的規模不足開封的三分之一。

後來居上的是其新首都燕京。天德三年（1151），篡位不久的完顏亮營造燕京，兩年後遷都燕京，改為中京。最初，有關部門提供了一套按照傳統理念設計的宮室建築方案："有司圖上燕城宮室制度，營建陰陽五姓所宜。"但遭到完顏亮的否決："國家吉凶，在德不在地。使桀、紂居之，雖卜善地何益。使堯、舜居之，何用卜為。"① 之所以不接受全新的規劃，是因為他的理想規劃是照搬汴京。新燕京的宮室設計完全依照汴京模樣："亮欲都燕，遣畫工寫京師宮室制度，至於闊狹修短，曲盡其數，授之左相張浩輩，按圖以修之。域之四圍九裏有三十步，自天津橋之北曰宣陽門（如京師朱雀門）。"② 派畫工到開封圖寫建築形制，連具體尺寸都一絲不苟，帶回後由皇帝交給宰相按圖建造，不作任何修改。"金主稍習經史，慕中國朝（著）〔署？〕之尊……遂遣左丞相張浩、右丞相張通古等，調諸路夫匠築燕京宮室。城周九裏三十步，其宮室一依汴京制度。運一木之費至二千萬，牽一車之力至五百人，宮殿之餙，遍傅黃金，而後間以五彩，金屑飛空如落雪。一殿之費以億萬計，成而復毀，務極華麗焉。"③ 完顏亮仰慕漢文化，羨艷開封的繁華，不計代價地按照汴京建制打造金碧輝煌的燕京。為了達到形似和神似，甚至從汴京皇宮拆了一批雕刻精美的門窗，千里迢迢運往北方，安裝在燕京皇宮："及金海陵修燕都，擇汴宮窗戶刻鏤工巧以往。"④ 燕京為遼國中京，是一座遼國經營多年的老都城，金國却一點儿也看不上，將其徹底推倒，歷時二年多在原址按汴京建制重建燕京。如果北宋皇室有人到此，一定會以為回到了熟悉的老家。

金朝與開封始終有着不解之緣，以後，完顏亮正隆年間和金宣宗貞祐以降，金朝兩次遷都汴京，所修建的京師基本沿襲北宋東京建制，"汴京制度：宣宗所遷，大概依宋之舊……（開封）宮室制度，金國時

---

① 《金史》卷 5《本紀五》，中華書局 1975 年版，第 97 頁。

② 徐夢莘：《三朝北盟會編》卷 244，張棣《金虜圖經》，上海古籍出版社 1987 年版，第 1751 頁。

③ 陳桱：《通鑒續編》卷 17，紹興二十一年，文淵閣四庫全書本 332 冊，第 796 頁。

④ 周密：《癸辛雜識》別集卷上《燕用》，中華書局 1988 年版，第 258 頁。

有更改，大抵皆宋朝之舊也"。①　在王朝、國家象徵的宮城建設方面，金朝從未考慮過另起爐灶，而一直痴迷於北宋東京形象。顯然與西夏一樣是把東京當成了京師的標本，都認為只有開封才是中國正統的京師。

三　對南宋杭州的影響

隨着徽、欽二帝被擄走，北宋滅亡，宋室南渡，開封淪入金朝境內，遠隔南宋疆域。但是，盡管輝煌不再，開封依然是宋朝的東京，名義上的京師，杭州一直只是臨時都城——行在，也即由於東京的存在，南宋一直沒有在南方定都。因此，開封對南宋仍產生着重要影響，其中以杭州最為典型。政治制度、經濟政策等自不必說，在社會風尚、節日習俗、文藝、飲食乃至叫賣口音等方面，杭州無不以模倣開封為榮，竭力按照東京樣式建設、改造杭州，正所謂"直把杭州當汴州"，全盤"汴化"。對此，徐吉軍先生以及本人曾多有論述，②　此不再贅言，在此僅稍作補充。

其一，按照汴京制度，建立都城必需的禮樂設施和制度。如計時儀器土圭，通過杆影移動規律、影的長短以定冬至、夏至日，北宋時"測景在浚儀之岳臺……中興後，清臺亦立晷圭，如汴京之制"。③　每年三次舉行的大朝會，到南宋時依照東京慣例，遇到特殊情況有所調整，如紹興十三年閤門報告："依汴京故事，遇行大禮，則冬至及次年正旦朝會皆罷。"④　當年還恢復了殿試唱名的有關制度："是歲，始定依汴京舊制，正奏及特恩分兩日唱名。"⑤　這些都是南渡後以汴京舊制名義重建

---

①　宇文懋昭著，崔文印校证：《大金國志校证》卷 33《汴京制度》，中華書局 1986 年版，第 471、473 頁。

②　徐吉軍：《論汴京對臨安都市文化的影響》，《中國古都研究（第五、六合輯）》，北京古籍出版社 1993 年版；程民生：《汴京文明對南宋杭州的影響》，《河南大學學報》1992 年第 4 期。

③　《宋史》卷 48《天文志一》，第 969 頁。

④　《宋史》卷 116《禮志一九》，第 2750 頁。

⑤　《宋史》卷 156《選舉志二》，第 3629 頁。

的朝制。朝制是籠統的，開封舊制則是具體的，便於落實。

其二，並非朝廷、都城必需，開封文明的頑强延續。一個政權在新地區重建，一般都是因地制宜，適應當地，不能事事處處全盤模倣舊都，以免水土不服、食古不化。南宋的杭州却是例外，連明代杭州人都明顯地感到："宋南渡都杭，百凡俱倣汴京立市。"① 例如寺廟，通常都有較强的地域性，但開封的寺廟大多隨着宋政府南遷杭州："宋南渡時，凡汴京有廟者皆得祀於杭。"② 如南山的開寶仁王寺，前身就是開封開寶寺仁王院："宋汴京開寶寺，有仁王院，高宗南渡，僧慧照隨駕卓錫於此，遂建寺如汴京。"③ 明人對杭州有不少外地土神祠廟感到不解，經考證深思，找到南宋時期的根源："嘗考《高宗會要》，杭之廟食隸祠官者凡十三，而四在畿内，曰忠清、祚德、神應、通惠，而旌忠無與，豈闕文哉？予因思之，必其自汴南渡之後，既已建都於杭，凡汴京素奉之香火有十三，悉立廟崇祀。"又如艮山門南供奉三國東海人的麋相公廟，神主與杭州毫無關係，"予想汴京嘗立有此祠，高宗南渡建都後亦封為此處土神，以奉故都香火"。④ 為何供奉？理由很簡單：因為是東京供奉的神祠。與其是為了延續故都香火，不如説是為了供奉故都開封更確切！

其三，文體傳承反映的開封情結。孟元老回憶東京的《東京夢華錄》一書，成了"夢華體"而風行於南宋。南宋以降的學者多倣其體例記述城市，如耐得翁《都城紀勝》、西湖老人《繁勝錄》、吳自牧《夢粱錄》、周密《武林舊事》，元代陶宗儀《元氏掖庭記》、費著《歲華紀麗譜》、劉一清《錢塘遺事》等等。例如《夢粱錄》，清代四庫館臣即指出："是書全倣《東京夢華錄》之體，所紀南宋郊廟、宮殿，下至百工雜戲之事，委曲瑣屑，無不備載。"⑤ 非但如此，雖然南宋後繼者寫的是杭州，書中却念念不忘東京，如耐得翁的《都城紀勝》，"文

---

① 沈朝宣：《（嘉靖）仁和縣誌》卷1《市鎮·城外》，光緒刻武林掌故叢編本第29頁。

② 田汝成：《西湖遊覽志》卷16《南山分脈城内勝迹》，浙江人民出版社1980年版，第191頁。

③ 田汝成：《西湖遊覽志》卷12《南山城内勝迹》，第144頁。

④ 沈朝宣：《（嘉靖）仁和縣誌》卷7《廟》，光緒刻武林掌故叢編本，第30頁。

⑤ 永瑢、紀昀編：《四庫全書總目》卷70《夢粱錄》，中華書局1965年版，第625—626頁。

本提及開封的次數甚至多於杭州。《都城紀勝》的文本中，提及杭州有25 次，而提及開封的有 26 處"。① 足見南宋杭州人有着濃厚的開封情結。

四　對飲食業歷史的貢獻

北宋開封對我國飲食業發展的歷史貢獻，主要表現於最早形成了中國菜系以及酒店業的繁榮，並有一些名吃流傳至今。

第一，中國最早的菜系在宋代開封正式形成。孟元老指出：開封"會寰區之异味，悉在庖厨"。② 適應大量高消費人群和各地不同口味人群的需要，高檔飯店和各地菜系發展起來，匯集了全國飲食的精華，形成北饌、南食、川飯三大菜系："大凡食店，大者謂之分茶，則有頭羹、石髓羹、白肉、胡餅、軟羊、大小骨、角𤡑、犒腰子、石肚羹、入爐羊、罨生軟羊面、桐皮面、薑潑刀回刀、冷淘棋子、寄爐面飯之類……更有川飯店，則有挿肉面、大燠面、大小抹肉淘、煎燠肉、雜煎事件、生熟燒飯。更有南食店，魚兜子、桐皮熟膾面、煎魚飯。"③ 主要以食材劃分，第一類菜肴就是北方菜的代表開封菜，以羊肉為特色；第二類是川菜，以麵食為特色；第三類是東南菜的南食店，以魚為特色。吳自牧的記載更明確："向者汴京開南食面店，川飯分茶，以備江南往來士夫，謂其不便北食故耳。"④ 為南方各地進京官員士大夫服務的商業飯店，開創了各具特色的菜系。素菜系也隨之出現，即"素分茶，如寺院齋食也"。⑤ 如此看來，汴京形成了四大菜系。

第二，繁榮的酒店業影響深遠。宋代開封酒店業數量多、酒店規模大，新特點是主要酒樓門面都朝向大街。如《東京夢華錄》中的主要

① ［德］沙敦如：《都城背後的都城——試論開封都市生活於〈都城紀勝〉的寫作意義》，陳平原、王德威、關愛和主編：《開封：都市想象與文化記憶》，北京大學出版社 2012年版，第 132 頁。

② 孟元老著，伊永文箋注《東京夢華錄箋注·序》，第 1 頁。

③ 孟元老著，伊永文箋注《東京夢華錄箋注》卷 4《食店》，第 430 頁。

④ 吳自牧：《夢粱錄》卷 16《麵食店》，第 145 頁。

⑤ 孟元老著，伊永文箋注：《東京夢華錄箋注》卷 4《食店》，第 431 頁。

酒樓，"都是朝着大街，建築着堂堂的重叠的高樓的……酒樓向大街上發展，甚至設在皇城南面的大街上，連街名也用酒樓來定名，這些情況是宋代才發生的現象"。① 正如有學者所指出的那樣："在宋代以前的城市里，高樓並非没有，但都是皇宫内府，建築供市民飲酒作樂，專事赢利的又高又大的樓房，是不可想象的。只是到了宋代城市，酒樓作為一個城市繁榮的象徵，才雨後春笋般發展起來了。"② 飲食業的繁盛和酒店業的形成，在世界歷史上也有着重大意義。1997 年，美國《生活雜誌》（Life Magazine，秋季刊）回顧 1000 年來最深遠影響人類生活的 100 件大事，中國有 6 件，排第 56 位的，赫然是宋代開封的飯館和小喫：

　　很久以前，小旅館就已經向遠離自家厨房的出門人出售食品飲料，小喫鋪就已經提供外賣，人們也已經在特別場合舉辦排場的宴會了。然而一直要到 1120 年，才有了能被稱作"飯館"的場所。在飯館裏，人們可以買一餐飯，坐下來享用。飯館首要滿足的是人們社交和美食的需要。

　　12 世紀的中國官員孟元老可以説是史上第一位飯館評論家。他的筆録詳細描述了北宋（960—1126）都城開封漸漸興起的飯館文化。當時開封的百萬人口中，求新好異的食客不在少數。干體力活兒的常去不起眼的小店兒吃麵條，做買賣的常光顧餃子館。據孟的筆録記載，從 1120 年左右起，上夜班的還可以在夜市吃牛肚、血凍、炸猪肝和炸鵝肉。小甜水巷的許多飯店專做南方菜，這也是最早的地方菜系之一。開封人還對服務質量相當挑剔。"即便是小小的疏忽，"孟記録道："也報告給飯館掌櫃。於是跑堂的免不了挨一頓責罵，扣工資，甚至嚴重的時候被驅逐出門。"③

①　［日］加藤繁著：《中國經濟史考證》，吳杰譯，商務印書館 1959 年版，第 274—277 頁。

②　伊永文：《行走在宋代的城市·酒樓茶肆》，中華書局 2005 年版，第 180 頁。

③　此為委托鄭州輕工業學院教師黄亞娟在美國亞特蘭大從事對外漢語教學時為查找和翻譯，特此致謝。

　　至少對當代西方人而言，宋代開封的飲食業讓他們驚奇。顯然，他們沒有在其他國家看到過類似情況。

　　北宋開封飲食是時代的精華，其中許多延續到後代，在此僅舉流傳到當代的兩例。

　　宋嫂魚羹現代是杭州的一款傳統名肴，並推廣在上海、北京、廣州等地，其源頭來自北宋開封。袁褧載："舊京工伎，固多奇妙，即烹煮槃案，亦復擅名……若南遷，湖上魚羹宋五嫂，羊肉李七兒，奶房王家，血肚羹宋小巴之類，皆當行不數者。宋五嫂，餘家蒼頭嫂也，每過湖上，時進肆慰談，亦它鄉寒故也。悲夫！"[①] 北宋末年開封人宋五嫂，原來是袁家傭人，南渡後流落在杭州以賣魚羹為生，很快成為名吃，連皇家也經常購買品嚐。淳熙年間太上皇宋高宗經常在西湖遊玩，對西湖上的民間飲食"時有宣喚賜予，如宋五嫂魚羹，嘗經御賞，人所共趨，遂成富媼"。[②] 在開封時其手藝並不出名，來到杭州却風雲際會，並得到太上皇的賞賜，遂稱名牌佳肴，因而致富。

　　現今北京等地的糖炒栗子久負盛名，其源頭始自北宋開封。北宋後期開封名產有"旋炒栗子"、[③]"爇（即炒）栗"，其中以"李和爇栗"名氣最大。陸游載道："故都李和爇栗，名聞四方。他人百計效之，終不可及。紹興中，陳福公及錢上閣愷出使虜庭，至燕山，忽有兩人持爇栗各十裹來獻，三節人亦人得一裹，自贊曰：'李和兒也。'揮涕而去。"[④] 名聞天下的李和炒栗擁有絕技，所炒栗子的品味其他同行無論如何也不能企及。李和及其家人作為能工巧匠被金人擄之燕京後，將其技術傳之當地，並一直延續後代。清代史學家趙翼記載："今京師炒栗最佳，四方皆不能及。按宋人小說：汴京李和爇栗，名聞四方。紹興中，陳長卿及錢愷使金，至燕山，忽有人持爇栗十枚來獻，自白曰：汴京李和兒也，揮涕而去。蓋金破汴後，流轉於燕，仍以爇栗世其業耳。然則今京師炒栗，是其遺法耶。"[⑤] 明確指出清朝北京的炒栗

　　① 袁褧：《楓窗小牘》卷下，叢書集成初編本，中華書局 1985 年版，第 17 頁。
　　② 周密：《武林舊事》卷 3《西湖游幸（都人游賞）》，浙江人民出版社 1984 年版，第 37 頁。
　　③ 孟元老著，伊永文箋注：《東京夢華錄箋注》卷 6《十六日》，第 597 頁。
　　④ 陸游：《老學庵筆記》卷 2，中華書局 1979 年版，第 23 頁。
　　⑤ 趙翼：《陔餘叢考》卷 33《京師炒栗》，中華書局 1963 年版，第 717—718 頁。

傳自開封名家李和，並保持着優良傳統，與宋代開封一樣，依然為全國最好的炒栗。清人祝德麟有《糖煨栗》詩也指出：“礓砂黑似鐵，崖蜜漸漬之。和栗入翠釜，翻覆攪不疲。生熟均子母，光澤含膚肌。黃中遂通理，解脫無黏皮。誰能傳其祕？汴州李和兒。燕薊產最美，方法今未隳。”① 同樣認為這種大小均熟且便於剝離的技術源自北宋開封的李和。當年陸游之所以記載下開封的李和炒栗，是因為他早年在開封曾有幸品嚐，留有深刻的印象。其晚年在臨安作《夜食炒栗有感（漏舍待朝，朝士往往食此）》云：“齒根浮動嘆吾衰，山栗砲燔療夜饑。喚起少年京輦夢，和寧門外早朝來。”② 由此可見，炒栗工藝還南下傳到了杭州，成為朝廷百官早朝前的早點，引起了陸游的回憶。

五　對傳統文化的創新與影響

在非物質文化遺產以及文藝方面，北宋開封的歷史影響更加巨大、更加深遠。其犖犖可記就有官瓷、皮影以及雜劇、說書等。

北宋的官瓷是宋徽宗時期在東京創制的青瓷巔峰之作，代表着中國青瓷藝術的最高成就，是中國最優秀的陶瓷文化遺產。南宋葉寘《坦齋筆衡》云：“政和間，京師自置窯燒造，名曰官窯。”③ 有學者認為，官窯瓷器“宋大觀、政和間在汴京所造。體薄色青，有帶粉紅色者，濃淡不一，有色帶白而釉薄如紙者。大觀中，尚月白、粉青、大綠三種。有蟹爪文、紫口鐵足，蓋其胎本紫色也。然宋官窯有數種，南渡後，邵成章於修內司燒造，曰內窯，亦名官窯。其後，郊壇下別立新窯，亦曰官窯。是宋時已有舊京、修內司、郊壇下三種。唐氏秉鈞謂：舊京著時未久，當以修內司所造為上，新窯為下。當時已分差等矣。南宋餘姚秘色瓷，後人亦目之為官窯，大抵皆做汴京遺制遞，衍

---

① 祝德麟：《悅親樓詩集》卷16《糖煨栗》，續修四庫全書本第1462冊，第690—691頁。

② 陸游：《陸游集·劍南詩稿》卷5《夜食炒栗有感》，中華書局1976年版，第154頁。

③ 陶宗儀：《南村輟耕錄》卷29《窯器》，中華書局1959年版，第363頁。

遞嬗也"。① 汴京官瓷創造了素燒和多次上釉相結合的新工藝，使青瓷產品的質量更加精美，釉色更滋潤，釉層更豐厚，形成了紫口鐵足的外觀特徵。官瓷以古樸莊重，釉色潤美，紋片如波，色澤淡雅著稱，歷來專供皇家享用。北宋官窑歷時短暫，技術高難，產量極少，傳世品早已成為稀世珍寶，價值連城。其技術直接傳承至南宋官瓷以及餘姚秘色瓷，至現代各地仍在努力倣製，僅得其倣佛而已。北宋官瓷的產生與其說開創了青瓷的新境界，不如說傳承了高雅，提高了人們的審美水平。

宋代開封是最早的市民城市，正式蹬上歷史舞臺的市民階層隨即產生了市民文藝，② 開啓了我國文學藝術的新紀元。開封是市井文明的淵藪。

影戲作為一種商業的藝術形式起源於唐，原先一直用白紙雕制人物形象，單調且脆弱。至北宋開封改善為羊皮影具，既經久耐用、便於傳承，又便於涂飾彩色，使黑白影戲昇級為彩色皮影，藝術魅力大為增強。南宋吳自牧載："更有弄影戲者，元汴京初以素紙雕簇，自後人巧工精，以羊皮雕形，用以彩色妝飾，不致損壞。"③ 也是在開封真正形成一種獨立的藝術形式，當時開封有許多專業的影戲班子和戲迷："仁宗時，市人有能談三國事者，或採其說，加緣飾作影人，始為魏、吳、蜀三分戰爭之像。"④ 也即可以用皮影表現長篇的歷史劇，戲迷因而產生："京師有富家子，少孤，專財，群無賴百方誘導之。而此子甚好弄影戲，每弄至斬關羽，輒為之泣下，囑弄者且緩之。一日弄者曰：'關聖古猛將，今斬之，其鬼或能祟，請既斬而祭之。'此子聞甚喜，

---

① 許之衡：《飲流齋説瓷・説窰第二》，山東畫報出版社 2010 年版，第 23 頁。北宋官窰也稱汴京官窰。由於北宋官窰遺址缺乏考古發掘地資料和充足的文獻資料的支撐，因此關於北宋官窰遺址在何處，仍有不同説法：一説北宋官窰即為汝窰；二説否認北宋官窰的存在；三説為北宋官窰即為汴京官窰，它與南宋時的修内司官窰先後存在。支持第三種説法的人較多。按，葉寘既然説的是"京師自置窰燒造"，當然是設在京師開封，因為京師是個政治地理概念，如果是在外地設置窰址，應該説的是"朝廷自置窰燒造"。之所以找不到窰址，實在是因為開封自宋代以來屢遭黃河泛濫之冲刷和淤澱，層層累積，宋代地層掩埋在地下 8 米左右，除了城墻基址外，其他什麼東西也沒有發現，何況窰址？

② 參見程民生《略論宋代市民文藝的特點》，《史學月刊》1998 年第 6 期。

③ 吳自牧：《夢粱録》卷 20《百戲伎藝》，第 194 頁。

④ 高承：《事物紀原》卷 9《影戲》，中華書局 1989 年版，第 495 頁。

弄者乃求酒肉之費。此子出銀器數十，至日斬罷，大陳飲食如祭者，群無賴聚享之。乃白此子，請遂散此器，此子不敢逆，於是共分焉。"①足見影戲連本劇的誘惑力。到了重大節日，官方則在各坊巷路口普遍設置影戲棚子，以招徠、安置擠丟的兒童："每一坊巷口，無樂棚去處，多設小影戲棚子，以防本坊遊人小兒相失，以引聚之。"② 由此大大普及並發展了皮影藝術。北宋滅亡後，皮影隨着南下的朝廷、流民傳播到南方各地，得到普及與大發展。另一部分皮影藝人則被金兵擄掠到北方，如靖康二年（1127）正月二十五日，"金人來索御前只候方脈醫人、教坊樂人、內侍官四十五人……雜劇、說話、弄影戲、小說、嘌唱、弄傀儡、打筋鬥、彈箏、琵琶、吹笙等藝人一百五十餘家，令開封府押赴軍前。"③ 其中就有影戲藝人團體。他們成為北方皮影的傳播源頭，並逐漸形成各地的地方特徵。

　　宋金兩代是我國戲曲的形成時期，宋雜劇是宋代各種歌舞、雜戲的統稱，也是中國戲曲的最早形式。最為典型的是雜扮，以劇情簡單，逗人喜笑著稱，為雜劇之散段。其源頭有二，均離不開東京開封這一城市。一是宮廷優伶表演的政治色彩濃郁的喜劇小品："俳優侏儒，固伎之最下且賤者，然亦能因戲語而箴諷時政，有合於古蒙誦工諫之義，世目為雜劇者是已。"④ 王國維《宋元戲曲史》第二章《宋之滑稽戲》所列舉北宋事例 16 則，全是宮廷優伶作品，因此說必定形成完善於京師開封。二是民間雜扮，內容基本是市民眼光嘲笑農民："又有雜扮，或曰'雜班'，又名'紐元子'，又謂之'拔和'，即雜劇之後散段也。頃在汴京時，村落野夫，罕得入城，遂撰此端。多是借裝為山東、河北村叟，以資笑談。"⑤ 雜扮的特點是醜化農民，表演市民眼中的鄉野農民之拙樸，也即雜扮是市民文藝的一種，起源於最早的市民城市宋代汴京。這一藝術形式由宮廷走向民間：開封東角樓"街南桑家瓦子，近北則中瓦，次裏瓦，其中大小勾欄五十餘座。內中瓦子蓮花棚、牡丹棚；裏瓦子夜叉棚、象棚最大，可容數千人。自丁先

① 張耒：《明道雜誌》，叢書集成初編本，中華書局 1985 年版，第 14—15 頁。
② 孟元老著，伊永文箋注：《東京夢華錄箋注》卷 6《十六日》，第 596 頁。
③ 徐夢莘：《三朝會盟會編》卷 77，靖康二年正月二十五日，第 583 頁。
④ 洪邁：《夷堅志·支乙》卷 4《優伶箴戲》，中華書局 2006 年版，第 822 頁。
⑤ 吳自牧：《夢粱錄》卷 20《妓樂》，第 192 頁。

現、王團子、張七聖輩，後來可有人於此作場"。① 其中丁先現是宋代最著名的戲劇藝人即宮廷優伶，在北宋中後期長期擔任教坊使數十年，後在開封瓦子象棚中從事商業演出，帶動了民間戲劇的發展。至少在宋徽宗時的開封，就有大型連本戲演出："構肆樂人自過七夕，便般《目蓮救母》雜劇，直至十五日止，觀者倍增。"② 連接七八日的大戲，場次、情節之繁複可想而知。"中國戲劇史的嶄新篇章是從宋代雜劇開始的。"③ 汴京醖釀成的宋雜劇，開啓了元、明、清雜戲及現代戲劇的先河。

再看另一源頭諸宮調。諸宮調是大型説唱文學，由多種宮調組合成一個完整的長曲，為後世戲曲音樂開闢了道路，也是戲劇的源頭之一，北宋已用諸宮調的曲調來演唱宋雜劇。宋人記載，是澤州人"孔三傳者，首創諸宮調古傳，士大夫皆能誦之"。④ 地點正是開封，吳自牧言："説唱諸宮調，昨汴京有孔三傳編成傳奇靈怪，入曲説唱。"⑤ 耐得翁也指出："諸宮調本京師孔三傳編撰傳奇靈怪，入曲説唱。"⑥ 時間是宋徽宗時期：孟元老載崇寧、大觀以來在京瓦肆伎藝中，就有"孔三傳耍秀才諸宮調"。⑦ 説唱諸宮調至元代漸趨衰落，但其曲調等重要藝術手段，都為北方元雜劇所吸收。

與戲劇產生相配套的是固定的民間大型劇場涌現。此即瓦子勾欄，最早在宋代開封誕生。瓦子（又稱瓦舍）是綜合性的娛樂場所，其中以勾欄（又稱勾肆）為主，包括飲食、占卜、賭博、買藥、喝故衣、剃剪紙、畫令曲等商業、藝術活動。遊客觀衆來去自由，來時匯集一起，有如瓦合；離去散佈四方，有如瓦解，因而稱之謂瓦子。開封城內外，至少遍佈着9處瓦子，即《東京夢華錄》中提到的東角樓桑家瓦子、近北的中瓦、裏瓦、舊曹門外朱家橋瓦子、大内西邊的州西瓦

---

① 孟元老著，伊永文箋注：《東京夢華錄箋注》卷2《東角樓街巷》，第144—145頁。

② 孟元老著，伊永文箋注：《東京夢華錄箋注》卷8《中元節》，第795頁。

③ 薛瑞兆：《宋金戲劇史稿》，三聯書店2005年版，第24頁。

④ 王灼著，岳珍校正：《碧鷄漫志校正》卷2，巴蜀書社2000年版，第35頁。

⑤ 吳自牧：《夢粱錄》卷20《妓樂》，第193頁。

⑥ 耐得翁：《都城紀勝·瓦舍衆伎》，第9頁。原標點為："諸宮調本京師孔三傳編撰，傳奇、靈怪、八曲、説唱。"今不取。

⑦ 孟元老著，伊永文箋注：《東京夢華錄箋注》卷5《京瓦伎藝》，第461—462頁。

子、州西梁門外瓦子、宋門外瓦子、保康門瓦子、舊封丘門外斜街北瓦子。南宋初，瓦子隨南遷的宋政府一起傳入杭州："杭城紹興間駐蹕於此，殿巖楊和王因軍士多西北人，是以城內外創立瓦舍，招集妓樂，以為軍卒暇日娛戲之地。"後來擴張為 17 處。① 瓦子中的勾欄，即用欄杆、幕幛等物封閉的劇場。各瓦子中的勾欄數目多少不一，開封的桑家瓦子、中瓦、裏瓦 3 處，內有大大小小的勾欄 50 餘座。勾欄以棚為號，各有獨具特色的名稱，如 "中瓦子蓮花棚、牡丹棚、裏瓦子夜叉棚、象棚最大，可容數千人"。② 居然可容納數千名觀眾，其演出時的熱烈場面可想而知。中國戲劇、小說等市民文藝就是在這裏孕育的。

　　宋元話本崛起於北宋開封，成為白話小說的源頭。古代說書講故事的 "說話" 起源很早，但真正成為一種獨立的藝術形式並職業化、普及化，則是在宋代開封，其土壤正是東京獨特的瓦子勾欄。北宋後期開封的瓦肆伎藝，關於說話的諸如："孫寬、孫十五、曾無黨、高恕、李孝詳，講史。李慥、楊中立、張十一、徐明、趙世亨、賈九，小說……張山人說諢話……孫三神鬼，霍四究說三分，尹常賣五代史。"③ 話本就是說話人說話的底本，主要包括講史和小說兩大類。如魯迅所說："總之，宋人之'說話'的影響是非常之大，後來的小說，十分之九是本於話本的。"④ 有學者稱作是 "'市井細民'的文學革命"。⑤ 在文學史上大放異彩的元明清白話歷史小說，主要就是在宋代話本基礎上發展起來的，《水滸傳》、《三國演義》、《西遊記》等文學名著都是宋元話本發展的產物。如大約成書於北宋中後期的《大唐三藏取經詩話》，是《西遊記》的雛形；北宋有專說 "三分" 即專門說三國故事的藝人，其話本《三分事略》和《三國志平話》當為《三國演義》的藍本；《大宋宣和遺事》則是《水滸傳》的先聲。至於以東京為故事發生場景，以東京人事為題材的宋元 "東京話本"，就有 16 篇，"在文學史上

① 吳自牧：《夢梁錄》卷 19《瓦舍》，第 179—180 頁。
② 孟元老著，伊永文箋注：《東京夢華錄箋注》卷 2《東角樓街巷》，第 144 頁。
③ 孟元老著，伊永文箋注：《東京夢華錄箋注》卷 5《京瓦伎藝》，第 461—462 頁。
④ 魯迅：《魯迅全集》卷 9《中國小說史略》，人民文學出版社 1981 年版，第 322 頁。
⑤ 陳敏直：《"市井細民"的文學革命——簡論宋代話本小說》，《人文雜誌》1998 年第 4 期。

又有着重要的文學價值"。① 反映以開封為中心的北宋故事《七俠五義》，自清末光緒年間盛行於世，改編者是清末著名學者、文學家俞樾，他記述道："前年從潘伯寅尚書處借得《三俠五義平話》，戲為改定，易其名曰《七俠五義》，今滬上已排印成書，盛行於時矣。淘真亦作陶真，乃平話小說之類，宋時有此名目，汴京舊俗也。"② 這部小說不但內容是以開封為中心的北宋故事，連其形式也是出自開封。小說在宋代開封走向平民化，其影響力大大强化，開闢了中國文學發展的新格局。

六　宋詞發展的策源地

宋詞是我國古典文學史上的瑰寶之一。正像詞興起於唐代却稱宋詞一樣，開封不是宋詞的發源地但却是宋詞創作、展示的中心和宋詞發展的策源地。都市生活為詞人提供了肥沃的藝術土壤，養育了大批"都市詞人"，並使宋詞走向高峰。特殊的環境推動、改變了詞的意境、形式。具體表現，一是改造了李煜詞風使之成為"千古詞帝"，二是孕育了慢曲以及柳永，三是汴京意象成為宋詞不可分割的一部分。

南唐後主李煜前期的詞基本上是宮廷生活的寫照，是南唐宮廷和花間詞風。南唐被統一後，他被囚禁在開封的兩年多時間內，個人地位、感情發生了翻天覆地的變化，創作了一批哀怨凄涼的詞反映亡國之痛，意境深遠，感情真摯，語言清新，極富藝術感染力，將詞的創作向前推進了一大步，擴大了詞的表現領域，被譽為"千古詞帝"。正如王國維《人間詞話》所言："詞至李後主而眼界始大，感慨遂深，遂變伶工之詞而為士大夫之詞。"所列舉的名句是："自是人生長恨水長東"，"流水落花春去也，天上人間。"③ 其代表作《虞美人》中的"問君能有幾多愁，恰似一江春水向東流"，實為千古絶唱，更是膾炙人口。這些名篇名句都是開封的産物。況且，其後期詞的凄涼悲壯、意境深遠，也為

---

① 張進德、李會芹：《宋元東京話本價值初探》，陳平原、王德威、關愛和主編：《開封：都市想象與文化記憶》，北京大學出版社 2012 年版，第 158—159 頁。

② 俞樾：《春在堂詩編》庚辛編《西湖雜詩》，《春在堂全書》第 5 册，鳳凰出版社 2010 年版，第 175 頁。

③ 王國維：《人間詞話》，吉林文史出版杜 1999 年版，第 25 頁。

柳永等的"婉約派"打下了伏筆。

慢詞是宋詞的主要體式之一，與小令一起成為宋人最為常用的曲調樣式。慢詞的興起，是北宋前期百餘年詞史發展繁盛的一座里程碑。"詞自南唐以後，但有小令。其慢詞蓋起宋仁宗朝。中原息兵，汴京繁庶，歌臺舞席，競賭新聲。耆卿失意無俚，流連坊曲，遂盡收俚俗言語，編入詞中，以便伎人傳習。一時動聽，散播四方。其後東坡、少游、山谷輩，相繼有作，慢詞遂勝。"① 可見慢詞是在開封這一特殊環境中興起的，其中的市民情調和俚俗語言，更是開封特產。柳永積極創作慢詞，從根本上改變了唐五代以來詞壇上小令一統天下的格局，使慢詞與小令兩種體式齊頭並進，極大豐富了詞的表現形式。柳永七歲就隨其父來過開封，自宋真宗大中祥符元年（1008）25 歲的柳永來開封，一直到宋仁宗天聖二年（1024）41 歲離開，在汴京生活了十六年。② 期間雖名為應舉求學，實際多流連於花街柳巷，醉心於創作新詞："耆卿為舉子時，多游狹邪，善為歌辭。教坊樂工每得新腔，必求永為辭，始行於世，於是聲傳一時。"③ 他擅長的都市詞、歌妓詞，也是開封熏陶的結果。柳永等人的詞史地位是由開封奠定的。

作為宋詞發展的策源地，開封更是宋詞的主要題材之一。有學者指出："《全宋詞》提及汴京的詞句共有 284 處，其中北宋占 86%，南宋不足 14%。以汴京直接入詞且達到這樣高的出現頻率，的確是值得我們研究的。可以肯定地說，長安在唐詩中的出現頻率絕對要比這一頻率低。由此可見，汴京已成為宋代詞人經常吟咏的內容……汴京意象已成為宋詞不可分割的一部分。"④ 這是因為，宋詞的靈魂和形式都與開封血肉相連。

如此這般，汴京在中國詞學史上便具有極為重要的地位與意義："汴京對宋詞產生了巨大的影響，它是北宋詞生存、生長的背景，是北宋詞曲傳播—消費的樞紐，為詞藝的發展、成熟起到了推進作用，尤其是汴京意識為補救宋詞內容上的先天不足起到了良好的作用。汴京具有

---

① 宋翔鳳：《樂府餘論》，唐圭璋《詞話叢編》，中華書局 2005 年版，第 3 册，第 2499 頁。
② 劉天文：《柳永年譜稿（上）、（下）》，《成都大學學報》（社會科學版）1992 年第 1期、2 期。
③ 葉夢得：《石林避暑錄話》卷 3，上海書店 1990 年版，第 1 頁。
④ 蔺伯象：《論汴京意象》，《貴州民族學院學報》（哲學社會科學版）2004 年第 2 期。

顯赫的詞學史地位……沒有汴京，詞也不可能達到北宋的極致。汴京已成為中國詞學史中不可抹殺的構成要素。""汴京培育了一批'能詞能吏'的詞學主體，其人文經濟是北宋詞的生存根基，其書齋美學造就了北宋詞向雅避俗的發展格局，其地域文化孕育了北宋詞的特種生命基因。"① 需要補充的是，畢竟詞不像詩那樣可以出自田野山間等任何地方，詞需要音樂或依附於音樂。詞是一種音樂文學，又稱曲子詞、樂府、樂章，其產生、發展，以及創作、流傳都與音樂有直接關係。這就意味着，越是大城市也即越是音樂發達的地方，越適合詞的創作和發展，顯然，沒有音樂這個"框"就無處"填詞"。因而，當時文化最發達的開封必然是詞發展的聖地。宋詞是宋代文學的時代特色和成就，也是開封時代特色和成就。

七　培育的名門望族及其影響

宋都 167 年的輝煌歷史，如同老蚌生珠，孕育了衆多世家大族。其中，三槐堂王氏、昭德晁氏、呂氏家族以及珠璣巷移民最為典型。他們源遠流長，根深枝茂，在宋代乃至後代均做出了重要貢獻。

三槐堂王氏是當今王氏中名氣最大的一支，得名於北宋開封城東北曹門外的三槐堂："王旦字子明，大名人。祖徹，進士及第，官至左拾遺。父祐，以文學介直知名，知制誥二十餘年，官至兵部侍郎，風鑒精審。旦少時，祐嘗明以語人，謂旦必至公輔，手植三槐於庭以識之。"② 宋初著名官員王祐，在其家的庭院親手種植了三棵槐樹，三槐象徵朝廷中職位最高的三公，認為其子王旦一定能官至宰相。後來王旦果然在宋真宗朝擔任宰相 18 年，輔佐皇帝維護了天下太平局面。王旦的孫子王鞏在翻修故居、建立三槐堂時，專門請蘇軾撰寫《三槐堂銘》，以勉勵王氏後人傚做祖先。從此"天下謂之三槐王氏"。③ 三槐王之名由此不脛而走，"代有人才，入南宋，仍有不少優秀子弟。其餘緒直至明清，

---

① 蔚伯象：《汴京的詞學史地位》，《中州學刊》2005 年第 2 期。
② 司馬光：《涑水記聞》卷 7，中華書局 1989 年版，第 141 頁。
③ 邵伯溫：《邵氏聞見錄》卷 6，中華書局 1983 年版，第 54 頁。

產生過不少官僚、文人、學者。至今還有大量的後人定居全國各地甚至海外。是宋代少見的大家族之一"。① 遂成望族，在中國王姓 21 望之外別立一名派，後代無不以此為榮，至今各地多有三槐堂家族和建築。如清道光年間的《琅琊三槐王氏宗譜》、民國四年重修的江蘇鎮江《三槐王氏宗譜》12 卷等。② 休寧三槐堂，是明代萬曆時期的建築，現為安徽省重點文物保護單位；衢州明代三槐堂，現為浙江省重點文物保護單位。

　　昭德晁氏家族也是北宋開封誕生並得名的宋代著名家族。"宋興，而翰林文元公諱迥、參政文莊公諱宗（愨），父子以文章德業被遇真宗、仁宗，繼掌內外制，賜第京師昭德坊，子孫蕃衍，分東西眷，散處汴、鄭、澶、濟間，皆以昭德為稱。"③ 晁氏祖籍澶州（今河南濮陽），宋真宗時，晁迥起家為一代名臣，又是著名文學家、藏書家，開封皇宮宣德門前天街東的昭德坊，是晁氏世居之地。④ 位居核心地帶，自然鐘靈毓秀。從宋初的晁迥，經晁宗愨、晁補之、晁說之等到南宋的晁公武等，昭德晁氏作為宋代文化世家的杰出代表，具有高度文化修養，家族人才輩出，為宋代文化的繁興作出了最好的見証。⑤ 靖康南渡後，他們來到巴渝大地，積極進行文化建設和文化創造，又為三峽文化的建構作出了重要的貢獻。⑥ 得益於家傳藏書，晁公武成為南宋著名目錄學家、藏書家，人稱"昭德先生"，所著《郡齋讀書志》（一稱《昭德先生郡齋讀書志》），是我國現存最早、具有提要內容的私藏書目，對於後世目錄學影響極大。

　　呂氏家族的特點是由宰相而學術傳家，形成中原文獻學派。其特

---

　　① 李貴録：《北宋三槐堂王氏家族研究》，齊魯書社 2004 年版，第 17—18 頁。

　　② 國家檔案局二處等編：《中國家譜綜合目錄》，中華書局 1997 年版，第 7、11 頁。

　　③ 周必大：《文忠集》卷 75《迪功郎致仕晁子與墓誌銘》，文淵閣四庫全書第 1147 冊，第 786 頁。

　　④ 王應麟著，（清）翁元圻等注，欒保群、田鬆青、呂宗力校點：《困學紀聞全校本》卷 20《雜試》，上海古籍出版社 2008 年版，第 2175 頁。

　　⑤ 何新所：《宋代昭德晁氏家族文化傳統研究》，《中州學刊》2006 年第 1 期。關於昭德晁氏的研究近年成果頗豐，僅專著就見到兩種：一是何新所《昭德晁氏家族研究》，上海古籍出版社 2006 年版；一是張劍《宋代家族與文學——以澶州晁氏為中心》，北京出版社 2006 年版。

　　⑥ 曾超：《宋代昭德晁氏家族與三峽文化的建構》，《重慶三峽學院學報》2012 年第 2 期。

點除了博學多識、注重文獻、學以致用外，還有兩大特點。一個特點是家學淵源，世代相承，大家輩出。呂氏自宋仁宗朝宰相呂夷簡以來，呂公著、呂希哲、呂好問、呂本中、呂祖謙等後人世代為官，前幾代在北宋時長期居住在京師開封，飽受豐富多彩、博大精深的京華文明陶冶，成為文史傳家的大書香門第。南渡後，呂好問移居兩浙婺州（今浙江金華），家學在新的環境中繼續流傳，聲勢更加浩大，"中原文獻之傳獨歸呂氏，其餘大儒弗及也"。① "婺學"、"金華學"之名確立於南宋，顯赫於天下。另一個特點是不偏不倚，融會貫通，綜合性強。呂氏中原文獻學起源於京師開封，是京師文化綜合性特點的一個結晶，至南宋仍繼續發揚。呂祖謙即是一個典型："祖謙之學本之家庭，有中原文獻之傳。長從林之奇、汪應辰、胡憲游，既又友張栻、朱熹，講索益精……祖謙學以關、洛為宗，而旁稽載籍，不見涯涘。心平氣和，不立崖異，一時英偉卓犖之士皆歸心焉。"② 家傳的中原文獻學原本就是綜合性的，歷代相傳只能是愈來愈廣博，愈吸收其他學派精華而日益壯大。該派不以標新立異取勝，"平心易氣，不欲逞口舌以與諸公角，大約在陶鑄同類以漸化其偏，宰相之量也"。③ 呂氏家族擔任宰執者，從呂夷簡起，還有呂公著、呂公弼、呂好問等人，宰相世家地位及風範，加以百餘年居住京師的歷史，使之養成比較全面地看待事物，胸襟寬廣，氣魄宏大，以陶鑄天下學者為己任。即使到了南方，也不為地域偏見所左右，這一特點反而更加明顯，受到士大夫的普遍尊重。宋孝宗以後，該學派遂成為南宋三大學派之一，與朱熹、陸九淵學派鼎足而立於當世。④ 呂氏載入《宋元學案》者有 7 世 17 人之多，宋末學者王應麟、黃東發、明清著名思想家、教育家黃宗羲、全祖望等都是這一學派的傳人，對中國學術的卓越貢獻可想而知。

最典型的是有"十大尋根聖地"之稱的珠璣巷移民。廣東南雄珠璣巷"是中原人開拓南疆的一個中轉站，它因此也成為聯繫中原和嶺南，

---

① 黃宗羲著，全祖望補修：《宋元學案》卷 36《紫微學案》，中華書局 1986 年版，第 1234 頁。

② 《宋史》卷 434《呂祖謙傳》，第 12872、12874 頁。

③ 黃宗羲著，全祖望補修：《宋元學案》卷 51《東萊學案》，第 1652 頁。

④ 參見程民生《宋代地域文化》，河南大學出版社 1997 年版，第 308—309 頁。

具有民族南遷的象徵意義的地方"。① 嶺南地區許多世家大族都以珠璣巷為祖居地，象徵意義類似於山西洪洞縣的大槐樹。這個珠璣巷的傳說源頭，正是北宋開封。明末清初著名學者、有"嶺南三大家"之譽的屈大均言："吾廣故家望族，其先多從南雄珠璣巷而來。蓋祥符有珠璣巷，宋南渡時諸朝臣從駕入嶺，至止南雄，不忘枌榆所自，亦號其地為珠璣巷，如漢之新豐，以志故鄉之思也。"② 屈大均本人也自認來自珠璣巷："予與翁同祖翰林誠齋公，當宋南渡時，公從祥符珠璣巷來，止南雄，其巷亦名珠璣。"③ 北宋京城由於龐大、人口衆多，行政區劃上分兩縣管理，一是西城的開封縣，一是東城的祥符縣，珠璣巷原是祥符縣的一個里巷，開封人南遷時把這一地名帶到嶺南，使自己與故鄉永遠相連。"在兩宋南遷高潮中，中原人'至止南雄'，對珠璣巷產生一種特殊的感情，除了地理方面的原因之外，也因為故鄉京城有同一地名的里巷，這對於南雄珠璣巷之所以能聚居大批中原人並名揚天下，是一個十分重要的因素。不僅南雄有珠璣巷，廣州、潮汕一帶也有珠璣巷地名，顯然是入粵者'以舊居名其裏甬'，表明了南遷的中原人眷戀故土的情感。"④ 在現存宋代史料中，未見北宋開封有珠璣巷的記載，畢竟僅是一條小巷，容易被當時忽略，後代、現代開封也沒有這一地名。屈大均所言"宋南渡時諸朝臣從駕入嶺"也有失誤，因為宋皇室當時並未入粵，當為南遷的開封居民後代故意炫耀所致。即使以上後代回顧的記載不是開封真實的地址，至少也是他們的精神歸宿、心靈家園。

八　永恒的歷史名片——《清明上河圖》

張擇端的《清明上河圖》為北宋風俗畫作品，是中國十大傳世名畫

① 李權時、李明華、韓强主編：《嶺南文化（修訂本）》，廣東人民出版社2010年版，第182頁。

② 屈大均：《廣東新語》卷2《珠璣巷》，中華書局1985年版，第49頁。

③ 屈大均：《翁山文外》卷2《存耕堂稿序》，歐初、王貴忱主編《屈大均全集》第3冊，人民文學出版社1996年版，第67頁。

④ 李權時、李明華、韓强主編：《嶺南文化（修訂本）》，廣東人民出版社2010年版，第183頁。

之一，作為國寶現存於北京故宮博物院。該圖以長卷形式，采用散點透視的構圖法，生動地再現了北宋開封城市生活的面貌，具有很高的歷史價值和藝術水平。此畫是開封淪陷後作者在杭州思念故都的作品，傾注了無限深情，所以極其精緻，正如明人董其昌所說："張擇端《清明上河圖》，本因南渡後想見汴京繁華舊事，故摹寫不遺餘巧，若在汴京，未必為此。"① 時空轉換中的亡國恨、故都情表現的淋漓盡致，在中國乃至世界繪畫史上都是獨一無二的。《簡明不列顛百科全書》認為《清明上河圖》"是一幅具有重要歷史價值的風俗畫長卷……畫家成功地描繪出汴京城內及近郊在清明時節社會上各階層的生活景象。主要表現的對象是勞動者和小市民……對人物、建築物、交通工具、樹木、水流之間的相互關係的處理非常巧妙，整體感很強……此後歷代繪製的都市風俗畫，無不受其影響"。② 評價可謂中肯。

　　該圖感染力強，欣賞價值高，深受世人的廣泛喜愛，因而自古以來臨摹之風大盛，形成一股《清明上河圖》熱。臨摹中許多本子有所創新，把宋代開封、明清的江南市景、北京風貌等，都以《清明上河圖》的形式展現，將市肆風俗畫不斷推向高潮，這一藝術價值的力量是無法估量的。早在明代，沈德符就說："今《上河圖》臨本最多。"③ 晚明李日華在《紫桃軒又綴》中提及："京師雜賣鋪，每《上河圖》一卷，定價一金，所作大小繁簡不同。"④ 正是當時北京市場的記錄，足証臨摹《清明上河圖》已經產業化、商業化。又如清代蘇州畫家黃彪，以擅長臨摹《清明上河圖》聞名："摹做張擇端《清明上河圖》，幾欲亂真。"⑤ 眾多做本中，最著名的有兩種：一是號稱"明四家"的明代著名畫家仇英本，采用青綠重彩工筆，重新創作了一幅全新畫卷，風格與宋本迥異，描繪了明代蘇州熱鬧的市井生活和民俗風情，十分精美，被稱作後世眾做作的鼻祖，現藏於遼寧省博物館；二是清院本，由清宮畫院的五位畫家在乾隆元年（1736）合作畫成，是清廷官方按照各朝的做本，

　　① 董其昌：《容臺別集》卷 2《書品》，崇禎三年刻本第 39 頁。

　　② 《簡明不列顛百科全書》第 9 卷《張擇端》，中國大百科全書出版社 1986 年版，第 377 頁。

　　③ 沈德符：《萬曆野獲編》補遺卷 2《偽畫致禍》，中華書局 1959 年版，第 827 頁。

　　④ 李日華：《紫桃軒又綴》卷 2，鳳凰出版社 2010 年版，第 353 頁。

　　⑤ 彭蘊璨：《歷代畫史匯傳》卷 31《黃》，道光刻本第 10 頁。

集各家所長之作品，現存於臺北故宮博物院。現今流傳在世界各地的《清明上河圖》多達數十種，僅 2000 年北京故宮博物院舉辦的"《清明上河圖》特展"上，就有 7 件藏品一同呈現在觀衆面前。該題材的繪畫在社會上產生的轟動效應可見一斑。

《清明上河圖》熱不僅表現在模倣畫作，更成為風俗長卷的代表。清人阮元在欣賞王振鵬的《江山勝覽圖》時寫道："山峰多用雲頭細皴，墨色淡冶，勾畫精細。山水雲樹極多，其中又多人物布景，倣佛《清明上河圖》，而山水多耳。"① 連市井繁華景象，也常用《清明上河圖》來形容。如清代震鈞在北京在東便門内太平宮看到："地近河堧，了無市㕓。春波瀉綠，堧土鋪紅。百戲競陳，大隄入曲。衣香人影，搖揚春風，凡三里餘。餘與續耻庵游此，輒嘆曰：'一幅活《清明上河圖》也。'"② 《清明上河圖》早已不再是一幅圖畫的名稱，而是風俗畫和長卷的代稱，甚至成為市井繁華的別稱、形容詞。有學者指出：中國城市審美文化的真正發生是在宋代，"以《清明上河圖》為代表的描摹世情的民間風俗畫也創舉性地登上畫壇，其純樸生動的内容、細膩寫實的手法，不僅是宋代城市生活的藝術再現，而且是宋代城市審美文化物化產品的典型"。③ 也即中國城市審美文化誕生於汴京。

《清明上河圖》在當代更加火爆。表現一，代表國家走向世界。以"城市讓生活更美好"為主題的 2010 年上海世博會，中國館以"城市發展中的中華智慧"為主題，中心展廳正是動畫版的"智慧的長河"——張擇端《清明上河圖》，並成為鎮館之寶，閉館後至今在世界各地巡展，所到之處無不引起轟動。河南館更是不可或缺，其鎮館之寶則是大型根雕《清明上河圖》。2012 年 1 月，"中日邦交正常化 40 週年紀念展"之"國寶觀瀾——故宮博物院文物精華展"在日本東京國立博物館舉行，全部展品是以宋代為中心的 254 件珍貴文物，其中張擇端的《清明上河圖》是首次在國外展出。經過日本媒體迅速深入報道、廣泛宣傳，《清明上河圖》極大地牽動了日本參觀者的好奇心，"平成

---

① 阮元：《石渠隨筆》卷 4《元》，浙江人民美術出版社 2011 年版，第 81 頁。
② 震鈞：《天咫偶聞》卷 6《外城東》，北京古籍出版社 1982 年版，第 153 頁。
③ 羅藥藥：《從宋代城市審美文化的產生看士大夫與市民藝術的不同》，《文史哲》1997 年第 2 期。

館"真迹展出期間，參觀者超過 10 萬人。真迹返還之後，觀衆欣賞摹本的興趣依然不減，總計達到 25 萬人次。這次展覽會盛況空前，據聞觀衆參觀《清明上河圖》真迹時，排隊等待時間長達 5 個小時。① 《清明上河圖》已成爲中國的文化符號和城市符號。以上事例，實際上充分反映了北宋開封的歷史地位和深遠的世界影響。

表現二，衍生品層出不窮，形成文化産業。如前文所言，早在明代，繪製、銷售《清明上河圖》就已經産業化，現代更加紅火。由於《清明上河圖》的廣泛、巨大影響，早已達到婦孺皆知、人人喜愛的地步，各種材質、各種表現形式的《清明上河圖》不斷涌現。既有郵票、火花、電話卡等，又有微雕、木雕、根雕、銅雕、剪紙、沙盤、刺繡、烙畫、麥秸秆、錢鈔等，更有至少三處的實景主題文化公園（香港、開封、杭州），已成爲一種系統的文化産業，源源不斷地創造出了巨大財富。在中國繪畫史上，一幅圖畫能有如此衆多衍生物的現象是絶無僅有的。

表現三，學術研究持續不斷。自該圖出世以來，對其進行研究就一直是學術界的一個熱門話題，在美術界、史學界都有大量論著，《河南大學學報》還專門開闢了"《清明上河圖》研究"專欄。凡此種種，周寶珠先生將其稱之爲"清明上河學"。②

表現四，在海外成爲城市發展的榜樣。著名美國城市史學家劉易斯·芒福德在《城市發展史——起源、演變和前景》一書中，特別引用了《清明上河圖》作爲未來城市理想的説明圖，並作説明："如果生命得勝了，未來的城市將有（當然只有極少幾個城市具有的）這張中國畫'清明上河圖'所顯示的那種質量：各種各樣的景觀，各種各樣的職業，各種各樣的文化活動，各種各樣人物的特有屬性——所有這些能組成的無窮的組合，排列和變化。不是完善的蜂窩而是充滿生氣的城市。"③ 這種充滿生氣的城市就是和諧城市的代表。《清明上河圖》猶如一朵永不凋謝的鮮花，千年之前的城市建制、景觀，居然仍是未來城市

---

① ［日］伊原弘：《宋代繪畫的"解剖學"——從藝術史角度解讀宋代都市與社會》，《河南大學學報》（社會科學版）2013 年 2 期。

② 周寶珠：《〈清明上河圖〉與清明上河學》，河南大學出版社 1997 年版。

③ ［美］劉易斯·芒福德：《城市發展史——起源、演變和前景》，倪文彦、宋俊嶺譯，中國建築工業出版社 1989 年版，附圖 64《蜂窩還是城市》，附 33 頁。

神往的模本，其生命力之強大出乎意料。

　　要之，《清明上河圖》熱不僅是熱在其藝術性，支持這種熱度的根源恐怕還是所反映的宋代開封那種自由自在的生活狀態和商業的繁華。

結　語

　　一座汴京城，光芒四射，如同噴珠吐玉，引出多少話題！本文僅僅概括了汴京文明對周邊以及後代的輻射，至於其在北宋期間的衆多創建以及其他歷史時期的影響並未列舉。雖非掛一漏萬，終難面面俱到，僅如提取一滴臍血。

　　在中國城市史中，北宋開封是一大轉折點，即由封閉的古典城市轉為開放的近代城市，形成嶄新的都市人文景觀，商業高度發達，城市居民坊郭户與農民鄉村户在户籍中分開，即市民階層正式登上歷史舞臺，市井文化隨之應運而生，並成為引導俗文化的主體。城市發展史上的這一拐點，走出一條新路，激起衆多歷史新現象，為歷史提供了一個新的、舒適的生活方式。作為百餘萬人口的新型、大型都市，集聚功能空前強大，各種匯聚文明經過東京這一中心都會的點化、“功放”，無不大放光彩，因此產生的輻射功能同樣空前強大。不僅是北宋全國各地文明的榜樣，對同時代的西夏、後代的杭州、金國都城規劃建制起着直接的經典作用，是當時都城的標本，這種跨文化傳播的意義更加重要。產生、完善於北宋開封的多種歷史文化遺產，惠澤元明清以及當代，或是原創之功，或是整合之功，或是擴散之功。以《清明上河圖》為具體形象，北宋開封的歷史輻射與影響延伸乃至於放大至當代世界，是中國歷史城市的名片。中國市井文明、城市審美文化誕生於汴京。歷史文化中的汴京元素，由地域文化擴展為時代文化，是宋文化的代表，是宋以降傳統文化的重要組成部分，並成為當今世界上中國傳統文化的代表之一。其中，有的已成為歷史的舍利，有的仍閃耀於當代。

　　如果説宋代是我國歷史上經濟、文化、城市發展的黃金時代，那麼汴京元素就是其中最耀眼的一環。概括而言，汴京元素的內容主要包括：都城建築、文學藝術、市井文明、喫喝玩樂、人才培育；其特點主要包括：京師氣派、創新精神、市民風格、享樂主義以及生命力強、具有世界性。汴京元素使城市建設人性化，城市生活舒適化，社會文化平民化，人民生活有了更多的精神、物質享受，核心價值是城市的解放、人性的解放。

中華文明如滾滾洪流奔騰不息，有賴於在數千年的歷史中不斷有新的支流充實、更新。汴京元素就是支流之一，北宋開封是該支流的源頭。北宋東京開封創造、完善、傳播了先進文明，生命力極強的汴京元素為歷史文化添注了新內容、新活力，開闢了新時代，更新了傳統文化，為中華文明的發展做出了重要貢獻，是中華文明的一個重要組成部分。

元代白蓮教的鄉村生存及其與
吃菜事魔和彌勒信仰的糅合

杭州師範大學國學院　　范立舟

紹興三年（1133），兩浙路平江府崑山縣（今江蘇省崑山市）延祥寺僧慈照子元創立了一個以皈依净土為宗旨的世俗化的佛教團體，自稱白蓮教。它與佛教净土信仰的關係最為密切，是一種以信仰彌陀為旨歸的净土信仰的世俗形式。白蓮教持名念佛，禪净兼修，圓融具足；以"三經一論"為自宗所依，以念佛三味為要務，以見佛往生為目的。同時，不離世務，慈心不殺，孝親尊長，修十善業，具足重戒，不犯威儀。白蓮教的誕生意味着社會基本機制的變化，它説明了社會文化多元化的出現及其社會成員對此種多元文化的認同程度已大幅提高。宗教世俗化在社會、制度和個人都得到認可。正如貝克爾所云："所謂世俗化意指這樣一種過程，通過這種過程，社會和文化的一些部分擺脱了宗教制度和宗教象徵的控制。"① 白蓮教脱離了見证並管制個人一生的宗教組織，捨棄了規模龐大、信衆數量巨大的集中和機構型的信仰方式，寺廟與嚴格的宗教儀式不再是信徒表達情感的惟一方式，白蓮教徒嘗試實現自我靈性的覺醒和與佛的溝通，體證人生的終極意義。但是他們並没有仇視現實，盲目膜拜教主，更没有通過各種强制性的精神手段和暴力行為來控制教徒，也没有製造政治與法律的事

---

① ［美］彼得·貝克爾（Peter Berger）著：《神聖的帷幕》，高師寧譯，上海人民出版社1991 年版，第 128 頁。

件，而所有的這一切，却在元代的白蓮教中得到了充分的表演。本文並不側重於净土宗或白蓮教之宗教教理之深入剖析，而是關注於白蓮教在元代的演變軌轍及與諸種宗教文化現象之融會以及此種融會對於白蓮教產生之影響及其特質鑄造之間的内在關係。質言之，就是注重元代白蓮教特性之探討。我們的問題是：元代白蓮教在鄉村的真實存在情形如何？元代白蓮教與當時鄉村中廣泛存在的吃菜事魔現象及彌勒信仰發生了怎樣的融會？這種宗教文化的融會在多大程度上造就了白蓮教在元代的變异？以及為何白蓮教最終成為古代中國各種各類反叛勢力的淵藪？對於上列問題，我們均試圖從宗教社會學的角度，給出自己的解答。①

一

元代吃菜事魔在鄉村的頑强生存以及與白蓮教、彌勒信仰的的多重復合關係的成型給人以深刻的印象。首先，明教在南部中國的潜行默運使得它成為鄉村精神生活的一個重要的構成部件。明教是宋代摩尼教本土化的產物，與吃菜事魔宗教現象有着密切的關聯。② 元末明初，熊伯穎認為：“分部臺、温二郡，經方氏竊據之後，全乖人道，爭訟以數百計，君悉理其曲直而奏斷之……民始安枕……温有邪師曰大明教，造飾殿堂甚侈，民之無業者咸歸之，君以其瞀俗眩世，且名犯國號，奏毀

---

① ［美］歐大年（Daniel L. Overmyer）《中國民間宗教教派研究》（劉心勇等譯，劉昶等校，上海古籍出版社 1993 年版）討論了白蓮教的出現及特點與佛教世俗化的關係。陳揚炯《中國净土宗通史》（江蘇古籍出版社 1993 年版），認為净土宗大師茅子元只不過創立了一純粹的宗教社團“白蓮宗”。元代白蓮宗融合彌勒信仰及其他宗教因素，演變為造反的白蓮教，所以白蓮教與茅子元的白蓮宗無涉。楊訥《元代的白蓮教》（載《元史論叢》第 2 輯，中華書局 1983 年版）就白蓮教在元代的活動狀况進行了系統的梳理，但對白蓮教與同時期其他秘密宗教的關係的闡述，尚有待於加强。20 世紀内，陶希聖的相關論著比較簡略與粗率。馬西沙、韓秉方的《中國民間宗教史》（上海人民出版社 1993 年版）盡管涉及此主題，但因是通論性著作，故於此着墨不多。

② 筆者同意陳高華的説法：“吃菜事魔是當時各種异端宗教的總稱，摩尼教只是其中的一種。”在南宋元代，社會人士則習慣於將五花八宗的秘密宗教，均以“吃菜事魔”代稱之，但也包含具有明教元素的民間宗教結社或團體。

之，官沒其產而馳其衆為農。”① 在熊伯穎走馬上任之前，溫州的大明教顯然已經存在了很長的一段時間，而這種情況於元季已是溫州地區的常態。陳高的《竹西樓記》則給我們展示了一幅元末溫州及夏南沿海區域明教生存的全息圖像：

　　溫之平陽，有地曰炎亭，在大海之濱，東臨海，西、南、北三面皆山，山環之若箕狀，其地可三四里，居者數百家，多以漁為業。循山麓而入，峰巒回抱，不復見海，其中得平地，有田數百畝，二十餘家居之，耕焉以給食，有潛光院在焉。潛光院者，明教浮圖之宇也。明教之始，相傳以為自蘇鄰國流入中土，甌、閩人多奉之。其徒齋戒持律頗嚴謹，日一食，晝夜七時咏膜拜。潛光院東偏石心上，人之所居也。有樓焉曰竹西樓，當山谷之間，下臨溪澗，林樹環茂；樓之東植竹，其木多松、楮、檜、栢，有泉石烟霞之勝，而獨以竹名焉者，蓋竹之高標清節，學道者類之，故取以自況雲。鄉之能文之士，若章君慶，何君岳，林君齊，鄭君弼，咸賦詩以歌咏之。斯樓之美，與竹之幽，固不待言而知矣。石心修為之暇，遊息於是，山雨初霽，冷風微來，如挹琅玕之色，聽環佩之音焉，而又仰觀天宇之空曠，俯瞰林壑之幽深，翛翛然若遊於造物之表，而不知人世之為人世也。石心素儒家子，幼誦六藝百氏之書，趨淡泊而習高尚，故能不汩於塵俗而逃夫虛空，其學明教之學者，蓋亦托其迹而隱焉者歟？若其孤介之質，清修之操，真可以無愧於竹哉。樓建於某年，石心之師曰德山，實經營之，石心名道堅。至正十一年七月望記。②

　　陳高，字子上，溫州平陽人。至正十四年（1354）進士，授慶元路錄事。未三年，輒自免去。棄妻子，往來閩、浙間，自號“不繫舟漁者”。陳高所描寫的明教中人，仍然保留著濃郁的江南士大夫的灑落的

　　① 宋濂：《文憲集》卷十九《故岐寧衛經歷熊府君墓銘》，文淵閣四庫全書本，第1224冊，第149頁。
　　② 陳高：《不繫舟漁集》卷十二《竹西樓記》，文淵閣四庫全書本，第1216冊，第237頁。

人生態度，"齋戒持律頗嚴謹"並没有妨礙他們遊憩於溪澗林樹之下，徜徉於泉石烟霞之勝，自幼飽覽六藝百氏之學，却不與七時歌咏膜拜的明教修為產生衝突，真可謂"孤介之質，清修之操"。但是，元代大多數的吃菜事魔組織或明教的生存環境絶對没有陳高在文章裏所描繪得那麽清新淡雅，高標世外，而是在俗世中掙扎和抗爭，并且在掙扎和抗爭中逐漸泯滅了它與白蓮教的特質，它與白蓮教在同質化的過程中還逐漸參進了彌勒信仰的因素。早在元世祖忽必烈在位期間，就存在着地下宗教組織，並被元朝政府視作隱患：

> 至元十八年（1281）三月，中書省咨，刑部呈，奉省判御史臺呈，行臺咨：都昌縣賊首杜萬一等指白蓮會為名作亂。照得江南見有白蓮會等名目《五公符》、《推背圖》、《血盆》及應合禁斷天文圖書，一切左道亂正之術，擬合欽依禁斷，仰與秘書監一同擬議連呈事。奉此，移準秘書監關，議得擬合照依聖旨禁斷拘收。外據前項圖畫封記發來事，本部議得，若依秘書監所擬，將《五公》、《推背圖》等天文等圖書並左道亂正之術，依上禁斷拘收，到官封記，發下秘書監收頓相應。都省行下，禁斷拘收，發來施行。①
>
> （至元）十七年（1280），都昌民杜萬一挾左道媚人，表僭名號，搆亂一方。②

二十七年後的元武宗至大元年（1308），南方的白蓮教再次引發朝廷的關注，并且促使元廷動用嚴厲的手段來對付這種民間秘密宗教結社：

> 至大元年五月十八日，中書省奏：江西、福建奉使宣撫並御史臺官人每，俺根底與將文書來，建寧路等處有妻室孩兒每的一支兒

---

① 《大元聖政國朝典章》卷三十二《禮部》五《陰陽學》，中國廣播電視出版社影印元刻本，1998年版；又見楊訥、陳高華編《元代農民戰爭史料匯編》上册，中華書局1985年版，第32頁。此段文字之内容，又可參見《通制條格校注》卷二十八《雜令·禁書》，方齡貴校注，中華書局2001年版，第692—693頁。

② 蘇天爵：《滋溪文稿》卷十五《元故武義將軍漳州新軍萬户府副萬户趙公神道碑銘並序》，中華書局1997年版，第235頁。

白蓮道人名字的人，蓋着寺，多聚着男子、婦人，夜聚明散，伴修善事，扇惑人衆，作鬧行有。因着這般，別生事端去也。又他每都是有妻子的人有，他每的身已不清凈，與上位祝壽呵怎生中。將這的每合革罷了，麼道。與將文書來有。俺商量來，將應有的白蓮堂舍拆毀了；他每的塑面的神像，本處的寺院裏教放着；那道人每發付元籍，教各管官司，依舊收係當差。已後若不改的人每根底，重要罪過。更其餘似這般聚着的，都教管民官禁約，不嚴呵教監察御史廉訪司糾察呵，怎生？麼道。奏呵。奉聖旨：那般者。欽此。①

於是，元武宗之世有白蓮之禁，至大元年（1308）五月，"禁白蓮社，毀其祠宇，以其人還隸民籍。"② 在很大程度上，白蓮社之類的民間宗教組織在元代中後期被政府視作反叛組織的原因在於，這類組織的確出現過反政府的舉措：

　　元貞二年（1296）二月，中書省咨，準河南行南咨，峽州路遠安縣太平山無量寺僧人袁普昭，自號無礙祖師，偽造論世秘密經文，虛謬兇險，刊板印散，扇惑人心。取訖招伏，於元貞元年十二月十七日奏過：京南府一個山裏普昭小名的和尚，偽造佛經，那經裏寫着犯上的大言語有，交抄與諸人讀有，麼道……③

元成宗大德四年（1300）又有柳州之事：

　　廣西妖賊高仙道以左道惑衆，平民詿誤者以數千計。既敗，湖廣行省命察罕與憲司雜治之，鞫得其情，議誅首惡數人，餘悉縱

---

　　① 《通制條格校注》卷二十九《僧道 1 俗人做道場》，方齡貴校注，第 730 頁；又見楊訥、陳高華編《元代農民戰爭史料匯編》上冊，第 145—146 頁。
　　② 宋濂：《元史》卷二十二《武宗紀一》，中華書局 1976 年版，第 498 頁；又見楊訥、陳高華編《元代農民戰爭史料匯編》上冊，第 145 頁。
　　③ 《大元聖政國朝典章》卷五十二《刑部》一四《詐偽·偽造佛經》。又見楊訥、陳高華編《元代農民戰爭史料匯編》上冊，第 122 頁。

遣，且焚其籍。①

　　柳州白蓮道人謀畔，論死者二百，（蕭則平）錄之，釋不知情者百三十有七人。②

　　無量寺僧人袁普昭，分明係白蓮道號的稱名。茅子元創立白蓮教，便以"普、覺、妙、道"四字作為代際法名，各地白蓮道人的道號中均有此四字，元末紅巾軍與各路反叛勢力的首領更是多以普字命法名。所以元貞年間的這場秘密活動，是由白蓮教人所組織的，應是不爭的事實。至於柳州白蓮道人的謀叛，真是出人意料，相對偏遠的地區居然也有白蓮教的生存。

　　白蓮教在傳播過程中，教義和教理逐漸發生變化，摻入了吃菜事魔與彌勒下生等信仰，教內也分成不同宗派。教徒中多次發生武裝反政府事件，最著名的如都昌（今江西都昌）杜萬一和柳州（今廣西柳州）高仙道。至大元年（1308）五月，武宗下詔禁止白蓮教，原因是白蓮教徒"夜聚明散，佯修善事，扇惑人衆，作鬧行有"，同時還因白蓮教徒娶妻生子，身已不净，不適為皇帝祝壽。結果白蓮教祠宇被拆，教徒還隸民籍，遭到嚴禁。廬山東林寺僧普度聽聞武宗禁教，慨然以復教為己任，率弟子十人，"芒履草服"，於是年秋天到達大都。普度通過國師、厨賓國公必蘭納識裏的幫助，向皇太子愛育黎拔力八達獻上自己所著《廬山蓮宗寶鑒》。愛育黎拔力八達閱畢，贊賞有加，令刊板行印，普度借勢表達了希望振復白蓮教的意願。由於愛育黎拔力八達還是皇太子，復教之事未成。至大三年（1311）正月，普度向武宗上七千言書，力証白蓮教有益教化，乞將《廬山蓮宗寶鑒》頒行天下，以別真偽。武宗慰撫普度，仍未對白蓮教解禁。至大四年（1312），武宗去世，愛育黎拔力八達即位，是為仁宗。仁宗"通達儒士，妙悟釋典"，對白蓮教頗有好感。同年仁宗頒旨，宜政院出榜，解除禁令，恢復了白蓮教的合法地位，普度終於如願以償。仁宗復教，白蓮教徒歡欣鼓舞，侍者果

───────────────

　　①　宋濂：《元史》卷一百三十七《察罕傳》，第3310頁；又見楊訥、陳高華編《元代農民戰爭史料匯編》，上册，第129頁。

　　②　程鉅夫：《雪樓集》卷十六《監察御史蕭則平墓誌銘》，文淵閣四庫全書本，第1202册，第226頁；又見楊訥、陳高華編《元代農民戰爭史料匯編》，上册，第129頁。

滿特編《廬山白蓮正宗曇華集》以志慶賀，普度也被譽為白蓮教功臣，受封"白蓮宗主"之號。白蓮教重新趨於活躍。

二

仁宗復教後，白蓮教與彌勒下生信仰及吃菜事魔民間信仰的融合加劇，明教的身影仍然頑固地堅守在廣闊的鄉間村社，仁宗延祐二年（1315），江西寧都有蔡九五之亂：

> 四月，寧都賊蔡五九聚衆兔子寮五王廟，張漢高旗幟，殺趙同知，圍州城，燒四關，勢甚猖獗。奏遣張驢會江浙兵討之。五王廟者，邑妖祠也，像設即魔怪，人莫敢側目，土人類縛生口以祭，我軍見之畏縮。押錄王榮叔獨奮義火之，三火三滅，乃取婦人褻衣罩神首，一火而爐，遂平其城。石城弓兵宋伏成於木麻坑擒五九，伏誅。[①]

此處所提到的五王廟，就有可能是一座明教祠宇。查，五王廟者，一見於北宋張舜民的《畫墁集》，其所題《五王廟詩》中的五王指的是安史之亂中堅守淮陽的張巡、許遠及其下屬數人。[②] 二見於《咸淳臨安志》，是為了紀念吳越國王錢鏐和他的子孫三代五位國王之功績而修建的。"棟宇宏麗，像設森嚴，若內外門，若兩廡，以至鐘樓、齋堂、雲林閣等，或增或葺，煥然更新，又辟遠而東，鑿池而方，聖朝褒忠之意，至是益大章顯雲。"[③] 更無一辭涉及魔怪。江浙間，紀念

---

① 同治《贛州府志》卷三十二《經政志·武事》；又見楊訥、陳高華編《元代農民戰爭史料匯編》，上冊，第 156 頁。五王廟者，不同時期不同地點均存有不同樣式與宗教內涵的崇拜對象，不可一言以蔽之。

② 參見張舜民《畫墁集》卷七《郴行錄》："丁醜，拜雙廟，即張巡、許遠祠也，宋人謂之五王廟，兼南霽雲、姚誾、雷萬春而為五也。"文淵閣四庫全書本，第 1117 冊，第 38 頁。

③ 潛說友：《咸淳臨安志》卷七十五《表忠觀》，《宋元方誌叢刊》，第 4 冊，第 4028 頁。

吳越國王錢鏐三世五王的廟宇甚多，亦無一間與魔怪有關聯，江西寧都的這座"像設即魔怪，人莫敢側目"的寺廟看來與別處的五王廟大相徑庭。

延祐七年（1320）又有圓明和尚所策劃的叛亂：

延祐七年六月十三日夜，奉元鄠屋縣終南景谷小高山僧圓明和尚，就扶風小員大家，糾合蘇子榮等五十餘人，各執桑木笏，執二劍，祀星鬥，偽即位為皇帝，衆呼萬歲。圓明和尚者，姓白，名唐兀臺，年三十七，耀州美原縣探馬赤軍。延祐七年四月，小高山湫池邊建禪庵誦經，尋移其母馮閏娥與弟廣師皆來庵中。鄠屋人來燒香者受戒牒，因與子榮等相識，至是誡以七月五日攻奉元路，舉事。其徒言："普覺長老和尚上元甲子合坐大位。"六月二十九日，扶風縣人告變，官軍捕之。唐兀臺提劍，夜二更欲出山走，官軍圍之，遂相射，雞鳴時復回庵中。七月一日，陝西省參政朵裏只八、史中奉以兵捕賊，唐兀臺藏其母林中，與妻妙師及其黨西循秦嶺走。久之，棄偽印章草内，又無糧，唐兀臺與妙師藏林中，令人下山探伺消息。八月五日午時，唐兀臺眠睡，官軍追及，執妙師等，唐兀臺脫走。九日，奉元路達魯花赤伯顏於白楊平河擒唐兀臺，伏誅。[①]

我們為何指認圓明和尚是白蓮教？乃是因為"普覺長老"一語泄露了圓明和尚的真實底牌。南宋茅子元創教後，白蓮教便以"普、覺、妙、道"四字作為代際法名，元代各路反叛勢力的首領更是多以普字命法名。故而這位圓明和尚定與白蓮教有重大干係。元代中葉起，白蓮教在鄉村的運作過程中，有一種清晰的迹象逐漸顯現，那就是與彌勒信仰的交互融合，呈現出白蓮教、明教、彌勒信仰三位叠加的情形，如，元泰定帝泰定二年（1325）：

（六月丁酉）息州民趙醜廝、郭菩薩，妖言彌勒佛當有天下，有司以聞，命宗正府、刑部、樞密院、御史臺及河南行省官雜鞫之。①

這種以彌勒下生為號召的結社與反叛，到元順帝時掀起了一個小高潮，元順帝至元三年（1337）：

（二月壬申朔）棒胡反於汝寧信陽州。棒胡本陳州人，名閏兒，以燒香惑眾，妄造妖言作亂，破歸德府鹿邑，焚陳州，屯營於杏岡，命河南行省左丞慶童領兵討之。②

棒胡借彌勒生事，是確鑿無疑的：

（二月己醜）汝寧獻所獲棒胡彌勒佛、小旂、偽宣敕並紫金印、量天尺。③

還有一個有趣的情況，反叛運動還打出了定光佛的旗號：

（四月己亥）惠州歸善縣民聶秀卿、譚景山等造軍器，拜戴甲為定光佛，與朱光卿相結為亂，命江西行省左丞沙的捕之。④

定光佛與彌勒佛在時間的順序上恰好相反。定光佛，又名燃燈佛，為過去佛；而彌勒佛則屬於未來佛。他們與現在的釋迦佛一樣，都是為了救世而降臨人世間，亂世之中，眼見釋迦佛所為有限，所以民眾容易

---

① 宋濂：《元史》卷二十九《泰定帝紀一》，第 657 頁；又見楊訥、陳高華編《元代農民戰爭史料匯編》，上冊，第 172 頁。

② 宋濂：《元史》卷三十九《順帝紀二》，第 838 頁；又見楊訥、陳高華編《元代農民戰爭史料匯編》，上冊，第 196 頁。

③ 同上。

④ 宋濂：《元史》卷三十九《順帝紀二》，第 839 頁；又見楊訥、陳高華編《元代農民戰爭史料匯編》，上冊，第 201 頁。

轉向期盼過去佛和未來佛。① 也就是說，在被反叛力量借用為宣傳造勢的手段這一項上，過去佛與未來佛的區別相當有限。將佛教的某些元素粘貼在民間秘密宗教的外衣上，使之兩項混雜或原本就無分別之意識，以至利用佛教為宣傳與組織工具，在元末已並不罕見：

> 袁州妖僧彭瑩玉、徒弟周子旺，以寅年寅月寅時反。反者背心皆書佛字，以為有佛字刀兵不能傷。人皆惑之，從者五千餘人。郡兵討平之，殺其子天生、地生，母佛母。瑩玉遂逃匿於淮西民家。②

　　彭瑩玉也極有可能是白蓮教內之人，"袁州僧彭瑩玉以妖術與麻城鄒普勝聚衆為亂，用紅巾為號"。③ 鄒普勝姓名中的"普"字，是白蓮教的證據，"袁州慈化寺僧彭瑩玉以妖術惑衆，其徒周子旺因聚衆欲作亂，事覺，元江西行省發兵捕誅子旺等。瑩玉走至淮西，匿民家，捕不獲。既而麻城人鄒普勝復以其術鼓妖言，謂'彌勒佛下生，當為世主'，遂起兵為亂。以壽輝相貌异衆，乃推以為主。舉紅巾為號，攻破蘄水縣，進陷黃州。壽輝僭稱皇帝，國號天完，改元治平，據蘄水為

---

① 楊梅在其論文《中國古代的定光佛信仰：兼論唐宋以來的民間"造佛運動"》（載《世界宗教研究》2006 年第 4 期）闡釋了定光佛信仰的起始與流轉，分析了定光佛信仰與民間造佛運動之關係，認為這是一個宗教案例，向我們展示了佛教世俗化、民俗化的過程。但是在民間，人們似乎並不膠着於定光佛是什麼時態的佛，北宋朱弁《曲洧舊聞》卷一《定光佛出世得太平》（孔凡禮點校，中華書局 2002 年版）："五代割據，干戈相尋，不勝其苦。有一僧雖佯狂，而言多奇中。嘗謂人曰：'汝等望太平甚切，若要太平，須待定光佛出世始得。'至太祖一天下，皆以為定光佛後身者，蓋用此僧之語也。"（該書第 85—86 頁）同書卷八《定光佛再出世》："予書定光佛事，友人姓某者，見而驚喜，曰：'异哉！予之外兄趙，蓋宗王也。丙午年春，同居許下，手持數珠，日誦定光佛千聲。予曰：'世人誦名號多矣，未有誦此佛者，豈有説乎？'外兄曰：'吾嘗夢梵僧告予曰：世且亂，定光佛再出世，子有難，能日誦千聲，可以免矣。吾是以受持。'予時獨竊笑之。"（該書第 202 頁）有一些人士，並不對佛作時態上的區別，都作為救難者對待。

② 權衡：《庚申外史》卷上，四庫全書存目叢書，齊魯書社 1997 年影印本；又見楊訥、陳高華編《元代農民戰爭史料匯編》，上冊，第 204 頁。

③ 張廷玉：《明史》卷一百二十三《陳友諒傳》，中華書局 1975 年版，第 3687 頁。

都，以普勝為太師"。① 彭瑩玉與鄒氏接近，則其為白蓮教徒或白蓮教外圍人士，是有可能的。史載彭瑩玉"能為偈頌，勸人念彌勒佛號，遇夜燃火炬名香，念偈禮拜"。② 如此説來，彭瑩玉和鄒普勝一樣，是一位能够融會白蓮教與彌勒信仰與一起的"高人"。而明朝中葉時編的地方志則直接將彭瑩玉與白蓮教掛上鉤：

> 萬載妖人彭國（瑩）玉詭以白蓮教以惑衆，倡言"撒豆成兵，飛茅成劍"，謀為不軌。事敗，逃至麻城，糾鄒普勝，合衆數萬，以紅巾為號。③
>
> 彭和尚勸人念彌勒佛號，遇夜然香燈，偈頌拜禮，其徒從之日衆。彭欲因以為亂，未有所附。一日，壽輝浴鹽塘水中，身上毫光起，觀者驚詫。而鄒普勝復倡妖言，謂彌勒佛六生，當為世主，以壽輝宜應之，乃與衆共擁壽輝為主，舉兵，以紅巾為號。④

其實，這類兼容白蓮教與彌勒下生説的"高人"在元順帝期間層出不窮，至正十一年（1351）：

> （五月辛亥）潁州妖人劉福通為亂，以紅巾為號，陷潁州。初，欒城人韓山童祖父，以白蓮會燒香惑衆，謫徙廣平永年縣。至山童，昌言"天下大亂，彌勒佛下生"，河南及江、淮愚民翕然信

---

① 《明太祖實錄》卷八《徐壽輝傳》；又見楊訥、陳高華編《元代農民戰爭史料匯編》，中冊一，第 101 頁。天完政權與白蓮教有着千絲萬縷之關係，讀史者自能厘清，徐壽輝稱帝後，"遣其偽將丁普郎、徐明達陷漢陽、興國，普勝陷武昌，曾法興陷安陸，又陷沔陽及中興路……三月，遣歐普祥陷袁州，陶九陷瑞州，項普略陷饒州、徽州、信州。閏三月，遣陳普文陷吉安……"（《明太祖實錄》卷八《徐壽輝傳》；又見楊訥、陳高華編《元代農民戰爭史料匯編》，中冊一，第 101 頁）楊訥就曾指出，有一個值得注意的現象，就是它的許多將領是以"普"字命名的。"普"字是鄒普勝主持的白蓮教派的一種特記符號。參見楊訥《天完紅巾軍與白蓮教的關係一証》，載《文史哲》1978 年第 4 期。

② 葉子奇：《草木子》卷三上《克謹篇》，中華書局 1959 年版，第 51 頁；又見楊訥、陳高華編《元代農民戰爭史料匯編》中冊一，第 111 頁。

③ 正德《瑞州府志》卷一〇《遺事志》；又見楊訥、陳高華編《元代農民戰爭史料匯編》中冊一，第 110 頁。

④ 萬曆《湖廣總志》卷九《別傳》；又見楊訥、陳高華編《元代農民戰爭史料匯編》中冊一，第 111 頁。

之。福通與杜遵道、羅文素、盛文鬱、王顯忠、韓咬兒復鼓妖言，謂山童實宋徽宗八世孫，當為中國主。福通等殺白馬、黑牛，誓告天地，欲同起兵為亂，事覺，縣官捕之急，福通遂反。①

在別的文獻中，韓山童倡言"彌勒佛下生"的意味被強化了：

　　至正十一年，遣工部尚書賈魯役民夫一十五萬、軍二萬，決河故道，民不聊生。河南韓山童首事作亂，以彌勒佛出世為名，誘集無賴惡少，燒香結會，漸致滋蔓。陷淮西諸郡，繼而湖廣、江西、荊襄等處皆淪賊境。②

　　五月，潁川、潁上紅軍起，號為香軍，蓋以燒香禮彌勒佛得此名也。③

"燒香"在此一時間裏等同於彌勒信仰的崇奉行為，也等同於白蓮教，也摻雜了明教的因素，至元十一年（1351）八月：

　　蕭縣李二及老彭、趙君用攻陷徐州。李二號芝蔴李，與其黨亦以燒香聚衆而反。④

（至正）十二年，正月，定遠縣富民郭姓者聚衆燒香，稱亳州制節元帥。⑤

　　當時士大夫們對這類難以理喻的事件一概冠之以"念佛燒香，俵散六字"，⑥ 所謂的"六字"就是"南無彌勒尊佛"。作品被譽為"詩史"

　　① 宋濂：《元史》卷四十二《順帝紀五》，第891頁；又見楊訥、陳高華編《元代農民戰爭史料匯編》中冊一，第5頁。

　　② 陶宗儀：《南村輟耕錄》卷二十九《紀隆平》，中華書局1959年版，第358頁；又見楊訥、陳高華編《元代農民戰爭史料匯編》中冊一，第5頁。

　　③ 權衡：《庚申外史》卷上；又見楊訥、陳高華編《元代農民戰爭史料匯編》中冊一，第7頁。

　　④ 宋濂：《元史》卷四十二《順帝紀五》，第892頁；又見楊訥、陳高華編《元代農民戰爭史料匯編》中冊一，第77頁。

　　⑤ 俞本：《皇明記事錄》；又見楊訥、陳高華編《元代農民戰爭史料匯編》中冊一，第79頁。

　　⑥ 劉彥昺：《春雨軒集》卷八《代佇斯干預書墓誌銘》；又見楊訥、陳高華編《元代農民戰爭史料匯編》中冊一，第129頁。

的詩文家周霆震曾寫過一篇《暮春述懷》，内有"張皇禮像設，誑托西方聖；燒蠟動千斤，相形勢彌盛"。[1] 講的就是"燒香"和禮拜彌勒菩薩。至正十二年（1352）天完軍隊攻陷杭州，"稱彌勒佛出世以惑衆"。[2]

　　馬西沙研究了彌勒信仰、明教和白蓮教在元代尤其是在元末反叛運動中的融合，他認為元代能够融會三者的重要媒介就是"香會"及以後的"燃香之黨"，兩淮區域則是這類組織的泛濫之地。[3] 元初，耶律楚材就曾經指責"香會"是一種邪教組織："夫楊朱、墨翟、田駢、許行之術，孔氏之邪也；西域九十六種，此方、毗盧、糠瓢、白經、香會之徒，釋氏之邪也。"[4] 元末反叛運動風起雲涌，燒香結社、禮拜彌勒的宗教組織多數依託於白蓮教，"潁上之寇，始結白蓮，以佛法誘衆；終飾威權，以兵抗拒。視其所向，駸駸可畏，其勢不至於亡吾社稷，燼吾國家不已也"。[5] 而"明王出世，彌勒下生"的口號又表明他們將明教與彌勒信仰糅合在一起，"明王"和"彌勒"就成為聚集下層民衆並引領他們走向太平盛世的旗幟。[6]

────────────

　　① 周霆震：《石初集》卷一《暮春述懷》，豫章叢書本；又見楊訥、陳高華編《元代農民戰爭史料匯編》中册一，第 142 頁。

　　② 陶宗儀：《南村輟耕錄》卷二八《刑賞失宜》，第 355 頁；又見楊訥、陳高華編《元代農民戰爭史料匯編》中册一，第 165 頁。

　　③ 參見馬西沙《歷史上的彌勒教與摩尼教的融合》，載《宗教研究》，2003 年，中國人民大學出版社 2004 年版；又見馬西沙主編《民間宗教志》，民族出版社 2008 年版。

　　④ 耶律楚材：《湛然居士集》卷八《西游錄序》，文淵閣四庫全書本，第 1191 册，第 565 頁。

　　⑤ 宋濂：《元史》卷一百八十六《張楨傳》，第 4267 頁。

　　⑥ 吳晗指出，"香會"與"香軍""以'彌勒降生'與'明王出世'並舉，明其即以彌勒當明王。山童唱明王出世之説，事敗死，其子繼稱小明王……此為韓氏父子及其徒衆胥屬明教徒，或至少孱入明教成分之確証"。吳氏以為，盤踞巴蜀的明玉珍本不姓明，以明為姓，亦有深意；朱元璋承大小明王之後，建國號曰明，更顯明王之來歷及淵源。明人之修元史者，概以韓氏父子為白蓮教世家，是諱之也，為明之國號諱，為朱元璋之出生諱。參見氏著《明教與大明帝國》，載《讀史札記》，第 261 頁。我們認為，元代中後期的白蓮教早已嬗變為一種合明教、白蓮教原教旨净土信仰與彌勒信仰為一體的民間宗教團體，而且這類宗教團體又呈現出各種特色，各不相同，但幾種宗教文化元素的交叉互滲是肯定的。就如同魏斐德（Frederic E. Wakeman Jr）所講的"到了 14 世紀 50 年代，彌勒佛信徒顯然已與净土宗中的白蓮教信徒相結合，他們對於千年盛世的向往又被來自波斯的摩尼教信仰所美化，因為後者宣揚'明王'即將戰勝各種黑闇力量"。氏著《叛亂與革命：中國歷史中的民間運動研究》，楊品泉譯，張書生校，載《講述口國歷史》，第 762 頁。在牟復禮（Frederick W. Mote）與崔瑞德（應作杜希德，Denis Twitchett）主編的《劍橋中國明代史》（張書生等譯，謝亮生校，中國社會科學出版社 1992 年版）中，將秘密會社運動看作是導致元朝的中央權力瓦解的能量之一，他們認為，這類有群衆參加的組織，就是"民間佛教内部的鬆散的明教組織，也是向往千年至福的宗教組織。他們蔑視正常的權力源泉，顯示着弓能力搞黑社會的團結和與政府徹底決裂，因此使他們的行為比普通叛亂分子更趨於極端"。（該書第 21 頁）

三

　　古代中國的民間宗教，始終在下層民衆中自生自滅，至多只能處於半公開狀態，而政府下定決心取締一切秘密宗教和會社組織時，它們就會遭到滅頂之災。這一狀況，迫使中國的民間宗教經常與一些帶有明顯反政府傾向的秘密會社相連接。可以得出結論是，民間宗教不是産生反政府傾向的必然力量，但這種可能性却始終存在。元末帶有强烈暴力特徵的大規模的群體事件是這種狀況的集中體現，領導反叛勢力的主要力量既不是正統的白蓮教也不是明教，而是一支異化了的帶有複合信仰元素的白蓮教，即明顯標上了政治性質的强烈彌勒教化了的同時加上了明教成分的白蓮教，這正是民間宗教演變為反政府組織的歷史典型。與此同時地，我們也會思考這種民間宗教組織的强大號召力與感染力究竟從什麼地方生發出來，以至於在短時間内就能動員如此衆多的人力資源投身於持續激烈的暴力反抗中去，它的内在機理究竟是什麼呢？韓書瑞在講到清代王倫領導的教派反叛運動失敗後的情形時說，起義民衆加入的是一個令他們掀起心靈深處波瀾的"新社團"。[①] 這種社會動員抛棄舊生活，提倡資源共享、成員緊密團結、新生活與新目標，這就是白蓮教叛亂的典型特徵。雖然我們看不到他們預言的太平盛世，但我們可以把叛亂團體看做他們的最終目的。這一團體無法提供令人向往的社會。但通過叛亂，以暴力形式從社會結構中完全脱離出來，在團體内部，所有成員彼此間的滿足感與相對重要性都會得到實現。而魏斐德則注意到預言的感染力，白蓮教引入了彌勒佛連同大劫數的預言，信徒將在劫數中獲救的新概念又同起來反抗阻礙光明勢力獲勝的黑暗勢力的號召連接在一起，"這說明了預言的力量在中國叛亂中是一種促進力。於是就顯得，這種太平盛世的信仰能够對儒家的政治秩序形成一種有力的挑戰。這種佛教的太平盛世說、摩尼教義和主張救世的道教混合在一起的啓示性思

　　① 參見［美］韓書瑞（Susan Naquin）《山東叛亂：1774 年王倫起義》，劉平、唐雁超譯，江蘇人民出版社 2008 年版，第 92—93 頁。

想，不斷鼓動着人們去追求中國的千年太平盛世"。① 政治是人們圍遶着特定利益，借助於社會公共權力來規定和實現特定權利的一種社會關係；與政治性的社會設置相反，宗教則追求的是靈魂的解脱，它總是有超越現實的一面，總是有一個作為現實社會對應物的超越的理想天國，宗教的入世傾向越是强烈，就越是企圖用宗教所遵循的價值取向改造現實社會。元代社會中的政治反抗，並没有什麼單純的宗教原因，而總是由多種因素共同構成的。其中最為核心的，還是經濟困境和政治秩序的不合理。而政府認為現有的社會政治制度受到了持有不同社會政治傾向的異端教派運動的威脅，尤其容易引發意識形態上的危機感，下層社會混雜的宗教，設置了一個比現實社會要美好得多的理想世界，這世界對於那些下層無助而又絶望的民衆來説，是具有吸引力的，更何况，這些宗教還有非常現實的心理慰藉和經濟互助的功能。正因為宗教對於現實的超越性，兩者之間就會形成一股張力，宗教對於現實社會和現實政權，含有革命的因子。但是，令人絶望的情况是，"一旦一個千年太平盛世運動的領袖取得政權，他那新的世俗責任就會迫使他背叛其過去信徒的烏托邦空想"。② 留下的則是一大堆的災難和不幸：

> （至正二十二年十月，浙江臨海）時城事甫解嚴，積雨乍霽，霜氣始肅，周視原野，皆遺燹廢壘。异時農村、漁市、樵溪、牧徑，與販夫、賈竪相往來，通有無貿易者，四境皆是也。今鞠為丘墟，平楚彌望，坡陀起伏，皆殘阡敗冢，狐兔出没無禁。③

四

約翰斯通認為，宗教在許多時候對社會產生着整合的作用。宗教在宣講和强調與整個社會相同的規範與價值的範圍内，在社會中有增强的

---

① ［美］魏斐德（Frederic E. Wakeman Jr）：《叛亂與革命：中國歷史中的民間運動研究》，楊品泉譯，張書生校，載《講述中國歷史》，第763頁。

② 同上。

③ 陳基：《夷白齋稿》卷二十一《吊徐節孝先生序》，四部叢刊三編本；又見楊訥、陳高華編《元代農民戰争史料匯編》中册二，第491頁。

功能。在某種直接的意義上，宗教可以被看做是社會的社會化的機構。宗教能把人們整合於有意義的關係之中，它給那些感到孤獨和不能在別處減輕自己的焦慮與問題的人提供服務並在這一範圍内為社會服務。宗教能幫助人們處理自己所面臨的危險處境。① 而宗教的這種整合功能，又往往與宗教世俗化的傾向連接在一起，② 韋伯發覺，在中國民間宗教那裏，生活始終是一連串的事件，而不是有條不紊地朝向超驗目標的整體。"不希望通過棄絶生命而獲得拯救，因為生命是被肯定的；也無意於擺脱社會現實的救贖，因為社會現實是既有的。"③ 對於元代的下層民衆來説，宗教信仰更多的是一種依靠，宗教組織則是一個互相依靠以對付外在世界各種壓力的弱小者的團體，他們需要從那裏找尋生存下去的信心和意義，而白蓮教以及早先的吃菜事魔信仰團體就是這樣一種為下層社會提供精神寄托和物質依靠的組織。因此，白蓮教的所有宗教和世俗行為的指向，就不可能是朝向超驗世界的不間斷的邁進，而是着眼於經驗世界的改造，以實現當下的世俗化的目的。猶如涂爾干所説的那樣，白蓮教及其早先的吃菜事魔組織是 "一個與神聖事物相關之信仰與儀式的聚合體系，這些信仰與儀式將所信奉的人，融聚在一個道德社群中"。④ 在這樣一個之中，"一旦個體匯集在一起，彼此近距離接觸極易產生高昂的情緒，從而導致進入一種非同尋常的高度興奮狀態中"。⑤ 毫無疑問地，這些匯聚的個體，亢奮的情緒，都是宗教世俗化的產物，元代利用白蓮教為組織形式而從事或準備從事反叛運動者，在組織架構層面、價值理念層面和社會控制層面都落實了世俗化的任務，白蓮教成為入教人社會認同和群體凝聚力的主要來源，並通過種種在官方看來極

---

① 參見 ［美］羅納德·L. 約翰斯通 （Ronald L. Johnstone）《社會中的宗教：一種宗教社會學》，尹今黎、張蕾譯，第 406—410 頁。

② 宗教世俗化這個概念内涵比較復雜，此處不能一一細究。我們只是認為，宗教世俗化表達了宗教同社會、宗教組織同社會組織之間的一種張力結構和張力關係；宗教從出世轉變為入世；宗教世俗化非但没有消解宗教的神聖，反而加大了對社會的爪力。

③ 參見 ［德］馬克斯·韋伯 （Max Weber）《儒家與道教》，洪天富譯，江蘇人民出版社1993 年版，第 182 頁。

④ 參見范麗珠、［美］詹姆斯·瓦特漢德 （James D. Whitehead）、［美］伊芙琳·瓦特漢德 （Evelyn Eaton Whitehead）《宗教社會學：宗教與中國》，時事出版社 2010 年版，第 62 頁。

⑤ Robert Bellah, Durkheim and Ritual, in The Robert Bellah Reader, Duke University Press, 2006, p. 151.

為怪誕的儀式來不斷地激發群體的認同感、團結力和共同利益的想象。在這種狀態裏，群體宗教世界觀的合法性存在就獲得了證實，其宗教感染力和所展現的美好藍圖對於下層民衆具有難以用語言描述的吸引力，一種强烈的共同的"集體意識"，引領着共同體成員信仰、情感、意願的高度同質性，集體意識彌漫於整個社會空間，涵蓋了個人意識的大部分，個人幾乎完全在共同情感的支配下，强制和禁令支配了社會生活中的大部分，在這種環境中，群體極易養成攻擊性。這是元代白蓮教給我們的啓示。

"湖廣熟、天下足"與明清時期長江中游地區經濟格局的變化[*]

江西師範大學歷史系　方志遠

一 "湖廣熟、天下足"從預言到現實

宋代特別是南宋，流行着"蘇常熟、天下足"或"蘇湖熟、天下足"的民諺。① 長江三角洲、太湖流域以其優越的自然條件和先進的生產技術，在兩宋時期成為全國經濟最為發達的地區，糧食的單位面積產量也居全國前列。正是基於這一認識，同時也因為這一地區在元末群雄割據時為張士誠所據，故在明代有"蘇松重賦"的

---

　　* 關於"湖廣熟、天下足"的問題，日本學者岩見宏、加藤繁、藤井宏、安野省三等，中國大陸學者張建民、張國雄等，有過精湛論述。本文的重點，在於"湖廣熟、天下足"的内涵及其變化，則為諸論所未及。

　　① 陸游《渭南文集》卷 20《常州犇牛閘記》："方朝廷在故都時，實仰東南財賦，而吳中又為東南根柢。語曰：'蘇常熟，天下足。'"范成大《吳郡志》卷 50《雜誌》："諺曰：'天上天堂，地下蘇杭'；又曰：'蘇湖熟，天下足。'"吳泳《鶴林集》卷 39《雜着·隆興府勸農文》："吳中之農專事人力，故諺曰：'蘇湖熟，天下足。'勤所致也。豫章之農，只靠天幸，故諺曰：'十年九不收，一熟十倍秋。'惰所基也。勤則民富，惰則民貧。"

現象。① 但是，隨着這一地區人口的增長、市鎮的繁榮和經濟作物對糧田的侵佔，以及漕糧數額的居高不下，自明中期以後，這裏已成為全國需求商品糧最多的地區。而取代蘇常或蘇湖地位的，則是面積遠為廣袤的湖廣。

　　明朝的湖廣約當今之湖南湖北，北起上津、光化，與陝西、河南交界；南至九嶷山，與兩廣接壤；西起施州、沅州，與四川、貴州相鄰；東至羅田、黃梅，與安徽、江西相連；東西寬約 600 多公里、南北長約 1000 多公里，面積約 37 萬平方公里，是當時全國數一數二的大省。

　　時人包汝楫既驚湖廣面積之大，又嘆湖廣曠土之多：

　　　　楚魏間濱河處淤田，往往彌望無際，其開墾成畦者，動輒千億，真天地間未辟之利也……襄江道燬，沿堤上下，蘆蕩不知幾千頃，土色青黃相錯，地形亦不窪，此吾鄉腴田也。不識何故，棄不樹藝，竟作樵湯沐邑。海內曠土，總不如湖廣之多。湖廣真廣哉！②

　　王士性在感嘆湖廣之大的同時，提出將其部分割給貴州和廣西，以使十三省大小均勻：

　　　　湖廣在春秋、戰國間稱六千里大楚，跨淮、汝而北之，將及河。本朝分省亦惟楚為大，其轄至十五郡，如鄖之房、竹山，荆之歸、巴東，與施、永、偏橋、清浪等衛所，動數千里，入省逾月，文移之往復，夷情之緩急，皆所不便。而辰、永督學，屢合屢分，鄖、沅開府，或罷或興，黎平生儒，此考彼試，種種非一。況貴竹、粵西兩省，雜以瑤僮夷苗，主以衛所，間以土酋，咸不成省，

―――――――――――――

　　① "蘇松重賦"既是明朝，也是前些年明史學界討論的熱門話題，各時代的代表性成果有周良霄《明代蘇松地區的官田與重賦問題》（《歷史研究》1957 年第 10 期）、林金樹《試論明代蘇松二府的重賦問題》（《明史研究論叢》第一輯，江蘇古籍出版社 1982 年版）、方志遠/李曉方《明代蘇松江浙人"毋得任户部"考》（《歷史研究》2004 年第 6 期）、范金民《明清江南重賦問題》（《江南社會經濟研究·明清卷》，中國農業出版社 2006 年版）等。雖然蘇松重賦的原因有多種看法，但蘇松單位面積糧食產量高為重要原因，則是不爭的事實。直至清代，蘇、松仍是全國田賦最重的地區。

　　② 包汝楫：《南中紀聞》。

院司以官至者，人我咸鄙夷之。謂當以辰州、沅州、靖州分屬貴陽，永州、寶慶、郴州分屬粵西，則十三省大小適均，民夷事體俱便。①

直到明後期，湖廣的許多地區特別是西部地區仍是人烟稀少：

施州、保靖、永順正當海内山川之中，反為盤瓠盤踞。施州東抵巴東五百里，西抵酉陽九百里，南抵安定硐、北抵石柱司各七百里，依稀閩、浙全省地。而永順東、南、西、北咸徑六百里。保靖東西亦五百里，南北半之。②

面積之大、曠土之多，是"湖廣熟、天下足"的前提與條件。

何孟春《餘冬序錄》說："今兩畿外郡縣分隸於十三省，而湖藩轄府十四、州十七、縣一百四，其地視諸省為最鉅。其郡縣賦額視江南、西諸郡所入差不及，而'湖廣熟、天下足'之謠，天下信之，地蓋有餘利也。"③ 何孟春是明代湖廣郴州人，弘治六年進士，嘉靖六年罷歸。上面這段文字見於弘治時期，可見，"湖廣熟、天下足"之謠最遲成化、弘治時已在湖廣及京師北京流傳。

此後包汝楫記："但彼中治田，不若三吳之勤，歲不過一稔，以此收穫，亦不甚奢。然楚中谷米之利，散給海内幾遍矣。原大則饒，其然其然。"④

明末吳敬盛等編《地圖綜要》則說："湖廣古荆楚地，江漢若帶，衡荆作鎮，洞庭雲夢為池……中國之地，四通五達，莫楚若爾。楚固澤

① 王士性：《廣志繹》卷4《江南諸省·湖廣》。
② 同上。
③ 何孟春《餘冬序錄》卷59。又謝肇制《五雜俎》卷4說："江右荆楚五嶺之間，米賤田多，無人可耕，人也不以田為貴，故其人無甚貧，也無甚富，百物俱賤，無可化居。"嘉靖《沔陽志》卷6《提封》說：沔陽一帶"耕尚鹵莽，雖廣種而薄收"。嘉靖《常德府志》卷6《食貨》說常德"每歲田畝所獲，不能當江、浙上郡十之四五"。嘉靖《衡陽府志》卷1《風俗》則說："地有遺利，民有餘力，甘為惰農，衣食多窘。"都有說"地有餘利"。而至明末及清康熙時，則如《古今圖書集成·食貨典》所說："楚故饒湖利，而滄桑徙易靡常，昔為沮洳，今稱沃衍者不啻萬萬。"
④ 包汝楫：《南中紀聞》。

國，耕稼甚饒，一歲再獲，柴桑、吳越多仰給焉。諺曰'湖廣熟，天下足'，言其土地廣沃，而長江轉輸便易，非他省比。"①

何孟春、包汝楫和吳敬盛等人說"湖廣熟、天下足"，既得之於民間的傳言，更是社會的共識。他們所說的理由有三：一、湖廣地域廣闊、土地肥沃，生產條件優越；二、居全國之中，"四通五達"，水陸交通便利；三、國家所定的賦額及土地所承受的人口壓力較江南、江西為輕，而農家在耕作時所投入的人力和財力也遠不如江南經濟發達地區，故地有餘利②。

在何、包、吳三人的陳說中，我們也可以發現其間的差異。何孟春說的是："湖廣熟、天下足，天下信之。"這是一種期望或預言。而吳敬盛則直言：湖廣之糧，"柴桑、吳越多仰給焉"。即期望或預言已經成為現實。包汝楫不僅指出"楚中谷米之利，散給海內幾遍"。而且指出，"歲不過一稔，以此收穫，亦不甚奢"，即仍有發展的潛力。

這種潛力在清前期充分表現出來。康熙三十八年六月諭大學士等：

> 當今凡事俱可緩圖，惟吏治民生最難刻緩。諺云："湖廣熟、天下足。"江、浙百姓全賴湖廣米粟。朕南巡江、浙，詢問地方米貴之由，百姓皆謂，數年來湖廣米不至，以致價值騰貴。③

康熙五十八年六月十九日，湖廣總督張連登奏報湖北收成，康熙帝硃批道："俗語云，'湖廣熟、天下足。'湖北如是，湖南亦可知也。"④雍正時雲貴廣西總督鄂爾泰稱："湖廣全省，向為東南諸省所仰賴，諺所謂'湖廣熟、天下足'者，誠以米既充裕，水又通流之故。"⑤ 乾隆

①　吳敬盛等：《地圖綜要》內卷《湖廣》。
②　按：據《明會典》卷24，洪武二十六年江南蘇、松二府稅糧額為403萬石，萬曆六年二府稅糧額為312萬石；而湖廣全省僅分別為246萬石、216萬石。另據《清高宗實錄》卷412：清乾隆時，浙江、江西二省額征漕糧均為76萬餘石，而湖廣（含湖南、湖北二省）額征漕糧僅26萬石。
③　《清聖祖實錄》卷193，康熙三十八年六月戊戌。
④　《康熙朝漢文硃批奏摺匯編》第八冊《批湖廣巡撫張連登奏報早稻收成分數折》（康熙五十八年六月十九日）。
⑤　《清世宗硃批諭旨》卷125之14：雍正八年四月二十日雲貴廣西總督鄂爾泰奏。

時朱倫瀚也説："湖廣素稱沃壤，故有'湖廣熟、天下足'之諺。"① 在湖北、湖南的地方史志中，此諺亦多有所見。

可見，明代中後期和清前期，兩湖平原及丘陵地區得到迅速的開發，個體農民受商品大潮的推動，在交納國家賦税或田主地租、滿足家庭消費的同時，每年向外省提供大量的商品糧，"湖廣熟、天下足"成為公認的事實。

但是，人們在對"湖廣熟、天下足"津津樂道時，却往往忽略，構成"湖廣熟、天下足"的基本要素有二：其一為上文論列的"湖廣之地"；其二則是與"湖廣之地"密不可分的"江西之民"。

二　"湖廣之地"與"江西之民"

如果説王士性、包汝楫等人只是從直覺上感受到湖廣地域的遼闊和曠土的衆多，那麼史籍所載明代耕地面積，則用具體的數字證實了他們的感覺。下面是萬曆《明會典》所載洪武、弘治、萬曆三個時期全國及主要省區的田畝數。

從表1可以看出，根據《明會典》的記載，湖廣的田畝數在明代的前、中、後期均居各省之首。但是，也正如人們所指出的那樣，這些數字（包括全國和河南等省的數字），明顯存在許多問題。首先是史籍記載的不一致。據正德《明會典》記載，弘治十五年湖廣田畝數僅有236128頃，比萬曆《明會典》所記整整少200萬頃。章潢《圖書編》則洪武二十六年與萬曆《會典》一致，為2202176頃；弘治十五年比正德《會典》還少一萬多頃，為209027頃。其次是它在全國所占的比重過大。湖廣當時的面積（約37萬平方公里）佔明朝有效管轄面積（約330萬平方公里）的10.98%，但按《明會典》記載的田畝數，洪武二十六年占總數的25.88%、弘治十五年為35.90%、萬曆十年為31.60%。再次，即使在清光緒時，湖廣的許多地區早已是人滿為患，湖南、湖北的民田、屯田、學田、蘆田、退灘地、沙涂地、旗地、官莊地、馬場及牧場地等項的總數也不過94萬頃，這是清朝兩湖田地的最

---

① 　朱倫瀚：《截留漕糧以充積貯札子》，《清經世文編》卷39。

高數字。明代湖廣人口既少於清後期，田畝數也不可能超過清代。

表1　　　　　　　　明代湖廣及全國、主要省區田畝表①　　　　單位：畝

時代	全國	北直隸	南直隸	浙江	江西	山東	河南	湖廣
洪武二十六年	850762368	58249951	126927452	51705151	43118601	72403562	144946982	230217575
弘治十一年	622805881	26971393	81018040	47234272	40235247	54292938	41609969	223612847
萬曆六年	701397628	49256844	77394672	46696982	40115127	61749900	74157952	221619940

早在明世宗嘉靖八年，户部尚書霍韜就對這一情況提出過懷疑：

　　竊見洪武初年，天下田土八百四十九萬六千頃有奇；弘治十五年，存額四百二十二萬八千頃有奇，失額四百二十六萬八千頃有奇。是宇內額田存者半、失者半也……若湖廣額田二百二一萬，今存額二十三萬，失額一百九十六萬；河南額田一百四十四萬，今存額四十一萬，失額一百零三萬。失額極多者也。不知何故致此。非撥給於藩府，則欺隱於猾民，或册文之訛誤也。不然何故致此也？②

　　霍韜認為，造成湖廣、河南兩省洪武二十六年和弘治十五年地畝數的巨大差距，有三種可能性：一為藩府所占、二為猾民所侵、三為册文記載有誤。

　　近代學者也對這一數字提出過各種疑問並作出過多種解釋。許多學者根據正德《會典》所記弘治十五年湖廣田地為23612847畝，萬曆《會典》則記為223612847畝，多了首位的"2"，所以認為萬曆《明會典》誤加了一個"二"字、正德會典所記應是正確的。這一推測看似很有道理，但按當時的習慣寫法，並非多了一字，而應是多了二字："二百"。出現這種錯誤是很難想象的。更難以想象的是，當時的統治

①　《明會典》卷17《户部四·田土》。
②　霍韜：《渭崖文集》卷3《修書疏》。另見《明史》卷77《食貨一》。

者對田畝統計中發生的如此巨大的差錯竟然熟視無睹。

　　日本學者藤井宏解釋說，明洪武時政府的田地統計有兩個系統，一是賦役黃冊上所登記並據以征收賦稅的田地，即"賦田"，一是包括賦田和荒田在內的一切可耕地。萬曆《明會典》所載的湖廣數字屬後者，而正德《明會典》所載的弘治十五年數字屬前者。根據這一推測，藤井宏認為，湖廣的二百多萬頃與二十多萬頃的差別正是可耕地與賦田之間的差別。這種說法有一定的合理性。如果此說成立，則可見當時湖廣荒田之多。但一直到清末却還有一大半可耕地未曾開墾出來，所以未免難以自圓其說。況且，當時的政府是不可能對"可耕地"進行如此大規模調查的，更不可能只是調查湖廣一省。已故經濟史學家樑方仲先生認為，湖廣的地畝數所以會發生如此大的差异，除了藤井宏所解釋的原因之外，還有統計尺度的不一致問題。有些地區用的是大畝，有些地區用的則是小畝。湖廣顯然是多用小畝。① 這種解釋也是有道理的。直到20世紀六七十年代，許多地區如江西省安福縣仍用收成數來代替田畝數，如收成三擔為一畝、二擔半為一畝等，畝數根本無法劃一。

　　其實在當時，不僅田畝的尺度標準不統一，米谷的容量標準也不統一，既有所謂"漕斛"，又有所謂"倉斛"。清乾隆三年七月，江西巡撫岳浚遵旨議奏："江省存貯倉谷，動撥閩省十二萬石，現飭附近水次之各府州縣，派撥運送。惟江省向來採買平糶，俱用倉斛，較漕斛每斛短二昇。此次運谷閩省，應用漕斛盤交。江省將來買補，亦應照漕斛收買還倉，以足原額。"乾隆帝對此大為不解："'江省買補，亦應照漕斛收買還倉，以足原額'，此名朕殊不解。夫出倉非漕斛，而還倉以漕斛，謂之足額。則倉中之米，向皆缺額矣。此處著明白回奏。若再少有掩飾，朕必差員前往，清查各倉。"② 乾隆帝當時還是個二十多歲的青年，對於千奇百怪的社會現象，不免有些少見多怪。

　　其實，萬曆十年二月湖廣巡撫陳省的一個奏本，對於我們了解明代湖廣的稅田面積很有幫助：

　　　　清丈過所屬武、郴等府、州官民田地、山蕩、湖共八十三萬八

---

① 參見樑方仲《中國歷代户口、田地、田賦統計》，第336—338頁。
② 《清高宗實錄》卷73，乾隆三年七月。

千五百二十五頃四十六畝零，除補足失額九千五百六十七頃二十畝外，尚多五十二萬六百八頃六畝零，通融減派起存官民夏稅麥一十三萬二千有奇，魚課銀七百一十二兩有奇。武左等衛屯田、地、山、塘堰七萬七千七百五十六頃二十一畝零，除補足原額屯糧三十九萬六千一百二十石有奇，尚多地一萬一千二百九十五頃四十八畝零，應科屯糧五萬一千八石有奇。①

這裏所說的"武"應指武昌，"郴"則指郴州。所謂"武、郴等府州官民田地"，應該理解為武昌等府、郴州等州即湖廣全省官民田地。萬曆十年清丈出來的田地、山蕩、湖田共 838525 頃，除去"失額"及"尚多"的部分，原額為 308350 頃。這裏所説的"武左等衛"，應指武昌左衛等湖廣全省屯軍，萬曆十年清丈出來的屯軍田地等，共 77756 頃，除去"多地"部分，原額為 66460 頃。兩項相加，則湖廣軍民田地"原額"為 374810 頃，萬曆時的"實在"田地為 916281 頃。

但是，這個"實在"的田畝數並沒有為萬曆《會典》所采用，原因不外有二：一、萬曆《會典》所用的是萬曆六年以前的老數字，而沒有用萬曆十年的最新資料，這不僅在當時是十分正常的事情，即使在今天也不足為怪。二、正如藤井宏所說，明朝對於土地的統計有兩套系統。以湖廣而言，國家關注的是賦田，這在陳省的奏本中已有很好的説明，過去的賦田也就是額田是 30 多萬頃，萬曆時增加到了 91 多萬頃。至於過去當地上報及國家在册的二百多萬頃是無關緊要的，湖廣曠土之多也是朝野的共識，二百多萬頃的可耕地也被認為是合理的，無須予以糾正以引起不必要的爭議，因為各地交納田賦的依據並不是《會典》的數據，而湖廣面積之大也為朝野所共知。

明萬曆時湖廣軍民田地總共 91 萬多頃，與清代後期兩湖田畝數相近，應該説是比較符合實際的，雖然尚不及萬曆《會典》所載二百多萬頃的一半，却是後來學者所推測的 20 多萬頃的四倍。明人所説的"原額"一般是指洪武時所定的稅田數，因此又可知明初湖廣的稅田應是 37 萬餘頃，比江西尚少 3 萬餘頃、比浙江更少 10 萬頃。而湖廣的面

---

① 《明神宗實錄》卷129，萬曆十年二月癸丑。顧誠、張德信、龔勝生等學者也對明代湖廣的田畝數進行了推測，其中龔勝生的推測與丈量的結果最為接近。

積却是江西的 2.5 倍、浙江的 4 倍，可見其曠土的面積或者說可容納勞動人口的潛力是非常之大的。根據郭松義教授的統計，清初的更名田數（除山場園地）共 175127 頃，其中湖北 66940 頃，位居各省之首，加上湖南的 3992 頃，湖廣共 70932 頃①，占全國更名田的 40.50%，遠遠超過它的在册田畝數在全國的比重。明政府所以在湖廣設如此多的王府，撥如此多的田地，主要原因也是認為湖廣田多人少，有大量的閑置土地。

但是，造成"湖廣熟、天下足"的，不僅僅是廣袤的"湖廣之地"，還有衆多的"江西之民"。

隨着全國經濟重心的南移，江西在南唐兩宋時期成為經濟文化的先進地區。其人口之衆、物產之富，居各路前茅。宋徽宗崇寧元年（1102年），全國在册户口數為 2026 萬餘户、4532 萬餘口，其中江西（以今江西省區為單位，下同）地區為 201 萬餘户、446 萬餘口，均占十分之一，其中人口為諸路之首（其次是兩浙路，432 萬口）。《宋史·地理志》述江南東西路的物產："（自）永嘉東遷，衣冠多所萃止。其後文物頗盛，而茗荈、冶鑄、金帛、粳稻之利，歲給縣官用度，蓋半天下之入焉。"

曆元至明，江西的這一經濟優勢仍繼續保持。元世祖至元二十七年（1290），江西在册户、口數分別占全國的 20.2% 和 23.3%，居各省之首。至明代，雖然人口次於浙江而居全國十三布政司的第二位，但江西每年所納稅糧，據孝宗十五年（1502）和萬曆六年（1578）的定額，却超過浙江，由此可見產糧之富。其他農副產品如茶葉、紙張、苧蔴、藍靛、木竹、油料以及制瓷、造紙、木竹加工、夏布、火藥等手工業也都在全國佔有重要的地位。

社會經濟的發展，也使部分地區開始出現人口過剩現象，並刺激了豪族大户對土地的兼並。以宋神宗元豐三年（1080 年）為例，當時江西在册户口為 136 萬户、307 萬口，其中客户、客口分別占 36% 和 37%，而經濟水平相近的兩浙路，同一時期客户和客口所占比重不過 21% 和 19%，可見當時江西土地佔有問題的嚴重性。此外，被稱為兩宋江西農民創舉的梯田開墾及圍湖造田，實際上也反映了部分地區耕地

①　郭松義：《明初的更名田》，《清史論叢》第八輯。

的日漸緊張。這種情況一直延續到明代，加上官府的繁役重賦，尤其是
賦役不均，導致了鄱陽湖區和吉泰盆地等經濟發達區大量農民的脫籍外
流。明武宗正德年間，巡按御史唐龍對江西的賦役不均所造成的流民問
題進行了全面披露：

> 江西有等巨室，平時置買田産，遇造冊時，賄行里書。有灑見
> 在人户者，名為活灑；有暗藏逃絕户者，名為死寄；有花分子户、
> 不落户限者，名為畸零帶管；有留在賣户、全不過割者，有過割一
> 二、名為包攬者，有全過割者、不歸本户……有暗襲京官、方面、
> 進士、舉人脚色，捏作寄莊者。在冊不過紙上之捏，在户尤皆空中
> 之形。以至圖之虛以數十計、都之虛以數百計、縣之虛以數千萬
> 計。遞年派糧編差，無所歸者……大抵此弊惟江西為甚，江西惟吉
> 安為甚，臨江次之。①

　　據《元史·地理志》，江西行省龍興（今南昌）、吉安、瑞州（今
高安）、袁州（今宜春）、建昌（今南城）、臨江（今樟樹）、撫州、江
州（今九江）、南康（今星子）、贛州、南安（今大庾）十一路及南豐
州，以及江浙行省的饒州（今波陽）、信州（明代為廣信，今上饒）二
路和鉛山州（以上在明清時期屬江西管轄），元世祖至元二十七年
（1290）在冊户口為 277 餘萬户、1425 餘萬口；又據《明實錄》記載，
明太祖洪武二十四年（1391）江西在籍户口數分別為 156 萬户、810
口，一百年的時間裏，户、口分別減少了 41% 左右。其間雖有元末近
二十年的戰亂，却也有明初二十多年的生息。從全國統計數字來看，洪
武二十四年與至元二十七年基本持平。這就是說，江西户口的大量減
少，主要並非天灾人禍，也不是豪門大户的欺隱，而是由於大量外流，
其中包括洪武時政府的强制性大移民。而明神宗萬曆六年（1578），全
國户口統計數也和洪武二十四年基本一致，江西却又減少了 22 萬户、
224 萬口，户均人數也由 5.17 口減少到 4.36 口。② 從上述數字可以看

---

　　① 唐龍：《均田役疏》，《昭代經濟言》卷 3。
　　② 《明會典》卷 24、25《户部·會計一、二》記載了洪武二十六年、弘治十五年、萬曆
六年三次全國分區實征稅糧數，洪武時江西略低於浙江，弘治、萬曆時則高於浙江。

出，從明初到明末，江西在籍人口減少了近千萬。

但是，明代江西的流失人口並不去田多人少的贛州、南安，而主要是流往外省，特別是湖廣、西南及中原等地。對此，成化、弘治之際曾為禮部尚書、內閣大學士的丘濬作了如下論述：

> 臣按普天之下，莫非王土，率土之濱，莫非王臣。自荊湖之人觀之，則荊湖之民异於江右；自江右之人觀之，則江右之民殊於荊湖；自朝廷而觀，無分於荊湖、江右，皆王民也……以今日言之，荊湖之地，田多人少；江右之地，田少人多。江右之人，大半僑寓於荊湖。蓋江右之地力所出不足以給其人，必資荊湖之粟以為養也。江右之人群於荊湖，既不供江右公家之役，而荊湖之官府，亦不得以役之焉。是並失之也。①

嘉靖時海瑞也有同樣的分析：

> 昔人謂江右有可耕之民而無可耕之地，荊湖有可耕之地而無可耕之人，蓋為荊湖惜其地，為江右惜其民……今吉、撫、昌、廣數府之民，雖亦佃田南、贛，然佃田南、贛者十之一，遊食他省者十之九。蓋遠去則聲不相聞，追關勢不相及。一佃南、贛之田，南、贛人多強之入南、贛之籍，原籍之追捕不能逃，新附之差徭不可減，一身而三處之役加焉。民之所以樂於捨近不憚就遠，有由然矣。②

丘濬、海瑞都認為，江西的流民以經濟發達、人多地少的吉安、撫州、南昌、廣信等處為多，但流民們去本省人口稀少的南安、贛州二府者僅十之一，十之九遊食於他省，特別是湖廣。原因是，如果到本省南、贛，當地的里甲將強迫其入籍承擔賦役，原籍官府又行追捕，而逃往他省，則沒有這些麻煩。一方面是江西田少人多，一方面是湖廣田多人少，即使沒有任何政治因素，江西人口的向兩湖流動也是十分自然的

---

① 丘濬：《江右民遷荊湖議》，《明經世文編》卷72。
② 海瑞：《興國八議》，《明經世文編》卷309。

事情。

　　江西人口進入湖廣，首先是流向曾經遭受戰爭打擊、人口稀少而生產條件又較為優越的江漢平原和洞庭湖平原。民國《松滋縣志》說："松滋氏族，問其故籍，皆自江右而來。其譜乘所載，始遷祖或宋元，或明初，即僦居於此。故老相傳，有'江西填湖廣、湖廣填四川'之說。康熙志云：松滋自流民僑置以來，多五方雜處，明季徙豫章民來實茲土，江右籍居多。康熙去明末不遠，故舊志所載，証以故老傳聞，其言似可信。但明末至今不過百年，即衍育最繁，只能三四百戶，今縣中舊族，如覃、鄒、佘、梅等姓，或三千戶，或五千戶，其始遷不自明末，可斷言也。"① 民國《蒲圻鄉土志》亦稱："元末明初，江右民族，多自進賢縣、瓦子街移居蒲圻，近月［日］盈千累萬之盛族，皆此種類也。"②

　　20 世紀 30 年代，譚其驤先生作《湖南人由來考》，得出了湖南人十之八九來自江西的結論。"湖南古老傳說，謂湖南人皆係江西移民之後裔，故湖南人自來稱江西人曰'江西老'。老者老子也。易言之，即祖宗是也。"③ 曹樹基教授的研究指出，在湖南的人口中，移民後裔中的 70% 左右來自江西。④ 友人湖南社會科學院王曉天研究員告知，最近一次的湖南人口普查中，67% 為江西移民的後裔。

　　可見，是廣袤的"湖廣之地"接納了缺地的"江西之民"，把"湖廣熟、天下足"的預言變為現實。

三　"湖廣熟、天下足"的內涵及其變化

　　以下是《清實錄》中所載雍正元年至乾隆二十年，三十三年間有關湖廣糧食外運的政府行為。

---

① 民國《松滋縣誌》卷 8《氏族志》。
② 民國《蒲圻鄉土志》第十八章《種族》。
③ 譚其驤：《湖南人由來考》，載《長水集》。原載《方誌月刊》第六卷第九期，1933年。
④ 曹樹基：《湖南人由來新考》，載《歷史地理》第九輯。

表 2　　　　　　　　　雍正、乾隆間湘鄂贛地區糧食調配情況表

糧食調配時間	糧食輸出地	糧食輸入地	糧食調配數量	糧食調配方式	資料來源
雍正元年	1. 湖廣、江西、盛京 2. 湖廣、江西、安慶	京師 蘇州、浙江	米谷數十萬石 不明	勸正項錢糧採買 商販	《清世宗實錄》卷8 《清世宗實錄》卷12
雍正二年	湖廣、江西	浙江	米十六萬石	用藩庫銀採買	《清世宗實錄》卷24
雍正四年	江西	福建	米十五萬石	調撥	《清世宗實錄》卷44
雍正九年	湖廣、江西	山東	米三十萬石	截漕	《清世宗實錄》卷103
乾隆元年	湖廣	貴州	米十四萬石	調撥倉貯米	《清高宗實錄》卷21
乾隆三年	江西、湖廣	1. 江蘇、安徽 2. 福建 3. 江蘇、浙江 4. 江蘇、安徽 5. 江蘇、安徽	1. 米約三十萬石 2. 谷三十萬石 3. 米約五十萬石 4. 米約三萬石 5. 不明	發帑銀三十萬兩採買 撥運 發藩庫銀五十萬兩採買 發地丁銀三萬兩 商販	《清高宗實錄》卷73 《清高宗實錄》卷77 《清高宗實錄》卷77 《清高宗實錄》卷82 《清高宗實錄》卷77
乾隆四年	1. 江西、湖南、四川 2. 江西	湖北、江蘇 蘇州	谷四十萬石 二萬八千石	採買 調撥	《清高宗實錄》卷99 《清高宗實錄》卷101
乾隆五年	湖南	杭、嘉、湖	不明	委員採買	《清高宗實錄》卷117

續表

糧食調配時間	糧食輸出地	糧食輸入地	糧食調配數量	糧食調配方式	資料來源
乾隆七年	1. 湖南 2. 四川	廣東 江南	米十萬石 米十萬石	調撥	《清高宗實錄》卷167
乾隆八年	1. 四川	湖北	米二十萬石	調撥	《清高宗實錄》卷185
	2. 四川	漢口、沙市	米二十萬石		《清高宗實錄》卷187
	3. 江西	揚州	米二十萬石	調撥倉谷碾米	《清高宗實錄》卷187
	4. 四川	蕪湖	米十萬石	借撥	《清高宗實錄》卷193
	5. 四川	江西	米十萬石	借撥	《清高宗實錄》卷193
乾隆九年	1. 湖廣、江西	直隸	四十萬石米麥豆谷	採買	《清高宗實錄》卷214
	2. 湖廣	浙江	米十萬石	調撥	《清高宗實錄》卷230
乾隆十年	1. 江西 2. 江西	湖南 廣西	米六萬石 米四萬石	運補湖南漕米 撥運	
乾隆十三年	1. 江西 2. 湖南	江蘇	米十萬石 米二十萬石	撥運 撥運	《清高宗實錄》卷320 《清高宗實錄》卷320
乾隆十六年	1. 湖南、湖北 2. 四川	浙江 安徽 浙江、安徽	米十五萬石 米五萬石 谷數十萬石	調撥 調撥	《清高宗實錄》卷394 《清高宗實錄》卷394

續表

糧食調配 時間	糧食 輸出地	糧食 輸入地	糧食 調配數量	糧食調配 方式	資料來源
乾隆十八 年	1. 四川 2. 江西、湖北	江南 江南	谷二三十萬石 米二十萬石	調撥倉谷 調撥	《清高宗實錄》卷 425 《清高宗實錄》卷 448
乾隆二十 年	湖南	江南	米十萬石	調撥	《清高宗實錄》卷 500

雍正及乾隆前期的三十三年間，從兩湖糧食輸出的政府行為可以在一定程度看出"湖廣熟、天下足"的內涵及其變化。

一、清雍正以前，其實明朝中後期也可以作如是觀，盡管說是"湖廣熟、天下足"，但江西的糧食輸出在這個過程中也起着重要的作用，可以說，湖廣與江西共同構成"湖廣熟、天下足"的內涵並支持這一局面的延續。上表顯示，雍正元年至乾隆三年，湖廣和江西是完全意義上的糧食輸出地（特殊的灾荒年例外）。表中這一時期的六個年份，該地區由官方調撥或採買出境的大米約 200 萬石，平均每年約 30 萬石。[①] 商販自由貿易者，當然遠遠高出這個數字。雍正五年，時任雲貴總督的鄂爾泰在《議覆積谷疏》中說："江西等處，米谷出產最廣，水路四通，客販甚衆。"[②] 江西米谷的運出，主要是通過"客販"進行。雍正十二年，湖廣總督邁柱在一個奏摺中估計，當年經商販從湖廣運出的米谷不下 500 萬石[③]，為同一時期官方從這一地區調撥及採買的 10 倍以上。乾隆三年的"上諭"則說："杭、嘉、湖三府，地狹人稠，每歲產

---

①　按：表中的十五個年份，湘鄂贛地區總共調出的糧食大約為 420 萬石，平均每年約 30 萬石。因此，從國家調撥的角度看，除漕糧之外，湘鄂贛地區每年調出 30 萬石米，大約是通常的情況。

②　鄂爾泰：《議覆積谷疏》，《清經世文編》卷 39。

③　《雍正朝漢文硃批奏摺匯編》第二十六冊湖廣總督邁柱《奏為恭報早稻收成分數糧食價值》（雍正十二年七月八日）。

米，不敷數月口糧，全賴商販接濟，而赴浙客米，俱由江南運至。”①
是江南城市密集地區的糧食供應，平常年景主要是靠商販運自湖廣、江
西，災年才由政府調劑。乾隆二十年十二月，湖南巡撫陳宏謀在奏疏中
說：“湖南省米價，因江北販運，日漸昂。”② 造成湖南米貴的原因，並
不是政府的調撥，而是“江北”即湖北及各省雲集在湖北的商人的販
運。這些被販運的糧食中，部分是提供給漢口，更多則是通過湖北運往
江南等地。可見，商販的自由貿易，應是“湖廣熟、天下足”即湖廣
糧食外運的一般和通常的方式，政府的調劑，則只是非常的或應急的方
式。

　　二、湖廣和江西糧食的主要供給地是江南，特別是蘇州、揚州和杭
州一帶。所以說，最能深刻體會“湖廣熟、天下足”的，是江南地區。
這一情況從明朝以來就如此。明顧起元《客座贅語》云：“金陵百年
來，谷價雖翔貴至二兩，或一兩五六錢，然不逾數時，米價輒漸平。從
未有若西北之斗米數百錢，而饑饉連歲，至囓木皮草根沙石以為糧者。
則以倉庾之積貯猶富，而舟楫之搬運猶易也。惟倉庾不發，而湖廣、江
西亦荒，米客不時至，則谷價驟踴，而人情嗷嗷矣。”③ 顧起元為明萬
曆二十六年進士，嘉靖四十四年生於南京，崇禎元年卒於南京，其《客
座贅語》專記南京故實，說明在明中後期，南京的糧價，很大程度上決
定於湖廣、江西的糧食收成及糧商的販運。康熙三十七年三月諭大學士
等：“聞湖廣、江西、江南、浙江、廣東、廣西、福建、陝西、山西米
價騰貴，是必糜費於無益之事。湖廣、江西地方糧米素豐，江南、浙江
咸賴此二省之米。”④ 雍正元年十月諭戶部：“浙江及江南蘇、松等府地
窄人稠，即豐收之年，亦皆仰食於湖廣、江西等處。”⑤ 而上表所列的
十六個年份中，政府有十二年從這一地區向江南調撥糧食。在這十六個
年份中，政府從這一地區調出的糧食總共約 420 萬石，其中有大約 250
萬石即一半以上運往江南。其他地區則有京師、直隸、山東、陝西、福
建、廣東、貴州等。

---

①　《清高宗實錄》卷 82，乾隆三年十二月丙戌。
②　《清高宗實錄》卷 503，乾隆二十年十二月。
③　顧起元：《客座贅語》卷 2《議糴》。
④　《清聖祖實錄》卷 187，康熙三十七年三月戊子。
⑤　《清世宗實錄》卷 12，雍正元年十月壬申。

三、自乾隆四年前後，川米開始大量東運。這是“湖廣熟、天下足”內涵的第一個變化。而湖北在糧食繼續出境的同時，也需要外省主要是四川、湖南糧食的接濟，特別是漢口、沙市二“巨鎮”，需要大量的商品糧。從乾隆四年至二十年，關於湖廣、江西及四川糧食調配記載的有十個年份、十一次，折合稻穀約550萬石，其中：川糧外調記載有五個年份、八次，約200萬石、占總數的36.36%。湖北糧食外調記載僅兩個年份、三次（其中一個年份、兩次為“湖廣”而不只是湖北），不超過40萬石，約占7.27%，而調入的糧食竟有近百萬石，占18.18%；在乾隆八年調入的80萬石稻穀（40萬石米）中，有一半供應漢口、沙市二鎮，當然，這是湖北遭災時的狀況。乾隆四年上半年接續幾處關於湖北米穀方面的記載是值得關注的。

> 乾隆四年二月庚寅，戶部議覆：湖廣總督宗室德沛疏稱，江（西）、（湖）廣素稱產米之鄉，每年酌買帶運，用資京中平糶。今楚省戶口日繁，米價騰貴，若照向例採買，資本益重，恐與平糶無益。①
> 乾隆四年四月，湖北巡撫崔紀奏，清查通省各州縣常平倉、社倉實存穀數。得旨：知道了。一省之大，且素稱魚米之鄉，所儲不過五十餘萬。②
> 乾隆四年六月，湖廣總督宗室德沛奏：湖北貯谷無多，請委員赴湖南等省，採買二十萬石，以備本省鄰封緩急之用。得旨：知道了。應如此辦理者也。③

第一條記載說的是湖北米價“騰貴”，騰貴的原因，則是“戶口日繁”。第二條記載說的是湖北雖稱“魚米之鄉”，但倉儲甚少。第三條記載說的是湖北需派員往湖南買穀，既應“鄰封”之需，也解“本省”之急。作為商品糧的主要生產地，湖北特別是江漢平原的地位已經發生了變化。

---

① 《清高宗實錄》卷86，乾隆四年二月庚寅。
② 《清高宗實錄》卷91，乾隆四年四月。
③ 《清高宗實錄》卷95，乾隆四年六月。

在上述乾隆四年至二十年間從湖廣、江西、四川外調的 500 多萬石糧食中，其中湖南約 160 萬石，占 29.09%，江西約 140 萬石，占 25.45%。另外的 200 多萬石則來自四川和湖北而四川居多，其數量應該與湖南、江西相當。這樣一來，真正的糧食輸出地為四川、湖南、江西，而湖北，一方面繼續作為糧食的產地，但另一方面，作為川糧及湘糧東運的中轉站，湖北在商品糧市場中的地位卻更為重要。因此，這個時候因為是湖南、湖北、江西、四川共同支持着"湖廣熟、天下足"的局面。

在乾隆中期以後的記載中，仍有大量米、穀從湖北運出，伹與以前的情況有些不同。一方面，湖北的漕糧、倉儲糧、商品糧仍通過各種方式出境，運往江南、運往閩粵、運往京師及北方各地；但另一方面，湘米、川米源源不斷地進入湖北，或供應漢口、沙市等城鎮，或遙過湖北轉運到江南。這樣，湖北在作為糧食生產地的同時，又成了湘米、川米東運的中轉地。乾隆九年十二月的"上諭"説：

> 據（湖廣總督）鄂彌達、（湖北巡撫）晏斯盛奏稱，湖北有待撥直隸米二十萬石，現在存貯，今年直隸已獲豐收，無須接濟。楚北年穀全登，亦無需用之處，惟浙江先後被水，恐來歲青黃不接之際，米價易騰，應請將湖北現貯之米，酌撥十萬石，運赴浙省，以備賑糶之需，所糶之銀，歸還楚省，買補倉儲。①

鄂彌達、晏斯盛所説的湖北"待撥"直隸的二十萬石米並非全都來自本地，其中有從四川運來者。兩年前，即乾隆八年正月，湖北巡撫范璨曾有過一個奏疏："前大學士等以湖北米價未平，議撥川省貯穀二十萬石，惟穀石過多，勢難猝辦。且須汛水未漲之時，運過川峽，方可坦行。"他建議將擬撥湖北的川穀碾米後東運，以免轉運之費。又奏："閩省委員赴楚買米二萬石，尚少米九千七十七石有奇。將武昌府倉貯買回川米，照數撥給。"② 范璨的提議得到批準，四川巡撫碩色隨即建

---

① 《清高宗實錄》卷 230，乾隆九年十二月乙巳。
② 《清高宗實錄》卷 183，乾隆八年正月。

議依此辦理，將擬撥江南的二十萬石川谷碾米東運。①

四、"湖廣熟、天下足"的内涵的第二個變化，是在"湖廣"中，湖南作為商業糧產地的地位更為重要，至有"湖南熟、湖北足"之説。據乾隆十四年二月湖南巡撫開泰的奏疏："湖南產米之鄉，歲有盈餘，自乾隆三年後，通計撥濟各省谷175萬石有奇。"② 乾隆十六年七月的"上諭"則説：

> 湖南產米之鄉，各省每資接濟，如本省或有販濟及額谷價昂，均可於此内動支撥給。請於各屬買補平糶額谷外，再行酌買備貯等語……前因浙東天時亢旱，安徽米價亦昂，降旨令楚省酌量撥米十五萬運至浙江、五萬石運至安徽，以資調劑……朕已經降旨川督策楞，豫備米數十萬石，分運南北二省，復令流通商販，源源相接，亦恐該處接濟鄰省稍多，轉致有缺乏之虞也。③

嘉慶《長沙縣志》説到了這個結果："南楚夙稱產米之鄉。諺云：'湖廣熟、天下足，湖南熟、湖北足。'"④ 由"湖廣熟、天下足"演變為"湖南熟、湖北足"，也可見其内涵的變化。而湖南不僅是糧食的生產和供給地，又與湖北一道，為川米的中轉地。

五、此時，在長江流域，無論是國家調撥糧食，還是商品糧的自由流動，大抵都是以湖北為樞紐的，其基本路綫是：

1. 湖南、湖北、江西→江蘇、浙江、福建及北方各地。

2. 四川、湖南→湖北（沙市、漢口）→安徽（蕪湖）、江蘇（南京、蘇州、松江）、浙江（杭州）及北方各地。

3. 江西→安徽（蕪湖）、江蘇、浙江、福建及北方各地。

4. 四川、湖南、湖北、江西、江蘇、浙江→京師北京。

5. 江西、江蘇、浙江→福建、廣東。

6. 江西、湖南→廣東、福建。

---

① 《清高宗實錄》卷185，乾隆八年二月。
② 《清高宗實錄》卷335，乾隆十四年二月。
③ 《清高宗實錄》卷394，乾隆十六年七月丙子。
④ 嘉慶《長沙縣志》卷9《積貯》。

7. 湖南、湖北←→四川。

8. 湖南→貴州。

四　"湖廣熟、天下足"與長江中游經濟新格局

"湖廣熟、天下足"内涵在清代中葉的變化，可以説是長江中游經濟格局變化的結果，主要因素是：一、"湖廣填四川"所造成的四川農業人口的增加；二、江漢平原因為開發過度而導致的環境變化；三、以漢口為中心的長江中游城市群的崛起。

湖廣特別是江漢平原和洞庭湖平原，曾經孕育過燦爛的楚文化；而四川盆地則素有"天府之國"的美譽，在這裏發育起來的巴蜀文化也是中國古代文化的重要組成部分。而且，每當中原處於戰亂之中，四川都曾是各處難民的栖息之處。當兩湖平原在遭受戰亂荼毒之時、當江西流動人口在兩湖平原難以尋找到理想落脚點之時，他們對於西進入川自然不會有太多的顧慮。

雖説是"江西填湖廣"、"湖廣填四川"，但首先"填"的都是平原及丘陵區。江西人並非填滿了湖廣後才往四川，他們有的在湖廣停下了脚步並永久性留在湖廣，有的則是一路向前，繼續向四川、貴州、雲南以及其他地區進發。湖廣人口在戰亂之際，也並非等待着亂兵的殺戮，而是向各處主要是未遭戰亂之處流動。在元末明初及明末清初，他們的首選地便是四川。當兩湖平原開始人滿為患時，他們同樣也向各處特別是人少田多處流動，而首選地區同樣也是四川。所以，"湖廣填四川"幾乎是與"江西填湖廣"同時發生的。

不僅僅是四川，雲南、貴州同樣也是江西、湖廣人口填充的地區。王士性《廣志繹》説："滇雲地曠人稀，非江右商賈僑居之則不成其地。"而這些"江右商賈"，又多屬"撫州客"即撫州商人[①]。羅繞典《黔南職方紀略》説："（貴陽）明初即設為省治，迄今五百餘年矣。蓋自元設元帥府以來，徵調各省戍兵，留實斯土。明因之，改設衛所，分授田土，作為屯軍，並設都指揮使以統率之。於是江、廣、楚、蜀貿易

---

① 王士性：《廣志繹》卷5《西南諸省》。

客民，轂擊肩摩，羅賤販貴，相因坌集，置産成家者，今日皆成土著。"[①] 又説："湖南之永綏、鳳凰，四川秀山各鄰省客民，以及江西、湖廣各省會館，向苗人當買之産亦復不少。"[②]

下面是江西、湖廣、四川、貴州、雲南五省明清時期户口的變化情况。

表3　　　　　　　　　　明清時期江西等五省户、口變化表[③]

年　代	江　西		湖　廣		四　川		貴　州		雲　南	
	户	口（丁）	户	口（丁）	户	口（丁）	户	口（丁）	户	口（丁）
洪武二十五年	1553923	8982481	775851	4702660	215719	1466778			59576	259270
弘治十五年	1363629	6549800	504870	3781714	253803	2598460	43367	258693	15950	125955
萬曆六年	1341005	5859026	541310	4398785	262694	3102073	43405	290972	135560	1476692
順治十八年	1945586			759604		16096		13839		117582
			湖北（口）	湖南（口）						
康熙二十四年		2126407	443040	303812		18509		13697		158557
雍正二年		2172587	453007	341300		409310		21388		145240
乾隆十四年		8428206	7527486	8672433		2506780		3075111		1946173
嘉慶十七年		23046999	27370098	18652507		21435678		5167000		3543667
咸豐元年		24516010	33809892	20647752		44751964		5435590		7403447
光緒二十年		24599000	34340000	21010000		79493000		4841000		

按：清代順治、康熙、乾隆爲丁數，嘉慶、咸豐、光緒爲口數。

表3顯示：在政府的統計數字中，明代江西的户、口數一直在減少，湖廣的最低數字是在弘治十五年，雖然萬曆六年的統計有所上升，仍然没有達到洪武二十六年的户、口數。與此相反，四川的户口數則持續上升，弘治十五年比洪武二十六年增加1131682口，110年間增加幅度爲77.15%；萬曆六年比弘治十五年增加503613口，七十五年間的

---

① 羅繞典：《黔南職方紀略》卷1《貴陽府》。
② 羅繞典：《黔南職方紀略》卷6《松桃直隸廳》。
③ 據萬曆《明會典》卷19《户口一·户口總數》、《清朝文獻通考》卷19《户口一》及梁方仲《中國歷代户口、田地、田賦統計》甲表78、82、85。

增加幅度為 19.38%。再看雲南和貴州。在二省没有分離的洪武二十六年，在册僅為 259270 口，而至弘治十五年，二省合計 384648 口，比洪武二十六年增加了 125378 口，增長幅度為 48.36%；萬曆六年二省合計 1767664 口，這個數字比弘治十五年增加了 1383016 口，增加幅度為 359.55%。

比較這些數字是很有意思的。如果不考慮人口的自然增長率和户口統計中的遺漏，從洪武二十六年至萬曆六年的近二百年裏，江西减少了 3123455 口、湖廣减少了 303875 口，兩省合計减少 3427330 口。而在同一時間裏，四川增加了 1635295 口，貴州、雲南二省增加了 1508394 口，三省合計增加 3143689 口。也就是説，從洪武二十六年到萬曆六年間，雲、貴、川三省所增加的人口數字，幾乎就是江西在同一時間内减少的數字。可以作這樣的推測：説是"湖廣填四川"，在很大程度上是江西人口在往湖廣流動的同時，又與湖廣人口一道，流向四川、流向西南。江西和湖廣在册户、口的减少，是因為當地政府只統計了沆失的户口，却没有上報增加的户口。

經歷了明末清初的農民戰争和清軍入關及統一的戰争，全國在册户、口（丁）均大幅度减少，而四川和湖廣减少得尤其驚人。以一丁折二口計，順治十八年江西為 1945586 丁合 3891172 口，湖廣為 759604 丁合 1519208 口，四川為 16096 丁合 32192 口，貴州為 13839 丁合 27679 口，雲南為 117582 丁合 235164 口，人口分别為萬曆六年的 66.41%、34.54%、1.04%、9.51%、15.93%。减少幅度最大的是四川，其次是貴州、雲南，再次是湖廣，江西最少。順治十八年真省總計 21068609 丁合 42137218 口，為萬曆六年（60692856 口）的 69.43%。江西的减少幅度與全國大抵持平，湖廣為全國平均减少幅度的二倍，四川則是全國减少幅度最大的省份，在册人口數僅為明萬曆時的百分之一。因此，四川在整個清代也成了接納人口最多的省份。而流入四川的人口，絶大多數來自江西、湖廣。

早在康熙初年，即平定李自成在川東的餘部之後，清政府就在四川招徕各地流民：

康熙十年六月乙未，四川湖廣總督蔡毓榮疏言：蜀省有可耕之田而無耕田之民，招民開墾，洵屬急務。但招民限以七百名之例，所費不貲，能招徠者甚少。臣謂非廣其招徠之途，減其開墾之數，寬其起科之限，必不能有濟。請敕部準開招民之例，如候選州同、州判、縣丞等及舉貢、監生、生員人等有力招民者，授以署職之銜，使之招民。不限年數、不拘蜀民流落在外及各省願墾荒地之人，統以三百戶為率。俟三百戶民盡皆開墾，取有地方甘結方準給俸，實授本縣知縣。其本省現任文武各官有能如數招民開墾者，準不論俸滿即昇。又蜀省隨征投誠各官，俟立有軍功，咨部補用者，能如數招民開墾，照立功之例，即準咨部補用。其開墾地畝，準令五年起科。如此，則人易為力，而從事者多，殘疆庶可望生聚矣。下吏、戶、兵三部會同議行。①

從蔡毓榮的這份奏疏中可知，康熙初年雖在四川招徠流民，但其政策是十分保守的。經蔡毓榮的請求，在兩個方面加大了招徠的力度：一、對招徠流民者封官許願；二、對開墾荒地者免征四年。但是，這一政策實行不久，三藩之亂爆發，湖廣、四川都成了戰場，也遲滯了清代的江西填湖廣、湖廣填四川的進程。所以我們看到表3給我們的信息：與順治十八年相比，康熙二十四年的人丁數，三藩之亂的主要受害地區四川、雲南的增長率幾乎近於零，而湖廣、貴州則是負增長。

在清代，大規模的江西填湖廣當是在三藩之亂平定後開始的，而大規模的湖廣填四川，則發生在康熙後期兩湖平原大抵被"填充"之後。

康熙三十九年二月，湖廣總督郭琇說："湖南民稀地廣，所以民或不能完課，遂致逃避者有之。"② 康熙四十四年二月，湖北巡撫劉殿衡仍在奏疏中說："湖北荒地甚多，有情願開墾者，準其開墾，無力者通省文武各官給與牛種招墾，照數議叙。"③ 但時隔十年，情況便不一樣了，湖廣，當然主要是指江漢平原區和洞庭湖平原區竟成了"人多地少"之處。康熙五十二年十月諭旨說：

凡督撫條陳地方事務，應據實陳奏。（原偏沅巡撫）潘宗洛奏

---

① 《清聖祖實錄》卷36，康熙十年六月乙未。
② 《清聖祖實錄》卷197，康熙三十九年二月乙酉。
③ 《清聖祖實錄》卷219，康熙四十四年二月壬辰。

湖南荒田五百餘頃。今天下戶口甚繁，地無棄土，湖南安得有如許未墾之田？著差戶部司官一員，會同湖廣總督額倫特，就潘宗洛奏疏內，所有州縣，查勘詳明具奏。又諭曰：湖廣、陝西、人多地少，故百姓皆往四川開墾。聞陝西入川之人各自耕種，安分營生；湖廣入川之人，每每與四川人爭訟。所以四川人深怨湖廣之人。或有將田地開始至三年後，躲避納糧，而又他往者。①

康熙帝的這道諭旨，未免有吹毛求疵之嫌，偌大一個湖南，即便人口再多，也未必沒有五百頃荒田。而事實是，就在這時，大量的人口正向湘西、鄂西流動。但諭旨中所說的 "湖廣……人多地少，故百姓皆往四川開墾"，則應是兩湖平原地區眾所周知的事實。此前即康熙五十一年五月，康熙帝在給大學士們的諭旨中也說：

湖廣民往四川墾地者甚多，伊等去時將原籍房產地畝悉行變賣，往四川墾地。至滿五年起征之時，復回湖廣，將原賣房產地畝，爭告者甚多。潘宗洛以此情由曾繕摺啟奏，嗣後湖廣民人有往四川種地者該撫將往種地民人年貌、姓名、短緣查明造冊，移送四川巡撫，令其查明。其自四川復回湖廣者，四川巡撫亦照此造冊，移送湖廣巡撫。兩相照應查驗，則民人不得任意往返，而事亦得清厘，爭訟可以止息。②

從這些材料來看，清代 "江西填湖廣" 即江西人口的大規模流向湖廣，主要應發生在三藩之亂平定之後的康熙二十年至康熙四五十年間；而 "湖廣填四川"，即江西、湖廣人口的大規模流向四川，則主要發生在康熙五十年前後。根據表3提供的數字，從康熙二十四年到雍正二年，近四十年間，江西、湖廣的丁數增長甚微，但四川在同一時期則增長了2111.41%。這一現象的發生，首先是因為江西人口的繼續向湖廣流動；其次也在於江西、湖廣人口的大量脫籍；再次，毫無疑問的是，江西、湖廣以及陝西、廣東人口的大量涌入四川。

---

① 《清聖祖實錄》卷256，康熙五十二年十月丙子。
② 《清聖祖實錄》卷250，康熙五十一年五月。

雍正年間及乾隆前期，各地特別是湖廣和江西民衆仍在源源不斷地流向四川：

> 雍正六年二月甲辰，諭內閣：上年聞湖廣、廣東、江西等省之民，因本地歉收米貴，相率而遷移四川者，不下數萬人，已令四川督撫高瀚安插，毋使失所。但思上年江西收成頗好，即湖廣、廣東，亦非歉歲，不過近水之地略被淹損，何至居民輕去其鄉者如此之衆也。因時時留心體察。今據各省陸續奏聞，大約因川省曠土本寬，米多價賤，而無知之民平日既懷趨利之見。又有傳説者，謂川省之米三錢可買一石。又有一種包攬棍徒，極言川省易於度日，一去入籍，便可富饒。愚民被其煽惑，不獨貧者墮其術中，即有業者亦鬻産以圖富足。獨不思川省食物價賤之故，蓋因地廣人稀，食用者少，是以如此。若遠近之人雲集一省，則食之者衆，求如從前之賤價，豈可得乎？①

清世宗説雍正五年湖廣、江西、廣東等省流入四川者"不下數萬"，顯然沒有真正認識到流民潮的規模。但他的擔心並非沒有道理：如果各省民衆都涌到四川，四川不也人多田少？但人無遠慮，却有近憂。對於缺地少糧的農民來説，只要眼前四川有荒地、糧食價格比原籍便宜，那就顧不得以後如何了。

江西、湖廣的缺地農民，正是抱着這樣一種心情，義無反顧前往四川的。一方面是人口流動的持續不斷，另一方面是"滋生人丁、永不加賦"政策的落實，民衆用不着因為逃避賦税而隱瞞人口，政府人口統計的可靠性自然也大大加強，所以從雍正二年至乾隆十四年，短短的二十五年間，江西增加了 6255619 丁，增長率為 287.93%，湖北增加了 7074479 丁、增長率 1561.67%，湖南增加了 8331133 丁、增長率 2441.00%，四川增加了 2097470 丁、增長率 602.44%。從這些數字中，可以得出兩點推測：一、如前文所説，在過去一個時期內，即在康熙中後期，江西流入湖廣的人口仍有大量沒有入籍，所以在這一時期造成户口數突然成十倍增長。二、在這一期間，仍是江西人口大量流入湖

---

① 《清世宗實錄》卷 66，雍正六年二月甲辰。

廣的時期，但由於湖廣平原及丘陵地區同樣有着人口對土地的巨大壓力，所以江西、湖廣人口又更大規模地流向四川，造成此後四川人口更為迅速的增加。

如果說兩湖平原土地不足的情況在康熙後期發生，那麼到乾隆前期已是人滿為患了。《清高宗實錄》載：

> 乾隆十一年二月乙巳，户部議覆：湖南巡撫楊錫紱奏稱，湖南地濱洞庭，民間築堤墾田，與水爭地，常有冲決漫溢之憂……請一並飭禁。查塘池雖小民自有之業，然其中或為蓄水之溝，或為通水之徑，若皆培土為田，一遇旱潦，水無蓄泄，既無益於己業，轉為害於鄰田……以有關水道蓄泄者，概禁報墾。從之。①

洞庭湖周圍的築堤墾田，自然造成對水利的破壞。而到這一步，則是人口飽和的反映。此時，川東及成都平原也變得人口衆多，清世宗的擔心成了現實：

> 乾隆八年十月，四川巡撫紀山奏：“……查湖廣等省外來之人，皆因誤聽從前川省地廣人稀之説，群思赴川報墾，不知川省已無荒土可辟。嗣後除有親族可依來川幫工為活者，令各省地方官給與印照，使喚彼此均有稽查。其無本籍印照者，各該管關聯沿途阻回，毋使積聚多人滋事。”得旨：“所見甚是，妥協為之。”②

盡管如此，江西、湖廣以及廣東等省的民衆仍憑着四川田地甚多的感覺、借着人口流動潮的慣性，源源不斷地流向四川。

乾隆至嘉慶間，雖然在鄂西、湘西地區發生過白蓮教大起義及苗民起義，但農業經濟仍得到持續發展，人口統計也由“丁”向“口”轉變。所以我們從表3看到，比較乾隆十四年，嘉慶十七年江西增加了14618793口、增長率為173.45%，湖北增加了19842612口、增長率為263.60%，湖南增加了9980074口、增長率為115.08%，四川增加了

① 《清高宗實錄》卷258，乾隆十一年二月乙巳。
② 《清高宗實錄》卷203，乾隆八年十月。

18928898 口、增長率為 755.11% 。如果也以一丁二口折算，在這六十多年裏，江西人口的實際增幅為 73.45% 、湖北為 163.60% 、湖南為 15.08% 、四川為 655.11% 。可見，湖南在這一時期的人口數幾乎沒有增加，江西則由於山區棚民的注入而有所增加，湖北仍然增長較快，四川則是高度增長。

也就在嘉慶十七年，湖北的在册人口超過了江西。這是自唐玄宗天寶元年以來的 1700 年中，湖北地區的人口首次超過江西。在同一年的統計中，四川的人口數超過了湖南，逼近江西。至咸豐元年，四川人口則不僅超過湖南、江西，也超過了湖北。如果說四川在人口上超過江西，是因為其面積廣大、可容納的勞動人口多，那麼，湖北人口超過江西，却意味着兩省之間經濟發展程度的易位。從嘉慶十七年至光緒二十年的八十多年裏，江西的人口增長幅度僅為 6.73% ，湖南為 12.64% ，湖北則為 25.47% ，四川仍達 270.84% ，為全國第一人口大省。可見，"江西填湖廣、湖廣填四川"的人口流動潮一直延續到了清朝末年。

四川人口的增加，導致了巴蜀地區農業特别是糧食生產的發展，"川米"猶如川鹽，順江而下涌入湖北。

從乾隆十六年湖北巡撫德文的奏疏，也可以看出"湖廣熟、天下足"的結構性變化：

> 楚省正、二月間雨水過多，米價由一兩四五錢增至二兩不等。向來楚省民食，全賴川省商販。近因川米稀少，若麥秋有望，即可接至秋成，倘再陰雨連綿，二麥歉收，米價自必倍加昂貴。請敕下川督，曉諭商販，輒運來楚，以平市價……臣當即飭開倉平糶，禁止囤積，並勸諭富民出糶。一面檄行宜昌、荆州等府，將四川、湖南商船催赴漢口。但商民因聞下游江浙、江西米價更昂，米船到漢，每多過而不留。有米之家，因復觀望。臣復飭地方官勸諭到漢商民，令其就近酌糶。目今川水日漲，商帆接至，下路米多價平，上游去者自少。且二麥指日登場，接濟有資，自不致有缺乏。①

雍正初，清世宗還在念念有詞："浙江及江南蘇、鬆等府地窄人稠，

---

① 《清高宗實錄》卷 386，乾隆八年二月。

即豐收之年，亦皆仰食於湖廣、江西等處。""蘇、松、杭、嘉等府，人稱地狹，産米無多，雖豐年亦仰給於湖廣、江西及就近鄰省。"短短二十年過去，便成了"向來楚省民食，全賴川省商販。"這種變化，是隨着湖北的人口增長和城市發展而發生的。如前文所説，康熙四十四年以前，朝野上下均認爲"湖北荒地甚多"，但康熙五十年以後，便"湖廣民往四川墾地者甚多"。康熙五十二年，當偏沅巡撫潘宗洛奏稱湖南開墾荒田五百餘頃，康熙帝竟斥責説："湖廣、陝西，人多地少，故百姓皆往四川開墾"，"安得有如許未墾之田？"[1]

可見，康熙五十年前後，是湖廣主要是江漢及洞庭湖平原人口飽和並開始大規模向四川流動的時期；而乾隆四年前後，則是湖北三要是江漢平原的城市開始依賴川米或湘米接濟的時期。在江漢平原上所發生的人口飽和與糧食短缺兩大現象，其間隔時間爲三十年左右。而在這三十年間，類似於湖廣或江漢平原曾經發生過的人口增長與糧食增産的現象則發生在四川，主要是川東重慶及其周邊地區。康熙五十二年，康熙帝説"湖廣、陝西，人多地少，故百姓皆往四川開墾"；雍正十一年，雍正便諭內閣："川省爲産米之鄉，歷來聽商賈販運，從長江至楚，以濟鄰省之用。"[2]

當然，説湖北"全賴川米"也只是一種感覺或印象，真正依靠川米的主要是漢口、沙市之類的都市或"巨鎮"。猶如當年説"湖廣熟、天下足"，也並非真正能"足"天下。所謂蘇、松、杭、嘉等府，"皆仰食於湖廣"，指的也主要是城市。

乾隆間，長期在江淮一帶任職的朱倫瀚根據親身感受，對湖南、湖北、四川的糧食生産和供應情況及"湖廣熟、天下足"實際內容的變化提出了自己的看法：

> 湖廣素稱沃壤，故有"湖廣熟、天下足"之諺。以今日言之，殊不盡然。湖北一省，宜昌、施南、鄖陽，多處萬山之中；荆州尚須由武漢撥濟兵米；德安、襄陽、安陸，其地多種豆麥，稻田亦少；武昌所屬，半在山中，惟漢、黄兩郡，尚屬産米。湖南亦惟長

---

[1]　《清聖祖實録》卷256，康熙五十二年十月丙子。
[2]　《清世宗實録》卷127，雍正十一年正月丁亥。

沙、寶慶、岳州、澧州、衡州、常德等府，係廣産之鄉，其中亦復
多寡不等。餘郡遠隔山溪，難以轉運。加以本處之生聚、外來之就
食、各省之搬運，價乃愈昂。而今日之採買運販者，動雲楚省。不
知今日之楚省，非復昔日之楚省也，且亦待濟於川省矣。武漢一帶
有"待川米來而後減價"之語，則不足之情形已見，恐未可視為不
竭之倉、不涸之源也。①

湖廣"素稱沃壤"，所以有"湖廣熟、天下足"之説，但時過境
遷，"殊不盡然"，武漢一帶甚至有"待川米來而後減價"之説，故
"今日之楚省，非復昔日之楚省"。朱倫瀚的這些認識，得之於自己的
親身體驗，有較高的可信度。

由此可見，導致湖北由商品糧供應大省轉變為基本自給甚至間或短
缺的主要因素有二：一是"戶口日繁"以及由此而導致的對生態環境
的破壞，二是城市的發展和非農業人口的增加。

根據清嘉慶二十五年的《大清一統志》提供的數據，可以得出以下
印象：

一、湖北、湖南、江西三省，以湖北的人口密度最大，是江西的
1.23 倍、湖南的 1.93 倍。在湖北各府中，又以地處江漢平原的武昌、
漢陽、黃州、安陸、荊州五府人口最為稠密。五府人口為 21658306，
占當時湖北人口總數的 74.50%，而面積則為全省的 41.50%，其密度
為 287.63 口/平方公里，其中武昌府為 416.54/平方公里。這些地區本
來是主要的水稻生産區和商品糧輸出區，是構成"湖廣熟、天下足"
的主要地區，此時則因人口的密集而難有大量米穀輸出。

二、江西的人口密集區為贛江中下游的九江、南康、南昌、瑞州、
臨江、吉安六府，這六個府的人口為 13873063，占江西人口總數的
58.65%，面積僅為全省的 27.12%，其人口密度為 281.97 口/平方公
里，接近於江漢平原。但是，在湖北和江西，仍有一些人口密度相對較
小的地區，它們分佈在鄂西和贛南、贛西北、贛東北，比較而言，這類
地區在江西的面積更大，生産條件也更好，所以，在糧食生産及商品糧
繼續向外輸出方面，江西比湖北較為有利。

---

① 朱倫瀚：《截留漕糧以充積貯札子》，《清經世文編》卷 39。

三、三省之中，以湖南的人口密度最小，每平方千米僅 82 人，僅為湖北的一半。人口密度最大的岳州，也不過 169.39 口/平方公里，只相當於湖北全省的平均人口密度。而省會所在地長沙，其人口密度也只略高於鄂北的襄陽和贛南的贛州。除岳州、衡州、長沙、常德四府及桂陽州外，其餘地區的人口密度均在 100 口/平方公里之下。這種人口結構，使得湖南在清嘉慶以後仍有大量接納流動人口的能力，並成為"湖南熟、湖北足"的基本生態條件。

四、由於清康熙、雍正之際全面推行攤丁入畝，所以乾隆、嘉慶以後的人口統計較為完整，隱瞞人口的現象也大為減輕。但同樣因為攤丁入畝，瞞田漏稅的現象就不可避免，而且比歷代更為嚴重。田有肥瘠，土有高下，單以畝數來估計產量的多少並不現實，但政府却是以田畝來征收賦稅。所以，民户少報田畝以瞞官府，地方少報田畝以瞞中央，已是公開的秘密。嘉慶時湖南人均佔有耕地 1.64 畝、湖北人均 1.94 畝、江西人均 2.00 畝，顯然不是真實的數字，却可以反映出當地農户承擔的國家賦稅情況或國家對民户控制的情況。就單個農户而言，江西較重而湖南最輕，湖北則接近江西。從賦田總數來看，則是湖北以 56 萬餘頃最重，江西以 47 萬餘頃居中，湖南以 30 萬餘頃最輕。因為這些數字並不是真正的田畝數，而是賦田數。由此，也決定了湖北提供商品糧的能力不及江西，更不及湖南。①

這是由於人口的增加對湖北作為商品糧供應地的影響。而遍佈江漢平原和洞庭湖平原的垸田的開闢，一方面大大擴展了耕地面積，也容納了大量的勞動人口，並在一定程度上使"湖廣熟、天下足"由預言變為現實。但物極必反，持續的人口增長和過度的圍湖造田，加劇了這一地區本來就不容忽視的水患問題，堤垸由防水護田的水利形式逐漸演變為加劇洪澇災害的因素之一。這一情況在明後期已日漸嚴重。

----

① 《中國自然資源叢書·湖南卷》説："嘉慶二十四年（1819），湖南已有耕地 2105440 公頃（按：約合 31581600 畝），光緒十三年（1887）耕地達 2324953.33 公頃（按：約合 34874300 畝）。又據原農林部統計室資料，1914 年湖南耕地 2346000 公頃（按：約合 35190000 畝）……1949 年中華人民共和國建立，耕地恢復到 3402000 公頃（按：約合 51030000 畝）。"（中國自然資源叢書編撰委員會：《中國自然資源叢書·湖南卷》，第 170 頁），如此看來，從 19 世紀初至 20 世紀中葉的 130 年間，湖南的耕地面積仍然增加了 61.58%，可見還是"地有餘利"。但這些增加的土地也主要是在湘西地區。

萬曆《湖廣總志》記："川、漢二水，每遇夏秋，輒交漲泛濫於荊（州）、承（天）、沔（陽）、武（昌）、漢（陽）之間，沃壤數千里，悉成巨浸，雖築堤浚冗，歲費不下萬金，竟委之泥沙……田地荒蕪者過半，廬舍墳冢多成故墟，至有百裏無人烟者。"① 各州縣地方志中亦有同樣反映。沔陽州"（自正德十一年以後）水患無歲無之"，"垸塍倒塌，田地蕪蕪"②。漢川縣"自嘉隆以來，無歲不有冲決之患"③。

明末清初的戰亂，既破壞了兩湖平原地區的垸田經濟，也暫時緩和了垸田過度開闢所帶來的危害。隨着康熙中後期兩湖平原人口的重新增長和垸田的恢復與發展，在明代曾經發生過的灾難也重新出現並更趨嚴重。乾隆七年七月，湖廣總督孫嘉淦在奏疏中說到江漢平原與水爭地的情況及其後果：

　　楚省江漢經流，湖澤渚匯，百姓多從水中築垸為田，一有漫溢，遂失生計。臣今春巡視苗疆，凡經過有堤之處，俱行相度，竊見大江兩岸，多有小山，土岸本高，而所築之堤去水頗遠，故冲潰尚少。惟漢水自襄陽至漢陽，皆走平原，溢為潜、沔，旁無岡阜以為輟域，百姓生齒日繁，圩垸日多，凡蓄水之地，盡成田廬，只留一綫江身，兩岸築土堤束之。當築堤時，不善相度，緊逼水涯，不留尺寸地以予水，故水與堤日相切摩，而所築之堤，又未夯硪堅實，皆係浮土堆成，累年歲修，因艱於取土，虛應故事，甚至將堤身草皮鏟去，以充新工，徒煩民力，無裨實用。是以荊、襄、安、漢諸府，無年不有水患。④

乾隆九年，御史張漢疏陳湖廣水利，湖廣總督鄂彌達奉旨查勘。經過現場查勘，鄂彌達提出了江漢平原的治水思路：

　　治水之法，有不可與水爭地者，有不能棄地就水者。三楚之

---

①　萬曆《湖廣總志》卷 32《水利上》。
②　嘉靖《沔陽志》卷 8《河防》。
③　同治《漢川縣誌》卷 22《雜記》。
④　《清高宗實錄》卷 171，乾隆七年七月。

水，百派千條，其江邊湖岸未開之隙地，須嚴禁私築小垸，俾水有所匯，以緩其流，所謂不可爭者也。其倚江傍湖已辟之沃壤，須加謹防護堤塍，俾民有所依以資其生，所謂不能棄者也。①

這是一個無可奈何、承認既成事實的解決辦法。一方面，不可能將已經變水為田的土地重新拋荒，即所謂棄地就水；另一方面，必須通過政府的法令來制止繼續變水為田，即禁止繼續與水爭地。

乾隆十三年，湖北巡撫彭樹葵進一步提出了"人與水爭地為利、水與人爭地為殃"的觀點，也主張嚴禁築堤為垸：

> 荆襄一帶，江湖亥延千餘裏，一遇异漲，必借餘地容納。宋孟珙知江陵時，曾修三海八櫃以潴水。無如水濁易淤，小民趨利者，因於岸脚湖心，多方截流以成淤，隨借水糧魚課，四圍築堤以成垸。人與水爭地為利，以致水與人爭地為殃。惟有杜其將來，將現垸若干，著為定數，此外不許私自增加。②

江漢平原如此，洞庭湖平原的情況也與此相似。康熙五十二年，鄂倫特為湖廣總督，受命履勘湖南諸州縣荒壤，得四萬六千餘頃。疏請聽民開墾，六年後以下則起科。③ 這些"荒壤"多在洞庭湖區，而政府的態度是"聽民開墾"。雍正五六年間，命湖廣總督邁柱修兩省堤工。湖南巡撫國棟疏言："湘陰、巴陵、華容、安鄉、澧、武陵、龍陽、沅江、益陽九州縣環繞洞庭，居民築堤堵水而耕。地勢卑下，江漲反灌入湖，堤岸冲決，現有四百餘處。正飭刻期完築，務加高培厚，工程堅固。"④ 可見，此時洞庭湖區的與水爭田問題並未十分嚴重故而未引起政府的重視。但至乾隆時期，情況顯然不一樣了。

乾隆八年，對洞庭湖區的變化全然不知情的給事中胡定提出，湖南濱湖荒土，勸民修築開墾。湖南巡撫蔣溥經過實地勘察後提出了反對

---

① 《清史稿》卷129《河渠志四·直省水利》。
② 同上。
③ 《清史稿》卷281《鄂倫特傳》。
④ 《清史稿》卷291《王國棟傳》。

意見:

> 近年湖濱淤地，築墾殆遍。奔湍束為細流，洲渚悉加堵截，常有冲決之慮。沅江萬子湖、湘陰文洲圍，士民請修築開墾。臣親往履勘，文洲圍倚山面江，四圍俱有舊堤，已議舉行。萬子湖廣袤八十餘里，四面受水，費大難築，並於上下游水利有礙。臣以為湖地墾築已多，當防湖患，不可有意勸墾。①

但此時，蔣溥還只是提出"不可有意勸墾"。四年後，繼任巡撫楊錫紱則要求"嚴禁改墾"。他認為，洞庭湖的圍墾來自兩個方面的原因。一是來自"愚民"，他們"昧於遠計，往往廢水利而圖田工，甚至數畝之塘，培土改田。一灣之澗，絕流種蓺。彼徒狃於雨暘時若，以為無害。不知偶值旱澇，得不償失。且溪澗之水，遠近所資，若截墾為田，則上溢下漫，無不受累"。二是來自"官吏"，他們"以改則昇科為勸墾之功，亦復貪利忘害，溝洫遂致盡廢"。由於居民興墾、官員勸墾，所以洞庭湖區"數畝之塘"、"一灣之澗"，多改墾為田，致使每逢雨季，皆成汪洋。因此，楊錫紱提出："凡有池塘陂澤處所，嚴禁改墾。"② 楊錫紱所反映的情況得到清政府的高度重視，乾隆十二年四月，大學士等議奏：

> 湖南巡撫楊錫紱奏稱，湖南長沙、岳州、常德、澧州四府州，環繞洞庭，濱湖居民，就荒地圍築墾田，謂之堤垸。有曾被水冲、發帑修復者曰官垸；其未經帑修及後續圍者曰民垸。每年冬令水利各員，督民培築，以防夏秋之水，曰歲修。臣到任後，由湘陰勘至益陽，所有堤垸情形，尚應酌定章程辦理……查各屬堤垸，多者五六十，少者三四十，每垸大者六七十里，小者亦二三十里。每年冬季培修，夏秋防護……令該撫除現在已圍堤垸外，其餘沿湖荒田示經圍築者，即行嚴禁，不許再行築墾，實妨水道。③

---

① 《清史稿》卷 289《蔣溥傳》。
② 《清史稿》卷 307《楊錫紱傳》。
③ 《清高宗實錄》卷 289，乾隆十二年四月乙亥。

可見，到乾隆十年前後，兩湖平原的生態破壞已嚴重到了由政府屢發禁令的地步。乾隆二十六七年間，陳宏謀為湖南巡撫，鑒於圍湖為田屢禁不止，提出"多掘水口，使私圍盡成廢壞，自不敢再築"的荒唐主張，竟然得到乾隆帝的讚揚："宏謀此舉，不為煦嫗小惠，得封疆之體。"①

湖區大規模的盲目圍墾，上游無節制砍伐而導致的水土流失②，使兩湖平原湖區面積縮小、水道變窄，洪水調節能力下降，從而導致了繁劇的洪澇災害，這不能不影響垸田生產的經濟效益及糧食的產量，同時也給湖區人民的生命財產造成了重大的損失。相比之下，湖北受災的面積要大得多，所受的影響也就更大。

漢口、沙市二"巨鎮"的興起，以及武昌、漢陽、黃州、岳陽、長沙、湘潭、南昌、樟樹、景德鎮等地城市工商業的發展，是清中期長江中游經濟結構變化的重要表現，但與江南地區的城市發展一樣，隨之而來的是城市消費問題。乾隆十年，新任湖北巡撫晏斯盛為解決漢口等城鎮的糧食供應，主張將通行於鄉村的社倉制度移植到城市：

> 竊民間社倉，久經奉旨通行，閭閻僻壤，於青黃不接之際，升斗之需，不無小補。惟是大市大鎮，商旅輳集，待業專家，祖孫聚處，大者千計，小者百什數，貿易而興盛者有之，消乏者亦有之，其間負販幫雜，而流落無歸者亦有之。興盛之家，衣食足而禮生，恒產裕而恒心不失；至於消乏之家，下及幫雜負販，流落無歸之徒，窘迫顛連者出其中，好勇疾貧者亦出其中。若遇荒歉之年，生意冷淡、市米頓希，常社之糧，莫分餘粒，未能安堵而高臥也。
>
> 如楚北漢口一鎮，尤通省市價之所視消長，而人心之所因為動靜者也。戶口二十餘萬，五方雜處，百藝俱全，人類不一，日消米穀，不下數千，所幸地當孔道，雲貴川陝粵西湖南，處處相通。本省湖河，帆檣相屬，糧食之行，不舍晝夜。是以朝糴夕糶，無致坐

① 《清史稿》卷307《陳宏謀傳》。
② 《清史稿》卷120《食貨志一·田制》云："（光緒）十六年，湖南洞庭新漲淤洲，建南洲廳治，入官佃租，共勘實民田十三萬餘畝，官田八萬九千二百餘畝。"國家新增了2200頃稅田，但洞庭湖也相應減少了2000頃湖面。

困。然而乾隆七年水泛大歉，積雪朝朝，遂亦甚儆。其時有好義樂善者，通商買米，而漢陽縣知縣為之激勸鼓舞，遂得接濟。第補救於一日，不能存積於平時，且平時有積，則補救又較易也。

查該鎮鹽、當、米、木、花布、藥材六行最大，各省會館亦多。商有商總，客有客長，皆能經理各行各省之事。請令鹽、當、米、木、花、藥材六行，及各省會館，隨力之大小，各建義倉，積谷米數萬石，存貯漢鎮，聽其情願捐辦理，不得官為勒派。一遇米貴，即行平糶。其平糶價銀，一遇川、南米船積滯價賤之時，即行買補。所有盈餘，亦即歸倉。並在倉公用。一切出納，擇客商之久住樂善而謹厚者為義長，聽其經理。仍報明地方官查考。地方官亦留心照管，不使摺本侵漁。如社倉法行之有效，即推廣於各市鎮，一例通行，似亦保聚一方之端也。①

乾隆十年，漢口城市人口已達20萬，而這20萬人口都是非農業人口，每天消費糧食數千石，加上釀酒、副食品等消耗，每年僅漢口一鎮即需稻穀200萬石以上。在此後的幾十年中，漢口人口更增加到50萬，每年所需稻穀達500萬石。只是因為地處水陸衝要，交通便利，商販方便，"糧食之行、不舍晝夜"，才不致"坐困"。一遇災荒，則糧荒立見。所以晏斯盛主張以漢口鹽、當、米、木、布、藥六大行業為首，由商人集資，建立城市義倉，以備荒年。並建議將這一方案推廣到各城鎮，"一例通行"。同時值得注意的是，晏斯盛提出的購買儲備糧的方案，是向"川南"即四川和湖南糧商而不是向湖北本地糧商買米，可見湖北本地的糧食似已不足供應諸如漢口、沙市之類的"巨鎮"。

清乾隆後期，兩湖人口已達3600多萬，即以光緒時的94萬餘頃耕地計，平均每人2.60畝，以每戶五口計，每戶占地13畝，遠遠低於明末的水平。又，按當時豐年每畝平均產穀三石即360斤計，又有大量的垸田開闢，按80%的土地種植糧食，則豐年總產量約在270億斤左右（穀）。每人每天也以二斤（穀）計，全年本地人口消費糧食260億斤左右（穀）。這樣，兩湖地區在乾隆後期，即遇豐年，每年也只有10億斤即800萬石左右的餘糧，遠低於明萬曆及清康熙中後期。如遇平年，

---

① 晏斯盛：《請設商社疏》，《清經世文編》卷40。

餘糧更少一些，如遇灾年，則必須動用儲備糧或從外省調入。清雍正、乾隆間官方除漕糧外，每年從湖南、湖北、江西調出儲備糧 30 萬石，折合穀 60 萬石，其中三分之一出自江西，湖廣則為 40 石穀，為豐年當地餘糧的 1/20。這樣，如遇豐年，各地商販從湖廣運出的糧食約為 800 萬—1000 萬石之間。如果是這樣，"湖廣熟、天下足"自然有些名不副實。

明清時代的"經籙三山"

東京大学　　橫手裕

一　　"經籙三山"

　　道教到了宋代，作爲能夠獨立發放符籙的總本山，出現了代表張道陵（天師道）一系的龍虎山、魏華存（上清派）一系的茅山，加上葛玄（靈寶派）一系的閣皂山，形成了三足鼎立的局面。這三大派被統稱爲"經籙三山"，或是"三山符籙"，成爲江南道教世界的權威①。

　　其中，雖然最初似以茅山上清符籙的勢力較强，可是逐漸的，龍虎

---

　　① 　參照以下記述：1. 劉混康，字混康，晉陵人……元祐元年，哲宗聞其名，以高道召，勅住上清儲祥宮。紹聖四年，勅江寧府即所居潛神庵爲元符觀，別勅三茅山宗壇與信州龍虎山臨江軍閣皂山爲經籙三山云。徽宗益大其觀，加號元符萬寧宮。（元·張雨《玄品錄》卷五）2. 二十五代宗師葆眞觀妙沖和先生，太中大夫，謚靜一，姓劉，諱混康，字混康，一字志通，晉陵人……元祐元年，哲宗后孟氏誤吞針喉中，醫莫能出，有司以高道聞召見，師進服符嘔出針刺符上，宮中神其事，賜號洞元通妙法師，住持上清儲祥宮。紹聖四年，勅江寧府即所居潛神庵爲元符觀，別勅江寧府句容縣三茅山經籙宗壇，與信州龍虎山臨江軍閣皂山，三山鼎峙，輔化皇圖。（元·劉大彬《茅山志》卷十）3. 三山符籙：上清籙出茅山，靈寶籙出閣皂山，正一籙出龍虎山（明·朱權《天皇至道太清玉册》數目紀事章）。

山的正一天師、也就是張天師一派成為勢力中心①。

　　龍虎山屬於現在的江西省鷹潭市。傳説五斗米道的天師張道陵之孫張魯，為曹操所敗，被強行帶至中原之後，其第三子張盛外出南遊，途經據傳為往昔張道陵煉丹之處的龍虎山，就此結庵而居。此後其子孫世代在此地承繼教法。到了宋初，其第二十四世孫張正隨，被尊為天師之嫡系，朝廷賜號"真靜先生"。從此每一代繼承人，都被認為擁有"先生"之賜號。在元末明初編纂成書的，元明善的《龍虎山志》以及張正常的《漢天師世家》等正一教的歷史書裏，對歷代天師，自張道陵、衡、魯、盛以下，至其第四十代傳人，都逐一立傳。但是，關於張魯有一個名為盛的兒子這一點，在宋以前的文獻裏並無記載。以此和其他許多問題為依據，可以推測這個系譜大約是北宋以後所作②。在南宋，由

---

①　參照以下記述：1. 黃澄，毗陵人，隸業丹陽之仙臺觀，崇寧初有勅改玉晨觀為崇寧萬壽宮，先生充住持……初，三山經籙，龍虎正一、閤皂靈寶、茅山大洞，各嗣其本宗，先生請混一之。今龍虎閤皂之傳上清畢法，蓋始於此。（元·劉大彬《茅山志》卷十六）2. 三十五代天師，諱可大，字子賢，曾祖三十二代天師守眞弟二子伯瑀之孫……嘉禧三年，錢塘潮決，水及艮山門，民廬盡湮，詔治之，投鐵符潭中，潮遂退。又大旱蝗，命醮於太乙宮，雨作蝗殪。七月召見賜號觀妙先生，勅提舉三山符籙兼御前諸宮觀教門公事，主領龍翔宮，重建真懿觀，賜田若干頃，免租稅……（明·張正常《漢天師世家》卷三）3. 正一天師者，始自漢張道陵。其後四代曰盛，來居信之龍虎山相，傳至三十六代宗演……元貞元年，弟與材嗣為三十八代，襲掌道教。時潮齧鹽官海鹽兩州，為患特甚。與材以術治之，一夕大雷電以震，明日見有物魚首龜形者，磔於水裔，潮患遂息。大德五年召見於上都暉殿，八年授正一教主，主領三山符籙。武宗即位，來觀，特授金紫光祿大夫，封留國公，錫金印。仁宗即位，特賜寶冠組織文金之服。延祐三年卒。四年，子嗣成嗣為三十九代，襲領江南道教，主領三山符籙如故。（《元史》卷二百二釋老）4. 至於符籙科教，具有其書，正一之家，實掌其業。而今正一，又有天師宗師，分掌南北教事，而江南龍虎閤皂茅山三宗符籙，又各不同。（明·王褘《青巖叢錄》）

②　張道陵的子孫，在南朝宋時，就被視為天師道中的領袖，這從陸靜修的話裏就可看出（《正一法文傳都功版儀》等），但其和龍虎山的關係卻全然不明。另外，據元劉大彬《茅山志》卷十五，被認為是齊梁時期之人的天師九世張玄真、十世張景遜，或是十世天師孫女張子怡等人之名，都被記載下來，可是他們和龍虎山，似乎並無必然的關係。晚唐的龍虎山，好像有張道陵的子孫存在，説是一個名為應韋節的道士，去拜訪龍虎山的係天師第十八代子孫張少任（《洞玄靈寶三師記》）。還有據"新建信州龍虎山張天師廟碑"（《全唐文》卷八百七十六）所述，南唐後主李璟在龍虎山修建了天師廟，同時記載了第二十二代傳人張秉一的名字。在元代的《龍虎山志》等文獻裏，雖然没有張少任的名字，因為張秉一被認為是其第二十二代傳人，同書所載的張天師系譜，也確實在一定程度上反應了唐末五代之時的事情。在《三洞修道儀》（1003）的序文裏所記述的，孫夷中是"天師之裔，世傳一人，即信州龍虎山張家也"，這種狀況應該是逐步被整理了出來。

於張繼先很受歡迎，受其影響，龍虎山正一天師的聲望很高。因此，似乎就把張繼先定為第三十代傳人，而且自他之後，各代也設定了天師繼承下去①。蒙古王朝的忽必烈大汗，在登基之前曾暫時駐軍在湖北武昌。那期間，曾派遣使者去訪問第三十五代天師張可大。天師説"今後二十年天下必成一體"，預言了忽必烈的統一天下。因此，在統一江南之後，忽必烈急速宣召張可大的兒子至大都，以賓客之禮相待，命其為江南道教統領，并賜以銀印②。此後，其子孫代代都被任命為江南道教之統領。

　　茅山在江蘇省句容市。據傳東晉的許謐曾在此對女仙魏華存等人進行降神活動，梁朝的陶弘景再次發起這個活動。到了唐代後期，出現了李渤的《真系》。這是自楊羲開始，包括陸靜修在內，羅列了陶弘景、潘師正、司馬承禎等名人的一個系譜，卻似乎具有一定的權威，被後世視為茅山道教傳教"宗師"之正統。元朝劉大彬所著《茅山志》里，以魏存華為第一代，第二代是楊羲，之後順次為許謐、陸靜修、陶弘景、潘師正、司馬承禎等人，在宋代和以茅山為根據地的著名道士們連結在一起，最後一直記載到元代後期的第四十五代劉大彬為止。宋代比較活躍的茅山道士，首先是被視為第二十三代宗師的朱自英（976—1029），其次是被視為第二十五代宗師的劉混康（1035—1108）。劉混康因以符籙救了哲宗之妃孟氏的性命而被朝廷尊崇，在徽宗時代和林靈素同樣被賜予六字先生封號（"葆真觀妙沖和先生"），受到了特別的禮遇。朱自英和劉混康兩人同樣被敕命在茅山建立或增修道觀，朱自英的時候修建了乾元觀、劉混康的時候修建了元符萬寧宮，這兩個道觀在後世都成為茅山道教的中心道觀。這之後自第二十六代笪淨之、第二十七代徐希和以下，每一代都設立了宗師并傳承下來。在道教的世界里，茅山依然是最高級的權威存在。南宋時的中央道官，大多從茅山的宗師或此地有聲望的道士里選拔任命。

　　閣皂山位於現在江西省樟樹市。宋代之前似乎并未與道教有較深關聯，也并無名氣。不知從何時起，這裡被視為葛玄升仙之地，到了宋代已經被當做繼承了葛玄靈寶傳統的一處基地。據南宋周必大依據古碑所

---

① 參照王世貞《書張道陵伝後》（《読書後》卷八）。
② 參照《元史》卷二百二《釈老伝》。

作的記載，此地最初曾設置靈山館，隋朝時被燒毀。唐朝的道士程信然，於此地挖出鐵鐘和玉石尊像，因而建了草堂。先天元年（712），孫道沖在此建起了殿宇，依照山名而賜名為閤皂觀。五代後唐時期，被改名為玄都觀，宋真宗時因避諱又改為景德觀。據說於政和八年（1118），由觀升級至宮，并被賜名為崇真宮，同時還被賜予了傳授法籙時所用的元始萬神銅印①。周必大去拜訪的時候，崇真宮已成為南宋中期江南地區規模最大級的道觀。據說 13 世紀初，這裡有從葛玄開始數至第四十代的宗師朱季愈②，元朝時被認為是第四十六代宗師的楊伯晉也曾在此住持。也就是說，和茅山一樣，閤皂山也代代設定了宗師。

宋元時代就樹起了權威的"經籙三山"，在明清時期的道教世界里，佔據了怎樣的位置，或者說是怎樣的狀況呢，本論文將嘗試對此進行概觀。

二　明清王朝與道教和龍虎山正一教

明清時代的道教，可以說在政治上是以龍虎山的正一教為中心③。

被尊為明太祖洪武帝的朱元璋（1328—1398）出身於貧農之家，自幼為孤兒，靠出家托鉢為生。在加入白蓮教系的紅巾軍之後，開始嶄露頭角，最終佔領南京建立了明朝。據說"明"這個國號，也衣源於白蓮教徒所讀誦的《大阿彌陀經》④，因此跟佛教有極深的因緣。另一方面，傳說朱元璋母親因夢服道士所給的藥而生下他。以此傳說為主，描

---

① 周必大《記閤皂登覽》（《文忠集》卷一百八十三）、同《臨江軍閤皂山崇真宮記》（《平園續藁》卷四十）。

② 白玉蟾：《心遠道記》（《道藏》4—752）。

③ 明清王朝與道教的關係，其基本內容，在任繼愈主編的《中国道教史（增訂本）》下卷（中国社会科学出版社 2001 年版），卿希泰主編的《中国道教史》第三卷、第四卷（四川人民出版社 1993 年版），于本源的《清王朝的宗教政策》（中国社会科学出版社 1999 年版）等書中，已經被總結出來。在此，大體上以上述研究書為基礎，簡略地記述一下王朝與龍虎山正一教之間的關係。

④ 楊訥：《元代白蓮教研究》（上海古籍出版社 2004 年版）第十二章《"明王出世"與大明国号》。

述他與道教淵源的傳聞也不少。此外，他親自寫了"三教論"①，表達了治理天下除儒教之外，也需要道教、佛教助力的觀點。龍華山第四十二代天師張正常（？—1377），在太祖即位前就兩次派遣使者前往，即位之時更是親自入賀，與太祖關係密切。由於"天師"的稱號意味著"天之師"，太祖對此不滿，因而改稱，授予"（正一嗣教）真人"之號，并同時賜予銀印和同二品的官品。

成祖永樂帝對建文帝舉兵奪權，發動所謂"靖難之變"時，據說受到了玄武（真武）神的庇護，因此對真武信仰的本山，也就是武當山各道觀進行了大規模修繕和增建。此外，相傳太祖也尋訪過著名道士張三丰，因其曾住在武當山，因而留話，如果張三丰回來，希望能夠見一面，也因此對武當山多加青睞。成祖傾盡財力所增建的諸道觀，其多數留存至今，即使在道教史上，這也是罕見的規模巨大的建築群，從中可窺其誠意。成祖還在永樂四年（1406），命第四十三代龍虎山真人（天師）編纂《道藏》。不過，其最終完成是在英宗正統九年（1444），全藏 480 函 5305 卷全部成書。

在憲宗、孝宗時期，道士的出仕就有所增加，崇道的傾向開始加強，而達到最高潮的是世宗嘉靖時代。嘉靖帝是明朝歷代皇帝中最看重道教的崇道皇帝。據說在世宗即位之初，就被內侍宦官崔文所唆使而好事鬼神，日日以齋醮為事，不聽諫官之言。還招來龍虎山道士，也就是邵元節（？—1539）或是陶仲文（？—1560）專司祈禱，有靈驗就授予真人稱號或是禮部尚書之位。尤其是陶仲文，被授予少傅、少保、少師這三個最高的官職，雖為道士，也位及人臣。此外，精通煉丹術的段朝用、熟悉神仙故事的龔中佩、善於扶乩之術的藍道行等為數眾多的道士，當時都受到優待②。另外，在齋醮儀禮里所用的祭文被稱為青詞，於是擅長青詞的人被大量錄用為官吏。其中一人就是位至內閣大學士的嚴嵩，被稱為"青詞宰相"。世宗年復一年，越來越深地沉溺道教之中。嘉靖三十五年（1556），奉與父母以道教式的尊號，并自稱"靈霄上清統雷元陽妙一飛玄真君"等，自詡為道教神的化身而君臨國家。被眾多道士所環繞的嘉靖帝，在他們的推薦下開始服用丹藥。到了晚年，

---

① 《明太祖文集》卷十。
② 《明史》卷三百七。

儘管他髭須眉毛脫落，多種丹毒并發，也沒有停止，最後終於在服用了方士王金等所獻的丹藥之後送了命。此後，明朝沒再出現過能被稱為崇道的皇帝。

其後的清王朝，是女真族（滿洲族）的國家，對於本來就屬於漢民族文化而展開的道教，并沒有多少興趣。甚至於對已經失勢的道教，連政治性的關心也不多見，跟歷代王朝相比，在宮廷里舉行齋醮儀式這樣的事，也可說是較少。

世祖順治帝，為了修復重建明末以來兵荒馬亂的局面，鮮明地擺出了振興文教，以儒教開創太平的姿態（順治十二年三月諭）。但同時也顯示出重視三教的態度，并在進入中原后不久就表達了對繼承漢人文化傳統的道教的顧慮。順治八年（1651）招龍虎山第五十二代傳人張應京進京，封為"正一嗣教大真人"，并授予一品官印。另外，對全真教也表達出一定的善意，被稱為清初全真教中興之祖的王常月，也被賜予紫衣。王常月在北京白雲觀所進行的活躍地復興活動，也得到了世祖的支持。

聖祖康熙帝，也授予第五十四代正一真人張繼宗一品官印，并封其為光祿大夫，在北京賞賜了住宅，還為龍虎山諸道觀的修復提供資金，之後的第五十五代正一真人也被封為光祿大夫。康熙帝本來似乎對道教也好佛教也好，都把其當做世間之無益邪教，而持以批判的態度。但他也認同道教、佛教具有一定的歷史文化上的意義，并沒有加以排除。

世宗雍正帝好禪，這是眾所周知的，但同時他也倡導三教合一，認為道教也有益于治世等，對其肯定的言語并不少。曾有一次世宗得病，招來白雲觀道士，也就是全真教道士賈士芳，因不合心意，以其邪妄而即刻誅殺。然後又讓正一教的婁近垣做祈禱，因病情好轉，而對龍虎山諸道觀進行大幅修繕等，對正一教顯示出友好的態度。世宗親自編纂了禪語錄集《御撰語錄》，可其中也收錄了婁近垣的語錄（同書卷十九"當今法令"）。

這些事并非和皇帝個人的喜好、信仰有必然的關係。基本上可認為，這是入關不久的異族王朝，由於政治目的，為了牢固統治中原，要把傳統的勢力和文化都握于掌中而採取的手段。

但是，到了高宗乾隆帝時代，對佛教、道教的管理就變得非常強硬，寺觀的財產被沒收，僧侶、道士被迫還俗等，都有據可查。此外，龍虎山正一真人還被禁止往各地派遣門徒，及增收弟子。到了乾隆十二年（1747），由於左副都御史梅瑴成的彈劾，第五十六代龍虎山正一真人張遇隆被降至正五品，官品被大幅下調。乾隆帝認為，道教就是巫，而巫和醫本來就是同類，因為當時的太醫院使是正五品，所以正一真人也應該同此標準。同時還禁止正一真人入覲，也就是禁止其入宮拜見天子。不過，一品固然是太高了，但鑒於其悠久的傳統和歷史的作用，五品也太低了，於是在後來的三十一年（1766），其品秩又被調回至三品。

　　清朝對待正一真人的態度，在此之後并未好轉，反而一直嚴峻下去。此後的仁宗嘉慶帝也繼續禁止其入覲，而且據說正一真人的品秩再次被降至五品。到了宣宗道光帝時代，甚至連正一真人的稱號都被取消。并且不僅中斷了龍虎山和各地道教之間的往來，對龍虎山自身的固有模式也進行了嚴格的管理和限制。管理其中心上清宮的道官，一旦有缺，馬上從現有人員里增補，決不允許外部人員進入其中。就這樣，清王朝對待道教的態度，自乾隆以後就逐漸嚴厲，傳統形式上的道教勢力，不可避免地走向衰退。

　　綜上所述，在明末清初，曾經衰退的全真教雖然一度復興，但縱觀整個明清時代，龍虎山正一教至少在政治上是道教的中心，可以說正一教一直是道教的代表。

三　明清時代的道教制度

　　下面，來看一下明清時期關於道教的制度設定。

　　明朝在創建之初就構築起了國家體制，對道教的管理體制也包括在內。以《明史》卷七十四《職官三·僧道錄司》、《欽定續文獻通考》卷六十一僧道官的記述為主，和佛教制度合成一對的明朝道教制度的基本構造如下。

　　首先是洪武元年（1368），在設置管理佛教的善世院的同時，也設置了管轄道教的玄教院。洪武五年，開始給僧侶、道士發放度牒。到了洪武十五年，善世院和玄教院一起被更改，變成了僧錄司和道錄司。這就成為此後的基本體制。

　　僧錄司的設置，有左、右善世，合起來是二人（正六品）；左、右闡教二人（從六品）；左、右講經二人（正八品）；左、右覺義二人（從八品）。

　　道錄司的設置，有左、右正一，合起來是二人（正六品）；左、右演法二人（從六品）；左、右至靈二人（正八品）；左、右玄義二人（從八品）；神樂觀提點一人（正六品）；同知觀一人（從八品）；龍虎山正一真人一人（正二品）；同法官、贊教、掌書各設二人。另外在閣皂山、三茅山（茅山）各設靈官一人（正八品），還設有太和山提點一人。

　　"龍虎山正一真人"，是洪武元年張正常入朝的時候，被取消"天師"之號，而改封為"真人"，此後就由其子孫世襲。在穆宗隆慶年間（1567—1572），"真人"曾被改稱為"提點"，不過在萬曆年間（1573—1619）的初期，又被改了回來。神樂觀，是洪武十一年（1378）在郊祀壇，也就是天壇的西側修建而成的，被認為是培養在郊祀壇舉行儀式時表演樂舞之人的道觀，和永樂帝的真武信仰也有關係。這些僧、道錄司，掌管着天下的僧侶和道士。

　　在中央之外，佛教在全國各地之府，設有僧綱司都綱、副都綱各一人；在州，設有僧正司僧正一人；在縣，設有僧會司僧會一人。道教在各地之府，設有道紀司都紀、副都紀各一人；在州，設有道正司道正一人；在縣，設有道會司道會一人，各自分擔對道教的管理。這些被任命的人，都是精通經典、戒行端潔之人。順便提一句，神樂觀是掌管樂舞，負責天地神祇和宗廟社稷的大祭，屬於太常寺，并不屬於道錄司。

　　清代對佛教道教的管理，也基本上沿襲了明朝的制度。暫時根據《清史稿》卷一一五《僧道錄司》里的描述，整理如下：

　　最初在太宗天聰六年（1632），規定各廟的僧侶、道士，歸僧錄司、道錄司統一管理，并對精通經義、恪守清規者發給度牒。

　　僧錄司，設有正印、副印各一人（品秩不明）；左、右善世二人（正六品）；左、右闡教二人（從六品）；左、右講經二人（正八品）；左、右覺義二人（從八品）。

　　道錄司，設有一人（品秩不明）；左、右正一二人（正六品）；左、右演法二人（從六品）；左、右至靈二人（正八品）；左、右至義二人（從八品）。

除此之外，還在各城設有僧協理、道協理各一人。

道教更設有龍虎山正一真人（正三品）、同提點、提舉、法籙局提舉各一人；副理一人；贊教四人；知事十八人。

另外，根據台灣國史館所編《清史稿校註》，在上述各項以外，清代也和明代一樣，在地方設置了僧道官。也就是說，作為僧官，在府，設有僧綱司都綱、副都綱各一人；在州，設有僧正司僧正一人；在縣，設有僧會司僧會一人。作為道官，在府，設有道紀司都紀、副都紀各一人；在州，設有道正司道正一人；在縣，設有道會司道會一人。

這樣，龍虎山雖然別具一格，但在宋元時代和龍虎山同樣擁有權威的茅山、閤皂山，到了明朝，也仍然為其特別設置了正八品的道官“靈官”，繼續跟其他的地方道教劃分開來，給予其較高權威。這一點，值得注目。也就是說，到了明代，“經籙三山”的地位，仍然被保留了下來①。此外，由於明朝真武信仰的關係，在太和山，也就是武當山，也設置了屬於中央官署的提點。這表明了，此地也開始被賦予特別的地位。

四　明清時代的茅山和閤皂山

下面，先介紹一下茅山和閤皂山的具體狀況。

明代以後的茅山的詳細狀況，現在未必十分清楚。自元代第四十五代宗師劉大彬開始至明憲宗成化帝之時，143 年之間據說有十三個“宗師”②，可是關於其姓名等具體情況卻很難了解。在明代後期，形成了全真教和傳來的正一教混雜在一起的局面。在茅山的山裡，有正一教的三宮，和全真教的五觀共同存在。所謂三宮，是指管轄茅山全境的元符萬寧宮（陶弘景來到茅山最初所結之庵），以及崇禧萬壽宮（陶弘景所建華陽下館）、九霄萬福宮（大茅峰山頂）的大宮觀。五觀，是指乾元觀（宋朝朱自英所創建）、玉晨觀（東晉許謐的山莊）、白雲觀（宋紹

---

①　《明太祖實錄》卷一百六十五（台灣中央研究院歷史語言研究所本，第 2544 頁）里，有以下的記錄。“洪武十七年九月……戊午，設三茅山華陽洞靈官一員，秩正八品。道錄司又言，閤（閣）皂山乃葛僊翁得道之所，前代嘗賜印住持，請從茅山之例。詔從。”據此，茅山靈官的設置，是在洪武十七年。再根據道錄司的奏章，閤皂山也同樣設置了靈官。

②　笪蟾光：《茅山志》中所收的《成化朝重刻茅山志序（陳鑑序）》里，有下述記載。

興年間創建)、德祐觀（二茅峰山頂）、仁祐觀（三茅峰山頂)①。明初開始設置的正八品的茅山靈官（或稱華陽洞靈官），就是從元符宮的道士裏選任的。以鄧自名為首，自薛明道、陳德星、任自垣（后移居武當山）、王克玄以下，到清康熙年間的丁昌胤為止，為人所知的就多達三十人。另外據說還有從八品的副靈官，是從崇禧宮的道士裏選任的，自王允恭以下，有 18 人被列名②。這些人應該就是正一教在茅山的道教領袖了。

　　茅山的全真教，據傳是在嘉靖至萬曆年間，武當山的閻希言（？—1588）移住於乾元觀開始的。其門下，從舒本住、江本實開始，傳至王合心、李教順。這一派被稱為閻祖派。另外在明末，龍門派第七代傳人沈常敬終於來到茅山，孫守一、黃守元是第八代，接着閻曉峰是第九代，其中孫和閻都曾在乾元觀住過③。清康熙二年（1663），龍門派第七代之時，全真教復興運動之領袖王常月，率弟子來到茅山，傳授戒律。似乎就是此時，笪蟾光（原名笪重光，1623—1691）等人被授戒④。笪蟾光重新編著

---

①　以上依據句容市地方志辦公室編《句容茅山志》（黃山書社 1998 年版）第二章"道教聖地"四"全真派的傳入與發展"、笪蟾光《茅山志》卷十《茅山各宮泉洞記》等書。

②　以上可見笪蟾光《茅山志》卷末《道秩考》。

③　以上參照笪蟾光《茅山志》卷九《茅山高真》的"閻道人"以下各條，以及閔一得《金蓋心燈》（台湾丹青圖書有限公司《道教文獻》第 10 冊、巴蜀書社《藏外道書》第 31 冊）卷一"沈太和宗師傳"、同卷二"孫玉陽宗師傳"。

④　參照笪重光（笪蟾光）《初真戒後序》（《初真戒律》，台湾新文豐出版公司印行《重刊道藏輯要》第 24 冊，第 10487 頁）。另外，雖然沒有提供十分詳細的出典，近乊編纂成書的，楊世華、潘一德編著《茅山道教志》（華中師範大学出版社 2007 年版）的第四章"宗師名道"之笪重光條目里，有下述記載："笪重光是全真教傳入茅山的繼承者和弘揚者，為全真教在茅山地區的傳播作出了重要貢獻。清康熙二年（1663），全真教振興之祖王常月率詹守椿、邵守善等門徒長途跋涉至茅山、南京、杭州、湖州等地立壇傳戒，皈依弟子達萬餘人，其中笪重光皈依其門下。王常月是道教中的廣大教祖，十方善士很多都是他的法裔，其中笪重光、伍守虛、金筑老人，都是當時道教中有名的啟派師，他們在各地談經說戒，創立了不少龍門啟派師（劉厚祜《白雲觀與道教》，文載《道協會刊》）。對於笪重光為龍門派者，《道藏源流考》也有類似之說。笪重光系道教龍門派第八代啟派師。目前，道教全真教開壇傳戒中的《初真戒》為王常月撰，該戒後序為笪重光所寫，署名鬱岡居士笪重光。時值康熙十二年（1673）。王常月傳戒弟子黃守中、陶靖庵、呂雲隱等，在蘇杭湖各地宮觀傳戒開創龍門支派。笪重光則於茅山鬱岡峰修建掃葉樓、松風閣，並同茅山乾元觀住持孫玉陽弘揚全真教義。孫玉陽拜沈常敬為師，沈常敬又與王常月為同輩。這期間還有'閻蓬頭'也在大力提倡全真教，經過笪重光和幾位全真教徒的努力，後來茅山的乾元觀、玉晨觀、白雲觀、仁祐觀、德祐觀，先後被改為傳授龍門派，或龍門岔支派，全真教龍門派在茅山極為興盛。"

了《茅山志》（康熙八年，1669），這對今日的學者來説，是了解明代至清初茅山歷史的珍貴的資料來源。

此後，全真教的勢力得到強化。但另一方面，傳統的茅山"宗師"的傳承，以及茅山"靈官"的存續，就完全不明了①。

附帶説一下，笪蟾光所著《茅山志》卷末之"道秩考"，是了解明清時代有關茅山（華陽洞）靈官具體事實的根本資料，因此下面列出其基本部分的內容。

華陽洞靈官

明洪武十六年設立。欽給符勅印信。秩正八品。掌領華陽教事。三茅山各宮觀統屬之，并掌管祖傳印劍，主行符籙。例定元符宮道士選授。

鄧自名（初賜勅印掌教事者，金壇人）

薛明道（轉南京道錄右正乙，武進人）

陳德星（句容人）

任自垣（鎮江人，永樂間陞道錄司玄義，歷太和山玉虛宮提點，至太常寺丞）

王克玄（金壇人，號一初）

呂景晹（溧陽人）

（中略）

戴紹資（毘陵人，號雲峰）

任紹績（溧陽人，號雲山）

副靈官

亦洪武十六年設立。秩從八品。同署教事。例定崇禧宮道士選授。

王久恭（初署教事者，亦欽選）

楊復陽

許中立（號舜傳，永樂間欽命提點太嶽太和山靜樂宮）

張混然

---

① 在前面提到過的楊世華、潘一德編著的《茅山道教志》第一章"歷史沿革"以及第十一章"歷代管理"里，對於這之後直至現代的狀況，也都沒有記述，成為空白期。另外，"中國道教志叢刊"中所收的，光緒二十四年（1898）重刊的《茅山志》，是重刊的笪蟾光本，光緒三年的周鳳藻序，與同二十四年的王友桂序，都是後來加上去的。這裡面，也沒有關於清代宗師及靈官的情報。

（中略）

張祐清

金玄禮（嘉靖二十五年主金籙醮壇）

道流進秩

王宗旦（洪武初由崇禧宮高道選神樂觀供祀，永樂間預修大典，與解學士縉為方外友，王冢宰英表其基工詩，有懶云集）

王文禮（永樂間由下泊宮道士任南京神樂觀天壇奉祀）

許祖銘（天順間由下泊宮道士，符法神驗，欽取靈濟宮．祈禱屢應，昇道錄司左玄義）

胡德海（成化間由崇禧宮道士，歷任太嶽太和山紫霄宮提舉）

真人府贊教

陳應符（肅宗欽委施藥）

（後略）

元

（略）

明正靈官

史懷仙（溧陽人）

張小峯（武進人）

楊勺泉（武進人）

（中略）

張玉壺（名嗣秀，金壇人）

龔企巖（名承綏，武進人）

清

唐葵陽（名仁澤，武進人）

張承鍾（字少林）

（中略）

張久中（字玉川，蘇州人）

丁昌胤（字臥雲，宜興人，康熙十年董刊志書告成，兼造法堂）

崇禧萬壽宮副靈官

張光福（字厚之，溧陽人，順治十七年任修建三清寶殿太乙慈尊殿）

　　閤皂山，經過元末鄭克明之變，幾乎所有的建築物都被破壞殆盡。明洪武初年，道士徐麟洲來至此地，再次中興。洪武十七年（1384），第五十代傳人李半仙成為閤皂山靈官，王圭石為副靈官。洪武二十七年（1394），張尊禮成為靈官。這之後，宣德年間（1426—1435）之初，黃谷虛被認為是第五十二代宗師。宣德八年（1433）發生火災，諸多宮殿被燒毀。不過不久之後，黃谷虛再次復興。那之後，每一代都有一定的活動被繼承。到了嘉靖年間（1522—1566），徵稅似乎變得嚴酷，道士們都逃散而去，只剩下一二人而已。萬曆丙戌年（1586），遊歷閤皂山的俞策，從當地道士手中得到一本古錄，對此進行了增補而作成《閤皂山注》，說是此時只有仙公（葛玄）殿、東嶽殿和丹井殘存下來。此後，清康熙丙午年（1666），施閏章（1618—1683）校訂了俞策的《閤皂山注》，作成《閤皂山志》。根據其中記述，這時候，已經沒有了殿宇，只有丹井殘存下來[①]。之後，在嘉慶二十三年（1818），道士周步雲籌得募金，再次興建了崇真宮[②]。最後，在清末至民國初年間，據

　　[①]　以上依據傅義校補《閤皂山志》（江西人民出版社 1996 年版）的施閏章序以及“宮觀·崇真宮”之條目。另外，《中國道觀志叢刊》第 29 冊以及《藏外道書》第 32 冊所收的俞策《閤皂山志》（這應該就是施閏章的校訂本，所以被稱為“志”）卷上里、俞策本來的記錄如下：

　　“宮觀

　　余至閤皂，徘徊周視，惟仙公殿、東岳廟、丹井尚存，其餘琳宮絳闕，彌望丘墟矣。書其舊跡，亦所以存古也。

　　崇真宮

　　據閤皂東峰之麓……宋淳祐中，復賜銅版傳度符籙。壬辰，山寨鄭克明之變，臺殿俱毀。明洪武初，道士徐麟洲復之。十七年，授五十代孫李半仙為靈官，王圭石副之。二十七年，復授張尊禮為靈官。宣德初，授黃谷虛，第五十二代也。至八年，歲饑，有採蕨者遺火，延毀宮觀。谷虛稍復之。嗣後教典不墜。至嘉靖中，積負虛稅，黃冠星散，僅存一、二人。萬曆間，道士劉開化，欲還舊觀，未果。”

　　另外，同書卷下《題詠》里，也收錄了明初張宇初的詩，如下：

　　“張宇初《贈閤皂山靈官李半仙》

　　仙真靈迹皆名世，閤頂諸峰故久閒。函籙洞深尊帝化，經臺天近現龍文。到門巡路留殘雪，護井松杉隱白雲。期爾東歸偕笻履，半龕清味可同分。”

　　[②]　參照清代張湄等修，楊學光等纂《清江縣志》（道光四年序刊、日本東洋文庫所藏）卷四“寺觀·崇真宮”之條目。另外，在此道光年間《清江縣志》的卷首里，有“閤皂山圖”，圖的中央可見崇真宮的建築物。因此，在嘉慶二十三年的再興之後，至少不是馬上就荒蕪的，應該是作為道觀而一直存在的。

説住持歐陽明性，曾在此基礎上加以修復①。

事實上，閤皁山在明代後期之後，就基本上處於荒蕪狀態。雖然有時會對崇真宮進行小規模的修復，但是別説再現往昔的隆盛了，就連道士的基本生存都很艱難。似乎這樣的狀況長期存續下來。

五　結語

明初，"經籙三山"延續了宋元以來的狀況。龍虎山，繼續保持了元朝以來的別具一格的地位；茅山和閤皁山也依然跟其他地方道教區別開來，擁有特殊的地位。

但是，從明朝整體歷史來看，道教世界的情勢逐漸發生了變化。茅山雖大致保持了興盛的局面，但全真教在其中進出，勢力得到延伸。關於舊有的道教勢力及其固有模式，其信息逐漸變得不很明朗，處於曖昧模糊的狀態之中。而閤皁山則明顯地凋落了，明後期之後至清嘉慶年間，似乎一直處於連道士幾乎不存在的狀態之中。

據這樣的形勢來看，可以認為清初以後曾經擁有盛名的茅山及閤皁山的靈官，也幾乎未被設置，"經籙三山"的痕跡就此消滅。

在清代，以龍虎山為中心的正一教系的道教走向衰退。而另一方面，全真教的龍門派在江南及各地進出。不止是茅山，在嶗山（現在山東省青島市東部）、青城山（成都郊外）、羅浮山（廣東省博羅縣）、巍寶山（雲南省巍山彝族回族自治縣）、雞足山（雲南省賓川縣）、金蓋山（浙江省湖州市）等地，都修築了據點，取得了新的發展。道教世界的勢力圖，逐漸產生了很大的變化。

---

① 傅義校補《閤皁山志》的第 123 頁里，有如下記載：

"歐陽明性（1841—1937）：新余人，十八歲出家為道，中年雲遊四方，後居閤皁山，任崇真宮住持四十年。能詩文，且武功絕倫，曾在北京白雲觀全國道教方丈考試中，榮獲天字號第一名。又精醫藥，治骨傷尤為特長。其自制接骨丹有奇效。常為貧民施診贈藥，富人來求醫，則隨緣募化，以修治宮觀及山間勝跡。道徒百餘，悉授以煉丹、制劑、治病之法。閤皁聲名，因而復盛。"（據郭文玉、謝興良《藥都樟樹》所載改寫）

從折布到折漕:明清時期嘉定縣的漕糧改折及其後果

中山大學歷史學系暨歷史地理研究中心　吳　滔

田賦折徵在明初已不乏其例,惟多限於實物之間的互折。明中葉以降,賦役折銀的趨向漸成不可逆轉之勢,作為田賦重要組成部分的漕糧,也没有游離於這一進程之外。然而,在"全征本色"的指導方針之下,明王朝對漕糧折徵的條件和數額作了極為嚴苛的限制。雖然明後期漕糧常年折銀的比例一般都維持在總額的四分之一(即 100 萬石左右),但多為應對天災人禍和漕運制度廢弛的臨時性舉措,真正能够享受到"永折"的州縣屈指可數,萬曆朝之前,全國的永折數額一直不足 20 萬石,直至明亡,亦從未突破 36 萬之譜。[1] 其中的增額絕大多數來自萬曆年間蘇州府嘉定縣 10 萬石餘漕糧的永久折徵。

嘉定縣爭取"折漕"的過程並非一蹴而就。至遲在宣德、正統年間,該縣即已專享賦役改革的種種優惠,部分漕糧獲得了改徵官布的特權,從此在當地開啓了折徵之例。至萬曆朝,經過官民鄉紳的不懈努力,歷時十餘年,終於謀成永折之局。不過,令人始料未及的是,歷史機遇和歷史誤會就像一把雙刃劍,不斷挑戰着當地人的心理底綫。他們甚至無暇享受勝利的果實,即被迫陷於應付各種新出臺的政策所帶來的

---

①　有關明代漕糧折徵制度的研究,可參見鮑彦邦的系列論文(如《明代漕糧折徵的形式及原因》,《明史研究》第 2 輯,黄山書社 1992 年版;《明代漕糧折色的徵派方式》,《中國史研究》1992 年第 1 期;《明代漕糧折徵的數額、用途及影響》,《暨南學報》(哲學社會科學版)1994 年第 1 期等)。

嚴峻考驗之中，先是官布征解被納入官員考成，接着無論是面對明末
"三大征" 還是清代的每一次重大漕運賦役改革，嘉定縣均由於與附近
的蘇州府、太倉州其他屬縣的賦役結構存在巨大差別而顯得舉步維艱。
從某種程度上説，這或許就是 "改革的代價"，清道光間人程銛輯、光
緒間人楊恒福續輯的《折漕彙編》對之有相當全面的展示。仔細研讀
這部十餘萬言的折漕文獻總集，① 不僅有助於我們了解 "折漕" 的來龍
去脈，而且可以加深對明清賦役改革復雜性的認知。

一　官布之始

明初，由朱元璋親手制定 "畫地為牢" 的實物財政原則，同時也兼
顧運輸因素。國都金陵的漕糧輸納任務主要由南方諸省承擔，而向北部
邊防輸納錢糧的任務則是由山西、陝西、河南、山東、北直隸等華北諸
省擔負。② 此時，南方諸省向京師供應税糧，尚不十分困難。據馬文昇
的《革大弊以蘇軍民疏》載：

> 洪武年間，建都金陵，一應京儲，四方貢獻。蜀楚、江西、兩
> 廣俱順流而下，不二三月可至京師。福建、浙江、直隸蘇松等府，
> 雖是逆流，地方甚邇，不一二月可抵皇都……所以民不受害。③

永樂北遷後，漕糧總額雖沒發生重大改變，但由於運輸距離加大，
不僅需要更多的人力，運費也成倍上漲，這突出表現在各種劇增的加耗

---

① 按：《折漕彙編》刊刻於光緒九年，但文獻來源相當之豐富，貫穿三百餘年，據該書
凡例和序透露，主要有明萬曆間熊密輯《改折漕糧書冊》、王福征輯《歲漕永改編》，崇禎間
《復折奏疏》和顧際明的《折漕紀略》以及清代孫敬岯的《永折漕糧志略》等。另，美國學者
鄧爾麟（Jerry Dennerline）在其嘉定忠臣的研究中，雖曾重點關注過侯氏祖孫三代在折漕過程
中的功績，但並沒有參考《折漕彙編》，更未從制度層面留意 "折漕" 的前因後果。（參 Jerry
Dennerline：*The Chia-ting Loyalists*：*Confucian Leadership and Social Change in Seventeenth-Century
China*，Yale University Press1981. Chap4－7. ）
② ［日］寺田隆信：《山西商人研究》，山西人民出版社 1986 年版，第 27 頁。
③ 馬文昇：《革大弊以蘇軍民疏》，《明經世文編》卷 63，中華書局 1997 年版，第 1 册，
第 522 頁。

上，甚至出現了加耗多過原額的現象，尤以備受重賦困擾的江南地區最為厲害。誠如陸容所云：

> 洪武間，運糧不遠，故耗輕易舉。永樂中，建都北平，漕運轉輸，始倍於耗。由是民不堪命，逋負死亡者多矣。[1]

然而，由於祖宗之法不能輕易更改，地方官員不能隨意減輕賦役的總額，重賦問題很難一勞永逸地加以解決。各級官員只能在均平負擔的層面作一些改革，而這一切都是圍遶着如何使國家的貢賦體系更好地運轉。宣德、正統年間，由應天巡撫周忱制定的一系列改革措施，即在這一指導思想下漸次推行。盡管周忱經過與户部的反復"談判"，最終奏減了蘇州、松江二府的部分税糧，但重賦和官民田税則不一的問題仍然沒有得到根本性的改變。對此，周忱先後采取平米法（又稱"加耗折徵法"）調節官民田之間税糧負擔的嚴重不均，把一兩折税糧四石的金花銀分派給重則官田的耕種者，又將二十萬匹官布（亦有十九萬匹之說）按照一石一匹的標準，派給出產棉布的嘉定縣。如此等等，不一而足。[2] 金花銀和官布屬於輕賷折納物，運費較穀物便宜得多，故在一定程度上減少了因永樂北遷田賦起運距離加大所帶來的加耗。

因金花銀主要派於不產棉布的長洲、吳縣、吳江、常熟四縣，[3] 與官布改折無涉，故在此略過，專談官布問題。按照崑山人歸有光《論三區賦役水利書》的說法，該縣的十一、十二、十三等保（又稱崑山"三區"），似乎也在折納官布的範圍之內，這與學界一般認為的官布專派嘉定一縣之說有所抵牾，[4] 其文梗概如下：

---

① 陸容：《菽園雜記》卷5，中華書局1997年版，第59頁。

② 有關周忱改革的研究可參見羅侖主編，范金民、夏維中《蘇州地區社會經濟史（明清卷）》，南京大學出版社1993年版，第2章；伍丹戈《明代土地制度和賦役制度的發展》，福建人民出版社1982年版；郁維明《明代周忱對江南地區經濟社會的改革》，臺灣商務印書館股份有限公司1990年版。

③ 郁維明：《明代周忱對江南地區經濟社會的改革》，第57頁；另據《金花官布各有浮額》（佚名：《蘇松歷代財賦考》，康熙刻本）："崑嘉太為產布地方，故獨派官布，餘以金花湊數。長吳吳常不產棉布，故止派金花而無官布。"

④ 羅侖主編，范金民、夏維中：《蘇州地區社會經濟史（明清卷）》，第83—112頁；[日] 西嶋定生：《中國經濟史研究》，農業出版社1984年版，第587頁。

　　竊惟三區，雖隸本縣，而連亘嘉定迤東沿海之地，號為岡身，田土高仰，物産瘠薄，不宜五穀，多種木棉，土人專事紡績。周文襄公巡撫之時，為通融之法，令此三區出官布若干疋，每疋準米一石，小民得以其布上納稅糧，官無科擾，民獲休息。至弘治之末，號稱殷富。正德間，始有以一人之言而變易百年之法者，遂以官布分俵一縣。夫以三區之布散之一縣，未見其利，而三區坐受其害，此民之所以困也。①

　　為此，筆者翻檢了《明實錄》，發現宣德、正統年間竟然沒有關於官布改折的任何記載，僅有的兩次涉及官布的內容，全都出現在萬曆年間，其中萬曆六年（1578）六月巡按直隸御史林應訓的題奏，涉及的主要是崑山縣的官布，而萬曆四十四年（1616）工科給事中歸子顒上疏，雖言及嘉定官布，但他將周忱巡撫江南、改派官布的時間定在永樂年間。② 這似乎與目前學界流行的看法有一定差距。

　　明初曾對改折布有嚴格的規定，據《明實錄》記載，洪武三年（1370），“户部奏，賞軍用布其數甚多，請令浙西四府秋糧内收布三十萬匹。上曰：松江乃産布之地，止令一府輸納，以便其民，餘征米如故”。③ 可見，除了松江一府，浙西其他府縣均無折布之例。作為蘇州府屬縣的嘉定縣和崑山縣都沒有折納棉布的“特權”。那麼，嘉定縣（以及崑山縣）是什麼時候開始折納官布的呢？《折漕彙編》據康熙十年《本縣請减浮糧議》將官布之始定於“正統年間”，④ 未知所據，欲要了解詳情，恐怕還得從與周忱本人直接相關的文類中尋找綫索。

　　現存的周忱文集和年譜（《雙崖文集》和《周文襄公年譜》），雖均是清光緒年間的刻本，但《年譜》據說是由周忱之子親自編纂，《文

---

　　① 《震川先生集》，上海人民出版社 2007 年版，第 167 頁。

　　② 參《明神宗顯皇帝實錄》卷 76，“萬曆六年六月辛巳”條，《明實錄》第 53 冊，臺北：中央研究院歷史語言研究所校印本 1962 年版，第 1629 頁；卷五四八，“萬曆四十四年八月癸亥”條，第 64 冊，第 10386 頁。

　　③ 《明太祖高皇帝實錄》卷 56，“洪武三年九月辛卯”條，《明實錄》第 2 冊，第 1089 頁。

　　④ 程鈵輯：《折漕彙編》卷 4《加減漕糧疏議書啟》。

集》更是文襄親筆，兩書記録了周忱的各項改革措施，却只字未提及官布問題。① 最早將周忱和官布扯上關係的文獻出自成弘間人彭韶所撰《巡撫文襄周公碑》，② 實際上就是周忱的傳記，在焦竑的《國朝獻徵録》裡題作《資政大夫工部尚書謚文襄周公忱傳》，③ 兩者内容基本一致，原文如下：

> 　　其嘉定、崑山等處折納官布，每疋該正糧一石，舊例驗收務重三斤，糧解領布到官，率因紗粗不堪官驗，十退八九。公（指周忱——引者注）知之，奏稱：布疋斤重紗粗，其價反賤，紗細布輕，其價乃高。乞不拘斤重，務在長闊如式，兩頭織造色紗，以防盜剪之弊。從之。

明嘉靖後開始流行的版本各異的《周忱言行録》，④ 幾乎一字不差地引用了彭韶的文字。由彭韶的周忱傳我們不難發現，或許在周文襄公巡撫江南之前，嘉定、崑山等處似乎已經有折納官布之例，周忱不過將官布的查驗標準加以改變而已，本人並非官布的發明者。由此看來上文歸子顧將嘉定官布出現的時間定在永樂年間，亦不無可能，只是他將推行者算在周忱頭上有些草率罷了。永樂年間，正是漕運加耗激增的年代，當時或者稍遲出現官布改革，於情於理都説得過去。當然，考慮到宣德、正統間周忱在應天巡撫任上前後近 20 載，並不排除折納官布與更改查驗標準二事均是其一人所為的可能性。但可以肯定的是，改折官布無論起於何朝，其始不限於嘉定一縣，當無可辯駁。一些學者之所以

---

　　① 周忱：《雙崖文集》，光緒四年山前崇恩堂刻本；佚名：《周文襄公年譜》，清光緒己醜校補集刻本。按：據陸鼎翰《校補周文襄公年譜後序》曰："周文襄公年譜一捲，不著撰人名氏，蓋公諸子仁、俊等所纂也。姑蘇鄭氏鋼序於天順二年，未言付刊。至嘉靖丁亥，距公歿已七十餘年矣，華亭顧氏清得鈔本，重為刪校，序而刻之家塾。"（《周文襄公年譜》，第 1 頁），由此可見，《周文襄公年譜》乃其子所撰，曾有過嘉靖顧清刻本。

　　② 萬曆《嘉定縣誌》卷 4《營建考下》。

　　③ 彭韶：《資政大夫工部尚書謚文襄周公忱傳》，焦竑：《國朝獻征録》，卷 60《都察院七》，萬曆四十四年徐象樗曼山堂刻本。

　　④ 《周忱言行録》較早的刊本主要有陳九德輯《皇明名臣經濟録》（卷 9《户部二》，嘉靖二十八年刻本）、萬表輯《皇明經濟文録》（卷 6《户部上》，明嘉靖刻本）和徐咸輯《皇明名臣言行録》（前集卷 7，明嘉靖刻本）等。

將具有輕賫性質的"官布"全都算在嘉定一縣頭上，顯然是受了後人（主要是嘉定縣人）有選擇的歷史記憶的"誤導"。上述歸子顧即為嘉定人士，其立場不言自明。而影響更為深遠的史料出自萬曆《嘉定縣誌》：

> 公嘗微服徒步行田間。一日至縣西南鄉，入民舍，問三人，有老嫗對言：兒聞周大人當來，今入市買酒肉，為治飯。公言：我周大人也，吾與從人當就嫗家飯。已而，其子歸，如見坊長里魁，公因視其耕耘紡織之具云。是家且世世豐衣食，至今人謂其地曰"周公村"。公見嘉定土薄民貧，而賦與旁邑等，思所以恤之，謂地産綿花而民習為布，奏令出官布二十萬疋，疋當米一石，緩至明年乃帶征。蓋布入内帑，中官掌之，以備賞賫，視少府水衡錢輕緩，公實用以寬瘠土之民。已而割地以置太倉，分佈一萬五千疋，正德之末，撫臣為一時那移之計，以一萬疋分之宜興，以四萬六千疋分之崑山，而當米一石之額一減而為八斗，再減而為六斗。文襄公之遺意鮮有存矣。官布所始。①

不僅將二十萬疋官布的由來傳奇描述得繪聲繪色，更將崑山、太倉等地所納官布視作由嘉定所分撥，如果不是現存有時間更早的彭韶版《周忱傳》、《周忱言行錄》和歸有光的《論三區賦役水利書》等文獻，萬曆《嘉定縣誌》的說法恐成衆口一辭。然而，即使在嘉定縣內部，仍然有着與官布分撥說不同的另外一種說法：

> 萬曆四十七年全書開載金花官布銀派法：……查得嘉定地土高阜，不宜禾稼，止種木棉，太倉、崑山接壤嘉定者次之，先臣周文襄公因地制宜，故以棉布酌量分派三州縣辦解。②

太倉州係弘治十年從崑山、常熟、嘉定三縣割出，故這條史料與嘉定、崑山同派官布之說並不矛盾。更為巧合的是，萬曆嘉定志將崑山始

---

① 萬曆《嘉定縣誌》卷5《田賦考上》。
② 康熙《嘉定縣誌》卷7《賦役上·官布始末》。

納官布的時間定在正德年間，正與歸有光所云三區之布 "分俵一縣" 的時間相吻合，內中細節，已不可考詳，但正德間崑山縣官布輸納機制有重大變化，當可推斷。對於我們來説，考究這段 "官布公案" 的真相固然重要，但更為重要的是，由此可以認識到官布（以及金花銀）對於江南部分地區的重要性：正由於派官布的地區和不派官布的地區賦役負擔有着很大的不同，各種關於官布來源及衍化的故事才不斷涌現。歸有光的牢騷由官布而發，嘉定人的呼聲也因官布而漸隆漸遠。這些官布來源故事的背後無疑凝聚着錯綜復雜的地方利益之爭。

以往學界多將繳納官布的田土簡單地理解為重額官田，從歸有光的《論三區賦役水利書》等文獻中我們可以發現，被征派官布的田土也可以是五升的輕則 "民田"，如此看來，有關周忱改革受益者的探討，並沒有人們想象得那麼簡單。在通盤厘定具體的受惠對象時，土地之肥瘠也應是被考慮的因素，至少不比稅則之輕重所占的權重小。但不論如何，嘉定縣因部分漕糧派征官布，從制度中直接獲益，當為不爭之事實。不僅如此，嘉定、崑山二縣官布之成色、質量，亦難以與松江府向官方繳納的高級布疋 "三梭布"、"飛花布" 等相比，"嘉定四先生" 之一的唐時昇稱："所謂官布者，即民間市賣之布，其直銀不能二錢，而充米一石，解入甲字庫，為宮中拂拭盤盂几席之用，而已積久不用，多朽敗為塵。"[1] 按照西嶋定生的説法，"三梭布"、"飛花布"、"尤墩布"、"眉織布" 等交織高級品由松江府的城市手工業者生產，而 "標布"、"中機"、"扣布" 等平織粗布則由農村生產，前者直接供給政府，後者則通過基層市場漸次銷往全國。[2] 官布既然被歸為民間市買之布，對它的規格、品質的要求相對不高，基本上和民間流傳的普通棉布相埒，顯示出與松江府城市織布業完全不同的經營模式。個中變化，或與前述周忱變更官布繳納標準有關。

更有甚者，"其布備朝廷賞賚止取，長闊不限，觔數與鋪宮細布、賞軍花布不同，更不入奏考名，雖額設，實有派無征"。[3] 不必參與考

---

① 唐時昇：《征布本末序》，《三易集》卷 9《序》，明崇禎刻清康熙補修嘉定四先生集本。

② ［日］西嶋定生：《中國經濟史研究》，第 531、532、623 頁。

③ 康熙《嘉定縣誌》卷 7《賦役上·官布始末》；另，張國維《撫吳疏草》（不分卷，第 429、430 頁，崇禎刻本）亦云：官布 "充後宮拭抹之用，原非抵充賞軍花布之需，名雖額編，毫不征解。"

成，就無形中造成了"折上加折"。雖然這並未逃過户部的法眼："後司農以其不征不解，謂準米一石太多，一改為八斗，再改為六斗"，大大降低了改折的實際比例，但終因官布繳納游離於州縣官正常考成之外，"其時征解者，不過十一二耳"，① 尤其是本色布，"上未暬有催科之令，下未嘗有尺寸之輸"，② 無疑對當地民力之舒解仍大有裨益，所謂"官布一項，有額無征，較之金花緩急尤別，是明為疲邑，竟此五六萬金錢也"。③

伴隨着賦役折銀化的進程，官布折銀征解的事例也越來越多。金鴻的《糧額總論》中稱："尋改折，太倉、崑山、嘉定布五百疋，疋征銀三錢，輸之户部，其馬草每束折銀三分，此各色折銀所由起也。"④ 自此官布始有本色、折色之分。所謂"折色"，指官布折銀的部分。正德以後，總的趨勢是折色布的比重逐年增加，到後來，即便是本色布亦開始征銀。至歸有光所生活的嘉靖年間，官布和金花銀已不分軒輊，可以相互折算："今之賦役册，凡縣之官布，皆為白銀矣。獨不思上供之目，為白銀乎？猶為官布乎？"⑤ 時嘉定所存官布，"除派折色布三萬一千三被五十九疋，每匹折銀三錢征解外，實派本色布九萬五千五十疋，每匹連價扛銀三錢，該銀二萬八千五百一十五兩"。⑥ 本色和折色除了會計上的差別外，在實征過程中漸無二致，官布"悉征銀貯庫，另點解户别處收買"。⑦ 白花花的銀子與原本無人瞧得上眼的粗布相比，無疑更吸引人們的眼球。至萬曆初，"天下以掊克為功效，有縣令始欲敄盈以起聲礱，布入，而中官生收鋪墊之利，遂歲歲督趣"。⑧ 萬曆十七年經賦册開官布金花派法條例甚將金花官布總為一項，"計銀算派，如太倉、崑山、嘉定三州縣，除官布外，仍以金花補足之，其餘各縣只派金花，

---

① 唐時昇：《征布本末序》，《三易集》卷9《序》。
② 康熙《嘉定縣誌》卷7《賦役上·官布始末》。
③ 唐時昇：《征布本末序》，《三易集》卷9《序》。
④ 金鴻：《糧額總論》，乾隆《鎮洋縣誌》卷4《賦役類》。
⑤ 《震川先生集》卷8《書》，第168頁。
⑥ 《（康熙十年）本縣請減浮糧議》，《折漕彙編》卷4《加減漕糧疏議書啓》。
⑦ 周大韶：《三吳水考》卷9《委查崑山嘉定荒田揭》，四庫全書本。
⑧ 唐時昇：《征布本末序》，《三易集》卷9《序》。

蓋其銀數同其為京庫錢糧同也".① 以上諸趨勢，為後來官布銀計入官員考成埋下了伏筆。

二 從改折到永折

如前所述，明代嘉定縣漕糧改折的事例，至少可以追溯至宣德、正統年間周忱的官布改革。在蘇州府屬，派官布的地區和不派官布的地區賦役負擔有着很大的不同，明中葉，圍遠官布的生產和征納，嘉定縣的植棉業逐漸興盛起來。② 然而，該縣的賦役結構並未因此得到相應調整，其地"國初……得借以灌輸十田五稻，以土之毛輸國之貢，本色之派所從來也".③ 欲完成官布（銀）之外繁重的稅糧征解任務，百姓必須將棉花或棉布兌換成白銀，再將白銀兌換成本色米繳納，"其間折閱倍蓰無算，姦商又乘其乏，而重要厚值，民以愈困".④ 至成弘間，"人民逃亡，逋賦廿萬，建議廢縣".⑤ 即使到了賦役大幅折銀的明中葉，漕糧仍以征收本色為主，官布所能起到的調節作用無异於杯水車薪。萬曆初年，嘉定縣"該平米三十七萬八千六百三十五石五斗六升九合八勺，除折征京庫金花、米麥折、草折、鹽鈔、絹布、蠟茶並各項料價及兵餉等銀共一十三萬一千一百兩有零外，餘俱征納本色，内該漕運正改兌米一十萬六千六百七十一石八斗九升，南北二運京糧米二萬六千四百一十九石九升一合五勺，存留儒學軍儲共米一萬一千五百九十七石八升七勺".⑥

漕糧征本色不僅持續困擾着嘉定縣民，亦令當地的父母官焦頭爛額，"以闕兌坐不法去官，自弘治至嘉隆，不知幾去任也".⑦ 為此，知

---

① 《萬曆十七年經賦册開官布金花派法條例》，康熙《嘉定縣誌》卷 7《賦役上·官布始末》。

② 吳滔：《賦役、水利與"專業市鎮"的興起——以安亭、陸家浜為例》，《中山大學學報》（社會科學版）2009 年第 5 期。

③ 《士民請復折疏（侯峒曾代）》，程銈輯：《折漕彙編》卷 3。

④ 顧際明：《折漕紀略》，《折漕彙編》卷 6《紀述始末》。

⑤ 《士民請復折疏（侯峒曾代）》，《折漕彙編》卷 3。

⑥ 《折漕彙編》卷 1《改折疏議書啓·兵糧道覆議》。

⑦ 顧際明：《折漕紀略》，《折漕彙編》卷 6《紀述始末》。

縣李資坤、樓如山、高薦等先後做過改折的嘗試，均未果。其中尤以萬曆十年（1582）高薦策劃的那一次最為可惜，他曾"與邑民顧國、瞿仁等計議折漕，未及舉而去任"，[①] 有迹象表明，高薦的行動實出於鄉宦徐學謨的授意，這從徐學謨給高薦的書信中可以窺見：

> 所論折兌一事，此議原起於區區，業欲即成之。已與申老先生講過，而大司農亦無推阻之色，但元輔以病在告，未曾面與一言。今聞又欲轉假，似尚無可言之期。若不言而私自行之，準本特易，他日撫按覆來，終不能脫元輔之手，恐生計較，反至壞事……容徐圖以復，想今歲不得成矣。[②]

深諳官場運作規則的徐學謨，此時高居禮部尚書，自然非常清楚，繞開首輔張居正就想把事情辦成簡直是天方夜譚。因此，與其說這次折漕的努力是因高薦的去職戛然而止，不如說時機尚未成熟。高薦的接替者朱廷益甫下車，嘉定縣即遭遇嚴重的颶風災害，漕兌任務顯得異常艱難。人民"凍餒剝膚，瘟疫纏綿，死亡相枕，以致拋荒連陌，逋欠日增。地方視諸疇昔已百倍，其狼狽不可收拾"。雖然朝廷"將萬曆十一年分漕糧全折，而遺黎稍得安生"，[③] 可災蠲之年一過，該縣"賣花易米，以充漕糧"的窘況會一如過往，得不到任何改善。對此，徐學謨深為"縣人近日膏肓之疾"而憂慮，專門寫信給知縣朱廷益，出謀劃策："欲為地方建置長利，第鄉人之意尚有異同，而加米於他縣，則主計者恐或難之，須令百姓建白於撫臺，擬之而後動可也。"[④] 既然將嘉定縣的漕兌負擔轉嫁至別處行不通，則自下而上爭取永久改折或不失一條可行之路。於是，在朱廷益的默許下，鄉耆瞿仁率合縣糧里，精心撰寫了《吁部請折狀》，並備揭帖4份，分別送至府道撫按，在得到巡撫郭思極和巡按邢侗會題後，派專人賚疏北上呈戶部。[⑤] 整個程序基本按照徐學謨的授意而動。在《吁部請折狀》中，也體現出類似的腔調：

---

① 《折漕彙編》卷6《諸賢事略》。
② 《徐學謨復高邑侯書》，《折漕彙編》卷1《改折疏議書啓》。
③ 萬曆《嘉定縣誌》卷7《田賦考下·折漕始末·本府查議》。
④ 《徐學謨與朱邑侯書》、《又復朱邑侯書》，《折漕彙編》卷1《改折疏議書啓》。
⑤ 顧際明：《折漕紀略》，《折漕彙編》卷6《紀述始末》。

嘉定之積疲，其徵惠宜莫有急焉者，草野愚民不敢妄覬減額，
乞將本縣漕糧查照改折事例，奏請盡數征銀解京，永免撥兌。[①]

所謂的"改折事例"，係當時山東、河南、湖廣三省的改折漕糧
177000 餘石，具體數額分別為"山東河南各七萬石，內各二萬每石折
銀八錢，五萬每石折銀六錢，解薊州；湖廣三萬七千七百三十四石七
鬥，每石折銀七錢，解太倉"，[②] 在全國 400 萬石的漕糧總數中，永折
額度僅占不足 18 萬石，當知該項之審批確認應相當嚴苛，而嘉定縣申
請折漕的難度亦可由此預見。果然不出徐學謨所料，戶部官員在看過請
折狀後，只認可將嘉定縣本色歲糧全折一年，至於永久改折，則堅決沒
有鬆口，認為這樣會"有虧本色原額"，轉而建議該縣可申請在萬曆十
一年（1583）後將漕糧繼續全折一年，但需提供"田地堪種稻禾，應
徵本色者若干，堪種花豆等項及荒蕪應徵折色者若干"以及如果折色
"應將所轄何項錢糧照數處補"等信息。[③] 朱廷益在收到部覆後，即刻
上報全縣實征田地涂蕩等項，"共一萬二千九百八十六頃一十七畝四分
七厘六毫，內有板荒田地一千三百一頃九十餘畝糧累里甲包賠，其宜種
稻禾田地止一千三百一十一頃六十餘畝，堪種花豆田地一萬三百七十二
頃五十餘畝"。[④] 堪種水稻的田畝不足 10%，顯然有些夸大其辭，不能
忽視這當中朱廷益為達到折征目的而故意擴大棉田面積的動機，[⑤] 既然
水稻面積不敷征派本色，嘉定縣"並無別項錢糧堪補〔折色〕"也就變
得順理成章了。[⑥]

就在嘉定縣呈經府道撫按層層上達的同時，徐學謨也沒閑著，而是
試圖通過謁見張居正，以增添此事的可行性。他先是"極言嘉民無米而
為有米之征，乞將本色為折色之便"，並以曾任湖廣按察使的經驗進行
遊說："見荊土產米而折銀，民甚苦之。荊民苦銀，吾嘉苦米，是兩病

---

① 《吁部請折狀（徐學謨代）》，《折漕彙編》卷 1《改折疏議書啓》。
② 萬曆《嘉定縣誌》卷 7《田賦考下·折漕始末·本府查議》。
③ 萬曆《嘉定縣誌》卷 7《田賦考下·折漕始末·戶部移咨查勘》。
④ 萬曆《嘉定縣誌》卷 7《田賦考下·折漕始末·本縣查議》。
⑤ 范金民：《明清江南商業的發展》，南京大學出版社 1998 年版，第 12 頁。
⑥ 萬曆《嘉定縣誌》卷 7《田賦考下·折漕始末·本縣查議》。

也”，“願以嘉定之兌米，易荊土之折銀，兩縣相易是兩便也”。張居正對這一提議頗有些興趣，但是惟一擔心的是：“兩易而兩縣拖欠奈何？”徐學謨於是提出自己的應對之策：“兩縣既便，其肯自誤而貽兩不便乎？今始議每三歲題請，有拖欠則銀還嘉定，米還荊土可也。”① 又鑒於當時“京倉正值充盈，而邊廩率多委積”，② 張居正的後顧之憂終於被打消，遂定下按歲題請改折的基調。其後，徐學謨親自參與票擬部議，為嘉定縣改折的實施邁出決定性的一步。③

　　戶部尚書王遴以此覆奏。但在奏疏中，不僅將永折之議束之高閣，而且將三歲題請改為逐年題請。④ 這一切均是出於預防“逋負”及“致失本額”的考慮。萬曆十二年（1584）三月十六日，聖旨傳下，“將嘉定一縣除歲辦南北運京糧及存留軍儲等項共用本色米三萬八千一十六石一斗七升二合一勺外，其應運漕糧十萬六千六百七十一石八斗九升，俱準於萬曆十二年為始，查照議定價值，盡行改折，每年征銀解部正兌每石七錢，改兌每石六錢，席板腳耗俱在內，兌糧時一並起解，不許拖欠。如果以時輸納，聽其逐年題請”。⑤ 嘉定縣的改折努力終於取得階段性成果，爭取到了常年漕糧折征的權利。

　　萬曆十三年（1585），按照逐年題請例，又將嘉定漕糧盡數改折一年。⑥ 這樣，自萬曆十一年至十三年，嘉定縣已連續三年折漕。“自改折之後，民咸稱便，銀亦早完。”⑦ 萬曆十四年（1586），熊密出任知縣。為“免歲歲題覆之煩”，“懇撫按題疏，巡撫王元敬、巡按鄧練會題，乞將本縣漕糧再準改折三年”，⑧ 戶部尚書宋纁覆議準改，“將嘉定應徵漕糧，自萬曆十四年為始至十六年止，準令改折三年，俱要當年全完，不許分毫拖欠。如果依期征解，以後年分再行議請，若有逋負，即行停止，照舊運納本色”。⑨ 由此，徐學謨“每三歲題請”的設計終於演變成為現實。

─────────────

① 顧際明：《折漕紀略》，《折漕彙編》卷6《紀述始末》。
② 萬曆《嘉定縣誌》卷7《田賦考下·折漕始末·撫按會題》。
③ 顧際明：《折漕紀略》，《折漕彙編》卷6《紀述始末》。
④ 萬曆《嘉定縣誌》卷7《田賦考下·折漕始末·部覆》。
⑤ 顧際明：《折漕紀略》，《折漕彙編》卷6《紀述始末》。
⑥ 萬曆《嘉定縣誌》卷7《田賦考下·折漕始末》。
⑦ 《萬曆十四年請折緣由》，《折漕彙編》卷1《改折疏議書啓》。
⑧ 顧際明：《折漕紀略》，《折漕彙編》卷6《紀述始末》。
⑨ 《萬曆十四年請折緣由》，《折漕彙編》卷1《改折疏議書啓》。

　　萬曆十五、十六兩年（1587、1588），嘉定縣雖連遭水旱，但為信守不拖欠的承諾，"所折糧銀俱征解完足"，① 然而，萬曆十七年（1589），該縣"復旱，米益貴，人又疫，溝底塵飛，花稻不能下種"，② 想要繼續按期完納折漕銀兩變得愈發不現實。至秋季，又出現"會計復征本色"之傳聞，縣民大駭。③ 後來證實純係謠言。是年漕糧以災例輕折，不在三年一題之例。④ 但百姓對這種"提心吊膽"的按期題請的日子已逐漸失去耐心，於是"永遠改折"的呼聲再度響起。⑤ 萬曆十八年（1590），又當請題之期，熊密照依萬曆十四年事例力請撫按，擬繼續折漕，却遭到了拒絕，理由是前旨原云："及時完納起解，方許題請"，而十七年的違限，破壞了多年以來形成的規矩。熊密據理力争，"極言歲歉所致，非民之辜，不惟求蠲，益且求賑，涕泣頓首，撫按為之動容。於是巡撫周繼、巡按李堯民題同前事，尚書石星覆議準折"。⑥ 嘉定縣又迎來了下一個三年的緩衝期。

　　熊密在任 6 年，先後經歷兩次題請。至萬曆二十一年（1593），復當請期，熊恰好去任，署篆者為別駕黃公。"時蘇松道韓公為其父尚書公門下，黃公謁見，以手揭呈之。韓即具申撫按題請，又得俞旨"折漕。⑦ 至此，嘉定折漕已連續十年，但仍未成定局，不能說不是一個遺憾。黃公只不過是個匆匆過客，甚至連大名都沒留下，知縣的位子很快由王福征接替。王福征上任以後，深悉縣民渴望永折的強烈願望，專門拜會了時任兵部職方郎中的縣人殷都，尋求支援，殷都告訴王福征說，户科給事中李先芳、尚寶司少卿須之彦、柳州知府陳舜道，皆"為桑梓效力者"，可助一臂之力，王福征決心益大。萬曆二十三年（1595），在王福征的支持下，縣民瞿仁、吳應麟等連名呈撫按《永折民疏》，推舉徐行、須瀹赴京上奏。⑧

① 《萬曆十七年請折緣由》，《折漕彙編》卷 1《改折疏議書啟》。

② 顧際明：《折漕紀略》，《折漕彙編》卷 6《紀述始末》。

③ 《本年秋傳聞部派本色鄉士夫呈詞》，《折漕彙編》卷 1《改折疏議書啟》。

④ 《折漕彙編》卷 1《改折疏議書啟》。

⑤ 《萬曆十七年請折緣由》、《本縣申文》，《折漕彙編》卷 1《改折疏議書啟》。

⑥ 顧際明：《折漕紀略》，《折漕彙編》卷 6《紀述始末》。

⑦ 同上。

⑧ 同上。

《永折民疏》在回顧了萬曆十一年以來的折漕歷程之後，痛斥現行體制的弊病："以改折之法終出特恩，未為定制，事須歲請，則控訴或嫌於煩瀆，議歷多官，則知會未必其如期"；接着針對改行永折所面臨的主要顧慮發表了意見："若謂防其拖欠，不宜輕準，則改折既行之後，較改折未行之先，孰完孰欠，冊籍昭然，操縱原在朝廷，以完納而准行，亦可以拖欠而革罷也，豈必預設不然之疑。"最後，懇請將嘉定縣10萬餘石漕糧，盡行改折，"載入會計，永為定規"。①

疏至通政司，通政司懷疑嘉定有拖欠漕銀的不良記録，本擬不予受理。後經選掾吏黃世能與徐行、須瀹再三解釋，力陳户部有繳納糧數備查，可證實該縣並無拖欠。通政司才送户部會議。由於李先芳乃首輔王錫爵的受業門生、内閣學士許國的考中門生，"二相雅重之，凡有所議，無不力為吹噓……而為之效力者，亦以二相之重重之也"。②户部的辦事效率加快了不少，迅速討論出了結果，並立即發文至蘇松撫按，稽查嘉定縣是否果真"逐年通完，不致負欠"。③撫按也没作過多玩攔，回覆户部説明該縣"改折既無所欠"。户部覆奏，遂得永折。嘉定縣歲額漕糧"自貳拾肆年為始，正兑每石永折柒錢，改兑每石永折陸錢，載入議單，著為定例。務要當年盡數征完，與同各縣本色一齊起解。如有毫厘拖逋，本部題參請旨，仍征本色，以示懲創"。④嘉定縣遂成為全國惟一恩準享受全部漕糧永折的縣級單位，⑤且數額相當巨大，這在當時是何等的榮耀！之所以能够幾經波折而終獲成功，其中既包含着老鄉賢和地方官員的不懈努力，更有朝野鄉宦的斡旋經營，"殆不一人而兑運始得以寢事"。⑥

---

① 萬曆《嘉定縣誌》卷7《田賦考下・折漕始末・萬曆二十一年本縣民本》；《永折民疏（殷都代）》，《折漕彙編》卷2《永折疏議書啟》。

② 顧際明：《折漕紀略》，《折漕彙編》卷6《紀述始末》。

③ 萬曆《嘉定縣誌》卷7《田賦考下・折漕始末・部咨》。

④ 萬曆《嘉定縣誌》卷7《田賦考下・折漕始末・部覆》。

⑤ 據萬曆《嘉定縣誌》卷7《田賦考下・折漕始末・部覆》："山東、河南每省各折七萬石，派之各府，非專一縣。湖廣先因安陸、荆州二衛改為顯陵、承天，改折三萬七千餘石，又非他邑所得例論者也。"

⑥ 顧際明：《折漕紀略》，《折漕彙編》卷6《紀述始末》。

三　明末圍遶永折的幾次鬥争

　　然而，永折令剛下僅僅三年，即遭受到首次考驗。萬曆二十七年（1599），户部下札，内稱："倉場總督以太倉見米不滿三年之蓄，要將額派漕糧俱征本色兑運。"這本是針對暫請改折者而言，試圖對那些因地方灾傷而擅請改折的事例加以必要的限制，嘉定縣應不在此列，但是，户部原題中有一句非常扎眼的話"除舊例一十七萬七千七百餘石以外"，恍惚間將嘉定重新框進了暫請改折的範圍之内。其時，嘉定"民不習兑，官無漕規，倉廠之頹廢已久，斗甲之裁革殆盡"，一朝議復，弄得民心惶迫。據殷都推測，這或許是文牘主義所致："何獨嘉靖年間之旨則為例，而萬曆年間之旨不為例乎？此必原題，但據會典所開，而本縣奉旨在續修之後，未及載入此例耳。"① 一下子將制度的起點又拉回到萬曆之前，嘉定縣人不得不為此繼續奔走。恰逢新任知縣韓浚身患足疾，不能視事，而縣民猶"徘徊觀望，莫有奔赴上司哀號請命者"。身在朝中的殷都，看在眼中，急在心裡。親自致書韓浚，責成糧衙，拘集耆老具呈，代替韓浚草稟揭，急申撫按兩臺。② 撫按兩臺分别為申時行和王錫爵的門生，殷都"力請兩相書，走金壇揭按臺，走句容揭撫臺"，"極言漕兑之為民害"，撫按二臺均為之動容，遂許具題。縣民盧誠又賫書渡淮，懇駐淮安的漕運總督暫止兑單。後經兩院會奏，嘉定縣仍得永折。③ 然而，經過此番折騰，户部對嘉定縣的賦役情况也格外"關照"了起來，"官布"長年不入考成的問題被提上日程。萬曆三十五年（1607），户部尚書趙世卿向甲字庫借布，該庫不應，④ 部議遂"以布額有派無完，賞賚缺用，題將此項載入考成"，並提議"官布與金花合一考之"，自此"除了本折布價，每疋猶止三錢"外，⑤ 歷任知

---

　　①　殷都：《奉漕臺請止兑運書》，萬曆《嘉定縣誌》卷 20《文苑考下·文編二》。
　　②　殷都：《又與韓邑侯書》、《又代韓邑侯申漕臺並兩院稟揭》，《折漕彙編》卷 2《永折疏議書啓》。
　　③　顧際明：《折漕紀略》，《折漕彙編》卷 6《紀述始末》。
　　④　《天啓元年通縣條議減折官布由呈》，康熙《嘉定縣誌》卷七《賦役上·官布始末》。
　　⑤　康熙《嘉定縣誌》卷七《賦役上·官布始末》。

縣多有"往俸追比"之事，①官布原本帶給該縣的種種優惠幾乎蕩然無存。②

經過這次不大不小的波折以後，至天啓四年（1624），改折已平穩運行五十餘年。隨着北方戰事漸緊，"熹宗皇帝因户部軍需昔盈今絀，召問廷臣，其咎安在。時在廷鮮有知故事者，但以諸處漕糧折色對，而嘉定亦與焉"。户部遂有漕糧暫兑一年之議。③由於上年夏季，嘉定霪雨為灾，"賈舶不至，斗米價復二錢，民間屑豆餅、麥皮、穄核為食，嗷嗷無措"。而復漕之議又起於除夕，無異雪上加霜，一時，"闔邑倉惶，莫知所以"。謝政居鄉的尚寶司少卿須之彦目擊此慘狀，顧不上過年，當即與都事金兆登合議應變救挽之計，並召集庠生宣嘉士、殷亢宗、金德等，一同撰寫公移文稿，上呈署嘉定縣事蘇州府推官張承詔。張承詔全力支持諸紳的舉動，於正月十四日，偕須、金二公及其他士民一道前往蘇州，要拜謁蘇州知府寇慎和蘇松巡按御史徐吉。寇慎素與縣人柳州知府陳舜道友善，非常爽快地應允了請願者的要求，並加入隊伍，擬同謁巡按訴説詳情。在巡按衙門前，衆人偶遇狀元文震孟和乞假歸鄉的周順昌，二人亦慨允陪同入見。徐吉得知漕折始末後，殊為動容，遂允題疏。④在疏中申稱：嘉定"民知輸銀而不知輸米，官習於催銀而不習於漕運"，且"倉厫無備，運道久淤"，即便漕糧改征本色，亦絕"不可責成於一旦"，題議將嘉定縣漕糧"仍照舊改征折色"。⑤據聞，當時的情況萬分危機，派兑漕單已下至淮安，一旦遞至縣中，後果不堪設想。幸虧漕運總督松江人朱國盛是須之彦的姻家，"須公以書付

---

①　《天啓元年通縣條議減折官布由呈》，康熙《嘉定縣誌》卷七《賦役上·官布始末》。

②　按：明末嘉定知縣卓邁曾著《布征錄》一書，"集部省院監司府縣往覆之文，彙而成帙，蓋欲使後之莅兹土者有所考"（參唐時昇《征布本末序》）。光緒《嘉定縣誌》卷25《藝文·史部·政書類》仍對該書有著錄，並題記曰："《布征錄》，知縣卓邁輯，唐時昇序。布征向不列於考成，民欠積多，萬曆甲辰後，以一歲征數歲之逋，民不堪命，邁申請減半，因即公牘參錄是編。"從中可見《布征錄》的成書動機。惜乎是書至今似已散佚，康熙《嘉定縣誌》卷7《賦役上·官布始末》對之有所節錄，內中交代，卓邁之請，終以部覆"緩一征二"、"逐年帶征"告一段落。

③　謝三賓：《永折漕糧碑記》，《折漕彙編》卷6《紀述始末》。

④　顧際明：《折漕紀略》，《折漕彙編》卷6《紀述始末》。

⑤　徐吉：《照舊永折疏》，康熙《嘉定縣誌》卷20《奏疏》。

居民封完致之，乃姑止，漕艘以待命下"。① 渡過了緩衝期後，全縣紳民公推須大任、張煒、朱燁三人賫疏赴京。張煒"曾往京請寬官布並征之害"，有着豐富的經驗。時朝中魏閹專權，很多官員都不敢輕易表態，縣人太僕寺少卿歸子顧、兵部員外孫元化、刑科右給事中陸文獻、原任吏科給事中侯震晹等相率動用各自的人脈，上下打點疏通，曾在嘉定出任知縣的戶部漕郎胡士容，亦從中援手。幾經周折，終於"得奉旨，照舊永折"。②

崇禎年間，三餉之征愈亟。崇禎六年（1633），有復漕之議。此時，"歸、須、侯三君子相繼長逝，輦下遂無一人語及民間疾苦者，乃孫、趙兩君同一時蒙譴於雷霆之下，無一親故可相引手所望"。知縣謝三賓經撫按陳乞報罷。③ 崇禎十年（1637），又有永折地方加編之旨，嘉定折漕由每石六、七錢增至每石折銀九錢，④ "頓加漕折銀二萬一千二百有奇，是直省所無，嘉定獨有"。⑤ 漕兌負擔大大加重。

明末對嘉定折漕成果最大的一次挑戰，來自崇禎十四年（1641）。該年九月二十日，戶部依議將折漕州縣"原改折漕米，俱照數復征本色加帶"，"每石再加米四升"。嘉定縣按照"永折半征"的標準繳納部分本色，折合漕糧五萬三千二百四十六石三斗四升九合。"民聞之，震驚如鳥獸，散殆不可止"。⑥ 由於當地漕糧多年折銀，"水次已非故道，倉廒悉屬傾頹"，貯糧倉庫、運船、運道均需整飭，運軍也要支付月糧、工食。行糧造船建廠疏浚等費甚巨，難以猝辦。⑦ 對此，蘇松兵備道詹時雨曾經算過一筆賬：

　　　　試請就漕言之，糧船在所，首急議兌本縣五萬三千二百四十石，計應派一百零七隻，每船官價三百五十兩，該造船銀三萬七千四百五十兩，此項必取之朝廷公幣以應用者也。次計倉廒，本縣舊

① 顧際明：《折漕紀略》，《折漕彙編》卷6《紀述始末》。
② 同上。
③ 唐時昇：《又與謝侍御象三書》，《折漕彙編》卷3《復折疏議書啟》。
④ 唐時昇：《又答張玉笥中丞書》，《折漕彙編》卷3《復折疏議書啟》。
⑤ 《本道請免復漕詳文》，《折漕彙編》卷3《復折疏議書啟》。
⑥ 侯峒曾：《與朝士論嘉定復漕書》，康熙《嘉定縣誌》卷20《書》。
⑦ 《本道請免復漕詳文》，《折漕彙編》卷3《復折疏議書啟》。

設四倉，瓦礫久已無存，計其舊額，每倉置造七十八間，通共倉廠三百十二間，每間工料銀十兩，通共該銀三千一百二十兩，此必取之嘉民脂膏以建造者也。既而運軍月糧，每船派撥十四名，計一百七船，該夫一千四百九十八名，每名酌給工食銀十兩，該銀一萬四千九百八十兩，此又必取之朝廷公帑以給發者也。運河自鹽鐵抵嘉定，通長五十六里，潮汐澱淤，河流一綫，勢不得不開浚通船，其計一萬八十丈，每丈約計工費四兩，該銀四萬三百二十兩，此又疲通縣額外之民力以鳩工者也。凡此四項，共計銀九萬五千八百七十餘兩。①

九萬五千八百七十餘兩之花費或許有些言過其實，但重新征收一半本色所需付出的配套成本絕對不會是小數目，這顯然有些得不償失。況且，一旦復漕，"僉旗之驛騷，軍船之窩盜，旗綱之嚼民，如虎斯翼流毒無窮"，"斗級倉夫庫子等役，一復則盡復，纖悉皆民膏"，② 對於當地社會更是貽害無窮。因此，"猝下半兌本色之令，萬民驚駭泣控"。③ 當年，紳民雖試圖力請仍舊例折兌完漕，但"兌期已迫，萬難請免"，④ 地方官員不得不"力圖多方撮借，極力勸輸"。⑤ 先由應天巡撫黃希憲據"權宜酌覆，豆麥搭兌，仍無所出"，後漕運總督史可法"深憫荒瘠，酌用麥抵"，最終由署理嘉定縣推官倪長玗"多方設法勸輸，淮買海運"，才勉强畢事。⑥ 經過這番折騰，本年漕糧總數較舊額多交了七萬二千餘兩。如果考慮到歷次加征加編，從永折令下至此，嘉定漕兌已漸增一倍："嘉定自改折以後，通計歲輸糧銀十五萬一千餘兩，兵興以後，叠加三餉五萬餘兩，官布絲絹復入考成，原編加編四萬餘兩，一年國課幾及三十萬兩。"⑦

轉眼到了崇禎十五年（1642），漕事又至。生員張鴻磐、侯元泲、

---

① 《本道請免復漕詳文》，《折漕彙編》卷 3《復折疏議書啓》。
② 同上。
③ 趙昕：《永折漕糧始末》，《折漕彙編》卷 6《紀述始末》。
④ 《鄉紳公揭》，《折漕彙編》卷 3《復折疏議書啓》。
⑤ 《本縣請復折揭》，《折漕彙編》卷 3《復折疏議書啓》。
⑥ 《疏下部後投大司農呈詞》，《折漕彙編》卷 3《復折疏議書啓》。
⑦ 《鄉紳公揭》，《折漕彙編》卷 3《復折疏議書啓》。

申荃芳等唯恐縣民繼續遭受半復漕兌之累，為了將嘉定縣漕糧"永永全折"，公推張鴻磐主撰《請照舊永折疏》。① 其時，華北地區戰亂仍頻，時局動蕩，張鴻磐"以飢寒煎迫之殘生，載通邑黃童皓首之血誠，蹈三千裏盜賊炎歊之危境"，不惜冒着生命危險，於七月賫疏赴京，乞準復折。② 經江西提學參議新昇廣東督糧道副使侯峒曾等人的上下疏通，八月二十二日，戶部尚書傅淑訓題覆。九月初四，聖旨下："這嘉邑漕糧永折事宜，民隱邊儲，並宜籌酌，着總漕臣會同該撫察何項可抵足前額，確議具奏，別縣不許妄援。"③ 在此道聖旨中，"何項可抵足前額"成為解決嘉定困境的關鍵，雖然在萬曆年間呈請折漕時知縣朱廷益曾明確宣稱該縣並無別項錢糧抵補本色，但值此非常時期，無論如何都有必要在類似的問題上改換一下思路。應天巡撫黃希憲提出了一個相對巧妙的解決方案："今北方米賤，以臣愚議，不若每米一石折銀一兩，勒令本年之內盡解天津，就於彼處召買，不許分毫逋欠，時刻遲延。如該縣或欠或遲，即以違誤軍需從重參處。"④ 而"別縣不許妄援"，則在一定程度上杜絕了其他州縣隨意倣做的可能性。這一變通而靈活的處理方式，可造成事實上的"折征"，得到漕運總督史可法的大力支持。崇禎十六年（1643）九月二十八日，聖旨確認了這一折中之法："這嘉邑漕糧照數改折，解津召買，即算截津之數。"⑤ 勉强算是維持住了萬曆二十三年以來屢經衝擊的永折之局。

四　屬漕糧？還是地丁？

清朝開國，"詔頒天下，首除天啓崇禎末年加派"。但具體到實際運作層面，"蠲除濫加，仍循舊額"的現象卻相當普遍，嘉定縣也不例外。首先，每匹官布"折銀六錢，除原編三錢外，加編銀二萬五千二百

---

① 張鴻磐：《請照舊永折疏》，康熙《嘉定縣誌》卷20《奏疏》。

② 《疏下部後投大司農呈詞》，《折漕彙編》卷3《復折疏議書啓》。

③ 《戶部覆疏》，《折漕彙編》卷3《復折疏議書啓》。

④ 《撫院覆疏》，《折漕彙編》卷3《復折疏議書啓》。

⑤ 《戶部再覆疏》，《折漕彙編》卷3《復折疏議書啓》。

五十三兩四錢”，① 已遠遠超過明末所繳數額；其次，對於官布銀的性質問題亦漸混淆不清，造成“官布加而金花不加”，② 對此嘉定縣不得不重申明代延續下來的傳統：“部加於嘉定者，原應均攤於長吳四縣之內，蓋嘉定既為四縣而代官布，則四縣自應代嘉定而攤部加〔金花銀〕也。”③ 理順與蘇州府屬縣之間官布銀和金花銀的責任分擔難度固然不小，將明末逐年加派的折漕銀兩之減免如何落到實處則難度更大。順治三年（1646），縣民項臣集衿耆潘潤、劉世厚、金邦聞等，針對難以根除的浮額問題合詞上控，知縣唐瑾也力請憲府，擬減明末加派“折漕銀二萬七千有奇”。事情遠不如想象中那樣順利，糧道對此屢行參駁，終於架不住唐瑾的不斷堅持，“究得減去，嘉民永享其惠”。④ 然而，良好的局面僅僅維持了十年左右，即遭遇到運軍“加漕”事件。

　　順治十一年（1654），因江寧等處運軍行月二糧⑤不敷，遂有本折均平之議，⑥ 嘉定田賦因此突增“加漕”一項。這一方面與明末以來不斷加強的漕糧“官運”的總體趨勢密切相關，另一方面，也是由米價騰貴所致。順治十二、十三年（1655、1656）以前，江南“秋冬間有〔每石〕二兩之價”，⑦ 運丁困苦莫支。江寧省衛，向“無屯田贍運其月糧”，⑧ 運糧衛官馬明宇以“行月二糧”不敷生計，上其事於漕運總督，想趁糧價高昂之機，將行糧亦比照月糧支發折色。⑨ 漕運總督下其議於司道，司道定自順治十四年起，行糧改作半本半折，“以半本給米，半折易銀”，月糧折色原每石折銀五錢，擬加價一倍，“改每石一兩”，⑩ 行糧則以十三年平均米價為參照，“每石〔折〕一兩二錢”。十四年

① 《（康熙十年）本縣請減浮糧議》，《折漕彙編》卷4《加減漕糧疏議書啟》。

② 蘇淵：《上趙邑侯請減浮糧議》，《折漕彙編》卷4《加減漕糧疏議書啟》。

③ 康熙《嘉定縣誌》卷7《賦役上·官布始末》。

④ 趙昕：《永折漕糧始末》，《折漕彙編》卷6《紀述始末》。

⑤ 按：所謂“行月二糧”係指，江南漕運衛所每運船一隻，“額派旗丁八名，水手四名，每名行糧三石，月糧十二石，計每船一隻，該行糧三十六石，月糧一百四十四石”行糧全派本色，月糧本折兼支。（參康熙《嘉定縣誌》卷7《賦役上·加漕始末》）

⑥ 《特參加漕疏》，《折漕彙編》卷4《加減漕糧疏議書啟》。

⑦ 佚名：《加漕紀略》，《折漕彙編》卷6《紀述始末》。

⑧ 張中元：《題減加漕疏》，《折漕彙編》卷4《加減漕糧疏議書啟》。

⑨ 佚名：《加漕紀略》，《折漕彙編》卷6《紀述始末》。

⑩ 康熙《嘉定縣誌》卷7《賦役上·加漕始末》。

（1657），江南糧價逐漸回落至正常價格，每石五、六錢。① 行、月二糧每石均已折銀一兩以上，可見，運軍確實從中撈取了不少實惠。此外，另有一批人也伺機而動，閃轉騰挪，企圖搭上制度的便車。

當時，"江南省衛現運之船，為一千二百七十四只有額也，以每船行糧三十六石計之，為四萬五千八百六十四石有數也，以每船月糧半折七十二石，為銀三十六兩計之，則四萬五千八百六十四兩之數亦自明也"。② 行糧自十四年改半本半折後，"仍照舊支米二萬二千九百三十二石，其一半折色，照部議每石折銀一兩二錢，共該銀二萬七千五百一十八兩四錢"，③ 可該年實際征收的行月二糧之折色竟然高達十一萬六千兩之多，中間浮派四萬二千六百餘兩，全被婪軍司役苟同縣蠹領給瓜分。更為離譜的是，十一萬餘兩的行月銀並沒有按照比例均攤至江南省的所有納漕州縣，江安糧道傅作霖將之全部派給泗州、高淳、嘉定、興化、安東等五個有折漕經驗的州縣，其中僅嘉定一縣就加派了五萬三千八百八十八兩，④ 占總數的一半左右。

就嘉定縣而言，"當年為土瘠無米而折漕，今反為土瘠無米而倍漕矣"。⑤ 自萬曆十一年起，該縣已基本上沒有漕兌，也無專門運丁，故本沒有道理再加征行月二糧；而"江寧省各衛，自有原坐派州縣"，亦固與嘉定毫無瓜葛。⑥ 嘉定漕折正銀，不過"七萬三千九百三兩"，⑦ 憑空增加如此重的負擔，縣民當然會憤憤不平。怪只怪當初全縣折漕時，與那些繼續繳納本色的州縣之間的界限劃得太過分明。僅考慮到折漕所帶來的榮耀和實惠，沒有想到它還會帶來的無盡煩惱。面對傅作霖近乎"無理"的決策，耆民倪國柱、陸秀德等人並不甘心，他們赴京具揭各衙門，竭力爭取挽回頹局。此時，朝中嘉定籍官員"雖有正人，無顯位"，⑧ 沒能幫上什麼大忙。幾經努力，本來將加漕派諸通省州縣的對

---

① 《戶部加漕揭》，《折漕彙編》卷 4 《加減漕糧疏議書啟》。

② 馮班：《特參加漕疏》，《折漕彙編》卷 4 《加減漕糧疏議書啟》。

③ 《糧道查覆按院行月二糧細數》，《折漕彙編》卷 4 《加減漕糧疏議書啟》。

④ 《戶部加漕揭》，《折漕彙編》卷 4 《加減漕糧疏議書啟》。

⑤ 同上。

⑥ 馬騰昇：《特參加漕疏》，《折漕彙編》卷 4 《加減漕糧疏議書啟》。

⑦ 趙昕：《本縣請減浮糧議》，《折漕彙編》卷 4 《加減漕糧疏議書啟》。

⑧ 陸時隆：《二義傳》，《折漕彙編》卷 6 《紀述始末》。

策未能成為現實，但却勉强取得了户部覆核減半的優惠。自後，嘉定每年實加銀二萬六千七百六十九兩三錢八分二厘。① 順治十八年（1661），嘉定遭遇嚴重的旱災，漕銀征解异常困難，然"差提日急"，知縣潘師質力請緩徵，才勉强度過難關。康熙元年（1662），追比更嚴。倪、陸以誤漕獲罪，倪死於杖下，陸亦垂死，② 潘師質平日為人簡傲，"不聽吏胥言，不通賄賂，不屈於權貴"，也因上年不征漕銀遭受彈劾，後不堪凌辱，投秦淮河自盡。③

流血和犧牲，並没有使嘉定縣擺脱尷尬的境地。先是官布加編之外又增扛銀、解費，④ 接着康熙二十六、二十七兩年（1687、1688）圍繞折漕銀的歸屬問題又引發出一起大案。對於後者還得要從萬曆四十七年《賦役全書》説起，《全書》曾將嘉定折漕銀另列一條於地丁之外，"嘉民但知輸銀，而國家仍同漕解，令甲漕項錢糧，遇赦不赦"。⑤ 從此開啓了永折銀到底是屬於地丁還是屬於漕糧的争論。從實用主義的立場，當然最好是怎麼有利就怎麼選擇其歸屬。康熙十三年（1674），蠲江南蘇松常鎮淮揚六府地丁之半，知縣趙昕曾試圖將永折銀兩造入蠲款，結果以永折銀自身業已免征而罷。兩年後，"復準漕撫移咨，仍行〔漕糧〕比解"。之所以長期不能明確歸屬，亦由於制度上的安排所致："蓋以地丁隸户部江南司奏考永折，則與漕項一體隸户部雲南司奏考故也。"⑥ 康熙二十三年（1684），蠲漕糧三分之一，嘉定縣民咸謂："前不蠲於丁者，今蠲於漕無疑。"江蘇巡撫湯斌咨請户部，"部議嘉定無米可蠲，仍不准行"。康熙二十六年（1687），蠲二十六年未完錢糧並二十七年地丁銀兩，"嘉邑永折，積二年計之，其一十二萬兩有奇"。二十七年（1688）春，"撫院田公具文請蠲，復奉部咨，以漕糧改折不準"。當時的情形是，"永折一項，歸之漕則非漕，歸之地丁則非地丁，蠲漕則謂之地丁，蠲地丁則又謂之漕"，⑦ 於是，嘉定縣民特别渴望走

① 《題覆加漕疏》，《折漕彙編》卷 4《加減漕糧疏議書啓》。
② 失名：《加漕紀略》，《折漕彙編》卷 6《紀述始末》。
③ 陸時隆：《潘邑侯傳》，《折漕彙編》卷 6《紀述始末》。
④ 《（康熙十年）本縣請減浮糧議》，《折漕彙編》卷 4《加減漕糧疏議書啓》。
⑤ 佚名：《蠲糧始末》，《折漕彙編》卷 6《紀述始末》。
⑥ 同上。
⑦ 同上。

出這種"非漕非地丁"抑或"亦漕亦地丁"曖昧狀態。

　　紳士汪良秉、戴冰揆、張餘度等率先為民請願，得到了知縣聞在上的支持。當時"嘉定無顯宦"，僅有孫致彌、趙俞兩名新科進士，在朝廷的關係網絡遠不像明朝末年那樣強大，而"戶部權甚重，凡章奏必着該部議覆，有公費則如請，不然則否"。趙俞、汪良秉數十人詣神廟立誓，"議每戶輸公費十分之二，實收銀二萬有零"，聞在上"又於中取三百金，償衆人盤費"。① 像這樣的攤派，並非趙、汪等人首創，明代每一次申請折漕或者復折都要上下打點，運作經費基本上都以類似的方式籌集。② 殷都對此曾有過非常精闢的論斷："夫濟大事者不惜小費，宏遠謀者不執細諒。今諸臺院科部孰不委吏胥？而吏胥孰不好錢神者？"③ 清順治年間，倪、陸二人請減加漕，也是"揭布行債二千兩為部費"才得以成行。④ 不過，這一次與以往最大的不同在於公費數額過於巨大，難免其中會有人不是出於情願，為後來的"蠲糧案"留下隱患。在京疏通關係的過程中，衆人"遍賂合部有力者，約費一萬五千金，其南邊雜貨，又約五千餘金，令議如所請"。有錢能使鬼推磨，事情辦得出奇的順利。十一月初一日，"得準蠲免"。⑤ 然而，人們甚至還沒來得及歡慶，"蠲糧案"就接踵而至。

　　次年（1689）正月，恰逢康熙皇帝南巡。有一小撮對這一做法心懷不滿的人趁此良機，拿着輸公費的收據，以"私征加派"罪上控。其後，參與此事的諸色人等甚至包括知縣聞在上均被株連入獄。因此案賄賂數目巨大，牽扯人員復雜繁多，逐漸演化為王鴻緒、徐乾學、兩江總督傅臘塔、江蘇巡撫洪之杰、鄭端⑥相互之間政治鬥爭的工具。歷時三年整，才由康熙皇帝從寬處置完畢。全案"革大司農一人，庶常一人，縣令二人，文進士一人，武進士一人，孝廉一人，候選州同一人，生監共九人，問辟者四人，徒者四人，杖者十八人，邑之破家者六七十人，受詐者五六百人，死者二人"。付出如此沉重的代價，終於換取來

　　① 佚名：《蠲糧始末》，《折漕彙編》卷6《紀述始末》。
　　② 參見顧際明《折漕紀略》，《折漕彙編》卷6《紀述始末》。
　　③ 殷都：《又與韓邑侯書》，《折漕彙編》卷2《永折疏議書啓》。
　　④ 佚名：《加漕紀略》，《折漕彙編》卷6《紀述始末》。
　　⑤ 佚名：《蠲糧始末》，《折漕彙編》卷6《紀述始末》。
　　⑥ 參見《折漕彙編》卷6《諸賢事略》。

《賦役全書》將永折改入地丁的"好結果"。① 雍正三年（1725）和乾隆二年（1737），蘇松減免浮糧，嘉定縣分別減額征地丁銀六萬二千四百八十五兩四錢三分五厘三毫、一萬三千八百四十一兩八錢五分九厘六毫。②

　　同治二年（1863），曾國藩、李鴻章以太平天國後休養生息故，奏請減蘇松太三屬漕額，"經户部議奏，統按原額減去三分之一"。在具體操作的時候，江蘇布政使劉郇膏堅持輕則不減的原則，"酌定五升以下輕則不減"。蘇松太三屬各廳州縣皆按則遞減，只有嘉定、寶山③二縣，"以合境田畝科米在五升以下，獨不得與，後以沿海區圖地多瘠薄，量予優減，故常昭華奉金山南川太鎮等各廳州縣於按則遞減外再加核減，而嘉寶二縣，素稱沿海最瘠之區，以業在輕則不減之列，仍不得與"。"統計江蘇五府州減漕案内，獨此二縣未減分毫。"④ 之所以如此，乃因"額征條編銀内有漕折銀，嘉定二萬四千二百餘兩，寶山二萬二千二百餘兩"，皆歸地丁並征，與漕糧正款無涉。⑤ 康熙間永折銀歸屬的解決，到此時却幫了個大大的倒忙。致使嘉定、寶山二縣之賦額，絕大多數被歸類為地丁，漕糧款項甚少。雖然縣人翰林院編修廖壽豐等再三解釋"銀多米少"之原委："此雖非漕糧改折之正款，而實為折漕加派之錢糧也"，"其折漕之編入地丁者，實則漕而名則丁"，⑥ 仍無濟於事。經過十餘年的交涉乃至扯皮之後，光緒五年（1879），户部終於體諒到"減賦之際，該二縣紳民漏未陳明，刻下定案，業經十餘年，本亦未便率更奏案"的苦衷，"將該二縣前項漕折銀兩，照原折銀數，仍舊復還本色，按畝驗分，加入現征米内合算，科則如在五升以上者，做照常鎮各屬之案酌減米額十分之一，仍在五升以下者，不準核減"。⑦ 照此標準，自光緒六年（1880）始，嘉定核減一千七百二十石七升三合六勺，

---

①　佚名：《蠲糧始末》，《折漕彙編》卷6《紀述始末》。

②　《（雍正三年）請減浮糧疏》、《（乾隆二年）部咨》，《折漕彙編》卷4《加減漕糧疏議書啓》。

③　按：寶山縣係雍正二年（1724）從嘉定縣分出。

④　《京官請免加漕銀兩呈詞》，《折漕彙編》卷末《減漕議疏》。

⑤　同上。

⑥　同上。

⑦　《部復奏疏》，《折漕彙編》卷末《減漕議疏》。

寶山核減四百七十五石六升九合。① 嘉、寶二縣終於獲得名義上的"小恩小惠"。

五　結語

《折漕彙編》的作者辛辛苦苦將 300 多年間有關嘉定縣漕糧征解的文獻彙集成冊，本是為了紀念從萬曆折漕到光緒減漕的"來之不易"，却無意間為我們弄清明清江南賦役制度改革動態而復雜的歷史過程提供了些許可能。從永樂後部分漕糧改征官布到明末全縣永折漕糧的成功，極大地簡化了漕糧繳納過程中層層叠加的中間環節，減輕了百姓繁重的折兌負擔，當地以棉業生產為核心的社會經濟結構亦日益成熟。然而，嘉定縣却從此逐漸與周邊地區分道揚鑣，為了應付諸多專門針對折銀州縣的政策，地方官員和鄉賢們常常不得不殫精竭慮，奔走於朝野之間。崇禎十年（1637），侯峒曾在給戶部尚書程國祥、應天巡撫張國維的數通書信中，多次將"折漕"和"官布"二事並舉，② 清初蘇淵《上趙邑侯請減浮糧議》亦稱："嘉民倒懸之困，莫如前所言，加漕、官布二條矣"，③ 從中可見鼎革之際嘉定縣地方行政之側重。雖然官布折征在明清嘉定賦役改革的進程中可視為全面折漕的一個中間環節，但是直至清初，它仍具有相對的獨立性，經受着與折漕幾乎同樣的歷史考驗。順治年間的運軍"加漕"事件，將"折漕"的反面形象作了一次幾近徹底的曝光，康雍乾時期，圍繞折漕的歸屬問題，則以"血的代價"換取到了地丁的大幅蠲免。後者成為同光間嘉定、寶山二縣減賦的"絆脚石"，最後雖勉力得以解決，但折漕的"負面效應"在清代表現得越來越明顯。這或許可以令我們對"清承明制"的說法有更多的反思。

制度運作中人的因素同樣非常重要。明代之所以能夠輕易成事，與當時嘉定籍官員的關係網絡和社會動員能力之強大密切相關，每一次遇到強大阻力，都會有"貴人相助"。清初嘉定人在朝廷的聲音完全被淹

---

① 光緒《嘉定縣志》卷 3《賦法沿革》。
② 《折漕彙編》卷 3《復折疏議書啓》。
③ 《蘇淵上趙邑侯請減浮糧議》，《折漕彙編》卷 4《加減漕糧疏議書啓》。

沒，運用與明代類似的溝通方式，不僅要付出更大的代價，而且也很難達到良好的效果。腐敗的吏治和嚴格的考成，將明清嘉定歷史上最黑暗的時刻定格在了 17 世紀下半葉，誠如時人陸時隆所云：清初之“浮糧，不由明祖，而由墨吏狡胥之私派濫加也明矣”。① 所有的制度都有其多面性。不光是嘉定的折漕改革，在明清時代江南推行的“均田均役”、“版圖順莊”法等，或亦可如是觀。

---

① 　陸時隆：《浮糧辨》，《折漕彙編》卷 6《紀述始末》。

融合與互動：書院文化空間中的大傳統與小傳統

湖南大學嶽麓書院　肖永明　鄭明星

　　書院是中國傳統社會獨具特色的文化教育組織形式。作為社會大系統的組成部分，書院承擔着培養人才、創新知識、傳播積累文化、施行社會教化等一系列功能。其中，社會教化是作為儒家文化象徵的書院所不可或缺的重要功能。許多儒家士大夫創建書院，都標舉施行社會教化、化民成俗的宗旨。何喬遠在《首善書院上樑文》中就說到，創建書院，"實欲以其草偃風行之尚開民"，因而"仕願上樑之後，庶民興而大徑正，道德一而風俗同"。① 可以看出，士大夫創建書院，旨在教化民眾。而所謂教化的實質，就是以君子之德影響小民之德，風行草偃，化民成俗。換言之，就是將居於當時社會主流地位的儒家價值觀念傳播、滲透到社會各階層尤其是民間社會，塑造社會成員共同的價值觀念，並進而影響社會生活習俗乃至整個社會風氣。這一過程的主要目標，是以精英文化層面的儒家思想觀念去影響、規範民俗層面的大眾文化，"化其民為君子士夫，易其俗為禮義廉恥"。② 為了實現這一目標，書院注重營造充滿儒家氣息的文化空間，從書院教學內容的選取、教學原則的確定、學規的制定，到書院中的匾

---

　　① 何喬遠：《首善書院上樑文》，載王昶《天下書院志》，轉引自陳谷嘉、鄧洪波《中國書院史資料》，浙江教育出版社 1998 年版，第 815 頁。

　　② 趙長翁：《儒林書院記》，《湖廣通誌》卷一百零七，文淵閣《四庫全書》，上海古籍出版社 1987 年影印本，第 534 冊，第 719 頁。

額、楹聯、碑刻、亭臺樓閣、齋舍的命名，到建築的選址布局、祭祀對象的確定和祭祀活動的進行，都力求體現儒家的價值理念和精神追求。

然而，在書院施行教化的過程中，儒家思想觀念的影響並不是純粹單向的，在書院這一文化空間中，我們可以看到不同層次文化的共存、融合和互動。美國人類學家羅伯特·雷德菲爾德在《農民社會與文化》一書中提出了大傳統與小傳統的概念。後來，大小傳統的內涵又被修正成各種模式，如精英文化與大衆文化、雅文化與俗文化、上層文化與下層文化等等[1]，為研究不同層次文化傳統提供了一個很好的研究視角。本文借用大小傳統的概念，對書院文化空間中不同層次的文化加以審視，認為反映精英階層的世界觀念和價值理想，以希聖希賢、修齊治平為職志的雅文化，是大傳統；基於社會大衆的世俗生活，追求趨利避害、功名利祿的俗文化，是小傳統。在書院的文化空間中，大傳統與小傳統呈現出共存、融合和互動的狀態。以下着重從書院建築與書院祭祀兩個方面加以考察。

一　儒家價值理想與風水觀念:書院建築中的大傳統與小傳統

書院的選址、單體建築的建立及建築的布局都體現了人的價值追求、思想觀念、審美情趣。在某種程度上可以說，建築就是具象化的觀念。在書院的文化空間中，建築實體、形式以及空間格局是最為重要的內容。其中儒家的價值理念有充分的體現，而小傳統的影響也不可忽視。

1. 書院建築中的儒家價值理念

就書院的選址而言，宋代的著名書院，多坐落於風光雅致、環境幽靜的山林名勝之區。嶽麓書院位於湘江西岸、嶽麓山谷中，"清泉流經

---

　　① 近年來學界對大、小傳統的相關研究成果，可參見翁頻《近二十年國內外大、小傳統學説研究述論》，《漳州師範學院學報》2009 年第 4 期，第 119—124 頁。

堂下，景意極於瀟湘"①；"湘山負其背，文水縈其前，静深清曠，真士子修習精廬之地也"②。石鼓書院所在的石鼓山"據蒸湘之會，江流環帶，最為一郡佳處"③；白鹿洞書院"四面山水清邃環合，無市井之喧，有泉石之勝"④。嵩陽書院、泰山書院也分別位於居"五嶽"之列的嵩山、泰山。這也就是朱熹在《衡州石鼓書院記》中所謂"相與擇勝地，立精舍"，⑤呂祖謙《白鹿洞書院記》中所謂"往往依山林、即閑曠以講授。"⑥

之所以選擇這種自然環境，目的在於遠離城市的種種紛擾喧囂，而在山林幽静之地洗心滌慮、怡情養性、潛心向學。我們知道，宋明以來的儒家學者追求一種"孔顏樂處"的精神境界，希望能夠贊天地之化育，與天地上下同流，置身大自然的懷抱中頤養性情、陶冶情操，因此書院的選址，對環境要求很高。同時，在很多學者看來，讀書求道，需要"静"的工夫，需要在静中體悟天道，甚至朱熹還有"若渾身都在鬧場中，如何讀得書！……用半日静坐，半日讀書，如此一二年，何患不進"⑦之説。對於這些學者而言，坐落在遠離塵囂的幽静叢林之中的書院無疑是静坐讀書的最佳場所。

因此，從本質上説，書院選址多在山水之間顯然並非單純為了山水之樂，而是為了使書院士人更好地讀書著述，怡情養性，追求一種與天地上下同流的境界，所體現的是儒家的價值理想。

書院建築的整體布局、祭祀建築也較為直觀地體現出儒家的價值理

---

①　張舜民：《畫墁集》卷八，《郴行録》，文淵閣《四庫全書》，上海古籍出版社 1987 年影印本，第 1117 册，第 52 頁。

②　胡宏：《與秦會之書》，《胡宏集·書》，中華書局 1987 年版，第 105 頁。

③　朱熹：《衡州石鼓書院記》，《晦庵先生朱文公文集》卷七十九，《朱子全書》，上海古籍出版社、安徽教育出版社 2002 年版，第 3782 頁。

④　朱熹：《白鹿洞牒》，鄭廷鵠《白鹿洞志》卷十五，載《白鹿洞書院書院古志五種》上，中華書局 1995 年版，第 236 頁。

⑤　朱熹：《衡州石鼓書院記》，《晦庵先生朱文公文集》卷七十九，《朱子全書》，上海古籍出版社、安徽教育出版社 2002 年版，第 3783 頁。

⑥　呂祖謙：《白鹿洞書院記》，《東萊呂太史文集》卷六，黃靈庚等主編：《呂祖謙全集》，浙江古籍出版社 2008 年版，第 1 册，第 100 頁。

⑦　黎靖德編：《朱子語類》卷一百一十六，中華書局 1986 年版，第 2806 頁。

念。在此以嶽麓書院建築為例加以說明。①

　　嶽麓書院整體布局采用"左廟右學"的布局規制,左為文廟建築群,以大成殿為中心,三進三院落;右為書院建築群,以講堂為中心,四進四院落,二者形成了兩條明顯的中軸綫。這裏遵循的是《考工記·匠人營國》"左祖右社"和《禮記·祭義》"建國之神位,右社稷而左宗廟"的原則。李允鉌在《華夏意匠》中認為:"禮的意識就融會到古代大部分的建築制式中去,從王城到宅院,無論内容、布局、外形無一不是來自禮制而做出的安排,在構圖和形式上以能充分反映一種禮制的精神為最高的追求目的。"② 嶽麓書院建築正是儒家的禮制精神的集中體現。

　　嶽麓書院文廟是祭祀孔子的重要場所,經過歷代書院創建者的重建、改建和擴建,成為建築規模完備的書院文廟:三進三庭院組成一個完整的建築群,中軸綫依次為萬仞宫墙(照壁)、石牌坊、大戟門、東西兩廡、大成殿、明倫堂和崇聖祠,整個建築群以大成殿為中心,以崇聖祠為最高點,因勢而建,錯落有致,一方面體現了書院尊師重道的傳統,一方面體現了儒家親親尊尊的基本原則。

　　書院建築中的許多符號性建築也熔鑄了儒家的價值追求。《論語·先進》中記載了曾點"浴乎沂,風乎舞雩,咏而歸"的志向,在朱熹等理學家看來,"曾點之學,蓋有以見夫人欲盡處,天理流行,隨處充滿,無少欠缺",其中蘊含着一種"胸次悠然,直與天地萬物上下同流"的理想境界。③ 正因為如此,許多著名書院如嶽麓書院、白鹿洞書院、白鷺洲書院、石鼓書院等都建有與"曾點之學"相關的風雩亭、咏歸橋、浴沂亭等建築。如嶽麓書院宋代即有風雩亭、咏歸橋,白鹿洞書院宋代也建有風雩亭,書院至今還留下了"風雩石"、摩崖石刻"風雩"、"吾與點也之意"等反映"曾點之志"的主題符號象徵物。白鷺

---

　　① 參見柳肅《儒家祭祀文化與東亞書院建築的儀式空間》,《湖南大學學報》2007年第11期,第36頁。

　　② 李允鉌:《華夏意匠——中國古典建築設計原理分析》,天津大學出版社2005年版,第40頁。

　　③ 朱熹:《四書章句集注·論語集注》卷六,《先進第十一》,中華書局1986年版,第130頁。

洲書院宋代也建有浴沂亭，到清代道光年間重建。① 石鼓書院宋代也建有風雩亭。②

這些符號性建築，所寄寓的是書院士人對聖賢之志的渴慕與千載舞雩精神的向往。朱熹咏歸橋詩云：“綠漲平湖水，朱欄跨小橋。舞雩千載事，歷歷在今朝。” 明代理學家胡居仁題白鹿洞書院風雩石詩云：“五老峰南鹿洞前，和風滿袂暮春天。道隨日用無他慕，何獨當年點也賢。”③ 在儒家士人看來，徜徉遊息於書院的林間泉下與這些符號性的亭臺樓閣之間，有利於學者求學問道、涵泳義理、優遊讀書，達至與天地萬物上下同流之境：“與二三有道之士息焉，游焉，以傳其義理之趣，涵咏從容，陶和毓粹，必真見夫萬物之皆備於我，而天地之用皆我之用也。”④

2. 書院建築的風水意象

風水一詞源於晉人郭璞的《葬書》，“風水之法，得水為上，藏風次之”。⑤ 風水的原初意義在於為逝者覓得一藏風得水之地，以此凝聚天地生氣，從而庇護生者，讓其獲得趨吉避害的效果。有的學者認為，講求風水，目的是為了“找到宇宙之生氣，認為佔有了宇宙之生氣（即龍脈），就會改變自身的命運，實現夢想，使家族興旺，福蔭子孫”。⑥ 筆者以為，風水就是藉助傳統的宇宙化生觀念，以自然山水風氣為媒介，附會災褉福禍等意識，以求趨利避害、獲取功名利祿為目的的思想觀念，這屬於小傳統範疇。如果說書院建築所體現的大傳統價值

① 劉繹：《白鷺洲書院志》卷一，《沿革》，清同治十年白鷺書院刻本，《中國歷代書院志》，江蘇教育出版社 1995 年版，第 2 冊，第 570 頁。

② 李揚華：《國朝石鼓志》卷一，《事迹》，清光緒六年刻本，《中國歷代書院志》，江蘇教育出版社 1995 年版，第 4 冊，第 94 頁。

③ 《文翰七·胡居仁題風雩石》，鄭廷鵠《白鹿洞志》卷十五，載《白鹿洞書院書院古志五種》上，中華書局 1995 年版，第 416 頁。

④ 吳道行：《重修嶽麓書院圖志》卷三，《續：山水》，載《嶽麓書院志》，嶽麓書社 2012 年版，第 41 頁。

⑤ 郭璞：《葬書》，文淵閣《四庫全書》，上海古籍出版社 1987 年影印本，第 808 冊，第 14 頁。

⑥ 王子林：《紫禁城風水》，紫禁城出版社 2005 年版，第 26 頁。

觀念是為了體察天地之道，獲取天地生氣，進而達到天人合一的聖賢境界，那麼書院建築的風水意向則與現實生存的趨利避害、利禄追求直接相關。

　　書院建築的風水意象可以從"龍脈"與"方位"（主要是朝向）兩個方面來說明。龍脈常指一組連綿不斷、蘊藏生氣的山脈，如清人認為嶽麓書院之脈自衡山而來，"衡岳位離，為文昌之府，而嶽麓終之，七十二峰至此結聚也"。① 在此以嶽麓書院為例考察歷代書院學者對龍脈的看法。

　　從宋代開始，即有涉及書院風水的記載，但很少涉及龍脈概念。張栻在給朱熹的信中談到當時有人覬覦書院的風水，企圖佔用："書院邇對按山，頗有形勢，屢為有力者睥睨作陰宅。昨披棘往看，四山環繞，大江橫前，景趣在道鄉碧虛之間，方建亭其上，以風雩名之。安得杖履來共登臨也。"② 張栻在此談到書院的地理形勝，但所談的角度顯然在於登臨遊覽與體悟道義，而非災祲福禍、功名利禄。直到明末，山長吳道行主持修撰的《重修嶽麓書院圖志》中仍批評將形勝與風水福禍附會。該書稱，書院立疆界，是為了抗拒睥睨風水者據書院地盤為一家之私。書中批評當時"縉紳之士多汩没於風水"，並指斥當時一些人"因野師神郭璞之術，屢掘其親之棺而改遷之，逆理甚矣"。③

　　但到了清代，風水龍脈所包含的文運、福禍等觀念則已經為書院士人所吸納。這一點從清代山長丁善慶《長沙嶽麓書院續志》、周玉麟《嶽麓續志補編》關於嶽麓書院龍脈受到破壞案件的記載中可以看得很清楚。據記載，嘉慶十九年，"紳士丁禮門等赴院、司、道、府各憲呈控"善化縣龍王坑、刀背侖、大地嶺等處有人違禁鑿石燒灰，"有傷嶽麓來脈"。後來官方下令禁止，並在書院二門内立"嶽麓來脈憲禁開鑿

　　① 周召南：《康熙戊申修復嶽麓書院疏引》，趙寧《長沙府嶽麓志》卷八，康熙二十六年刊本，《中國歷代書院志》，江蘇教育出版社1995年版，第4册，第380頁。
　　② 張栻：《答朱元晦秘書》，《張栻全集·南軒集》卷二十一，長春出版社1999年版，第852頁。
　　③ 吳道行：《重修嶽麓書院圖志》卷三，《續·疆界》，載《嶽麓書院志》，嶽麓書社2012年版，第47頁。

勒石"①。此後，同治七年，官方又出告示，在嶽麓山"禁止私砍私葬"。② 同治十年官方又出"嶽麓來龍禁止開煤手簡"的通告，把與龍脈相關的山地"割售嶽麓書院管理"。③ 其理由都是避免損毀麓山地氣，"以培岳脈"。這些官方禁令所反映的正是書院士人的訴求，透過這些禁令，可以看到書院士人對於風水龍脈的重視。《書院志》的這些記載說明，小傳統中的風水觀念已經滲透進入了書院士人的觀念世界之中，風水龍脈有利於培文運、助科名等福禍名利觀念已經被書院士人有選擇性地吸收。

除了龍脈越來越受到重視，書院朝向所蘊含的吉凶觀念也得到了書院士人不同程度的認可。

在明代，嶽麓書院曾經因福禍觀念改變朝向。據吳道行《重修嶽麓書院圖志》記載，明正德年間，有長沙府縣生員稱"嶽麓書院風水背戾。所以屢興屢廢，今欲修理，必須略移向址。方可長久"，湖廣行省參議吳世忠認可這種說法，認為"修建書院乃斯文盛事，當差風水人前去書院踏看山脈，委的風水背戾，應與那改"。④ 在清代，嶽麓書院有三次改向，且都與福禍、科名有關。嶽麓書院山長王文清曾經談到，書院在癸未甲申間有一次改向，"依朱子所定向，兩山交會，大江橫繞，路從古牌坊下而出，大修後連科賢書疊薦"。⑤ 此次書院依朱子之說改向，連連科甲得中。第二次是戊子年，"當事以術士禍福之言，忽改書院頭門偏對麓右"，結果導致"白虎高昂千尺，院中災病大作，幾致撤散"。因此，書院又按舊制把書院頭門的朝向改回，於是"院中漸次安

---

①　丁善慶：《長沙嶽麓書院續志》卷一，《嶽麓來脈憲禁開鑿勒石》，清同治六年刊本，《中國歷代書院志》，江蘇教育出版社 1995 年版，第 4 冊，第 439 頁。

②　周玉麟：《嶽麓續志補編》，《禁止私砍私葬示》，載《嶽麓書院志》，嶽麓書社 2012 年版，第 709 頁。

③　周玉麟：《嶽麓續志補編》，《岳脈山契》，載《嶽麓書院志》，嶽麓書社 2012 年版，第 702 頁。

④　吳道行：《重修嶽麓書院圖志》卷六，《興復書院札付》，載《嶽麓書院志》，嶽麓書社 2012 年版，第 74 頁。

⑤　王文清：《嶽麓書院四公德政紀略》，羅汝懷《湖南文征·國朝文》卷四十五，嶽麓書社 2008 年版，第 2074 頁。

堵如故"。① 從王文清在文中強調此事"皆予親歷其事"的語氣來看，他對書院頭門朝向不同引起的災祲福禍事件是深信不疑的。王文清是清代樸學大家，堪稱代表主流價值觀念的大儒。像王文清這樣的大儒，也已經潛移默化地吸收風水意象裏福禍名利等核心觀念，可見小傳統的風水觀念在書院已經產生了一定影響。

當然，王文清對風水觀念的認可也是有限度的，有選擇性的。在《風俗論》一文中，王文清就對喪葬風俗追求利祿表示不可接受，他說："墳墓所以安親體，非以利生人也。今則惑形家之說，圖謀風水。"② 從王文清的這種態度可以看到大傳統和小傳統之間既融合又排斥的微妙而復雜的關係。

在其他書院，關於保護書院龍脈、改變朝向以培文運、求科名、得富貴的記錄甚多。如據李揚華《國朝石鼓志》載，石鼓書院在光緒年間曾經因大門改向而科考大興。石鼓書院大門以北譙樓為朝向。嘉慶末，書院首事將大門改為東南向，正對湘水，以取旺財之意，"自是而後，科舉衰替，且多變故"，記錄者認為"湘水直沖而下，勢洶洶不可當，幸其地勢高，且係公所，無久居者，故殺氣較減，否則禍不可勝言也"，於是在光緒年間，又把朝向改回原樣。有意思的是，書院此次改向後科名大興。記錄者不厭其煩地記下了科考得中的人名："己卯秋榜，則安仁譚焱魁南省矣。五十三年來始見此一元也。庚辰會試，中進士四人，衡陽祝鬆雲、衡山譚鑫振、楊依鬥、陳鼎，殿試則譚鑫振點探花，朝考則陳鼎選庶常。"③ 從中我們可以看出在當時書院士人的觀念中，書院建築風水與科名的關係非常密切，書院建設者也熱衷於尋求好的風水以圖吉利的科名運氣。

從書院發展史的角度看，本來宋代大儒創建書院，旨在明人倫，行教化，倡行儒家仁義禮智的價值觀念，以希聖希賢為目標，培養德性充盈、兼濟天下的士人學子，而不是單純追求科名、渴慕榮華富貴的利祿

---

① 王文清：《嶽麓書院四公德政紀略》，載羅汝懷《湖南文征·國朝文》卷四十五，嶽麓書社 2008 年版，第 2074 頁。

② 王文清：《風俗論》，載羅汝懷《湖南文征·國朝文》卷二十四，嶽麓書社 2008 年版，第 1674 頁。

③ 李揚華：《國朝石鼓志》卷一，《事迹》，清光緒六年刻本，《中國歷代書院志》，江蘇教育出版社 1995 年版，第 4 冊，第 101—102 頁。

之徒。歷代書院教育家在這方面闡述甚多，如張栻在主教嶽麓書院時就明確提出書院教育不是為了科舉、不是為了利祿、不是為了詞章華麗，而是為了"傳斯道而濟斯民"。① 然而到了清代，追求科名利祿的思想竟然能藉助風水觀念在書院建築中堂而皇之地出現，得到書院士人的認可，可見小傳統在書院已經産生了較大的影響。

二　儒家道統意識與文運祈禳：書院祭祀中的大傳統與小傳統

祭祀是指向神靈、祖先等崇拜對象行禮，以示崇敬或祈求保佑。祭祀是書院的"三大事業"之一，是體現書院文化教育功能的重要方式。祭祀空間，是書院文化空間最重要的組成部分。

書院祭祀的文化內涵頗為復雜，其主要方面是體現道統意識、反映時代學術風尚的內容，如許多書院祭祀儒家的先聖、先師、先賢，祭祀與書院學術傳統、學術旨趣相關的歷代儒學大師，等等；但其中也包括與功名利祿相聯繫、追求多發科第、祈望平安福報的內容，如一些書院祭祀文昌帝君、魁星、關帝、土地神、岳神等各種神靈。這兩者體現了書院祭祀中大傳統與小傳統的互動與融合。在此主要從儒家道統意識的彰顯與文運祈禳的角度來加以考察。

1. 書院祭祀的道統意識

書院祭祀的一個重要宗旨，就是崇仰道統，通過祭祀，以感性直觀的形式宣示儒家道統，使其道統觀念深入人心。在朱熹等大儒看來，書院祭祀，就是要從精神實質、理論趨向上表明對祭祀對象的認同及對其精神方向的繼承，也就是說，出於一種道統意識。朱熹曾談到，"惟國家稽古命祀，而禮先聖先師於學宮，蓋將以明夫道之有統"。② 在《江

---

① 張栻：《潭州重修嶽麓書院記》，《張栻全集·南軒集》卷十，長春出版社 1999 年版，第 693 頁。

② 朱熹：《信州州學大成殿記》，《晦庵先生朱文公文集》卷八十，《朱子全書》，上海古籍出版社、安徽教育出版社 2002 年版，第 3806 頁。

州重建濂溪先生書堂記》中，朱熹就非常明確地從弘揚、接續道統的角度來對周敦頤進行定位，理解祠祀周敦頤的意義，道統意識表現得相當明顯。① 朱熹曾在竹林（滄州）精舍祭祀中將周敦頤、二程、邵雍、張載、司馬光列為祭祀對象。在《滄州精舍告先聖文》中，朱熹對此舉所蘊含的道統意識加以闡述。他着重標舉道統，以傳承道統為綫索，將祭祀對象納入傳承譜系，將他們視為道統在不同時期不同階段的接續者、體現者，所表現的是自己對道統的理解。② 朱熹所要彰顯、光大的，是儒家的道統，他希望以書院作為倡揚、光大道統的重要基地。書院的祭祀，實際上是朱熹宣揚道統的一種手段、方式。

　　朱熹通過書院祭祀以宣揚道統的形式在宋末就得到朱學後學的繼承與認同。他們都自覺地將建書院、祠先賢與尊崇道統的使命相聯繫。宋末理學家王柏在《上蔡書院講義》中就談到：“恭惟聖天子尊崇道統，表章正傳，學校之外，書院幾遍天下。”③ 宋末元初理學家熊禾在《建陽書坊同文書院疏》中也説到，書坊同文書院之建，“於以尊崇往聖之道統，於以培植昌運之人才”。④ 宋端平二年（1235），江蘇平匯官員曹氏等“並祠築室以舍學者，買田收谷以食之，而儲和靖與其師若友之書於其中”，建成虎丘書院，供祀理學學者尹焞（和靖），劉宰作記稱曹君建祠築室之舉意義重大，“上而光昭我高宗皇帝聖德之大，下而迂續我和靖先生道統之傳。”⑤ 宋寶祐五年（1257），湖南寶慶府建成濂溪書院祠周敦頤，“中為先生祠堂，祠先賢於東西序以侑焉。其後講堂，直舍、齋廬、門廡，庖湢皆備”。學者高斯得為之作記，稱頌周敦頤“卓

---

①　朱熹：《江州重建濂溪先生書堂記》，《晦庵先生朱文公文集》卷七十八，《朱子全書》，上海古籍出版社、安徽教育出版社 2002 年版，第 3740 頁。

②　朱熹：《滄州精舍告先聖文》，《晦庵先生朱文公文集》卷八十六，《朱子全書》，上海古籍出版社、安徽教育出版社 2002 年版，第 4050 頁。

③　王柏：《上蔡書院講義》，《魯齋集》卷九，《叢書集成》初編本，商務印書館 1936 年版，第 171 頁。

④　熊禾：《建陽書坊同文書院疏》，《勿軒集》卷四，文淵閣《四庫全書》，上海古籍出版社 1987 年影印本，第 1188 冊，第 800 頁。

⑤　劉宰：《平江府虎丘山書院記》，《漫塘集》卷二十三，文淵閣《四庫全書》，上海古籍出版社 1987 年影印本，第 1170 冊，第 612 頁。

然特立於群，聖人絕響之後，親承洙泗道統之傳"。① 顯然，在朱學後學看來，書院祭祀與宣揚道統是緊密聯繫在一起的。

　　這種通過書院祭祀以闡揚道統的做法，在後代也得到了繼承，甚至成為一種當時人們所普遍接受的共識。徐梓在《元代書院研究》中指出，元代書院廣為祭祀朱熹，就與當時人們對朱熹在儒家道統傳承譜系中的重要地位的認同有關。② 如元人王惲《饒州路創建書院疏》稱，"於饒州路擇湖山勝地創建書院，中起文公祠堂，教誨子弟，奉承香火，上祝聖壽無疆，次為宗族朋從，續考亭道脈之傳"。③ 清康熙三十一年（1692），汪晉征在《還古書院祀朱文公議》中更明確地指出，"書院祀先賢，所以正道脈而定所宗也"。"凡講學之區，皆當祀朱子以定道脈之大宗也。"④ 為祠祀朱熹而建於康熙六十年（1721）的漢口紫陽書院，表現出非常強烈的道統意識。《紫陽書院志略》卷二首揭道統源流，認為"宋濂溪周子得孟子不傳之統，周子傳之二程，二程傳之楊子，楊子傳之羅子，羅子傳之李子，李子傳之朱子"。⑤ 在祭祀朱子的《春祭文》、《生日祭文》、《秋正祭文》及《忌日祭文》中分別提到，"夫子道統，遠紹洙泗"，"維我夫子，日照月臨，挾道統於將絕"，"於惟夫子，仁熟義精，繼道統於千聖"，"夫子之生，為千秋之道統而篤其生"。⑥ 乾隆初年，《還古書院志》卷四《祀典》中還明確指出："建院必先所尊，祀孔子、配朱子，尊道統也。"⑦

　　書院祭祀中的道統意識，在書院祭祀對象的選擇中體現得相當明顯。孔子作為儒學創始人，在儒家的道統傳承譜系之中具有確然不拔的

---

　　① 　高斯得：《寶慶府濂溪書堂記》，《恥堂存稿》卷四，文淵閣《四庫全書》，上海古籍出版社 1987 年影印本，第 1182 冊，第 54 頁。

　　② 　徐梓：《元代書院研究》，社會科學文獻出版社 2000 年版，第 158—159 頁。

　　③ 　王惲：《饒州路創建書院疏》，《秋澗集》卷七十，文淵閣《四庫全書》，上海古籍出版社 1987 年影印本，第 1201 冊，第 63 頁。

　　④ 　汪晉征：《還古書院祀朱文公議》，安徽《休寧縣誌》卷七，康熙三十三年刊本，《中國方誌叢書》華中第 90 號，臺北成文出版社 1985 年版，第 1299 頁。

　　⑤ 　董桂敷：《紫陽書院志略》卷二，《道統》，清嘉慶十一年刻本，《中國歷代書院志》，江蘇教育出版社 1995 年版，第 3 冊，第 419—482 頁。

　　⑥ 　董桂敷：《紫陽書院志略》卷四，《春祭文》、《春正祭文》，《中國歷代書院志》，江蘇教育出版社 1995 年版，第 3 冊，第 529—530 頁。

　　⑦ 　施璜：《還古書院志》卷四，《祀典》，清道光二十三年刻本，《中國歷代書院志》，江蘇教育出版社 1995 年版，第 8 冊，第 559 頁。

地位，因此書院祭祀首重祭孔。幾乎所有書院都有祭祀孔子的禮殿或文廟。如長沙嶽麓書院的祭祀活動就始於北宋開寶九年（976）朱洞創院之時。① 到咸平二年（999）李允則重修書院後，書院的祭祀活動不僅恢復舊制，還得到了進一步的發展，有了專供祭祀之費的"水田"。到北宋末學者張舜民游嶽麓書院時，仍見"嶽麓書院有孔子堂、御書閣，堂廡尚完"。② 白鹿洞書院在宋初也有祭祀活動。咸平四年（1001），宋真宗詔令給全國各地學校、書院發送國子監印本經書並修繕孔子廟堂。咸平五年，白鹿洞書院得以修繕，"又塑宣聖十哲之像。"③ 此後歷代書院中，對孔子的祭祀一直是最重要的內容。

　　在孔子之外，書院還祭祀歷代著名的儒學大師。上文提及，南宋紹熙三年（1192），朱熹建竹林精舍於考亭，祀周敦頤、二程、張載、邵雍、司馬光、李侗七位學者。其中前六位為北宋理學家，朱熹對他們相當尊崇，曾作《六先生畫像讚》稱頌他們在理學發展史上的地位與貢獻。④ 又如宋淳祐元年（1241），知軍江萬裏興建白鷺洲書院，"立文宣王廟、欞星門"，"又建祠祀二程夫子，益以周、張、邵、朱為六君子祠"。⑤ 又如元延祐元年（1314），嶽麓書院開始祭祀朱熹、張栻於諸賢祠中，到明弘治年間，又建崇道祠專門祭祀朱、張二人。⑥ 此後數百年間，嶽麓書院對朱、張的祭祀一直延續。又如康熙年間，雲南崇正書院祭祀周敦頤、程顥、程頤、張載、朱熹五位理學家。明代大儒、白沙心學傳人湛若水更是"生平所至，必建書院以祀陳獻章"。⑦ 在白鹿洞書院歷代的祭祀對象中，周敦頤、二程、邵雍、張載、朱熹、陸九淵、黃

　　① 陳谷嘉、鄧洪波：《中國書院制度研究》附錄一，《嶽麓書院祭祀述略》，浙江教育出版社 1997 年版，第 585—594 頁。

　　② 張舜民：《畫墁集》卷八，《郴行錄》，文淵閣《四庫全書》，上海古籍出版社 1987 年影印本，第 1117 冊，第 52 頁。

　　③ 王應麟：《玉海》卷一百六十七，《宋朝四書院》，文淵閣《四庫全書》，上海古籍出版社 1987 年影印本，第 947 冊，第 353 頁。．

　　④ 朱熹：《六先生畫像讚》，《晦庵先生朱文公文集》卷八十五，《朱子全書》，上海古籍出版社、安徽教育出版社 2002 年版，第 4001—4003 頁。

　　⑤ 劉繹：《白鷺洲書院志》卷一，《建置》，清同治十年白鷺書院刻本，《中國歷代書院志》，江蘇教育出版社 1995 年版，第 2 冊，第 568 頁。

　　⑥ 丁善慶：《長沙嶽麓書院續志》卷一，《廟祀》，清同治六年刊本，《中國歷代書院志》，江蘇教育出版社 1995 年版，第 4 冊，第 414 頁。

　　⑦ 張廷玉等：《明史》卷二百八十三，《湛若水傳》，中華書局 1974 年版，第 7266 頁。

干、蔡沈、林擇之等儒學大師佔有相當大的比例。這些儒學大師，被認為是傳承聖人之道的重要力量，對他們的祭祀，實際上是從道統角度着眼的。元人黃文仲討論祭祀先聖和祭祀先賢的關係説：“凡書院，皆為先賢作也。先賢能傳先聖之道，以植世教，故師之。先賢之上祀先聖，祖之也；先聖之下祀先賢，宗之也。祖一而宗分，是以所祠或不同焉。”①

　　書院對孔子與歷代儒學大師的祭祀，最為集中地體現了書院祭祀的道統意識。道統觀念涉及儒家學者對儒學的本質與精神内核的理解，是儒家文化的核心内容。書院是儒學的象徵，是儒學知識生產、價值觀念傳播的場所，書院祭祀中的道統意識，是書院文化空間中大傳統的體現。

2. 書院祭祀中的文運祈禳

　　文昌帝君、魁星祭祀是典型的民間祭祀活動，屬於小傳統的範疇。文昌帝君是民間和道教尊奉的掌管士人功名禄位之神。有學者研究指出，“‘文昌帝君’係由道教將古代巴蜀民衆對‘梓潼神’的崇拜和先秦以來對‘文昌’的信仰結合而成”。② 魁星是中國古代民間文化中主宰文章興衰的神。中國古代天文學二十八宿中有“奎星”，東漢時期的緯書《孝經援神契》中有“奎主文章”之説，後世因此附會為神並加以崇祀，後來又將“奎星”改為“魁星”。自宋代後期，就有一些書院建魁星樓、文昌閣等，祭祀文昌帝君和魁星。③ 如宋淳祐年間，江西高安西澗書院祭魁星，希望“邀靈於星，文刃恢恢”，“春榜蜚英，禹門之雷。昨庭唱臚，百花之梅。萬裏榮途，瑞慶大來”。④ 江西南昌豫章書院自南宋開始，即建有文昌閣，祭祀文昌帝君。⑤ 到書院發展後期，

---

① 黄文仲：《順昌雙峰書院新建四賢堂記》，《全元文》卷一四二一，江蘇古籍出版社1999年版，第46冊，第144頁。

② 孟彦：《首屆文昌文化研討會綜述》，《中華文化論壇》1996年第2期，第50頁。

③ 丁鋼、劉琪：《書院與中國文化》（上海教育出版社1992年版）一著中指出，書院祭祀文昌帝君、魁星、關帝等，是儒、道文化的交融在書院中的表現。參見該書第41—42頁。

④ 姚勉：《西澗書院祭魁星祝文》，《雪坡集》卷四十七，文淵閣《四庫全書》，上海古籍出版社1987年影印本，第1184冊，第329頁。

⑤ 趙與鴻：《豫章書院文昌閣記》，魏元曠編：《南昌邑乘文征》卷十八，民國二十四年重印本，第15頁。

對文昌帝君與魁星的祭祀已成為各地不同類型書院中比較普遍的情況。一些影響較大的書院都建有魁星樓、文昌閣。在一些規模影響較小的書院，祭祀文昌帝、魁星以求多發科第的情形更相當常見。清代學者戴鈞衡批判當時書院的這類現象說："世俗多崇祀文昌、魁星，建閣居像，歲時敬禮，以謂主文章科名之事。昔之通儒已辨其謬，昭昭然不可誣矣。"① 從戴鈞衡的批判中，可見當時書院祀文昌帝君、魁星的現象由來已久，且相當普遍。

書院對文昌帝君和魁星的祭祀就是以追求科名利祿、祈襄文運為目的。清人唐昌愷在《補修鳳山書院文昌閣碑記》中就說到："夫地以人靈，人以地杰，凡峙流拱衛之處，有不足者尚宜補修。矧帝君掌人間祿秩，司科甲權衡，其居歆之神居較培地脈文筆為更急矣。"② 對文昌帝君和魁星的祭祀，是小傳統滲透進入書院的表現。各地書院對文昌帝君、魁星祭祀的情況怎樣？文昌帝君與魁星祭祀以追求科名利祿、祈襄文運為目的，而對儒家先聖先師、歷代大儒祭祀則以倡揚道統為目的，二者是如何共存於同一文化空間的？考察各地書院文昌、魁星的祭祀情況，可以對書院祭祀中的大傳統與小傳統融合與互動的情況做一瞭解。

現以嶽麓書院為例說明清代省城書院的的情況。據丁善慶《長沙嶽麓書院續志》卷一載，嶽麓書院在康熙七年建文昌閣於講堂後面，供奉文昌帝君。到乾隆五十七年（1792），湖廣總督畢沅又捐金百兩建魁星樓於書院。③ 如果把書院文廟祭祀和對文昌帝君祭祀加以比較研究，從中可以看到一些耐人尋味的現象。

書院在乾隆時期文廟和文昌閣的祭祀還是合規制的。據羅典《新增丁祭公費記》記載，書院春秋丁祭和其他祭祀府署共撥銀十四兩。祭祀規格則是文廟用太牢禮，文昌閣用少牢禮④。可是到了嘉慶時期，情況

---

① 戴鈞衡：《書院雜議四首·祀鄉賢》，佚名：《桐鄉書院志》卷六，清末活字本，《中國歷代書院志》，江蘇教育出版社 1995 年版，第 9 冊，第 766 頁。

② 唐昌愷：《補修鳳山書院文昌閣碑記》，《岳池縣誌》卷十八，陳谷嘉、鄧洪波編：《中國書院史資料》，浙江教育出版社 1998 年版，第 1739—1740 頁。

③ 丁善慶：《長沙嶽麓書院續志》卷一，《廟祀》，清同治六年刊本，《中國歷代書院志》，江蘇教育出版社 1995 年版，第 4 冊，第 414 頁。

④ 丁善慶：《長沙嶽麓書院續志》卷四，《新增丁祭公費記》，清同治六年刊本，《中國歷代書院志》，江蘇教育出版社 1995 年版，第 4 冊，第 489 頁。

就發生了變化。嘉慶間文昌閣祭祀由院長袁名曜領頭，籌措捐銀壹仟零陸拾五兩正，並購置了專門的祭田。祭祀時間改在每年二月初三日，祭祀規格用太牢禮。祭祀經費有銀二十兩。① 相反，嘉慶元年，孔子春秋二祭和書院另十幾處祭祀，每年經費只有銀十四兩。加上學生等捐銀二百兩每年生息的經費，也不會超過二十兩。② 從上列數據可以看到，在嶽麓書院，文昌祭祀經費和規格都超過包括孔子在內的的其他歷代大儒，這說明以弘揚儒家道統傳為主的文廟祭祀已經受到以追求科舉功名、祈禳文運為主的文昌帝君、魁星祭祀的侵蝕和排擠。

更有甚者，在有的書院中，以追求科舉功名、祈禳文運為主的小傳統已經獨佔了書院的祭祀空間。創建於同治八年（1869）的廣東應元書院是當時廣東書院中程度最高的，但從書院祭祀支出的規定上看，其祭祀對象僅僅包括文昌帝君與大魁星君，而無其它。③

在府縣書院，也可以見到對文昌、魁星的祭祀不斷受到重視的情況。湖南寧鄉的玉潭書院，建於明嘉靖二年（1523）。玉潭書院是以大儒胡五峰和張栻為道脈傳承的。在乾隆時期，書院祭祀儀注記述的順序是先祀胡、張、然後祀五侯（有功於書院之人），最後是文昌、魁星；④而到了嘉慶年間，卻是先祭祀文昌、魁星，再是胡、張，最後是五侯。⑤ 從這一祭祀順序可以看出，清代玉潭書院的祭祀有一個有以道學人物為重到以文昌魁星為重的發展過程。

此外，從玉潭書院祭祀的規格看，這種輕重轉移也表現得很明顯。乾隆時，文昌帝君沒有單獨的祭祀禮儀，魁星祭祀不僅順序排後，祭祀禮儀也簡單，“按凡鄉試，行一跪三叩”禮；而到了嘉慶，則文昌祭祀儀式單獨列出，其祭祀規格行太牢禮，比胡、張二人的祭祀規格高。而

---

① 丁善慶：《長沙嶽麓書院續志》卷一，《文昌田契》、《佃稿》、《佃規租谷章程》，清同治六年刊本，《中國歷代書院志》，江蘇教育出版社1995年版，第4冊，第426—427頁。

② 丁善慶：《長沙嶽麓書院續志》卷一，《附錄：公襄祀典呈詞》，清同治六年刊本，《中國歷代書院志》，江蘇教育出版社1995年版，第4冊，第424頁。

③ 王凱泰：《應元書院志略·章程》，清同治九年刻本，《中國歷代書院志》，江蘇教育出版社1995年版，第3冊，第271頁。

④ 周在熾：《新修寧鄉縣玉潭書院志》卷九，《禮文》，乾隆三十二年刻本，《中國歷代書院志》，江蘇教育出版社1995年版，第4冊，第576—577頁。

⑤ 張思炯《重修玉潭書院輯略》卷上，《禮文》，嘉慶五年刊本，《中國歷代書院志》，江蘇教育出版社1995年版，第4冊，第637頁。

胡、張的祭祀規格則恰好相反，先是，胡、張祭祀以少牢禮，且分誦祭文；到嘉慶時，雖仍為少牢禮，卻只有一篇祭文，其理由是"兩賢在一祠，難以分祭，故易以合饗文"。① 顯然，這一理由並不充分，從中可以看出對胡、張祭祀的重視程度下降了。在張思炯《重修玉潭書院輯略·禮文》中有一段議論，從中可以略窺當時書院儒者重視文昌、魁星祭祀的原因："近世各書院皆以祀文昌、魁星為主，良以二神默司科名，祀之亦功宗之意歟！"② 在縣一級的玉潭書院，民間求取功名利祿的小傳統慢慢地滲透到書院之中，并且取得了明顯的優勢。

在一些書院，祭祀中的大傳統與小傳統之間呈現出反復的此消彼長狀態。四川方亭書院建於乾隆年間，書院初創時，孔子聖像"迎安於中堂，並設有祭器"。後來，書院極其重視文昌帝君的祭祀，將孔子聖像先移至魁星閣樓下，後又移至文昌祠後殿："邑令石君遷奉於魁閣樓下，繼有道人張禮清者請奉於文昌祠之後殿，已歷有年矣。"③ 到邑侯任思正時，他認為"以聖人居於文昌祠後，固未安妥"。於是，在書院後倡建聖像樓以供祀孔子。聖像樓建成後書院建築布局為"登樓（聖像樓）瞻矚，前標魁閣，左翼文昌，書院在中"。孔子聖像在書院祭祀空間位置的變化，反映的是大傳統與小傳統在書院祭祀空間中影響力的消長。

三　結語

書院是儒家的象徵物，寄寓了儒家士人的價值理想。為了教化民衆、作育人才，儒家士人倡揚儒學，傳播儒學價值觀念，希望"一道德，同風俗"，以大傳統覆蓋小傳統。然而，在書院的文化空間中，既有大傳統的內容，也有小傳統的不斷滲入，出現了大傳統與小傳統并存的狀態。這並不符合許多儒者化民成俗的理想，但在思想觀念的傳播過程中，高揚的理想也不得不遷就現實。現實的情況是，小傳統的某些觀

---

① 張思炯《重修玉潭書院輯略》卷上，《禮文》，嘉慶五年刊本，《中國歷代書院志》，江蘇教育出版社 1995 年版，第 4 冊，第 637 頁。

② 同上。

③ 《移建聖像樓記》，民國《重修什邡縣誌》卷八，陳谷嘉、鄧洪波編：《中國書院史資料》，浙江教育出版社 1998 年版，第 1743—1744 頁。

念具有深厚的社會心理基礎，根深蒂固。盡管許多儒家學者都立足大傳
統進行了批判，但仍然不可能改變現狀。如戴鈞衡在《桐鄉書院志·祀
鄉賢》一文中批判世俗崇祀文昌、魁星，認為"世俗多崇祀文昌魁星，
建閣居像，歲時敬禮，以謂主文章科名之事。昔之通儒已辨其謬，昭昭
然不可誣矣"，主張各書院"各就其地奉一大賢以為之主"，則"而不
敢為非禮悖義之事，是豈文昌魁星之祀所可同日語哉"。可是，盡管戴
鈞衡對世人崇祀文昌魁星、醉心於文章科名之舉的批評相當激烈，但面
對現實，他又頗感無可奈何："去文昌魁星之祀，而杜學者苟且僥幸之
心，吾知必為君子之所許也，而惜乎今之未能遽行也"。① 可見當時書
院的文昌、魁星祭祀，積習已深，有積重難返之勢。

　　與戴鈞衡等立足大傳統批判小傳統的思路不同，一些儒家士人則試
圖在大傳統與小傳統之間進行調和，消解二者之間的對立。如光緒年間
岳陽慎修書院重修時，建有奎光閣，取奎宿耀光之意，為文運昌明、開
科取士之兆。岳鐘英《重修岳陽書院記》稱此舉"非直用術家言以培
風，諸生息游亦得舒眺之助"。② 這番話帶有某種辯解的意味，一方面
並不否定"用術家言"建奎光閣的行為，另一方面又希望從有利於諸
生息游的角度肯定此舉的正當性。這說明，小傳統雖然已經滲透到書院
的文化空間之中，佔據了一定地位，但仍然不是那麼光明正大，需要在
另外的解釋框架中顯現其存在的合理性。一些儒家士人因此采取調和的
態度，依托大傳統的解釋框架對小傳統進行闡釋。

　　實際上，對於士人而言，雖然大傳統與小傳統分屬不同的文化層
次，却實實在在地并存於他們的觀念世界中，和諧共處。書院士人希聖
希賢、以修齊治平為職志，追求儒家的價值理想，但他們不是生活在純
粹潔净的理想世界，難免受到小傳統的影響，對小傳統中的某些觀念產
生認同。書院文化空間中的大傳統與小傳統的并存與融合，只是書院士
人內在的觀念世界的外化。

---

　　① 《移建聖像樓記》，民國《重修什邡縣誌》卷八，陳谷嘉、鄧洪波編：《中國書院史資
料》，浙江教育出版社 1998 年版，第 1743—1744 頁。
　　② 《重修岳陽書院記》，(清) 鐘英《岳陽慎修書院志》，趙所生、薛正興主編：《中國歷
代書院志》，江蘇教育出版社 1995 年版，第五冊，第 81 頁。

敬天愛人:天儒混雜的晚明仁會

澳门大学历史系　湯開建

晚明社會出現的"仁會",學術界已有人予以關注。[①] 然而,由於文獻資料搜求不備,故時下學者對"仁會"的認識產生不少誤區,特別是將"仁會"這一晚明時期出現的天主教慈善組織視為與"同善會"類似的世俗組織,從而抹殺了其天主教性質,且這一觀點被學界普遍認同。余與此觀點持完全相反的意見。故擬系统地挖掘文獻資料,並將目前所見"仁會"之相關史料進行梳理辨證,以求對"仁會"旳來源、性質、組織及其活動有較為清晰而準確的認識。

一　楊廷筠之武林仁會

明末民間慈善組織發展十分迅速,特別是在江南地區,地方士紳紛紛在各地組織同善會,興起了一場同善會運動。最早的同善會是由楊東明於萬曆十八年(1590)在河南虞城成立;緊接着高攀龍和陳幼學等人於萬曆四十二年(1614)在江蘇無錫又創立同善會,最後推廣至全

---

① 對於晚明仁會的考察,主要參見[日]夫馬進著,伍躍、楊文信、張學鋒譯《中國善會善堂史研究》,商務印書館2005年版,第157—158頁;梁其姿《施善與教化:明清的慈善組織》,河北教育出版社2001年版,第79—80頁;陳寶良《中國的社與會》,浙江人民出版社1996年版;[比]鐘鳴旦著,香港聖神研究中心譯《楊廷筠:明末天主教儒者》,社會科學文獻出版社2002年版,第37、74—78、108頁;Gail KING, "Christian Charity in Seventeenth-Century China", *The Sino-Western Cultural Relations Journal*, XⅢ (2000), pp. 13 – 30。

國。同時盛行於宋代而元明時期一度中衰的放生從明末開始轉盛。僧袾宏以誦經、念佛和放生為目的，於萬曆二十三年至二十八年（1595—1600）在杭州組建上方善會。其弟子陶望齡萬曆二十九年（1601）又創設放生會，隨之虞淳熙、陳用拙、王崇簡等士人皆以放生為目的組織放生會。① 在這一形勢下，杭州天主教徒楊廷筠（1562—1627）萬曆年間亦成立了中國天主教會的民間慈善組織——仁會。早至萬曆三十九年（1611），李之藻回籍丁憂，即延請郭居靜至杭開教，杭州遂因李之藻、楊廷筠等教徒成為中國天主教宣教中心。② 楊廷筠，字仲堅，號淇園，浙江杭州仁和縣人。萬曆七年（1579）中舉，二十年（1592）成進士。歷任江西安福知縣、湖廣道御史、河南按察司副使、光祿寺少卿及順天府丞。天啟五年（1625）致仕返鄉。天啟七年（1627）逝世，享年66歲。楊氏早年熱衷佛教，晚年信奉基督，並成為中國天主教"三大柱石"之一。關於楊的信教，《楊淇園先生超性事蹟》記載頗為詳細：

> 歲辛亥（1611），我存公官南都，與利先生同會郭仰鳳、金四表交善，比告歸，遂延郭、金二先生入越……公聞李封君歿，往唁，見二先生，欣然叩其宗旨，既而懇睹主像，竦息瞻拜，恍若大主臨而命之也。因延先生至家厚禮之。杜卻囂塵，一意窮天學指歸……因矢志為主功臣，求領聖洗，夫聖洗，蓋初奉教所行，以滌夙罪也。領洗之規，首遵十誡。誡中一，嚴邪淫，第以夫婦為正，毋二色也。曩公因乏嗣，故置側室。公子二，由庶出。比公固請聖洗，而先生未許……公忽猛醒，痛改前非，屏妾異處，躬行教戒。於是，先生鑒其誠，俾領洗焉。③

這就是說楊廷筠領洗的時間應在萬曆三十九年（1611），而且是下定決心，"屏妾異處"的情況下領洗，可以反映其信仰之虔誠。楊氏領洗後，依聖名"彌格爾"自稱"彌格子"，尤其注重實踐基督徒四種美

---

① ［日］夫馬進：《中國善會善堂史研究》，第78—91頁。

② 徐宗澤：《中國天主教傳教史概論》，第310頁。

③ 《徐家匯藏書樓明清天主教文獻》第1冊，丁志麟：《楊淇園先生超性事蹟》，第218—222頁。

德：愛人、克己、忍辱與甘難。晚明以降，這些從儒家士大夫傳統而走進基督教世界的信徒，多以儒家基本理念來理解天主教教義：

> 夫西儒所傳天主之教，理起義實，大旨總是一仁。仁之用愛有二：一愛一天主萬物之上；一愛人如己。真知畏天命者，自然愛天主；真能愛天主者，自然能愛人。①

將天主教的主旨同儒家的大義“仁者，人也”基本統一起來。西文資料称“杨廷筠受洗后，完全过着修道者的生活，並稱楊是一位身穿官府的傳教士，他勤修苦行，衣不適體，鞭笞自責，尤其是經常守齋。”②楊廷筠不但自己領洗，而且影響他的家人信仰基督教，其家族成員有百餘名加入了教會。“於是亟求領洗，一堂之中歡悅相慰，以為從迷而得路，出幽而視明也。”③

楊廷筠生活在明末中國佛教中心——杭州，其早年崇信佛教。佛教的“放生會”和當時江南地區興起的同善會對楊廷筠創建“仁會”必有重大影響。晚年楊廷筠官居四品，屬於中層官僚階層。辭官以後，在地方上亦為上流人家。在創立“仁會”之前，他就用他的財富，為當地的慈善事業做出多次捐贈。楊氏的“善心”在入教以後得到了更大的發揚。他對“善”的認識已遠遠地超過佛教徒的“放生”，而以天主教“愛人”的普遍善行來創建仁會。

關於楊廷筠創辦的仁會，保存的史料甚少，中文資料共有四處記錄。一是《楊淇園超性事蹟》稱：

> 公既奉教，知愛物不如仁民，乃鳩薦紳善士同志者，共興仁會。規簡而當，義博而精。每月就主堂中，隨時願舍笥貯焉。今忠謹之士，司其出入，饑者食之，寒者衣之，渴者飲之，病者藥之，旅者資之，虜者贖之，死者藏之，四方無告之民。利賴無算，而公

---

① 王徵：《仁會約引》，載宋伯胤《明涇陽王徵先生年譜》，第 280 頁。
② ［法］高龍鞶著，周士良譯：《江南傳教史》上編第 1 冊，第 90 頁。
③ 《徐家匯藏書樓明清天主教文獻》第 1 冊，丁志麟：《楊淇園先生超性事蹟》，第 223—224 頁。

軫念，更有加及於微弱者。貧窶之人，寒凍殊苦，多患軼痰。公諭家人：日伺典鋪中所鬻敝衣垢裳，收而滌緝之。皋絮則市而褚之，歲施數百所，全活頗衆。鄉之人，有志課其子弟而乏力者，為義館之設。量才擇師，任其來學，文有期，行有規，時躬檢課而迪以性學。於是，公之裏閈，入孝出悌，舉多端士也。一日，行見同教親柩外露，未獲所藏者。公惻然曰：若翁即吾翁也，忍今至是？為之購壠畝，築墳墓，並令教中貧乏者咸葬焉。又於壠中立一聖堂，以行大祭，祝祈主眷，佑其靈魂。其用意周摯若是，他可知矣。時艾思及先生在講座更為廣之曰：公憐民而多方拯之，其功固不淺矣。第憐貧而未憐富，第憐病而之在身，未憐病之在心也。公曰：將如何？艾先生曰：愚謂施人以財，未若兼施人以訓。財及於人身，訓及於人新。財為一時之惠，訓為終身之澤也。因言而施，因施而廣，施之為功大矣。夫聖教書籍一帙，僅數錢耳。施貧不足，施富有餘。今有富貴人於此，予以數錢耳則弗然怒，予以書籍，則翻然喜也。施受固不同矣。彼知吾言之富，不知吾費之儉也。緣是多刻天學書籍，廣傳正教。艾先生又告公曰：夫為善之功，貴於恒義，彌久則功彌大。今仁會之施，一出一入。入者有限，施者不易窮乎？不若權子母而施之，惟是置田宅，計羡余，歲施其所出之數，此長久之計也。公深以為然，遂置產千金，抵今施不匱焉。①

二是陳繼儒《陳眉公先生全集》卷45《武林楊母呂恭人傳》稱楊廷筠：

> 立仁會，設施格二十有九，勸施義有五。首捐貲為倡，恭人出奩釧繼之，諸子女同心奉命，餒者饋，寒者襦，疾者藥，暴者殮，以逮孤煢故舊，皆倚為外府。其他傾廩以活餓人，積貯以需平價。②

三即瞿式耜《仁會引》：

---

① 《徐家匯藏書樓明清天主教文獻》第1冊，丁志麟：《楊淇園先生超性事蹟》，第226—228頁。

② 陳繼儒：《陳眉公先生全集》卷45《武林楊母呂恭人傳》。

　　武林淇園楊師推廣愛人如己之學，偕同志者，倡為仁會。會約凡數條，而弁其首曰《廣放生說》，蓋仁民愛物原有次第，序中反復開誘，詳且切矣。①

四為葉益蕃《三山仁會引》：

　　武林之有放生會也，從竺乾氏戒殺而設也。夫造物主化生萬有，人貴而物賤。今反輕所貴，而重所賤，毋乃逆施而倒行者歟？京兆淇園楊公，著說以廣之，更為仁會，蓋所以仰體上主閔下之心，而愛人無已者也。於時彼都人士，無不歡欣鼓舞，慕義而景從。兩浙之民，何多厚幸耶？②

西文資料有兩份耶穌會年報紀錄了楊廷筠的仁會。1619 年年報：

　　他（楊廷筠）不單以幫助基督徒的靈魂增長為滿足，他也關心世俗事務和他們的物質需要。他通過往年成立的慈善會來辦這些事。多年來，該會已籌得充足的款項來為各類人作廣泛的慈善工作。因此，城裏的人常說，在杭州這個人口非常稠密的地方，如果有兩個楊廷筠，就沒有人貧窮了。③

1620 年的年報也談到"慈善會於數年前成立，楊廷筠是會長"。④ 鐘鳴旦根據這兩份年報推測，仁會應創立於萬曆四十四年至四十六年（1616—1618）之間。⑤

　　楊廷筠創建的仁會究竟是一個什麼性質的慈善組織？鐘鳴旦先生認為：

---

　　① 張應遴：《海虞文苑》卷 20《引》之瞿式耜《仁會引》，第 367 頁。
　　② 劉凝：《天學集解》卷 7 葉益蕃《三山仁會引》。
　　③ 參見 1619 年 12 月 7 日年信，李瑪諾，澳門，第 34—35 頁。轉引自鐘鳴旦《楊廷筠：明末天主教儒者》，第 108 頁。
　　④ 參見 1620 年 11 月 22 日年信，祁維材，澳門，第 130 頁。轉引自鐘鳴旦《楊廷筠：明末天主教儒者》，第 108 頁。
　　⑤ 鐘鳴旦：《楊廷筠：明末天主教儒者》，第 108 頁。

根據傳記所載，他的"仁會"類似袾宏的"放生會"，也類似楊東明的慈善會社。每月有聚會、獻儀，專人處理捐款等。但錢不是用來放生，而是根據天主教的 7 項善功來幫助窮人。①

此外，他又在另處亦提及楊廷筠的仁會：

雖然楊廷筠與王徵的仁愛會社和基督宗教有聯繫，卻沒有明顯的宗教活動，如祈禱、告解之類。它們純粹以慈善為目的，而信教也不是入會的條件。可見這些慈善團體在本質上並非西方的，而是純粹中國化的團體。在陳繼儒所作的呂氏傳記裏，對會社有確切描述，提到"仁會"的規則、虔誠的捐款等，但沒有提到基督信仰，由此可以證明此類會社的中國特點。②

日本學者夫馬進也同意鐘鳴旦的觀點：

仁會所從事的各項事業與同善會的事業內容也基本相同。可見仁會是與同善會十分相似的組織。③

夫馬進甚至稱：

仁會的創立是在高攀龍創立同善會之後，因此完全不可能影響到同善會的創立。此後，在同善會的活動中也明顯見不到基督教的影響，……這樣，就可以基本否定在明末善會興起時存在著基督教的因素。④

余不同意鐘鳴旦與夫馬進二先生的觀點，雖然現存有關楊淇園創辦的仁

---

① ［比］鐘鳴旦：《楊廷筠：明末天主教儒者》，第 77 頁。
② 同上書，第 77—78 頁。
③ ［日］夫馬進：《中國善會善堂史研究》，第 157 頁。
④ 同上書，第 157—158 頁。

會資料十分罕見。但從現存史料中我們得出的結論也與二人有所不同：

（一）武林仁會的創辦與歐洲教士關係密切，有着極為深厚的宗教背景。《楊淇園先生超性事蹟》稱西人艾儒略（P. JulesAleni，1582—1649）嘗參與經營武林仁會，廷筠亦遵循其旨以圖改善。《西海艾先生行略》亦稱艾氏：

> 先生於交際之禮最不苟，苟非合義，即一文一粒，若將浼然。然極喜佈施，彼國歲有俸金。豫附海舶以來，邇年海舶不通，常至乏絕，猶約腹並衣，濟人不倦，又多方勸人佈施。武林舊有放生會，歲費金錢不貲。先生諷京兆楊公曰：愛物不若仁民。乃作《廣放生說》，以其貲為周恤窮乏費。先生又廣之曰：施人以財，不若施人以善。蓋施財者救人之形軀，施善者救人之靈性。施財僅可救貧，施善並可救富也，故先生極喜刻書……其文皆洞徹暢達、益人神智，真治心之神藥也。①

艾儒略，字思及，意大利人。1600 年入耶穌會。1609 年取道里斯本派赴遠東。1610 年始抵澳門。1613 年進入內地，初至北京。同年，徐光啟因病告歸，艾儒略亦跟隨南下上海、南京、揚州。1616 年，“南京教案”爆發，艾氏至杭州楊廷筠家避難。1620 年，前往陝晉兩省宣教。1623 年去江蘇常熟，教務多賴瞿式耜之力。1624 年，閣老葉向高致政歸里，道經杭州，力邀入閩。1625 年 4 月，艾氏創建福建傳教區。1649 年在福建延平離世。② 武林仁會創立於萬曆四十四至四十八年（1616—1618）間，其時艾氏等諸神父正住居杭州楊家避難，則楊廷筠創會理應受到艾儒略的扶持與督導，故《楊淇園先生超性事蹟》、《西海艾先生行略》皆言艾氏於楊廷筠“仁會”之力。

---

① 《耶穌會羅馬檔案館明清天主教文獻》第 12 冊，李九功、沈從先、李嗣玄：《西海艾先生行略》，第 260—261 頁。

② 《耶穌會羅馬檔案館明清天主教文獻》第 12 冊，李九功、沈從先、李嗣玄：《西海艾先生行略》；費賴之：《在華耶穌會士列傳及書目》上冊，第 137 頁；榮振華：《在華耶穌會士列傳及書目補編》，第 11—14 頁；潘鳳娟：《西來孔子艾儒略：更新變化的宗教會遇》，第 69—73 頁。

（二）目前所見的仁會均由天主教徒創建①。根據現有材料，我們確切可知四所仁會：楊廷筠武林仁會、瞿式耜常熟仁會、王徵涇陽仁會與葉益蕃三山仁會。楊瞿王葉四人均為天主教徒，即目前所知仁會，均為天主教徒組建成立。其中楊廷筠萬曆三十九年（1611）領洗，萬曆四十四至四十六年（1616—1618）間創設仁會。楊氏此時已然奉教至少六年，故"知愛物不如仁民"，摒棄當時頗為流行的放生會，而另闢中國天主教之仁會。楊廷筠在武林還曾創辦一基督教組織"聖水會"。楊氏在該會中經常與其他教友討論天主教教義和《聖經》。②楊氏在"仁會"創辦時，已奉教多年，且極為強調人的自省、懺悔和抑制罪惡。他對為善有著清楚的認識，其所著《格言六則》稱：

世有不能使人為善，而直使人為惡者，巫覡吉祥是也。有名使人為善，而實使人為惡者，釋老之教是也。有名使人為善，實亦使人為善，獨不能必人為善，孔子之教是也。有名使人為善，實亦認識為善，且令人死心塌地為善，天主之教是也。③

可見，楊廷筠認為巫覡釋老、儒教的為善均不是真正的為善，對此三者的為善均給予了堅決的否定。只有天主教的為善才是名至實歸的為善。像這樣一位虔誠的且對天主教為善有如此高認識的基督徒所創建的仁會難道會是一個中國式的佛教和儒教的慈善社團嗎？

（三）楊廷筠之仁會按照天主教七項善功來進行慈善事業。羅雅谷《哀矜行詮》所言："凡人保存肉軀，莫急於飲食。故第一曰食饑者。第二曰飲渴者。寒暑風雨甚苦，肉軀宜以衣以室庇之。故第三曰衣裸者。第四曰舍旅者。疾病患難人所時有。凡自召之災，意外之變，無不

---

① Donald L. Baker, A Note On Jesuit Works in Chinese Which Circulated in Seventeenth-and Eighteenth-Century Korea, p. 35, *China Mission Studies* (*1550 – 1800*) Bulletin, V (1983). There are three works of uncertain authorship that were also destroyed in 1791 as Catholic writings. They are *Jen huiyüeh* (仁會約), *His yang t'ung ling kung shahsiaochung chi* (西洋統領公沙效忠記), *ch'ing Hang shanchih* (清涼山志). 惜我們並不知此《仁會約》為何人所作，但此文已然歸類於基督教作品，則可知仁會應為明清時期中國天主教慈善組織。

② 《耶穌會羅馬檔案館明清天主教文獻》第 8 冊，《聖水紀言》，第 13—30 頁。

③ 劉凝：《天學集解》卷 9，楊廷筠《格言六則》，第 29 頁。

望救於人也。故第五曰顧病者。第六曰贖虜者。肉軀有生必有死，死無所殯，倍為慘傷。故第七曰葬死者。"① 楊氏仁會則為 "饑者食之，寒者衣之，渴者飲之，病者藥之，旅者資之，虜者贖之，死者葬之"。所行善功與之完全一致。

（四）中國傳統慈善團體主要任務在於濟貧，善會明文規定："不孝不悌、賭博健訟、酗酒無賴及年力強壯、游手遊食以致赤貧者，皆不濫助，以乖勸善之義"，② 甚至有以倫理和道德標準薦舉濟貧物件。但楊廷筠之 "仁會" 則強調受濟人不分貴賤善惡，正如《哀矜行詮》所言："凡濟貧乏，不宜分品類。日不分世物之貴賤而並照，雨不分善惡之田而並濡。我施人，奈何擇人手？蓋施恩者，不須度彼之分量，第須滿己之分量。"③ 廷筠仁會之初主旨可能亦僅為濟貧，頗似同善會之宗旨。當時在楊家的艾儒略就引導楊淇園以廣其仁，"第憐貧而未憐富，第憐病之在身而未憐病之在心也"，促使仁會愛人之舉走向 "不分品類"。對窮人則施以財，對富人則 "多刻天學書籍，廣傳正教"。對身病者施以藥，對心病者則施以訓。"設義館，量才擇師，任其來學，文有期，行有規，時躬檢課而迪以性學。" 故耶穌會年報中稱楊氏 "不單以幫助基督徒的靈性增長為滿足，他也關心世俗事務和他們的物質需要。於是公之里閭，入孝出弟，舉多端士也"。

（五）仁會相關資料中也記錄了他們的宗教活動。《楊淇園先生超性事蹟》中記錄仁會創辦過程中的一件事：

> 一日，行見同教親柩外露，未獲所藏者。公惻然曰：若翁即吾翁也。忍今至是。為之購隴畝，築墳墓，並令教中貧乏者咸葬焉。又於隴中立一聖堂，以行大祭，祝祈主眷，佑其靈魂。其用意周摯若是，他可知矣。④

仁會不僅給教友親人亡者施濟立墳，還購置一公共墓地專葬 "教中貧乏

---

① 《耶穌會羅馬檔案館明清天主教文獻》第 5 冊，羅雅谷：《哀矜行詮》，第 77—78 頁。
② 陳龍正：《幾亭全書》卷 23《政書·同善會》清康熙四年刻本，第 17 頁。
③ 宋伯胤：《明涇陽王徵先生年譜》之《仁會約引》，第 294 頁。
④ 《徐家匯藏書樓明清天主教文獻》第 1 冊，丁志麟：《楊淇園先生超性事蹟》，第 226 頁。

者"，另外還於墓區中建一教堂進行祭祀、禱告，以求"祝祈主眷，佑
其靈魂"。西文史料亦稱"廷筠購入一個山丘，作為貧寒教徒的義冢，
並在那裡建一小堂，以便為亡者舉行彌撒。他還贈予神父塋地一區，
作為教士身後窀穸之所"。① 此足以證明：楊氏之仁會内確有天主教的
宗教活動。其慈善活動也是在教堂中舉行。《楊淇園先生超性事蹟》
還載：

> （仁會）規簡而當，義博而精。每月就主堂中，隨時願舍筍
> 貯焉。②

此處之"主堂"應即天主堂，即楊廷筠"爰於宅畔，擴建主堂，為同
教贍禮之地"。③ 在天主教堂進行慈善活動的仁會難道可能是非基督教
性質的中國善會嗎？

（六）余新發現的楊廷筠《仁會廣放生說》一文也能找到武林仁會
確為天主教慈善機構的證據。楊廷筠《仁會廣放生說》曾為瞿式耜及
丁志麟提及，但未見原文。鐘鳴旦遍尋楊廷筠的中文資料，亦未見此
文，并稱："未留存下來。"④ 余有幸在韓霖《守圉全書》中發現楊廷筠
此文，現錄全文如下：

仁會廣放生說——楊廷筠

武林舊有放生會，每月一舉，至期，各持金錢市生物詣西湖縱
放之。此愛惜生命仁者之事，既人人明曉矣。惜哉未能即事而廣
之，因明而通之也。語云：親親而仁民，仁民而愛物。又云：民吾
同胞，物吾與也。輕重緩急，較然有分，人獨此之行，而彼之不
顧。恩及禽獸，而功不加於百姓，豈其見不及此乎？必曰濟人之
事，未易做也。夫濟人多費，誠不若救物省便。然吾人一生，豈無
浪費之金錢，如飲食盤游，衣飾過侈，興造不急，及結交匪人，趨

① ［法］高龍鞶著，周士良譯：《江南傳教史》上編，第 1 册，第 89 頁。
② 《徐家匯藏書樓明清天主教文獻》第 1 册，丁志麟：《楊淇園先生超性事蹟》，第 226
頁。
③ 同上書，第 224 頁。
④ ［比］鐘鳴旦：《楊廷筠：明末天主教儒者》，第 82 頁。

媚權貴，以致風水鬪訟，冥事祈禳。一歲泥沙，數亦不少。曷若隨
事節省？以有用之財，施之當用，以無益之費轉為有益乎？況施濟
是善念，原不論費省，不擇多寡，必曰：善侶未易集也。夫方以類
聚，德本不孤，此事倡之有人，行之有法。善信聞之，必更踴躍，
即如市物放生，生死相半，人已曉然，猶且為之。若用財濟貧，在
我損一分，即在人實受一分。如挈之左手，輸之右手，毫無虛費，
盡是實功，人情寧反靳乎？即同志偶少，而隨緣隨分，亦自可為。
始或一月，行一二事，漸至月五六事，愈多愈妙。世間萬事皆假，
德義乃真。必曰："善門難開也，夫世謂施財者必富，富名人畏之，
不知富者必吝。仁者不富，此恒言也。除荒年設粥及施湯捨藥照常
外，今止據見聞極貧極苦者，查合施格，即默默分給，自了慈心，
不必昭彰。自同陽德，卻有何難？必曰：貧苦未易知也，吾輩安坐
家庭街衢，罕歷民間疾苦，委未能知，孔子不云，舉爾所知乎。

　　今仁會諸兄，既稱同志，自可各處見聞。況各人相與，必有忠
實可托之人，堪寄耳目者。應各得十餘人，即同會十人，便有百人
之用矣，猶嫌未廣乎？夫原有善心，慮無善法，即此數款！足解疑
情，乃或習性稱慳，一毛不拔，此實重蔽，更用商量。人生在世，
惟衣食最急，外此皆為長物。及至彌留，毫忽不能帶去，是自身需
用，能有幾何，徒為兒孫苦作馬牛也。曷思天地生人，有一人即付
一人衣食，與其力量。愛子孫者，正宜使之閱歷艱難，自知扎掙得
來，亦能悠久。苟多積不義，使其生來便享見成，不辨菽麥，雖有
賢者，肥甘惛志，晏安失業，無復上進之圖。次者效尤居積，驙貨
放利，斂怨鄉閭。人非鬼瞰，下者財盈作孽，驕奢淫縱，喪身亡
家，求為白屋而不可得。嗚呼！祖父辛勤，本圖裕後，而反多不
美。是非愛子孫，實禍子孫也。非徒為作馬牛，實為作蛇蝎也。何
如自我生之，自我用之。《大學》曰：有財此有用，能用方為財。
不用則塵土也。能用財為我使，不用我為財僕役也。而用之至當，
無如濟人。西書云：他處用去，皆謂失若干，惟仁事用去，反謂得
若干。此其語可深思矣。至於窮人得財實難，自給不暇，固無望其
分財，存一善心。於物必有所濟，或為仁會代勞，或為路人方便，
或用言與人解紛息爭，或出身為人視疾擔重。種種利益與施財等。
若再能剋己，偶一解推，尺縑盂粟，勝於富人金錢廣布也。或儒者

自心明理，更用善語開廸悟迷。此救人内心與救人外身，功德尤大，凡此皆不費之惠。即窮人皆可與能矣。告我善信，同發慈心，何處無良朋，何人無同志？不拘多寡，畧彷後規，初非難事，一人行猶未廣，衆人行則甚宏。吾輩於此留心，内之可省過愆，外之可厚風俗，利益非淺鮮也。謹因放生一事而廣演其説如此。

施本：

一曰：悔罪當施，所作罪惡，無從懺除，割愛探囊，昭實心故。

二曰：祈求當施，一切禍福，皆天所造，與世共財，合天意故。

三曰：喜慶當施，既受吉祥，為天所眷，捐捨錙銖，修美報故。

四曰：命終當施，為死妄費，其罪愈深，治命行仁，資冥福故。

五曰：濫用當施，同是用財，一擲而盡，挈與貧人，善轉手故。

武林仁會，正順與者，量力助銀，其出入一人掌管，登籍明白，一年輪換一人，年終如有餘銀，五十兩以上，即以其半糴穀上倉，積少成多。賑飢取用，此最為博濟良法。各處宜依傚行之，更有羡餘，橋樑道路之傾危者，量為議助。①

此文是楊廷筠為創辦"仁會"而批判"放生會"而寫的一篇文章。文中雖無文字明言"仁會"為基督徒的慈善機構，但其中表述内容可從三方面獲得證據：

第一，楊廷筠在《仁會廣放生説》的思想，在《代疑續篇》亦有進一步闡釋。如《仁會廣放生説》稱："況施濟是善念，原不論省費，不擇多寡。"《代疑續篇·善因》則稱："人之自心，力量有限。固之亦如其量而心。天主者，今能至萬善之泉府也。此之毫末，彼之尋丈；此之涓滴，彼之滄溟。烏可論比哉。"②《仁會廣放生説》稱："至於窮人

---

① 韓霖：《守圉全書》卷4，楊廷筠：《仁會廣放生説》，第51—54頁。
② 《法國國家圖書館明清天主教文獻》第6册，楊廷筠：《代疑續篇·善因》，第473頁。

圖1：明代基督教三柱石之一楊廷筠像及其《仁會廣放生說》

得財實難，自給不暇，固無望其分財，存一善心。於物必有所濟，或為仁會代勞，或為路人方便，或用言與人解紛息爭，或出身為人視疾擔重。種種利益與施財等。若再能剋己，偶一解推，尺縑盂粟，勝於富人金錢廣布也。或儒者自心明理，更用善語開迪惛迷。此救人內心與救人外身，功德尤大，凡此皆不費之惠。即窮人皆可與能矣。”《代疑續篇·知德》則稱：“故雖貧賤終身，不能施濟者，其心如火斯熱。造物主且鑒其誠懇，與施濟同功也。蓋貧人一縷一粟，比富人廣布金錢，其施正等。況貧賤之人，世福已嗇，造物主原不以濟人望之，倘安分習勞忍辱耐侮怢求不生怨尤泯絕，是即為善之本等也。”① 可以反映楊廷筠創辦“仁會”之理念與後期他完成《代疑續篇》中所闡釋的天主教為善、濟貧之理念是一脈相承的。楊氏在《仁會廣放生說》中還引用“西書”稱：“他處用去，皆謂失若干；惟仁事用去，反謂得若干。此其語可深思矣。”此“西語”當即天主教之書，亦可見楊氏在創辦“仁會”時，已採用了天主教教義中為善之理念。

　　第二，楊廷筠《仁會廣放生說》中提出“仁會”的五款“施本”，即悔罪、祈求、喜慶、命終及濫用。陳繼儒稱楊廷筠“立仁會，設施格二十九，勸施義有五”。② 即言“仁會”之賑濟規條有29項，而勸捐獻

① 《法國國家圖書館明清天主教文獻》第6冊，楊廷筠：《代疑續篇·知德》，第479頁。
② 陳繼儒：《陳眉公先生全集》卷45《武林楊母呂恭人傳》。

之款則為5項，亦即上言之5項"施本"。從楊廷筠提出的這5項"施本"來看，明顯帶有天主教的色彩：

1. "悔罪當施，所作罪惡，無從懺除，割愛探囊，昭實心故。"天主教強調人有原罪，但需悔懺解罪。《進善錄》云："欲解罪，先須悔罪，既解罪，即須補罪，悔罪解罪，可免地獄永苦，難免煉所之苦，惟補得罪過完全，則煉苦亦可免也。"① 所以"悔罪"是天主教去罪之法，施濟亦未補罪也。故楊廷筠提出"悔罪當施"，即來教堂懺悔者應該給仁會捐獻貲財。

2. "祈求當施，一切禍福，皆天所造，與世共財，合天意故。"此處之"天"當為天主。祈求禱告，為基督徒每天必須進行的日課。要祈求天主避禍趨福者。"西賢則不然，謂賞善罰惡，造物主之大權。人力何敢僭干。福之將至，蓋有不求而得，求而不得者矣。禍之將至，亦有避而不免，不避而反免者矣。此皆造物主陰騭，毫忽不爽。"② 要避禍趨福，必須祈求天主。故楊廷筠認為"祈求當施"。

3. "喜慶當施。既受吉祥，為天所眷，捐捨錙銖，修美報故。"天主教強調："欲行善事，宜以喜行為本。"③ 更認為為人之所獲喜慶、吉祥，皆天主所眷顧者，故應捐捨貲財，以為回報。故楊廷筠稱："喜慶當施。"

4. "命終當施，為死妄費，其罪愈深，詔命行仁，資冥福故。"天主教強調"愛人如己，教之大端"，并稱人"務各量力盡分，以積功德。蓋大審判日，天主獨於哀矜諸務詳加訓問，以分昇墜。故在世時遇有哀矜處，斷不可當面錯過。"④ 如果人死後，還要大辦喪事，耗費貲財，則罪愆更深。如果在你臨死前將財產捐捨而行仁，則可以獲"冥福"而升天堂。故楊廷筠稱："命終當施。"

5. "濫用當施，同是用財，一擲而盡，挈與貧人，善轉手故。"天主教認為："人之資財，原天主付我。以為之善，立功之具也。則凡饒裕之家，宜多捐貲財，以助教中之所不及。及僅得溫飽者，亦宜隨分盡

---

① 《法國國家圖書館明清天主教文獻》第25冊，本一居士：《進善錄》，第85—86頁。
② 《法國國家圖書館明清天主教文獻》第6冊，楊廷筠：《代疑續篇·識祈》，第444頁。
③ 宋伯胤：《明涇陽王徵先生年譜》之《仁會約引》，第284頁。
④ 《法國國家圖書館明清天主教文獻》第25冊，本一居士：《進善錄》，第90—91頁。

力。所謂暫割世間之貨財，實永積天上之鉅產也。"① 如果富裕人家將自己貨財，捨予窮人，則是做了大善事。楊氏故曰"濫用當施"。

從上述 5 項施本內容可以看出，其中明顯有較多天主教思想影響的痕跡。

第三，楊廷筠《仁會廣放生說》語稱："今仁會諸兄，既稱同志，自可各處見聞。況各人相與，必有忠實可托之人，堪寄耳目者。應各得十餘人，即同會十人，便有百人之用矣，猶嫌未廣乎？" 又云："即同志偶少，而隨緣隨分，亦自可為。始或一月，行一二事，漸至月五六事，愈多愈妙。" 又云："告我善信，同發慈心，何處無良朋，何人無同志？"可知，"仁會"之入會者均稱"同志"。前引《楊淇園先生超性事蹟》亦稱："公既奉教，知愛物不如仁民，乃鳩薦紳善士同志者，共興仁會。""仁會"會員稱"同志"。鐘鳴旦稱："'同志'一詞，意即志同道合的人，在基督教中頗為常用。"② 如楊廷筠《刻西學凡序》："此種學問，歲月遄征而光彩久韜不耀。假我十年，集同志數十手，眾共成之。"③ 此"同志"當指教會之人。又如《聖教信證》："後學晉絳韓霖閩漳張庚暨同志公述。"④ 張庚與韓霖同為教會之人，故稱"同志"。再如王徵《仁會約》引："哀矜之行為至善，為真功。故再述善功二端，以勸我會中之同志。"⑤ "我會之同志"即指教會之人。晉絳天主教徒段袞《答友人論初更雞啼》文亦稱："或集同志，量力捐賑，建立仁會。濟民格天，民既和矣。"⑥ "或集同志"即指集合教會之人。高一志《譬學自引》亦稱："余欲以譬學為同志者商，而九章段於適以為請。"⑦ "為同志者商"即指與教會之人商量。韓雲《催護西洋火器揭》稱："除徐（光啟）、孫（元化）與太僕寺李少卿（之藻）外，江南尚有同志。"⑧ 這就更明顯，即除了徐、孫、李三位教會人士之外，江南

---

① 《法國國家圖書館明清天主教文獻》第 25 冊，本一居士：《進善錄》，第 95—96 頁。
② ［比］鐘鳴旦：《楊廷筠：明末天主教儒者》，第 85 頁。
③ ［意］艾儒略著，葉農整理：《艾儒略漢文著述全集》上冊，《西學凡》，第 87 頁。廣西師範大學出版社 2011 年版。
④ 《法國國家圖書館明清天主教文獻》第 4 冊，《聖教信證》，第 507 頁。
⑤ 宋伯胤：《明涇陽王徵先生年譜》之《仁會約引》，第 310 頁。
⑥ 韓霖：《守圄全書》卷 4，段袞：《答友人論初更雞啼》，第 80 頁。
⑦ 劉凝：《天學集解》卷 5，高一志：《譬學自引》，第 51 頁。
⑧ 韓霖：《守圄全書》卷 3 之 1，韓雲：《催護西洋火器揭》，第 84 頁。

還有教會之人。上引"同志"一詞，即耶穌會基督徒之間的稱呼。這種稱呼在明代的教會文獻中還大量存在。而明代中國諸會社成員，未見以"同志"相稱者。楊廷筠稱"仁會諸兄"為"同志"，亦可反映楊氏所創之"仁會"當為基督徒之宗教組織，而非中國式之世俗會社。

從以上六個方面的證據可以清楚地看出楊廷筠創建的"武林仁會"實為一具有天主教性質的宗教團體，其創辦具有很強的天主教背景，其會員均應為基督徒，其會規亦源於天主教羅雅谷《哀矜行詮》，其會中亦有宗教活動的表現。但不可否認的是，由於仁會的創辦人楊廷筠本身就是明末"天主教儒者"的主要代表之一，他們將"天學聖學化，論證儒耶相合"，並且認為天主教可以補儒辟佛，裨益王化。因此，在他們創建的天主教慈善團體仁會時，裏面還會保留一些"仁義"、"善恶"等儒家倫理道德的理念和規定，這是完全不奇怪的。故晚明時期，最早出現的天主教仁会应该是一个"天儒混杂"的民间慈善团体。和他們創建的天主教慈善團體仁會時，裏面還會保留一些儒家倫理道德的。

二 瞿式耜之常熟仁會

關於瞿式耜常熟仁會的記載，今僅見《海虞文苑》所收《仁會引》一文，該文為舊本《瞿忠宣公集》、今本《瞿式耜集》① 所不存，且未見前人研究瞿式耜時加以利用。茲迻錄全文於次：

> 孔子曰："仁者，人也。"孟子曰："仁人，心也。"亙古來止，此生生不已之元，長養宇宙，即此是生天、生地、生人物之本領。人而不仁，生理絕矣，生氣斷矣，而仁於何見？如見暴骨，而其色慘然；見篤疾，而其中怛然。使非腔子內，實有是好生之根荄？此慘然、怛然者，於何呈露乎？以文王之聖也，小心翼翼昭事上帝，而仁政必先，鰥寡孤獨四民，甚至一枯骨而必掩蓋之，以全其仁。何況我人根器劣薄，罪愆深重，即日行一仁事，猶慮不足。仰承天

---

① 瞿式耜：《瞿忠宣公集》，道光十五年本；瞿式耜：《瞿式耜集》，上海古籍出版社1981 年版。

眷，而顧慳貪成習，殘刻相高。居平但思自利，不思利他。偶露一線生機，必摧折銷鑠之，乃已是天非生人，生虎狼、生蛇蝎也。泰西利氏闡明天學於中土，垂三、四十年。其教主於敬天孝親、克己愛人，於吾儒為仁之功用分毫不爽，而警醒痛切更多，吾儒之所未逮。武林淇園楊師推廣其愛人如己之學，偕同志者，倡為仁會。會約凡數條，而弁其首曰《廣放生說》。蓋仁民愛物原有次第，序中反復開誘，詳且切矣。歲在子丑，泰西上德艾公、畢公相繼來虞。余憂居無事，得詳叩其學術之原委。第苦障深力弱，弗克受持。至於仁事，不敢不勉也。今年春，友人張又玄暨余弟式穀銳然請余廣之同人，而楊師亦諄諄寓書為勗。餘惟仁者天下之至公，苟有心知，孰無惻隱？況願力雖有大小，功德曾何差別？甘自居於不仁可矣，甘自淪於非人可乎？往嘗見梁溪諸先達有同善會，約己複為廣同善會。大指在濟貧助棺，使生死咸被其澤。茲心也，即愛人如己之心也。我輩人人具有仁心，奈何甘讓美於梁溪、武林哉？遂欣然允張君之請。重錄楊師之序，而複以卮言引其端。蓋一則暢楊師仁會之旨，一則破凡夫天學之疑，使知達其仁則人矣，如其人則天矣。直截平易，莫過於斯。可不勉諸？至於會中方便，因緣隨人施捨，原無定規，此在同志者參酌流通之耳。①

圖 2：瞿式耜像及《仁會引》書影

---

① 張應遴：《海虞文苑》卷 20《引》之瞿式耜《仁會引》，北京圖書館古籍珍本叢刊本，第 367 頁。

此文未署名時間，以下試考之。常熟瞿家為當地望族，著名的鐵琴銅劍樓即瞿氏所有，同時常熟也因瞿家成為天主教繁盛之地，成為蘇州府甚至江南的傳教基地。① 瞿汝夔（1549—1612）為瞿家與歐洲神父接觸的第一人，嘗勸利瑪竇易僧為儒，對中國天主教早期宣教事業頗有貢獻，後由羅如望付洗。瞿式穀（1591—？），瞿汝夔長子、瞿式耜堂弟。萬曆三十二年（1604），汝夔至南京欲將 14 歲的式穀託付給耶穌會院，希望他能接受耶穌會的教育，且"同別的學生一齊接受完全的宗教信仰"。② 式穀遂取教名"瑪竇"，"在耶穌會神父的指導之下，孩子發奮圖強，進步神速"。③ 天啟三年（1623），瞿式穀邀請艾儒略赴常熟開教，此時汝夔已過世多年。是年式穀亦為艾氏《職方外紀》作序，同時還有李之藻、楊廷筠兩人。由此，則知式穀與中國天主教柱石之李之藻、楊廷筠皆有所往還。④ 汝夔、式穀父子的宗教信仰當也對其家族中人有所影響，如式耜（1590—1651）即受其影響頗深。蕭若瑟《聖教史略》稱：

> 瞿式穀自幼領洗，在南京從神父讀書，及長還家，屢次請神父至常熟開教。天啟三年，又至杭州楊廷筠家，與神父商定此事，會艾儒略神父新自陝西回，願如式穀所請，就隨他到常熟。艾神父大德不凡，天主加佑，在常熟不久，就有多人奉教，其最著名的是瞿式耜。式耜是式穀的伯叔兄弟，早年登第，在北京做官，因丁母憂（按：此處有誤，應為丁父憂）。在家二三年，時與艾神父談論，漸知教理真正，決意奉教。艾神父鑒其誠切，與領聖水，聖名多默。⑤

---

① 關於瞿氏家族的研究，見方豪《中國天主教史人物傳》上冊，第 274—284 頁；黃一農《兩頭蛇：明末清初的第一代天主教徒》，臺灣國立清華大學出版社 2005 年，第 33—64 頁。關於常熟天主教傳教背景及形勢，參見［比］高華士著，趙殿紅譯：《清初耶穌會士魯日滿常熟帳本及靈修筆記研究》，大象出版社 2007 年，第 156—160 頁。

② 劉俊余、王玉川譯：《利瑪竇全集》2《利瑪竇中國傳教史》下，光啟出版社、輔仁大學出版社 1986 年版，第 449 頁。

③ 《利瑪竇全集》2，第 449 頁。

④ 徐宗澤：《明清間耶穌會士譯著提要》，上海書店出版社 2006 年版，第 245—248 頁。

⑤ 蕭若瑟：《聖教史略》，卷 11《近世紀》3，河北獻縣天主堂 1932 年版，第 46—47 頁。

據巴爾托利《中國耶穌會史》：

> 1623 年瞿太素子名瑪竇者，召（艾）儒略赴常熟開教，瑪竇從兄式耜，曾經儒略受洗。教務發達，頗賴其力。數新其中，新入教者有 220 餘人，中有式耜之諸父某護教尤力。式耜受洗后，曾以"僧道無緣"字條揭示門外，偽神偶像，悉皆易以耶穌聖名。①

高龍鞶《江南傳教史》亦載：

> 艾儒略曾至常熟，探望瞿太素之子，并為其家人付洗。當時瞿汝說，式耜父子都是進士，西史都稱之為博士。二人這時都在南京任職，屢邀畢方濟至常熟。②

瞿式耜，字伯略，一字起田，別號稼軒。萬曆四十四年（1616）進士。曾任永豐、吉水縣令。天啟三至五年（1623—1625），因父喪丁憂在家，此即文中所言歲在子丑"余憂居無事"。子丑分別為天啟四年、五年，又文中再言"今年春"，故此文寫作時間必在天啟五年（1625）之後。

而瞿氏初創仁會時，楊廷筠來信訓誨有加，則是文至遲於天啟七年（1627）冬楊氏離世前寫畢。至此余可判定，常熟仁會應成立於天啟六七年（1625—1627）間。那麼瞿式耜何時入教呢？其時亦在天啟六七年間。蕭若瑟《天主教傳行中國考》再稱瞿式耜：

> 時與艾司鐸談論教理，深知真正，切求領洗，誓許終身堅守天主十誡，決不二色，艾鐸薦其誠，與領聖水，取聖名多默。③

黃一農先生也認同此說，言"瞿式耜或在天啟三年之後不久決定受洗"。又因式耜側室顧氏崇禎元年十月產子，黃氏認為瞿氏"一方面或

---

① 轉引自［法］費賴之著，馮承鈞譯《在華耶穌會士列傳及書目》上冊，第 134 頁。
② ［法］高龍鞶著，周士良譯：《江南傳教史》上編，第 1 冊，第 162 頁。
③ 蕭若瑟：《天主教傳行中國考》，臺灣輔仁大學出版社 2003 年版，第 105 頁。

期盼能廣嗣，另一方面則或是希望離家在外時有人能照料生活起居"，則"應最可能在天啟七年左右娶顧氏"。即瞿氏至遲於此時已疏遠背離天主教教義。① 但據何大化 1636 年耶穌會中國副省年報還記載：當時常熟教友社團的領袖為多默博士（DoutorThomé），並且還將 1 間書館讓給神父作教堂和住院。② 可見，儘管瞿式耜奉教後並沒有遵守教會的戒律，但並沒有叛離天主教，直至 1636 年時，他仍是常熟天主教社團的領袖。③ 那麼瞿式耜究竟何時領洗的呢？據瞿式耜的《性學序》稱：

> 甲子（天啟四年，1624）春，予獲與艾先生遊，自存養省察，以至明庭屋漏昭之為儀象。幽之為鬼神，議之為德行，制之為度數。靡不曹曹劇談。④

讀瞿氏《性學序》全文，雖知天啟四年時瞿式耜與艾儒略多有交遊，且已讀艾儒略之新著《性學觕述》，亦能感覺瞿氏對西學頗有興趣，但仍可看出瞿氏尚未受洗而成為基督徒。又觀前文《仁會引》，由"歲在子丑，泰西上德艾公、畢公相繼來虞。余憂居無事，得詳叩其學術之原委。第苦障深力弱，弗克受持"知，瞿式耜天啟四五年間並未在艾儒略、畢方濟兩神父手中受洗，其緣由或因天主教教義與傳統儒家的守制禮儀相左。⑤ 瞿氏自覺"障深力弱"，故最終"弗克受持"。同時，楊廷筠天啟七年冬（1627 年 12 月）離世，子女遂用天主教葬禮祭奠之，與中國傳統葬禮"鋪張花費，拜神拜佛"已然不同了，而是要符合天主

---

① 黃一農：《兩頭蛇：明末清初的第一代天主教徒》，第 318—319 頁。

② António de Gouvea, AL, Vice-Province 1636, Hangzhou, 20 November 1637, in António de Gouvea Cartas Ânuas da China, p. 71.

③ 完全以納不納妾來判斷中國基督徒的在教與否，是否為可靠的標準？當時中國的基督徒入教後，又納妾而未被教會發現，依然在教者，是否可能存在？筆者以為這種案例應該在中國基督徒中是可能存在的。如果黃一農先生考證瞿式耜天啟七年時納妾是正確的話，那麼 1636 年耶穌會年報調查的常熟基督教團領袖仍為瞿式耜，則可證明這種案例是存在的，或者是教會並不了解瞿式耜這時已納妾。

④ ［意］艾儒略著，葉農整理：《艾儒略漢文著述全集》上冊，《性學觕述》之瞿式耜《性學序》，第 131 頁。

⑤ 黎靖德：《朱子語類》卷 89《禮》6《冠昏喪》，中華書局 1986 年版，第 2279—2288 頁。

教之規定：（1）力行功德，説明亡者得救；（2）追思彌撒。① 除共行善舉以外，這些天主教禮儀當為遵循儒家禮制者所不容，瞿氏也當作如是觀，也不可能按照天主教禮儀去祭奠尚未奉教的父親。即天啟三至五年（1623—1625）守制間，瞿式耜未能受洗入教。而同時瞿氏最後又依楊廷筠之法創設常熟仁會，"重鋟楊師之序，而複以厄言引其端"，既"暢楊師仁會之旨"，又"破凡夫天學之疑"，使人走向"知達其仁則人矣，如其人則天"的通往天學之路，其動機、手段與目的已不得不使人相信：瞿氏此時也已奉教。故此筆者認為，瞿式耜奉教應該是天啟四五年間受艾儒略、畢方濟之影響，已經對西學產生了強烈的興趣。但宥於守孝之制，當時並未領洗。丁憂期滿，瞿式耜遂領洗入教。那麼瞿式耜領洗時間應為天啟六七年間。則常熟仁會此時也必成立於教徒瞿式耜之手。

瞿式耜依楊廷筠之法創設仁會，其特點如下：

第一，瞿氏創會依據在於利瑪竇以來所傳天學以及楊廷筠的努力，即："其教主於敬天孝親、克己愛人，於吾儒為仁之功用分毫不爽，而警醒痛切更多，吾儒之所未逮。武林淇園楊師推廣其愛人如己之學，偕同志者，倡為仁會。會約凡數條，而弁其首曰《廣放生説》。蓋仁民愛物原有次第，序中反復開誘，詳且切矣。"利瑪竇以來所傳天學、楊廷筠的仁會即為瞿式耜常熟仁會的思想、組織淵源。同時，常熟仁會的創建有着極為深厚的天學人脈淵源。歲在子丑，艾儒略、畢方濟兩神父相繼來虞，瞿式耜雖未受洗，卻依然強調"至於仁事，不敢不勉也"，時已埋下伏筆。再者，仁會最終創建在於張又玄、瞿式穀的勸導與楊廷筠的勉勵之功。張又玄其人生平尚不可考，而瞿式穀、楊廷筠則皆為奉教名士，瞿式穀為瞿式耜堂弟。至於楊廷筠，式耜亦敬稱之為"楊師"。又梁溪創設同善會，並相邀共建廣同善會，即瞿式耜面臨着成立廣同善會、仁會與其他善會的多重可能，而其最終選擇做楊廷筠之法成立常熟仁會，則天學交遊頗影響着當時的抉擇。不過最為關鍵的內因應是其時式耜業已領洗奉教。

第二，常熟仁會的宗旨："一則暢楊師仁會之旨，一則破凡夫天學之疑，使知達其仁則人矣，如其人則天矣。"瞿式耜創設仁會在於繼承

---

① 〔比〕鐘鳴旦：《楊廷筠：明末天主教儒者》，第112—113頁。

楊廷筠推廣“愛人如己之學”的天學、宣導“仁民愛物原有次第”的宗旨，同時亦“破凡夫天學之疑”，引導其走向通“仁”、及“人”、達“天”的天學之路。此仁會鮮明的宗教色彩與宣教目的亦可證明晚明“仁會”的本質就是中國天主教慈善組織。

第三，常熟仁會系倣效楊廷筠武林仁會而設，“重鎸楊師之序，而複以巵言引其端”。式耜重刻楊廷筠《廣放生説》，以“暢楊師仁會之旨”。而至於會務操作，“因緣隨人施捨，原無定規，此在同志者參酌流通之耳”。則知其仁會組織形態之一斑。

瞿式耜創建的常熟仁會，雖然可以看出是一個與杭州仁會相同的基督教團契，但是正如瞿式耜所言：“其教主於敬天孝親、克己愛人，於吾儒為仁之功用分毫不爽，而警醒痛切更多，吾儒之所未逮”，其仁會之功用與儒家“為仁之功用分毫不爽”，可以反映這一仁會至少在觀念上亦是天儒混雜的天主教社團。

雖然西方文獻將瞿式耜一直稱為“基督徒”。如衛匡國《韃靼戰紀》：“廣西總督瞿多默（KhiuThumas）是個基督徒。”[1] 1651 年 11 月 14 日，潘國光（François Brancati）給衛匡國（Martin Martini）的信亦稱：“廣西省總督是閣老、基督徒。他與我友情深厚，我自己和全中國的基督徒因他高尚的品德都懷念他。他生於南京省的常熟，教名瞿多默。這是永遠紀念的名字。”[2] 但實際上瞿式耜在受洗后不久就沒有嚴格地遵守天主教教規。在天啟七年左右，納妾顧氏并於次年生子。其後又娶孫、李二氏為側室。故時人稱其“妾媵甚多”，故知，天啟七年以後的瞿式耜已基本放棄了天主教。[3] 到南明永曆之時，瞿式耜已不再是奉教者。但由於當時時局紛擾，信息閉塞，教會對瞿氏之行跡并不深知。故到瞿氏死時，教會還認為他是一名卓越的基督徒。

三　王徵之涇陽仁會

中國天主教“四賢”之一的王徵（1571—1644）亦嘗在故里西安

---

① ［意］衛匡國著，何高濟譯：《韃靼戰紀》，中華書局 2008 年版，第 376 頁。

② 同上書，第 397 頁。

③ 此處史實可參見黃一農《兩頭蛇：明末清初的第一代天主教徒》，第 317—322 頁。

成立涇陽仁會。王徵，字良甫，號葵心，又號了一道人、支離叟，教名斐理伯（philippe），陝西西安府涇陽人。萬曆二十二年（1594）中舉，萬曆四十二年（1614），龐迪我（Didace de Pantoja）刊刻《七克》一書，王徵不久得以寓目，"見其種種會心，且語語刺骨，私喜躍曰：是所由不愧不怍之準繩乎哉"。萬曆四十四年（1616），王徵赴京會試，與龐迪我會晤，"龐子詳為解説，並出天主十誡示先生"。① 此蓋其西學交遊之肇始。陝西開教肇始於萬曆四十八年（1620）。其時徐光啟請艾儒略隨奉教官員伯多祿去陝，"伯多祿所過之處，已使人認識天主教"②，後西人金尼閣（Nicolas Trigault）、高一志（Alphonse Vagnoni）相繼來此宣教，在西安等地營建住院，而在西安正式開創會口者為王斐理伯和蔣保祿。③ 王徵具體受洗時間不確，但應在萬曆四十四（1616）年至天啟元年（1621）之間。④ "兩人都在北京受洗，前者西史稱之為斐理伯博士，在北京擔任要職，因母憂回到原籍西安。蔣保祿則是秀才，其父也已信教，在京任要職。兩人都希望有教士到省傳教，最先去探望這兩人的是金尼閣。"天啟二年（1622）成進士。初任直隸廣平府、揚州府推官。崇禎四年（1631），出任山東按察使金事、遼海監軍道。⑤ 崇禎五年（1632），吳橋兵變，登州失陷，被累下獄。不久得赦，放歸故里。⑥ 王徵歸里後，對時政心灰意冷，其與韓霖信稱："弟從百危百險中幸返鄉里，方欲隱跡山莊，偕一西先生為譯書，工課作終焉，計以了此餘生。"⑦ 但其信仰益發虔誠，四處籌資營建天主教堂"景天閣"："家事一毫不理，而心心念念，時時刻刻，只向此事著力。即妻女之簪珥、囊篋之餘物、交際之饋遺，一一捐之此中甘心焉着。"⑧ 崇禎七年（1634），王徵遂在鄉里涇陽創辦仁會。至崇禎十年（1638），西安府教外領洗者四百人。1639 年，共有教友 1240 人，教務亦多賴王

①　參見宋伯胤《明涇陽王徵先生年譜》，第40—41頁。

②　[法] 高龍鞶著，周士良譯：《江南傳教史》上編第1冊，第165頁。

③　同上。

④　參見黃一農《兩頭蛇：明末清初的第一代天主教徒》，第135頁。

⑤　宋伯胤：《明涇陽王徵先生年譜》，第125頁。

⑥　[法] 高龍鞶著，周士良譯：《江南傳教史》上編第1冊，第165頁。

⑦　韓霖：《守圉全書》卷末《贈策篇·王金憲徵來簡》，第1頁。

⑧　王徵：《析箸文簿自敍瑣言》，轉引自前揭黃一農《兩頭蛇：明末清初的第一代天主教徒》，第149頁。

徵扶持。①

圖 3：王徵像及《〈仁會約〉引》書影

　　王徵創辦的涇陽仁會給我們留下了最為詳實的資料，從中可以得知仁會之性質、制度及仁會對"仁愛"之理念，等等。王徵《〈仁會約〉引》：

　　　　向余為《畏天愛人極論》，蓋有味乎西儒所傳天主教義，竭力闡明，用勖我二三兄弟之崇信。第論焉已耳，未克實行。即行矣，悠悠忽忽，未克力間，即憤志力行乎。其力小，其行微，終未克約我同志共捐全力，以暢我實行之志願。夫西儒所傳天主之教，理超義實，大旨總是一仁。仁之用愛有二，一愛一天主萬物之上、一愛人如己。真知畏天命者自然愛天主，真能愛天主者自然能愛人，然必真真實實，能盡愛人之心之功，方是真能愛天主。蓋天主原吾人大父母，愛人之仁乃其吃緊第一義也。余故深信天主之教最真切、最正大、最公溥，且最明白而易簡。乃人人所能行，人人日用所當行，人人時時處處所不可不急行者。《七克》中云：聖若盎既耄，不能多言，恒用相愛二字勸其門人……人生世間，種種苦趣不可勝言，疇克盡免，凡觸於耳與目者，那能弗惻於心？弗惻於心，非

———————————

① 　徐宗澤：《中國天主教傳教史概論》，第 11 頁。

仁，惻於心而不見之於行，無濟於彼，猶非仁也。其必盡我相愛能
力救之、補之，使之存以順、歿以甯，愛人之功其庶幾乎。然匪有
力不能濟，匪藉眾多全力亦不能廣濟。余茲感於西儒羅先生《哀矜
行詮》，立此《仁會約》。蓋欲從今以後，自竭心力，全眾全力，
俾人遊樂郊，補此有憾世界。以仰副天主愛人之至仁，於以少少行
其愛人之實功，且勸我會中人，緣此愛人功行，默啟愛天主之正
念，庶人人可望天上之真福云。崇禎七年後八月一日了一道良甫王
徵書於崇一堂。①

王徵奉教備受西人龐迪我之影響，故前文多次言及龐氏。又王徵創會以
意大利教士羅雅谷（Jacques Rho，1593—1638）《哀矜行詮》為准，而
《哀矜行詮》崇禎六年（1633）方成書，次年（1634）王徵即依其設
會，故王羅兩人交誼應屬匪淺。王徵甚至坦言涇陽仁會所行條目皆依羅
雅谷《哀矜行詮》所列，"仁會本《哀矜行詮》而立"：

> 仁會者，哀矜行之總名也。哀矜之德有二：一形哀矜；一神哀
> 矜。形哀矜凡七端，總以行此愛人之仁焉耳。然神哀矜之行，但以
> 神行，可不須他物。形哀矜之實，則匪須他物，莫克濟也，故端各
> 臚列於後。而茲會中所訂行者，則尤以形哀矜七端為急云……哀矜
> 之行，專為愛人而起念。愛人又專為愛天主而起念。故此仁會之
> 立，獨以形哀矜七端為急務。此外一切不關救人之務，不但力不能
> 給，即能給者，亦不之行。蓋恐未認真主，必不能辨為真善。正恐
> 反得罪於天主焉耳。②

韓霖則稱：

> 造物主生人，俾各相愛，愛人即敬天也。為富不仁者，難與微
> 言。楊淇園先生俱仁會於虎林，王葵心先生踵而行之，愛人敬天，

① 徐宗澤：《明清間耶穌會士譯著提要》卷2《聖書類》之王徵《〈仁會約〉引》，第
57—58頁。
② 宋伯胤：《明涇陽王徵先生年譜》之《仁會約引》，第282—291頁。

非為御寇也。①

可證王徵所創之"仁會"仍是向楊廷筠學習踵其後而創建者。

現存晚明仁會資料，獨涇陽仁會最全。王徵撰有《仁會約》一卷，內含《仁會約引》一篇，《仁會約所行條目》一篇，《仁會約款》一篇，《仁會約證述》一篇，《述行哀矜詳解》一篇，《述哀矜善功二端》一篇，《述仁愛德美七端，附錄西國用愛二端》一篇，共七文。其無論從創辦仁會宗旨，到仁會哀矜條款，到行哀矜事之要點，到仁會之各項制度，均可證明仁會實為一基督教會之組織機構也。其濃厚的天主教色彩在文中處處可見。

鐘鳴旦先生對王徵的仁會做出了這樣的評價：

> 1634 年，王徵也建立了一個慈善會社，形式與楊廷筠的會社一樣，把仁會的約章保留下來。約章中詳細規定會社的捐獻、會員身份、組織和領導。捐款也適應於天主教的 7 項善功，而特別側重三個主要問題：飢者得食，病者得醫，死者得葬。這兩個會都強調 7 種慈善善功。而這些美德也常見於中國道德倫理書籍中。所以，一般的中國人都很熟悉。此外，雖然楊廷筠與王徵的仁愛會社和基督宗教有聯繫，卻沒有明顯的宗教活動，如祈禱、告解之類。它們純粹以慈善為目的，而信教也不是入會的條件。可見，這些慈善團體在本質上並非西方的，而是純粹中國化的團體。②

鐘鳴旦對仁會的認識顯然來自於他的老師許理和（Erik Zürcher）。許理和教授分析王徵創立的仁會時指出："這類團體不過是儒家會社的反照，

---

① 韓霖：《守圉全書》卷 4《豫計篇》，第 86 頁。

② ［比］鐘鳴旦：《楊廷筠：明末天主教儒者》，第 77—78 頁。然而，鐘鳴旦教授在另一本書中，則有截然不同的對仁會的評判，他稱："（仁會）則是一種踐履信愛天主，並且愛人如己這一宗教誡命為動機的基督化團契，其實現的目的也許在於以團契的擴大建立一個基督化的社區，而其宗教目的則是為約眾提供得到天報（即天堂永福）的階梯。"參見：鐘鳴旦、孫尚揚《1840 年前的中國基督教》，學苑出版社 2004 年版，第 250—251 頁。

幾乎沒有暗示天主教是靈感來源。"①

　　研究慈善事業的著名專家梁其姿教授也對王徵的仁會有所評價：

　　　　明末時，天主教耶穌教會教士已來傳教，不少文人受了影響。有的信教受洗，有的甚至要宣揚西方的濟貧機構模式。其中一個有趣的例子就是在陝西西安欲成立仁會的受洗文人王徵（1571—1644）。他的《仁會約》（1634年序）所涉及的善會與同善會大致雷同。不過，其中最大差別就是他強調受濟的人不應分貴賤善惡。他說："凡濟貧乏，不宜分品類。日不分世物之貴賤而並照，雨不分善惡之田而並濡。我施人，奈何擇人手？蓋施恩者，不須度彼之分量。"他這句話顯然針對當時中國本土發展出來的善會而發，也是一個西方宗教影響的文人回頭看中國善會時的重要觀察。②

　　兩人對王徵仁會評價相同的是，都認為仁會是與同善會大致相同的慈善團體；不同的是，鐘鳴旦認為仁會"在本質上並非西方的，而是純粹中國化的團體"，而梁其姿則認為王徵仁會是"宣揚西方的濟貧機構模式"，并指出了王徵仁會"強調受濟的人不應分貴賤善惡"。余以為梁其姿教授的認識至少比鐘鳴旦先生要深入一步，她看出了仁會是宣揚西方的濟貧機構模式，而且還指出仁會施濟是"不分品類"，這一點恰恰是天主教慈善團體同世俗的中國慈善團體最本質的區別，即羅雅谷《哀矜行詮》所言："凡濟貧乏，不宜分品類。日不分世物之貴賤而並照，雨不分善惡之田而並濡。我施人，奈何擇人手？蓋施恩者，不須度彼之分量，第須滿己之分量。"然而鐘鳴旦先生卻沒有看出。但筆者仍不能同意梁其姿教授的觀點：認為仁會與當時的同善會大致雷同。更不同意許理和、鐘鳴旦先生否認王徵仁會的天主教性質，試作如下辨證：

　　1.《仁會約引》："仁之用愛有二：一愛一天主萬物之上。一愛人如己。真知畏天命者，自然愛天主；真能愛天主者，自然能愛人。"又

　　①　Erik Zürcher, "Christian Social Action in Late Ming Times: Wang Zheng and His 'Humanitarian Society,'" in Jan de Meyer and Peter Engelfriet, eds., *Linked Faiths: Essays on Chinese Religions and Traditional Culture in Honour of KristoferSchipper* (Leiden, 1999), pp. 276 – 277.

　　②　梁其姿：《施善與教化：明清的慈善組織》，第80頁。

云："余茲感於西儒羅先生《哀矜行詮》，立此《仁會約》。蓋欲從今以後，自竭心力，全眾全力，俾人游樂郊，補此有憾世界。以仰副天主愛人之至仁，於以少少行其愛人之實功。且勸我會中人，緣此愛人功行，默啟愛天主之正念。庶人人可望天上之真福云。"① 這裡不是講得十分明白嗎？王徵勸其會員行愛人之功，啟愛天主之念，而可望天上之真福。這難道不是指"基督教徒"嗎？筆者不明白鐘鳴旦為什麼說"信教也不是入會的條件"。

2. 中國善會雖然也有與天主教7項善功相類似的慈善規章，但王徵之仁會不僅僅有7項善功的形哀矜，還有7項神哀矜。即啟誨愚蒙，以善勸人，慰憂者，責有過失者，赦侮我者，恕人之弱行，為生死者祈天主。② 這都是中國善會規章中沒有的內容。特別是"赦侮我者"，意思是要饒恕欺負我的人。這跟"濟貧不分品類"一樣，都是天主教與中國傳統倫理道德在本質上的區別，決不可能在中國善會中出現。

3. 《仁會約》中反復強調"哀矜之行，專為愛人而起念，愛人又專為愛天主而起念。故此仁會之立"。③ 對於仁會會員，則強調必須是"凡為愛天主，愛人起念。願如約與斯會者"。④ 《仁會約證述》又言："仁者為誰，曰為天主。蓋憫人之罪而赦之，軫人之危而援之，其施恩也惟公惟溥，高卑善惡無擇，無時無處不被焉。""不奉主教，不能行真善事，必不得天主寵愛，及天堂永福。"⑤ 《述哀矜善功二端》中更稱："天主本至善至功，全能極聰。乃大都獨以慈悲為其尊稱。自古經典，常稱為矜憐之主也。""天主聖交，無善不酬，無德不報，但大小，厚薄，遲速不等。"⑥ 如此強調天主在慈善中的作用，難道可能為非基督徒所言？

4. 《仁會約》中反復徵用《聖經》、《天主經》以及天主教聖人的言論。如"聖若益"、"聖葉落泥"、"聖額我略"、"聖益薄西荷"、"聖葆錄"、"聖主達味德"、"罷西略"等。《仁會約》中提到耶穌之名達

---

① 宋伯胤：《明涇陽王徵先生年譜》之《仁會約引》，第280—281頁。
② 同上書，第282—283頁。
③ 同上書，第283頁。
④ 同上書，第287頁。
⑤ 同上書，第290—292頁。
⑥ 同上書，第310—311頁。

數十處，并多次提到天堂、地獄等概念。① 十分明顯，《仁會約》中所反映的仁會決不可能是中國式善會所能表現者也，更不是許理和教授所言"'仁會'不過是儒家會社的反照"。

布羅基教授對王徵的仁會的評價比上述 3 人客觀："王徵為一個仁會起草的會規結合了中西道德的源流，指引成員通過做'愛他人的善功'臻於'天主愛人時最高的仁'。"② 但此評價仍很模糊，國人宋伯胤先生對仁會的定性則十分清楚，稱："察其實質，所謂仁會乃是天主教設於民間的一座慈善團體。"③ 宋先生此表述甚為準確，筆者贊同之。雖然，王徵創辦的仁會是一個天主教色彩十分濃厚的基督教團契，但如將他的《仁會約》和《鄉約》進行比較，就可以看出，他仍是想以中國傳統的鄉約形式建立一個天主教社區，④ 很明顯，這也是王徵仁會的天儒理念混雜的一種表現。

四　葉益蕃之三山仁會

明清天主教傳華文獻彙編《天學集解》還收錄了關於明末教徒葉益蕃在福州創設仁會的紀錄，同樣亦為他處所未見載。茲迻錄全文於此：

> 武林之有放生會也，從竺乾氏戒殺而設也。夫造物三化生萬有，人貴而物賤。今反輕所貴，而重所賤，毋乃逆施而倒行者歟？京兆淇園楊公，著說以廣之，更為仁會，蓋所以仰體上主閔下之心，而愛人無已者也。於時彼都人士，無不歡欣鼓舞，慕義而景從。兩浙之民，何多厚幸耶？先文忠公在綸扉時，雅與楊公友善。謝政歸來，複屢接艾先生。聞茲勝事，嘗與余小子津津道之。余思三山，為古閩都會，乃遙挹仁風，空懷讚賞，豈其可行於浙，而不可行之於閩？毋亦慮有倡而寡和，有始而鮮終乎？非然也。天主生

---

① 宋伯胤：《明涇陽王徵先生年譜》之《仁會約引》，散見於第 280—321 頁之間。

② Liam Mathew Brockey, *Journey to the East: The Jesuit Mission to China, 1579 – 1724*, p. 378.

③ 宋伯胤：《明涇陽王徵先生年譜》，第 143 頁。

④ ［比］鐘鳴旦、孫尚揚著：《1840 年前的中國基督教》，第 208 頁。

圖 4：葉向高像及葉益蕃《三山仁會引》書影

人，即賦以愛德，為諸德根。無論貴者賤者、智者愚者，一叩其惻隱之心，未有不憬然惺而躍然動者。可見豈弟慈祥，維均厥賦。有其舉之，不啻取火於燧而挹水於源者矣。因請諸同志，後先聲應者，遂得若而人，懿德不孤，詎其然乎？會有定期，人無定數，捐金亦無定額。考諸施格，隨時舉行。竊意始也難，久之必易；始也寡，久之必眾。一會興，則會會可興。一郡一邑舉，則諸郡諸邑可舉。人抱慈德，國有淳風。於以答上主愛人無已之心，佐熙朝宏仁廣被之化，豈曰小補云乎哉？福唐葉益蕃謹題。①

由前文稱葉向高（1559—1627）為"先文忠公"可知，此文當作於天啟七年（1627）向高離世之後，即三山仁會應由葉益蕃天啟七年之後創設。葉向高為晚明友教之名士，嘗為楊廷筠《西學十誡初解》致序，與西洋教士、中國教徒關係頗洽。天啟四年（1624），向高致仕歸里，道經杭州。與艾儒略往還，力邀南下，成福建宣教之事。惜因置妾廣嗣，終未領洗奉教。② 葉益蕃（1595—?），葉向高長孫，字君錫，曾助艾儒略修築福州教堂，為一功績卓著的天主教徒。至於葉益蕃受洗奉教之事，史籍並無明確翔實的記載。蕭若瑟《聖教史略》稱：

　　天啟四年葉相國致仕歸里，路過杭州，住楊廷筠家，與艾神父

① 劉凝：《天學集解》卷 7，葉益蕃：《三山仁會引》，第 6—7 頁。
② ［法］高龍鞶著，周士良譯：《江南傳教史》上編第 1 冊，第 173 頁。

語，深為敬服，請往福建開教。葉相國雖信聖教道理，然未領洗。其長孫則奉教熱心，倡捐巨貲，帮助艾神父在福州建一大堂。一時文人學士，多奉教者。①

高龍鞶《江南傳教史》稱：

　　艾（儒略）得到這些強有力的支持者，便至各處宣傳福音，施行洗禮。葉向高本人大概没有受洗，但他家中也有人信教的。許多學官子弟，因艾的引導，相率受洗。②

李嗣玄《思及艾先生行述》：

　　玄於丙寅夏晤先生於福堂……次年（丙戌）玄遭亂旋里，則堂毁於兵，鐸音罕至，告解疏而神功缺，罪戾山積，念之汗下，蓋因悼己罪，益感師恩，不禁涕泗之交橫矣。先生雖轍無停軌，然局福堂之日居多。此堂先為葉相國長孫君錫暨諸教友所創建。③

黃一農先生因為葉益蕃天啟六年（丙寅）曾捐資助艾儒略修建"福堂"，故稱"其應人教"。④余以為僅因捐資修堂而斷其人教證據不足，捐資修堂而未奉教者史書多見，如佟國器。又據羅馬耶穌會檔案館 JS 155 及《在埃塞俄比亚……中国等国中所发生事件的历史》記載：

　　在 1625 年，已經在杭州受洗三年周（Ceu）家召來一位神父，异教徒閣老 Ye I-pan（葉益蕃）在四月邀請艾儒略神父也來到此處：有人記錄下有 15 次洗禮及 8 名由天主教徒 Melchoir 行過聖事的人：儀仗隊伍莊嚴，舉着救世主的畫像。但是當時的荷蘭人製造混亂，這延緩了福音傳教。在距城三公里處一個文人（sieu-ts'ai）

① 蕭若瑟：《聖教史略》卷 12，《近世紀》4，第 63—64 頁。
② ［法］高龍鞶著，周士良譯：《江南傳教史》上編第 1 册，第 173 頁。
③ 《耶穌會羅馬檔案館明清天主教文獻》第 12 册，李嗣玄：《西海艾先生行略》，第 253—256 頁。
④ 黃一農：《兩頭蛇：明末清初的第一代天主教徒》，第 108 頁。

的家中設有一個禮拜堂。①

此處記事為 1625 年，尚稱葉益蕃為異教徒，亦可證捐資建福堂時葉益
蕃尚未奉教。又杜寧·茨博特《中國歷史》1648 年部分有載：

> （艾儒略）未死之前曾使興化之名士某及閣老葉向高之二孫
> 入教。②

據此可知，葉益蕃的入教應該在 1647—1648 年之間。潘鳳娟女士亦認
為葉益蕃"在艾儒略臨終之前才受洗"，即受洗於艾儒略 1649 年逝世
前未久之時。③ 總而言之，不論葉益蕃何時入教，三山仁會應是葉益蕃
入教之後在福州創建的天主教慈善組織。

　　第一，三山仁會創設因武林仁會而起。楊廷筠因放生會違背造物主
"人貴而物賤"之原則，"今反輕所貴，而重所賤"，重於愛物，輕於仁
民，故成立仁會，"仰體上主閔下之心，而愛人無已者也"。三山繼武
林創會，有倡有和，有始有終，"以答上主愛人無已之心"，知其相繼
而行，宗旨相做，宗教性質如一。同時，三山仁會上承武林仁會而興，
亦有着其較為深厚的天學人脈淵源。正如葉益蕃所言，三山仁會的創辦
與楊廷筠、葉向高、艾儒略有着密切關係。葉氏創會初因艾儒略來閩開
教、祖父葉向高諄諄教誨。經營仁會，既揚楊廷筠創會宣教之功，又輔
向高、艾氏苦心開教之力。再者，葉文四次論及造物主、上主與天主，
其內涵應與楊廷筠認知相做，即天主教之"造物主"，此不啻為葉益蕃
創會之思想基礎，也為西士所傳天主教義在葉氏心中內化所致。

　　第二，關於仁會成員，葉益蕃交代十分清楚，仁會會員即"諸同
志"。前面已對"同志"一詞進行了分析和考證，即應為天主教會中志

---

　　① Joseph Dehergne, *Les Christientes de Chine de la Periode Ming* (*1581 – 1650*), p. 28. 檔
案中將葉益蕃誤稱為閣老，當是與其祖父葉向高職位相混。

　　② ［法］費賴之：《在華耶穌會士列傳及書目》上冊，第 137 頁。又，同一文字，梅乘
騏、梅乘駿譯為："又使葉向高閣老的兩任奉教。"［見費賴之《明清間在華耶穌會士列傳
（1552—1773）》，第 152 頁］。

　　③ 潘鳳娟：《西來孔子艾儒略：更新變化的宗教會遇》，橄欖基金會、聖經資源中心，
2002 年，第 89 頁。

同道合之人也。耶穌會之同道均稱"同志"。

第三，三山仁會組織活動，"因請諸同志，後先聲應者，遂得若而人"。又稱只知"會有定期，人無定數"；"考諸施格，隨時舉行"。故可斷定：其時三山仁會尚屬初創，規模不大。

第四，三山仁會的創建繼武林仁會後，但明確提出"天主生人，即賦以愛德，為諸德根，無論貴者賤者，智者愚者，一叩其惻隱之心，未有不憬然惺而躍然動者。可見豈弟慈祥，維均厥賦"。亦即宣揚天主施恩，不分貴賤賢愚的天主教思想。亦可證明三山仁會之天主教性質。葉益蕃還認為三山仁會的建立不僅可顯"愛人無己之心"，以輔弼宣揚天學，同時也可輔佐明朝"宏仁廣被之化"，且不止於"小補"而已。如是則可見，葉氏成立仁會也有扶助地方教化之目的。從這一點亦可看出，三山仁會仍帶有十分明顯的天儒混雜的痕跡。

第五，葉益蕃還為天主教仁會在明代社會的發展描繪了遠景：竊意始也難，久之必易；始也寡，久之必衆。一會興，則會會可興。一郡一邑舉，則諸郡諸邑可舉。人抱慈德，國有淳風。從杭州、常熟、涇陽、福州等處都建有仁會的規模看，晚明時期天主教仁會完全有可能在中國的大多數郡邑創建。如山西絳州就曾準備建立仁會。絳州天主教徒段袞即稱："或集同志，量力捐贈，建立仁會，濟民格天。"[①] 可以反映當時神州各郡邑有天主教會者均有可能建立仁會。

---

① 韓霖：《守圉全書》卷 4《豫計篇》之《答友人論初更雞啼》，第 81 頁。據 Liam Mathew Brockey，*Journey to the East：The Jesuit Mission to China*，*1579 - 1724*，p. 31. 公佈的 BAJA 49 - V - 6：329v 1626 年的中國副省年報記載："在山西絳州住院，高一志將基督教慈善發展成對物質佈施和精神佈施補充。基督徒段袞，聖名伯多祿，成立了一個會社，專門參加教友葬禮。雖然耶穌會士認為段袞是聽説了歐洲，如葡萄牙的仁慈堂（Misericordias）和意大利公立銀行（Monti di Pieta）之類的慈善協會之後，受到啓發才這麼做的，但他很有可能是從佛教和儒教那裏得到了啓示。他讓人為 20 位貧徒縫製了靈衣，在喪葬時，這 20 人'手持蠟燭和念珠'，前往墓地。"布羅基評價稱："這個團體的性質可以從它的功能上反映出來：既然他們宣佈摒棄其他宗教的習俗，那麼教徒就必須開闢與中國文化價值，如肅穆葬禮相一致的表達敬虔的新途徑。"非常明顯，布羅基所謂的新途徑就是基督教的途徑，而段袞創辦的這個慈善會社，結合上引中文資料，即是仁會。這應是確有其名的晚明中國第 5 家仁會——絳州仁會。但由於資料的缺略，故絳州仁會不另作專章，一併附注於此。另據 BAJA 49 - V - 6：585v，費樂德 1629 年 8 月 22 日寫於杭州的 1628 年耶穌會中國副省年報稱："當時北京一群教徒成立慈善聖會，敬奉仁慈聖母，向貧窮教徒發放醫藥或喪葬經。"這個北京的慈善聖會很可能就是仁會。

五　《仁會會規》

除楊廷筠武林仁會、瞿式耜常熟仁會、王徵涇陽仁會和葉益蕃三山仁會外，耶穌會羅馬檔案館還保存一完整《仁會會規》，今已不知其創設者等確切資訊，惟可視為所知中國第五所仁會。其會規如下：

圖 5：《仁會會規》書影

夫聖教要理總歸信望愛恭敬天主於萬有之上與愛人如己兩端而已：

第一端：教人信聖教。諸端細心講究，透徹無疑，不信邪教、邪術。諸端為所誘惑，以陷於罪，望天主恩賜，靈魂肉身日後免受永苦，得享永福。愛天主於萬有之上，順守其誡及聖教之規。此外，行諸善功，任人之所宜所能，可也。

第二端：教人愛人如己。不可得罪他人，以致犯誡，能行哀矜等功。此功固眾人之所當行，而於仁會更當行之。其仁會之主保是天主聖母瑪利亞仁慈之母。其號是無原罪始胎，瞻禮會中諸友尤宜恭敬。聖母行諸神功，效其仁慈，然恭敬聖母之禮，必在實心力行，不可空徒口說。今將會規條列於後：

一、會中所捐之資，或多或少，或論分均出，聽眾酌議。

一、會中之事，一人不能料理，立會長一人，副會長兩人，仍設管箱一人，共理會事。

一、會中設銀箱一個，鎖三把。會長各放鑰匙一條，箱放在堂內。其銀收入支出，年月日時，登記明白，以便清算。

一、會中所宜行哀矜諸端，於今初立，未能悉舉。其先在行殯葬之禮，至於衣衾棺槨，隨人力所能者而為之，已於喪禮儀式內詳言之矣。然必於聖教諸禮兩相符合，始無差錯。

一、遇教中先亡，伊家令人告知會長。倘遇會長有事，即告知副會長。若是副會長亦有事，務隨託管箱之人，通知教友，相約齊集其家。

一、念經規則照依臨喪儀式所開單款而行。

一、念經聲音不先不後，俱要約齊如一。左啟右應，右啟左應。不可混亂，參雜土語。

一、凡遇教中先亡，即通神父彌撒，中祈主為彼靈魂（擬缺字）。教友或到堂，或在家，代彼祈求，或念在天三十三（遍），或念亞物六十三遍。孝子率家中之人亦是如此。

一、在會中遇有先亡，同會各友，或念在天三串，或念亞物三串，代彼祈求。

一、凡教友欲進仁會，先宜解罪。

一、每月首一主日，赴堂領主保單。

一、遇主保聖人瞻禮日，宜赴堂與彌撒。

一、會中教友每月宜解罪一次。

一、每早晚課誦十五端三分之一，或聖母禱文。

一、或早或晚念在天亞物各三遍，奉獻主保聖人。

一、每晚臨睡時宜省察本日之念言行，或善則感謝天主，不善即念經求赦。

一、會中人或在家，或出外，或獨居，語言之間，不可忘記天主，必須念茲在茲。

一、會友宜記愛人如己之事。先施於家，後及於人。愛父母、妻子、兒女之靈魂與愛其肉身，管顧其德行，以及於衣食之類。

一、會友有病，會長宜不時往看，宜約在會諸友探問，勸其痛悔告解。[1]

---

[1]　《耶穌會羅馬檔案館明清天主教文獻》第12冊，無名氏：《仁會會規》，臺北利氏學社2002年版，第473—478頁。

雖然我們目前無法考證出這份《仁會會規》是哪個地方建立的仁會以及由誰創立的，但是這份會規給我們留下了仁會為中國天主教慈善組織確鑿無疑的證據：

會規的總序言告訴該會會員，天主教教義可以歸結為兩個要點：愛天主，愛鄰人。

會規的第一端，要求會員勸導別人加入天主教，不信邪教、邪術。

會規的第二端，要求會員教育人們要有"愛人如己"的思想，並在仁會設有主保，明確仁會的主保為天主聖母瑪利亞。

該會會規還設立 19 條規定，主要內容有：

1. 會規規定，所有的仁會會員都要進行天主教的念經、彌撒、早晚課、守瞻禮、解罪等活動。

2. 會規明確規定，仁會所行之哀矜諸端，皆必須與聖教諸禮兩相符合。

3. 仁會設有會長、副會長、管箱之理事會組織。

4. 會規中規定對會內財政管理十分嚴格。會中設有銀箱，有鎖三把，由會長、副會長三人共同把管。

5. 對各項念經等禮儀要求十分嚴格，甚至提出不能用土語。

6. 會員在家或出外，行為和語言之間不可忘記天主。

從會規中還可看出，該會剛剛建立，所行哀矜善功，還不能全部進行，僅只能行哀矜之第七端"葬死者"。故知該會還是一財政尚不充裕之初建仁會。布羅基對這一仁會有所評價，他説：

　　（仁會）會規顯然是天主教性質的，反復提到中心教義、聖母瑪利亞以及符合社會行動需求的靈修義務，明確指出，會員僅限天主教徒。但這個仁會的成員比聖母會會友的靈修渴求較低，加入聖母會的教徒要對聖母瑪利亞的代禱性質進行神學反思。而仁會的申請者，則祇需掌握其基本教義，在不過分強調這兩個聖會的成員不同的情況下，仍然值得注意的是，仁會會規對如何踐行某些靈修進行了闡釋，如集體禱告和良心檢討。聖母會或許十分熟悉這些活動而没有必要在會規中詳細闡述。無論加入仁會的教徒是否認為自己是教友社團的靈性精英，他們的確比普通基督徒更為頻繁地踐行靈修。成員入會時要懺悔，之後每月領受一次懺悔聖事。在主保聖徒的慶日，會友要參加彌撒，他們也需在早間和晚間誦讀部分《玫瑰經》和《聖母禱文》，會友每天念3遍《聖母禱文》和《聖母頌》。為了進一步促進美德，成員每晚休息之前要反思個人的思想、言語和行為，這種反思，無異於耶穌會偏好的冥想方式：良心檢討。明仁會成員被告知，在反思時，如果個人行為似乎良好，那麼應該感謝天主。然而如非良好，那麼要祈禱求恕。[①]

據此可知，上述仁會應該是一個不折不扣的天主教慈善組織，也應該是較為後期出現的基督教團契，因此，我們根本看不出儒家傳統倫理道德對這一仁會組織的影響。

六　餘論

上面考證了晚明出現的5處仁會個案，仁會起源、組織結構及性質大體已清晰呈現。最後，還有一個問題，即晚明仁會的淵源何在？余以為：仁會應起源於歐洲及澳門的天主教慈善組織。歐洲慈善事業多與宗教有關。天主教慈善事業肇始於羅馬，初名仁愛會，主保為聖母瑪利亞。1498年，葡萄牙王室又在里斯本創立仁慈聖母會。新航路開闢後，葡萄牙在海外紛紛建立仁慈堂，將仁慈堂的體制傳播至世界各地。澳門也不例外。龍斯泰在《早期澳門史》中說：

若奧二世（João Ⅱ）的王后萊奧諾拉（DoonaLeononra）於1498年在里斯本創立了一個慈善兄弟，以"仁慈聖母會"（Confraria de nossaSenhora da Misericordia）這一名稱而知名。"仁慈堂"（Santa Casa da Misericordia）——澳門神聖的慈善機構創建於1569年，它的第一位主管是澳門教區的主教賈耐芳（MeichiorCarneiro）。這個可敬的團體以履行下列神聖使命為職志，幫助那些靠自己卑微

[①] Liam Mathew Brockey, *Journey to the East: The Jesuit Mission to China, 1579 – 1724*, pp. 393 – 395.

的謀生手段不足以維持衆多家口生計的人，解除臥病在床的有身份
人士的痛苦，幫助那些不願到海外領取救濟金的人，以及撫養孤兒
和棄兒。在葡萄牙居住過的任何一個國家，只要有教堂，他們似乎
都會馬上致力於建立慈善機構，正如我們正在述及的事例一樣。①

又據 1627 年澳門仁慈堂章程②，中國仁會無論創會宗旨，還是組織活動
都與歐洲、澳門天主教慈善機構相似，即仁會應系倣羅馬仁愛會、葡萄
牙、澳門仁慈堂而設。故王徵即言：

> 西國有仁會，願以行乞積金，備贖虜者。此功最大。③

梁廷枏《粵海關志》亦稱葡萄牙"俗有仁會"：

> 俗有仁會，恤孤寡煢獨。商船至，或有死而無主者，收其行
> 李，訪其戚屬還之。國王隨處遣官為孤子治家，長則還所有，且加
> 益焉。④

可知，明清時期將歐洲慈善組織（羅馬仁愛會或葡萄牙仁慈堂）也稱
作仁會，即明清士人之認識亦將仁會與仁愛會、仁慈堂歸為一流也。⑤
　　再者，正如前文所言，目前所見仁會均受西方教士之影響，都有著
極為深厚的西學淵源。楊廷筠武林仁會、瞿式耜常熟仁會、葉益蕃三山
仁會皆與艾儒略關係密切，或由艾氏親臨督導，或受艾氏傳教影響。武
林仁會創立於艾儒略避難楊廷筠家之際。常熟仁會建立在艾儒略、畢方

---

① ［瑞典］龍斯泰：《早期澳門史》上篇，第 52 頁。
② 轉引自董少新《關於〈澳門仁慈堂章程（1627）的初步研究〉》（下），載澳門新聞局
編《澳門雜誌》總第 35 期，2003 年 8 月。
③ 宋伯胤：《明涇陽王徵先生年譜》之《仁會約引》，第 307 頁。
④ 梁廷枏總纂，袁鍾仁校注：《粵海關志（校注本）》卷 22《貢舶》2，廣東人民出版社
2002 年版，頁 450；
⑤ Liam Mathew Brockey, *Journey to the East: The Jesuit Mission to China, 1579–1724*,
p. 81. 公佈的 BAJA 49－V－6：329v 1626 年的中國副省年報稱，段袞是聽說了歐洲，如葡萄
牙的仁慈堂（Misericordias）和意大利公立銀行（Monti di Pieta）之類的慈善協會之後，受到啓
發後才成立仁會的。

濟來虞之後。葉益蕃熱心仁會也深受艾儒略的影響。王徵涇陽仁會則因羅雅谷《哀矜行詮》而設，故當與羅雅谷影響有關。即仁會確為艾儒略、羅雅谷督導或影響下成立的中國天主教慈善組織。而艾儒略、羅雅谷其人皆亦熱心慈善。《西海艾先生行略》稱艾儒略：

> 極喜佈施，彼國歲有俸金。豫附海舶以來，邇年海舶不通，常至乏絕，猶約腹並衣，濟人不倦，又多方勸人佈施。武林舊有放生會，歲費金錢不貲。先生諷京兆楊公曰：愛物不若仁民。乃作《廣放生說》，以其貲為周恤窮乏費。①

羅雅谷《哀矜行詮自敍》亦言：

> 因念聖教吃緊處，惟信與行，行而不信如射無鵠，信而不行如車無輪，其敝一也……顧行有三端，曰祈、曰齋、曰施，祈向主，齋向己，施向人，各有本論，而十四哀矜之行則向人之明且備者也。予遂取西本譯為詮說三卷，首著哀矜之美，次解形矜，又次神矜，條緒雖多，其大旨總期愛主之實，是盡向人之誠，而向己、向主，義亦兼通矣。倘我同信者得是說而力行之，裨益匪小，且亦不負遠人來賓之意云。②

而艾儒略、羅雅谷又同為意大利籍教士。又王徵《仁會約引》言：

> 歐羅巴大州府縣，各設有養病院，規制不一。今止就一米蘭言之：其院建自本王，歲捐帑金十余萬，選本府之貴而賢者，迭掌其事。院分為六：其一，其二，凡貧家幼孩，父母不能養者，收入院，覓乳媼之至五六歲。男女各居一院，男為延師習書習讀，或習技藝。及成人，聽出院。女亦習女工，年及笄，具奩資嫁之。其三專養癲狂難治之病。其六養傷寒瘧痢等病。已上六院，俱有大屋

---

① 《耶穌會羅馬檔案館明清天主教文獻》第 12 冊，李嗣玄：《西海艾先生行略》，第 260—261 頁。

② 《耶穌會羅馬檔案館明清天主教文獻》第 5 冊，羅雅谷：《哀矜行詮自敍》，第 22 頁。

宇。分別男女，各有服役人。又令名醫專視藥物，一切飲食衣服寢
處之資，無不備具。又命人巡防外侮。又命人司講論，以開慰久病
者之心。病癒，聽還家。死則有公塋瘞之。此六者名為公院。此
外，又有養老院，舍旅院及安補院。凡人非全得之力不能作工，而
又非病比。故特安養以補之。共九種。外尚有多院，皆以行十四端
之功。各有資俸，設官司之。總皆愛人如己，教中一大事云。①

對意大利米蘭乃至歐洲慈善事業的熟稔，足以說明王徵受到西方教士的
深遠影響，也可證明晚明仁會與意大利乃至歐洲天主教慈善組織有着極
深的淵源關係。而中國教徒間的西學人脈關係也將這一慈善模式在中國
前後相承地建立起來，尤其是楊廷筠，不僅創設了武林仁會，在其影響
下，也直接導致了與之毗鄰的常熟及千里之遙的福州做傚之建立仁會組
織。正如上述五處仁會個案所證，可以得出結論，晚明社會精英階層的
奉教人士，他們都是這一时期"天主教儒者"的代表人物，"耶儒相
合"是普遍流行於这些奉教精英之中的一种信念，或者更准确地说，是
流行于他们中的一种策略性的説辭，② 因此，他们在當時社會傳統的救
助模式和歐洲慈善事業及儒家伦理道德和天主教慈善教義之間找到共同
點而創建了中國天主教民間慈善組織——仁會。如果説這種中國天主教
慈善團體在晚明社會出現時，帶有一定的中國傳統善會的色彩，這也是
很正常的現象，也正是中國天主教慈善團體本土化過程中必然的顯現。
但是帶有儒家傳統影響痕跡的早期仁會組織發展到後期，這種影響逐漸
在這一基督教團契中慢慢消失，這恐怕也是晚明仁會發展的一種必然。

---

① 宋伯胤：《明涇陽王徵先生年譜》之《仁會約引》，第304頁。
② ［比］鐘鳴旦、孫尚揚著：《1840年前的中國基督教》，第208頁。

從順正書院看儒學在日本的接受與傳播

湖南大學嶽麓書院　鄧洪波

　　天保十年（清道光十九年，1839），日本京都名醫新宮凉庭“買地於東山南禪寺境內”，創建順正書院，收藏儒書醫籍，置備學田，集四方有志於儒學與醫學之士肄業其中。此舉在當年引起學術界的歡呼，如久留米儒臣後藤彬就稱其為“本朝書院之權輿”，“宜傳之於後，益大之，使與鹿洞並行於東西也”。當然，他也不無憂慮與感慨，其稱：

　　　　夫桑田碧海，古今沿革不一，則安知書院之不變為佛閣僧庵，為園囿污池，為畎畝町畦，荊棘蓁莽，使其美意卒湮滅於無聞哉？子孫其宜守焉，而無失焉。子孫不能守焉，則請之於官，破則葺而新之，壞則修而完之，百歲之後，使翁為本朝之李勃，則豈不翁之榮乎？曰翁之榮，一人之私也；書院之存，國家之公也。則使書院存於無窮，不為缺典乎本朝，則豈亦不國家之榮乎？是予之所以喜書之者，不為翁書，而為子孫書也。①

非常不幸的是，後藤彬一語成讖，順正書院進入 21 世紀以後，雖然沒有湮滅無聞，但它却是以“南禪寺順正書院豆腐”聞名於互聯網上的。如此稱名於遊人食客之中，無異於先賢厚望的湮滅。誠然，貴為日本國有形文化財產的順正書院，雖不致完全變為佛閣僧庵，但事實上它已經成為南禪寺延食攬財的場所，這不能不說是一種文化的悲哀。它既是新

---

　　①　［日］後藤彬：《順正書院記》，見新宮貞亮《順正書院記並詩·記》，第3—4頁。

宮氏子孫後裔的悲哀，也是日本儒學、東亞儒學的悲哀！質此之故，順正書院的命運值得東亞學術界重視並作深刻的反思，順正書院的歷史更有待我們作深入的研究。

一　新宮涼庭與順正書院的創建

順正書院在京都洛東瑞龍山麓，天保十年（清道光十九年，1839），新宮涼庭創建。新宮涼庭（1787—1854），名碩，號驅竪齋，又號鬼國山人，人稱鬼國先生，丹後人。少年家貧，赴長崎學習蘭醫（荷蘭醫學）十餘年，“大通其術”，掌握了先進的西醫西學知識與技能，“歸寓京師”，在洛東開業行醫。掌握新奇而先進醫術的新宮涼庭，很快就聞名遐邇，病人常滿戶外，在救人無數的同時，其家也脫貧而致巨富。有關情況，從下引文獻中可見其概略：

> 涼庭丹後人，為人瓌偉倜儻，少學醫於長崎，大通其術。歸寓京師，勿論都人，遠近病者皆來請診焉，鞋履常滿戶外。侯伯聞其名，往往聘之，家以此致富。[①]
>
> 涼庭新宮先生既學軒岐，又耽墳典，憫人之夭枉，切於濟衆，毅然立志。嘗學於瓊浦，食淡攻苦，術業精詣，愈痾起痼，遂移居於洛陽。貴則列侯牧守，賤則市井草萊，凡有疾者莫不延之以仰其治。[②]
>
> 公丹後人，性倜儻，業醫。凡人之所能療者君不必療，而君之所能療者人不能療，是以遠近沈痼之屨常盈戶外。[③]

“以醫術成名致富”的新宮涼庭，及至知天命之年，感嘆財富“積而不散，非守錢奴乎？”[④] 在“捐財於諸藩以濟其國用”[⑤] 之後，又捐資數千

---

① ［日］賴醇：《順正書院記》，見新宮貞亮《順正書院記並詩·記》，第5頁上。
② ［日］近藤義制：《順正書院記》，見新宮貞亮《順正書院記並詩·記》，第7頁上。
③ ［日］後藤機：《順正書院記》，見新宮貞亮《順正書院記並詩·記》，第23頁上。
④ ［日］篠崎弼：《順正書院記》，見新宮貞亮《順正書院記並詩·記》，第1頁上。
⑤ ［日］奧野純：《順正書院記》，見新宮貞亮《順正書院記並詩·記》，第19頁上。

上萬金創建順正書院，集有志而無資者
肄業其中。

　　新宮凉庭為何要在 50 歲之後捐巨
資創建書院，化私為公，以成就天下讀
書之人呢？究其原因，至少有兩點值得
特別注意。

　　第一，由富思貧，惠及大衆，以推其
仁心於四方之士。關於這一點，新宮凉庭
曾多次提及，如"齡過五十，乃自憶少時
貧學之苦，曰：'天下後進之挫於貧者衆
矣，是可惜也！'乃擇地於京東南禪寺境
內幽寂之處，蓋屋數十間，環以花木，別
築文庫，多貯儒書醫籍，且附以學田若干
頃，欲養有志而無資者於其中，使以成其
業焉"。① "'吾齡及五十，徒殖財貨，無
為也。'於是築書院於東山，充以書籍，
經史百家無一不備，而使有志於學者入其
院讀其書。"② 之所以要特別強調"齡及
五十"，"齡過五十"，意在表明其聖人
之徒的身份，宣示其修行悟道而知天命
的高尚境界，在自期聖賢的願景中不無

圖 1：新宮凉庭（新宮凉庭氏藏）

夸耀之嫌，因此新宮凉庭也不斷遭人質疑，或稱"以其富厚之力濫及他
事"，建院興學，"亦名焉耳"；③ 或疑其"何為此迂闊之舉"；或指其
"非真好學者，特欲因此以釣名譽焉耳"。而面對各種不同聲音，新宮
氏"皆如不聞，日率諸生至書院，請諸老先生講磨切劘。既而諸生益
進，四方負笈游京者爭入其院，公卿大夫枉駕來聽講說。嗚呼！盛矣！於
是乎天下讀書者莫不知平安有順正書院，而向之譏者服翁之善捐財也"。④

　① 篠崎弼：《順正書院記》，見新宮貞亮《順正書院記並詩·記》，第 1 頁上下。
　② 賴醇：《順正書院記》，見新宮貞亮《順正書院記並詩·記》，第 5 頁下。
　③ 佐藤坦：《順正書院記》，見新宮貞亮《順正書院記並詩·記》，第 11 頁下。
　④ 奧野純：《順正書院記》，見新宮貞亮《順正書院記並詩·記》，第 19 頁上。

長期的堅守，統於贏得理解與讚揚，甚至有人將其比諸宋代大儒范仲淹，盛贊："今君不過市井之一醫耳，而其仁遍及於四方之士如此，比諸文正有不多讓者矣。"①

第二，儒家學者的文化自覺與擔當。新宮凉庭身處東西文化碰撞交融的時代，日本社會開始轉型，各種矛盾突顯，他以精通西醫而聞名於世，是一個走在時代前列的佼佼者，時人也盛贊其"以喎蘭醫法雷鳴海內"，②"學出和蘭有蒂根"③。但他"業精於醫而志篤於儒"④，對"蘭醫"這一代表西方先進技術的身份並不是太認同，而更願意將自己歸於"儒醫"之列，常以儒者自居，"而慨然有憂世之志"。曾任書院"講師"的上甲禮在《順正書院記》中對此作過描述，兹引如下：

> 斯書院者，蓋憂洛下教學之衰而設焉，其言曰：天下不可無政，政不可不由教，教則自格物窮理，以至變化其氣質，必期育人材，充世用，使人人心術身體、日用事業皆繇順正而後止。方其建之也，君躬辟草萊，至役以家人，鳩工若干人，捐貲若干金，然後成。則宣聖之廟，講習之堂，與夫燕居之室，諸生之塾，整整然備焉。於是揭以"順正書院"四字，一齋藤子以下諸儒皆有記，而使門人子弟及洛之士日誦讀於其間。⑤

由此可知，順正書院純然是一個儒家學者憂患意識和强烈文化使命感的產物，它也因此成為日本儒者講學論道的標準場所，宜乎林祭酒刻其門曰"名教樂地"。

需要指出的是，新宮凉庭的這種儒者之志是一貫而堅定的，在創建書院之前，他即感嘆："是徒人身之病，吾能療之則人亦療之，何足以為良醫乎？我聞方今侯國，或有物力耗闕之患矣，吾其藥之乎？""人身及家國之疾皆非難醫，未足以為良醫也。我其醫人心之大病歟！"那

---

① 長户讓：《順正書院記》，見新宮貞亮《順正書院記並詩·記》，第17頁下—18頁上。
② 齋藤謙：《順正書院記》，見新宮貞亮《順正書院記並詩·記》，第20頁上。
③ 八角高遠：《弘化四年孟春吉辰，奉賀新宮先生華甲》，見新宮貞亮《順正書院記並詩·詩》，第2頁上。
④ 川田興：《順正書院記》，見新宮貞亮《順正書院記並詩·記》，第12頁下。
⑤ 上甲禮：《順正書院記》，見新宮貞亮《順正書院記並詩·記》，第14頁下—15頁上。

圖2：順正書院

麼，"何謂人心之大病？曰：人皆有性命之正，受之於天，能順之者無病，逆之者為大病。而醫之之法，非針灸參附所達也，唯有仁義禮智忠信孝弟也已。於是乎有書院之舉，遂大購藏經史子集焉，以使世之有志於學者各講習其中"。正是本着以仁義禮智忠信孝弟而醫人心之大病的儒者之志，他創建了書院。而當書院建成之後，"四方之士蝨至，誦讀之聲昕夕不絕。公見之欣然喜曰：'是可以醫心病乎？且夫醫人身，醫家國，是特吾生前事業耳。若今之舉，則可以傳於身後矣。’”① 如此而將醫人身、家國之病視為生前事業，醫人心大病視作傳之身後之事業，足見順正書院在其心目中地位之崇高與神聖。

二　順正書院概況

明治維新之後，脫亞入歐漸成日本社會的主流意識，於是順正書院原來純原的儒學色彩被一再過慮淡化，而被記憶成一所醫學教育機構，稱之為醫學專科學校，歷史著作也將其列入醫學教育加以叙述。其實，儒醫並重乃其本色，我們有必要還原歷史的本來面目。兹將其基本情況概述如下。

順正書院自創建至今，已有 170 餘年的歷史，推實而論，明治以降，維持而已，輝煌可記者大多在文久以前，約計近三十年時間。其大事紀要，已附於文末，可資參考。

順正書院依山傍水，“修竹成林，古松獨秀”，幽静宜人，其院址所在地瑞龍山，又名東山，“比叡之巍峩可仰，如意之岌嶸可攬，群嶂列峙，茂林修竹，鬱乎相映，寺樓民廛，斷續為村。鴨水清澈，紆餘回流，其幽邃閑暢，可謂脱塵之境。而書院當其最勝處而設之，則清静之趣可知矣”。② 書院不僅設於日本京師風景最勝之處，外部環境優美，其内部景致更有講究。建院之時，新宮凉庭就“自拉其門生，隨其親眷，刈草伐木，鳩工經營”，③ 浚池造園，蒔卉植樹。朋友也有移植野梅等名貴花木，“以助其營”者。④ 經其規劃，最終形成順正書院十二景：梅圃春風、春曉早鶯、曲阜躑躅、瓢池游魚、幽篁夜雨、北窗清風、山房快雨、秋晴胡枝、露庭蟲語、楓林夕陽、書窗寒月、枯林暮

---

① 後藤機：《順正書院記》，見新宮貞亮《順正書院記並詩·記》，第 22 頁上—23 頁上。

② 川田興：《順正書院記》，見新宮貞亮《順正書院記並詩·記》，第 12 頁下。

③ 近藤義制：《順正書院記》，見新宮貞亮《順正書院記並詩·記》，第 7 頁下。

④ 中鴋規：“新宮凉庭醫伯，營別業於瑞龍禪林，正堂奉祀文宣王，制度竊擬鄉校，將以誘掖生徒，名曰順正書院。左右有隙地，栽雜卉擁護之。余為贈弊圃之野梅五株，以助其營，且係此二絶”，見新宮貞亮《順正書院記並詩·詩》，第 4 頁上，内有“欲助為山一簣工，野梅移得作先容”之句。

雪。景觀之多，在全日本近百所書院中是絕無僅有的，即便考之於中國七千餘所書院，亦屬罕見。肥前佐賀人韓中秋曾作《書院十二景》詩，以紀院中梅香、柳雪、蕉雨、松風、鳴蟲、游魚、春曉、秋晴，其詩情畫意，給人無限美妙的想象空間，茲引夜雨、暮雪、夕陽、寒月四首如下，以見其勝概：

> 《幽篁夜雨》
> 昨聽芭蕉雨，猶無此假奇。
> 蕭蕭還瑟瑟，如訴湘妃悲。
>
> 《楓林夕陽》
> 堪誦牧之詩，前林帶落暉。
> 偶有樵童過，滿肩紅雨飛。
>
> 《書窗寒月》
> 閑窗遙夜逝，默坐念前言。
> 時看能影動，松間月一痕。
>
> 《枯林暮雪》
> 枯樹索無色，晚來忽帶花。
> 僧歸鐘響外，片片點袈裟。[1]

片片袈裟反襯的是儒家書院的鮮明個性，吟誦這些詩句，我們仍能強烈地感受到一個半世紀以前的日本儒生在與南禪寺僧分享京都勝境之後的自豪、喜悅、享受，甚至還有些許矯情。

需要說明的是，經過新宮氏兩代人近三十年的用心經營，順正書院本身也成為名勝，引得騷客吟誦，畫家揮毫，載入詩畫之中，茲將《花洛名勝圖繪》、《順正書院記並詩》所載順正書院圖移植於此，以供欣賞。

---

① 韓中秋：《書院十二景》，見新宮貞亮《順正書院記并詩·詩》，第6頁上—7頁上。

146　順正書院（花洛名勝図会）

圖3：《江戶時代圖志》第二卷

　　如圖所示，順正書院規模宏敞，規制完備，有大門、石門、正廳、學舍（生舍）、講堂、祠堂、宣聖廟、燕居室、文庫（藏書室）等建築，房屋數十間，且辟有花圃、藥圃。講堂，又作講習之堂、本館，為院中最主要的建築，門懸所司代間部詮勝手書"順正書院"額。玄關懸有新宮涼庭手書存養十五則、為醫十五則橫匾，實為教書育人的規章，有中國書院學規、條約之效。石門上刻大學頭（祭酒）林楗宇所書"名教樂地"四字。學舍又叫諸生塾，與中國書院齋舍相似，為諸生自修之所。文庫所藏或作"漢蘭書籍"，或作"儒書醫籍"，或稱經史典籍，"經史百家，無一不備"，"可以使有志於學者入其院讀其書"。① 院中藏書，皆蓋有篆刻"順正書院藏"印記，以防散失。祠堂又作夫子廟、宣聖之廟，並祀宣聖、醫祖，即孔子與炎帝，以彰示其儒學、醫學並重的教學特點。除此之外，書院還置有學田若干頃，分佈於加佐郡四所村、新宮村等地，以作養士之資。其他還有越前侯、南部侯等賜贈年祿、年金、元金等各種資金六千七百餘兩，取其利息以作維持經費。②

　　由此可知，順正書院講學有堂，祭祀有祠，研修有室，藏書有庫，助學有田，其規模之大，講學、藏書、祭祀、學田四大規制之完備，堪稱日本書院之冠，而不遜讓於中國一般書院。

　　順正書院屬新宮氏一家所有之私塾，組織結構比較簡單，僅設山長、講師。山長一職總理院務，從"頭銜國手兼山長，朝執銀匙夕著書"的詩句③中可以推知，新宮涼庭、新宮貞亮父子曾任此職，既"執銀匙"又"著書"，可謂醫師、經師兼而有之。山長之下，設有"講師"以授儒學經典。長戶讓曾有"招延講師數輩，使諸生有所質正"④的記錄，木山綱也明確指稱"招京師諸儒名於時者以為講師，弦誦之聲晝夜鏘鏘爾也"。⑤ 講師知名者，至少有南洋上禮甲、鼎齋大澤邁等人，

　　①　賴醇：《順正書院記》，見新宮貞亮《順正書院記並詩·記》，第5頁下。
　　②　京都教育會編：《京都教育史（上）》，東京第一書房昭和五十八年版，第155頁。
　　③　鷺津宜：《己巳季春念六，游新宮氏瑞龍山順正書院，席間次榴溪主人誌韵》，見新宮貞亮《順正書院記並詩·詩》，第9頁下。
　　④　長戶讓：《順正書院記》，見新宮貞亮《順正書院記並詩·記》，第16頁下。
　　⑤　木山綱：《順正書院記》，見新宮貞亮《順正書院記並詩·記》，第9頁上。

從鼎齋 "余與山人相識久矣，屢赴書院為講經"① 的記錄可知，順正書院講師當為新宮熟識相知之 "當世碩儒名流"，他們是書院儒學教育的主力軍。

順正書院的教學與學術活動，大致分日常與臨時兩種。臨時活動有名家訪院講學，因事聚會論學並以詩酒佐之，無規律可循，存而不論。日常教學每月定期三次講會，每次由山長、講師分講醫書、經書，有關情形，見於近藤義制的記錄。其稱：

> 土木之功不日告成，於是藏經史於堂，蒔卉醫於圃，請師儒以講書。大凡每月三會而止，許有志者昇斯堂以聽其講。會日，先生及門人先至，掃室內。一室揭文宣王畫像於壁間，一室揭炎帝氏畫像。先生升坐，講醫書畢，又講經於先聖位前。既畢，復進講者升坐，士庶忻然有維新之志矣。②

山長、講師每月三次升堂講學，先醫後儒，分開教授，且各有自己的專用教室，儒學教室張掛文宣王孔子之像，醫學教室張掛醫祖炎帝之像，營造教學氛圍，頗具特色。至於儒學講授的具體情況，限於資料，已難以詳述。醫學講解漢醫、蘭醫皆有，但以蘭醫為主，課程分為生象、生理、病理、外科、內科、博物、化學、藥物（性）入門，已是比較系統的西洋醫學技術知識。③

三　新宮貞亮與《順正書院記并詩》

安政年間新宮涼庭逝世之後，④ 順正書院進入第二任山長新宮貞亮主政的時代。貞亮，字久卿，通稱涼介，號榴溪，為涼庭義嗣第三子，

---

①　大澤邁：《順正書院記·序》，見新宮貞亮《順正書院記並詩·序》，第 2 頁上下。

②　近藤義制：《順正書院記》，見新宮貞亮《順正書院記並詩·記》，第 7 頁下—8 頁上。

③　白新良：《德川時期日本書院述論》、劉琪：《中國書院對日本江戶時代教育的影響》，見《中國書院》第四輯，湖南教育出版社 2002 年版，第 293、303 頁。

④　新宮涼庭生於天明七年（1787），卒年一作安政元年（1854），一作安政五年（1858），未知孰是，兩說並存，待考。

襲"國手兼山長"之銜。主院之初，順正院舍仍然"壯且麗矣"，弦誦不斷，"顯名夙被公侯尚，遺業長令子姓培"。① 所謂子承父業，延續着第一代山長開創的輝煌與榮光。但很快日本進入維新前的亂局，"世上多難，兵馬隨起，是以來學之生徒聚散不定，而無復主講經師，一時雖或稱開筵，然徒詩酒會而已，書院之設殆屬虛名矣"。② 時在文久年間，順正書院的發展出現轉折，始由巔峰而步入下行之路。

文久三年臘月初七日（清同治二年，1864 年 1 月 15 日），越前宰相松平春嶽等勛貴踏雪蒞訪書院，書匾、題辭、贈詩，③ 甚至"錫爵"，不僅使新宮氏全家沐浴恩澤，備感"恩輝之榮"，④ 京都士林也為之一振，多次雅集書院，"相賡而和者數十人，可謂盛矣"。⑤ 戰亂初平，即迎來權貴"厚眷"，在"華裾時帶烟霞氣"、"玉勒金鞍照草房"的祥和中，人們對順正書院的復興充滿了期待。

明治天皇即位之後，天下太平，人心思治，新宮家族以其"精於醫而篤於儒"的慣常心態，樂觀地認為作為儒家教化之所的順正書院必將迎來新的發展機遇。"今也海內一定，逢王政復古之昌運，教化固雖仰於上，居下者亦不可不講習道義，以知教化之所本也"。有感於此，鬼國先生的三位義子決定收集有關資料，編為一書，"不唯表繼述之心，欲以維持名教，而補今日風化之萬一也"，"使人知書院之不虛設"。⑥ 這就是編輯《順正書院記並詩》的最初學術動因。非常明顯，它被賦予補救風化的神聖使命的同時，實際上也成為新宮氏重振順正書院的第

① 藤澤甫："觀順正書院壯且麗矣，故凉庭新宮先生所肇也，有感而賦"，見新宮貞亮《順正書院記並詩·詩》，第 12 頁下。

② 小林發：《順正書院記並詩跋》，見新宮貞亮《順正書院記並詩·跋》，第 1 頁上下。

③ 松平春嶽題"順正黌"匾，贈《游新宮氏順正書院詩》："南禪寺裏一文房，謝絶塵埃別有鄉。密雪飛花壯冬景，疏梅破蕾漏春光。展書觀畫添幽意，呼酒喚肴温冷腸。朋友縱遊皆莫逆，歸來賦得此詞章"；養賢堂主人越前中將題"落花水面皆文章"。分見新宮貞亮《順正書院記並詩》卷首題辭部分。

④ 新宮義慎："文久癸亥臘月七日，越前春岳公、宇和島藍山公、築前鴨洲公辱臨順正書院，席上分書'順正黌'三字，且親賜杯酌。次日，春岳公題長句一篇賜焉，因恭奉次嚴韻，以記恩輝之榮云"。見新宮貞亮《順正書院記並詩·詩》，第 10 頁上—11 頁下。其詩云："玉勒金鞍照草房，忽知春意動寒鄉。華裾時帶烟霞氣，翠幾看生翰墨光。錫爵全家浴恩澤，折梅一朵表心腸。豈唯僥幸在今日，壁上長長留錦綉章。"

⑤ 大澤邁：《順正書院記序》，見新宮貞亮《順正書院記並詩·序》，第 1 頁上。

⑥ 小林發：《順正書院記並詩跋》，見新宮貞亮《順正書院記並詩·跋》。

一個舉措，大有總結經驗教訓以求進一步發展之意在。可惜判斷有誤，明治雖有王政昌運之志，但意在"維新"而不是"復古"，疏遠儒學、親近西學成為長久的國策。漸行漸遠中，滿載復興希望的著作，也就成了聊紀輝煌記憶的文字，"可不嘆惜哉"！此是後話，存且不論。

圖 4：順正書院記并詩書影

《順正書院記并詩》由新宮貞亮編定，明治二年（清同治八年，1869）刊印，新宮氏藏板。它是日本唯一一部漢籍書院志，在東亞書院史上有着極高的文獻價值。筆者久覓不遭，及至 2008 年元月到關西大學參加東亞書院傳統之再思考國際學術會議，才在陶德民先生引領之下復印於東京都立中央圖書館，謹將其情況概述如下。

《順正書院記并詩》的編排有些特別，扉頁雖總題"記並詩"，實則記和詩各自成冊，封面題籤分作《順正書院記》、《順正書院詩》，且題籤下方皆有一"完"字，版心也各有一"全"字，正文之前也各有插圖、手書題詞，表明其可以獨立成冊，故藏書目錄也有將其著錄成二書者。然則，居於《順正書院記》卷首的序和小引，以及《順正書院詩》卷末之跋，又是記詩並稱，顯示其統屬全書，實為整體。且詩章之後，所刊"作者姓名"，明注"隨文詩先後錄之"，由記到詩連續排列，如同一作者記詩並作，姓名錄則僅依記文之序著錄一次，而不再據詩序重復著錄。這也表明，編者本意就是將記、詩統屬在同一書名之下的，應該將"記並詩"視作一書，而不得拆作二書。惟記、詩分訂成冊，當作一書二卷處理。全書正文收記 12 篇、詩 67 首，另有 3 首詩分見記詩兩卷之插圖與題詞部分，實計詩作達到了 70 首。

《順正書院記并詩》的體例，由序、小引、記、詩、跋五目構成，記、詩之前皆有圖、題詞，並附作者姓名錄於詩後，記、詩部分有欄外批評文字。類目框架及插圖、題詞，與中國書院志幾無二致，但其主旨在防止詩文散逸。因而收集記文、詩章之外，對書院山水環境、歷史沿革、規章制度、祭祀儀式、學田數目、藏書目錄，以及院中山長、講師、生徒等皆無紀述，實為其短。而其作者姓名錄，著錄姓名、字號、籍貫，則又不見於中國書院志，可以視作日本書院志的特例。至於在正文欄外分由阪谷素、新宮亮貞專門針對記、詩撰寫的"批評"性文字，似乎是日本詩文著作的慣例，在中國書院文獻中則屬鮮見之舉。

《順正書院記并詩》的作者姓名錄，著錄詩文作者 47 人，若加序、圖作者 3 人、題詞名家 6 人，總計有 56 人之多，茲將各人情況臚列如下：

篠崎弼，字承弼，號小竹，大阪人。

後藤彬，通稱半藏，久留米儒臣。

賴醇，字子春，號三樹，京師人。

近藤義制，字商臣，號睡翁，丹波福知山人。

木山綱，通稱三介，號楓溪，備中新見儒臣。

佐藤坦，字大道，號一齋，東京人。

川田興，字猶興，號藻海，東京人。

上甲禮，字師文，號南洋，伊豫人。

長戶讓，字士讓，號得齊，美濃人。

奧野純，字溫夫，號小山，大阪人。

齋藤謙，字有終，號拙堂，伊勢人。

後藤機，字世張，號松陰，美濃人。

牧輗，字信侯，號百峰，美濃人。

八角高遠，字仲招，號又新齋，陸奧南部人。

宮澤雉，字神遊，號雲山，武藏秩父人。

中隝規，字景寬，號棕隱，京師人。

韓中秋，字大明，號藍田，肥前佐賀人。

梁川孟緯，字公圖，號星巖，美濃人。

張氏景婉，字道華，號紅蘭，星岩妻。

梶川景典，字士常，號大窪，丹後宮津人。

藤澤甫，字符發，號東畡，贊岐人。

木世輿，未詳。

新宮義悟，通稱涼哲，號翠崖，京師人。

藤井啓，字士開，號竹外，攝津人。

鈴木璈，字敬玉，號蓼處，越前人。

鷲津宣，字重光，號毅堂，尾張人。

津田臣，字仲相，號香嚴，紀伊人。

神山明，字季德，號鳳陽，美濃人。

阪谷素，字子絢，號朗廬，備中人。

平塚清影，字士松，號飄齋，京師人。

新宮義慎，字子淳，通稱涼民，號燕石，京師人。

新宮義健，通稱涼閣，號寧壽堂。

新宮貞亮，字文卿，通稱涼介，號榴溪。

蒲生秀復，字不遠，號老山，近江人。

堀内涉，通稱宇七，號北溟，丹後田邊人。

村田哲，字季秉，號梅村，尾張人。

村田淑，字蘭雪，號香谷，築前人。

清敬直，字其正，號梅東，山城男山人。

林昇，號學齋，東京人。

竹内幹，通稱玄洞，號西坡，加賀人。

石川信，通稱玄貞，號櫻所，陸奧人。

伊東貞，字文仲，號羋塘，東京人。

中村正直，字政堯，通稱敬輔，東京人。

山田信，字義卿，號翠雨，攝津人。

嚴谷修，字誠卿，號迂堂，近江水口人。

小林發，字公秀，號卓齋，京師人。

龜谷行，字士藏，號省軒，對馬人。①

大澤邁，號鼎齋。餘未詳。

黃仲祥，山陰人。餘未詳。

養賢堂主人，越前少將。餘未詳。

間部詮勝，號鬆堂，所司代，鯖江侯。餘未詳。

松平春嶽，越前宰相。餘未詳。

林樨宇，大學頭（祭酒）。餘未詳。

朱鬱，未詳。

半雨亭竹外，未詳。

稻葉侯夬齋，未詳。

　　這些作者籍貫地域各异，身份地位不同，但類 "皆當世碩儒名流"、"名家"，其對儒家聖賢之學同懷敬仰之心，同有講習道義以維持名教之志，若將其與日本學術流派資料對勘，則不失為一幅生動的學術地圖，於以可見江戶晚期儒學地理分佈之概況。而順正書院之聲名必也隨作者所在而流佈於各地，故而從某種意義上說，詩文作者分佈地域之廣，即可等同於順正書院影響之大。

四　順正書院所反映的儒學接受與傳播

　　順正書院雖然教授治人身病的醫學知識與技術，但不能因此而將其僅僅看作是一所醫學專科學校，因為 "精於醫而篤於儒" 是新宮氏兩代人堅守的傳統，治人心病並進而治家國之病上昇到了作為終極追求的身後事業，故而順正書院首先而且主要應該歸列於儒家的 "名教樂

---

　　①　以上見新宮貞亮《順正書院記并詩·詩》第 16 頁下—17 頁下，以下則由筆者據序、圖、題詞摘錄。

地”。以下我們將其為例來解析儒學接受與傳播的幾個具體問題。

第一，由順正之名推演儒家的基本理念。順正書院之名取意於《樂記》，原文作：“使耳目鼻口心知百體，皆由順正，以行其義。”① 圍遶“順正”二字，形成了幾種不同的解釋，兹舉三例，以見其概。

篠崎弼在《順正書院記》中提出了學問之要盡於順正的主張，其稱：

> 不逆謂之順，不邪謂之正。是天運之常，所以四時行焉，百物成焉。人之生也受性於天，豈有不順且正者哉？其逆而不順，邪而不正者，事物感之而心知變常也。學問之要無他矣，慎其所感而反變於常而已。②

由“反變於常”即是“順正”關鍵，他推衍於療病、教人、齊家、治國四者，認為“調血氣之逆邪，而使反於順正之常運”者為善治療；“矯心地之逆邪，而使復於順正之常用”者為善教導；“能改逆邪之變習，而反之於順正之常倫，則家可以齊矣；能革逆邪之變風，而復之順正之常政，則國可以治矣”。③ 如此一來，氣血、心地、家、國分歸於順正之常運、常用、常倫、常政之緒。此即天之常運、人之天命，皆由順正而行其義也。

同樣是論順正之義，長戶讓則由《樂記》之説而擴及《孟子》的“莫非命也，順受其正”，認為書院當初是“合此二典而命之名者也”。④ 由此出發，他提出了“學之為道”的見解，其稱：

> 夫人性皆善，而有氣質之累。是故自非上智之資，不能無蔽於物慾矣。於是乎，學以講求之，變其性之偏，使之耳目鼻口心知百體，順行其義之正，而及其久則德性凝定，凡苟利害禍福之際，無所動其心，至於順受其命之正焉。由是言之，學之為道，始於

---

① 《禮記注疏》卷三十八。
② 見新宮貞亮《順正書院記並詩·記》，第 1 頁下—2 頁上。
③ 見新宮貞亮《順正書院記並詩·記》，第 2 頁上下。
④ 見新宮貞亮《順正書院記並詩·記》，第 16 頁下。

《記》之言，而終於《孟子》之言者也。①

由人性之善、氣質之累而及利害禍福，從中把握學之之道，似有一些功利主義色彩。

賴醇在《順正書院記》中則依據朱子之說，提出了順正為修道之要的主張，其稱：

> 夫協和安靜，從事聖道，不敢騁邪說异端者，順也；高毅醇粹，修身及人，不為人欲失節者，正也。朱考亭先生有言曰："吾之心正，是天地之心亦正矣；吾之氣順，則天地之氣亦順矣。"凡學於此院者，起坐仰之，以涵養推擴其德，則至修身齊家治國平天下之極。然則學校行政之本，而順正修道之要也。②

對賴醇的高論，阪谷素作出了"此解太佳，學者宜銘心肝"的點評。③筆者以為，此論之佳在於論证的策略。它由朱子吾之心氣乃天地之心氣，一正皆正，一順皆順之處出發，以涵養而推擴其德性，達至修齊治平皆歸順正的境界。再由學校乃行政之本，推出教人之道在"學為父、為子、為君、為臣之道"，④ 最終落實在人之常倫，此則正是儒家的根本大法。

第二，討論儒家學派，以復先王正學為書院先務。木山綱的《順正書院記》⑤ 縱論中日古今學校、學派，是解析此點的最佳文本。文章首論學校之設有裨世道，乃王政之不廢者，進而批評日本自幕府當政以來的廢學之舉，其稱："迨政歸武府，朝廷制度多格不舉，學校之設亦從而廢。當今管江二家雖居其職，蓋亦空名虛銜，非有所謂學校之實也。"鋒指當朝，頗有學術膽識與良心。有感於此，他對新宮凉庭以一介醫生而經營書院大加贊賞，認為"此舉為希世之盛事"，可以"助朝家之教

---

① 　長户讓：《順正書院記》，見新宮貞亮《順正書院記并詩·記》，第16頁下—17頁上。
② 　見新宮貞亮《順正書院記並詩·記》，第5頁下—6頁上。
③ 　見新宮貞亮《順正書院記並詩·記》，第5頁下欄外批評語。
④ 　見新宮貞亮《順正書院記並詩·記》，第4頁下。
⑤ 　木山綱：《順正書院記》，見新宮貞亮《順正書院記並詩·記》，第8頁下—10頁下。
本段所引文字皆出於此，不再標注頁碼。

化"、"補王政之所不及"。由此出發，他提出了"當今構書院導生徒者，必以正學派為先務"的主張，其稱：

夫唐虞三代之世，學者所習莫非先王之正學。及周中葉，政教失紀，异端邪説乘釁蜂起，而先王之正學駁矣。孔子生於此時，辭而辯之，使夫駁者歸於純，六經是也。故即六經以求之，先王之正學若易得。然而，所謂六經又厄於秦火，其説出於漢儒之補綴附會者亦有之，於是學者復迷於所導。迫程朱二先生出，慧眼所照，能察六經之真妄大旨奧義，豁然如發蒙矣。然至其工夫之序，猶有可疑者。故當時有象山陸子，以朱子之學為支離，其後陽明王子專此於陸子。自是而後，朱王之學術判然分為兩派，學者互相詆毁，勢如水火，到於今，無能決其是非優劣者。余嘗竊考之，蓋二家之學皆有一失。約而言之，朱子失之於內，王子失之於外。失之於內者何？先窮理而略良知。失之於外者何？主良知而遺窮理。今以二家之所失，相反而求之，取其所得而舍其所失，則庶乎得先王之正學矣。

這實際上是作為備中新見儒員的木山綱在順正書院發表的精彩演講，它以儒家學術史為題，討論三代以來的學術學派，由孔子而及程朱、陸王，各論短長，對朱子之先窮理而略良知、陽明之主良知而遺窮理提出批評，顯示其調和朱王的學術取向，與中國之朱陸調和論者學脈相通。取二家之所得而舍其所失，是否可以真正達至先王正學的目標，可以暫且不論，而從其朱王二家"相反而求之"的努力中，我們明顯可以感受到日本儒者以書院為陣地傳播儒學的熱情，也可以感知中日儒學之相異與相通，此則正是儒學與書院一體化發展的表征。

當然，何謂先王正學，是可以討論的，木山綱將朱子和陽明各打五十大板，想調和二家而達正學。但阪谷素在欄外評語中對其提出异議，稱"朱子內外兼備矣，此論恐未切當，然亦可供參考"。① 顯然，這是一位日本朱子學者的看法。兩説并存於順正，看似矛盾，實則其所表現的，正是書院切磋研究學術的題中之義。尤其是"亦可供參考"所體

---

① 阪谷素欄外批評，見新宮貞亮《順正書院記并詩·記》，第10頁上。

現的平和大氣，相對於勢同水火，相互詆毀的小氣，我們不能不對當年的日本儒學表達敬仰之心。如此堅守學術立場而又尊重對手，正是朱（熹）張（栻）嶽麓（書院）之會及朱陸鵝湖之會、白鹿洞君子小人之辯所倡導的學風，綿延而再現於京都順正書院，令人感慨！

第三，打通中日學制，討論書院的歷史與功能。書院從何而來？賴醇在《順正書院記》中提出了自己的看法，其稱：

> 天下不可一日無政也。政者，所以教而安之……故古者國有學，遂有序，黨有塾……後世自漢迨晉宋而各有其制。我邦上古以降，或盛或衰。永祿、元龜之際，天下崩亂，典籍紛殘，誰又知聲教之所本哉？元和初年，我烈祖好學求師，延惺窩、羅山諸賢，討論經傳以謀治道，遂起學於府下。於是乎，天下侯伯相率起校，弦誦之聲徧天下，可謂盛矣。上有學校，則下當有書院。[①]

這裏強調的是，書院是古代學制演變的結果，是儒家學者 "討論經傳以謀治道" 的產物。因此，他想象，他日 "往叩院門，將見院內之士，皆溫良恭敬，可為公卿，而其為童子者，亦容貌動止遜讓詳靜，知善事君父、善事兄長之道"。[②] 順正書院純然就是儒家的樂園，院中生徒各依其性學習並踐行着儒家的基本理念。

至於書院的功能如何，我們可從順正書院講師上甲禮盛贊新宮涼庭建院乃一舉三美的文字中找到答案，其稱：

> 夫君之斯舉，有可美者三焉。世之為治者，往往功業為先，身心為後，急於吏職，略於教學，君獨知學者王政之本。人不可一日無學，非誠知所本，其能然乎？此其美一也。天下之學術尤多異同，或本功利，或歸釋老，或過文，或過簡，或溺於訓詁詞章之習，不知德業經濟為何如。君則深知洛閩之學，得聖人之旨，尊窮理之教，而信氣質之説，以成就人才通曉時事為先務，奂他及文藝之末，又欲無不兼，以辟世儒之異論。此其美二也。抑君之在世，

---

① 賴醇：《順正書院記》，見新宮貞亮《順正書院記并詩·記》，第 4 頁下—5 頁上。

② 同上書，第 6 頁下。

非官於朝，亦非有仕於國，特憂世之餘，乃捐大貲興經營，將以立教正俗，其不私諸己而公諸世，人之所甚難，君處之坦然不顧，此其美三也。①

此其三美，既可看作是對新宮涼庭創建書院的贊美，也可視作是對順正書院功能三個層面的界定。一美講書院為王政之本，所教身心為先，功業為後。二美則辨異於功利、詞章、訓詁、釋老之間，強調洛閩之學即程朱理學的窮理之教與氣質之性，以成就人才、通曉時務為先，而又兼及文藝之末，此則正是書院研究學術、培養人才功能的具體體現。三美所贊在不私諸己而公諸世，雖去國處遠，仍懷憂世之心，立教正俗，影響一方，以吾之善而善吾之鄉與吾之國，此則正是絕大多數民間書院所追求的理想境界，將其化作書院功能之一亦無不可。實際上，上甲禮在文章中也清楚地表明了這種意向，他強調"凡斯三者"即"今日設書院之意"，要求"學焉者、教焉者與後之繼焉者，誠知其為美，而各勉焉盡其力"。此即"順正之道"。堅守此道，則順正書院可以"傳世無疑矣"。②

第四，納泰西各國技藝於書院，而又堅守聖人之道，視"咽蘭之學"為异端。新宮涼庭"以咽蘭醫法雷鳴海內"，其順正書院儒醫知識並教、宣聖醫祖並祀、漢蘭書籍並藏，於是以"咽蘭之學"與"咽蘭醫法"為代表的泰西之學、泰西之藝與儒家道義并存，就成了順正書院的常態與特色。東西文化并存於一院，該如何處理兩者的關係，成了一個必須解決的問題。順正書院創建一年之後，中英之間才爆發鴉片戰爭，其先於中國書院的經歷與經驗值得重視。茲據齋藤謙《順正書院記》③ 將其整理如下。

首先，依據儒家固有的觀念，將泰西之學也分成道藝、本末、體用兩個層面，從批評學非所用、用非所學的現實入手，在讚揚泰西所教以適用為主的原則頗具中國（支那）上古之風的同時，將屬於西學之藝、

---

① 上甲禮：《順正書院記》，見新宮貞亮《順正書院記并詩·記》，第 15 頁上—16 頁上。

② 同上書，第 16 頁上。

③ 齋藤謙：《順正書院記》，見新宮貞亮《順正書院記并詩·記》，第 20 頁上—22 頁上。本小節引文皆出於此，不再標注頁碼。

用、末層面的天文、地理、曆算、醫藥、銃砲、航海等科學技術知識引入書院。茲將其論引用如下：

> 夫學有道，有藝，非道則本不立，非藝則用不周。本末兼舉，體用並修，而後其功乃全。故古者學校教士，以孝弟為先，以修齊平治為歸，而其藝有禮樂，有射御，有書數，凡供家國天下之用者，莫不講貫習熟焉。是以其士一旦服官任事，皆稱其職，所以致濟濟之美也。及漢唐以後，漸失古意。以記覽為學，以辭章為業，其取士或以詩賦，或以經義帖括，或以八股時文，其事虛而不實。於是所學非所用，所用非所學，人才之不及古，勿惑也已。蓋聞泰西諸國設學校教士，皆以適用為主，自天文、地理、曆算、醫藥至銃砲之術，航海之技，皆講於學中。蓋有支那上古之風，而其業歲修，其用日精，是豈非道失而求於夷者耶？

應該說，所用理論、詞彙以及言泰西而稱上古的技法都是儒學的，老舊的，但對泰西學校講適用之學的態度却是新銳而開放的，頗有一種開懷吸納而為我用的胸襟。是為保守派所缺失的先進性。

其次，尊奉孔孟聖賢之學，排斥西學之道、之體、之用，將其視為"异端"，比作"妖邪怪誕"。其稱：

> 夫泰西諸國之於天文、地理以下，蓋非支那所及。獨其所為道，妖邪怪誕，不可方物，比之我聖人繼天立極、光明正大，為萬世標準者，猶如爝火之於太陽，鬼魅之於麟鳳，學者豈可舍此而取彼哉！今翁修呙蘭之學，至於其道，則攬棄之以為异端，獨篤信孔孟而尊奉之，無他歧之惑。所謂由順正以行其義者，蓋在於此，是其所以名書院歟。

需要指出的是，以上這些決絕的批評，是在讚揚順正書院講習"關人命、切國用"之醫藥符合"泰西設學之意"之後作出的，實乃先進中的保守性。

綜上所述，我們可以看到恪守儒家本位的順正書院，面對泰西之學時，欲納還拒，呈現出保守中的先進性與先進中的保守性。這種矛盾與近50年之後張之洞在尊經、廣雅、兩湖等書院的經歷頗為相似，而其處理東西兩種文化關係的具體做法，實際上也可以表述成"儒體西用"、"儒本西末"、"聖道西藝"，與張之洞總結出的"中體西用"學脈相通。這說明，面對西方，同屬東方的中日書院表現出一種文化的同一性；而此時此刻，善於吸收其他文化素養的日本順正書院，相較於兩湖等中國書院而言，却有着先進半個世紀的時間差異性。

附：順正書院大事記

天保十年（清道光十九年，*1839*）

三月，名醫新宮涼庭建書院於京都東山南禪寺旁，教授儒醫二學，所司代鯖江藩主間部詮勝取《樂記》不逆、不邪之意，命名為順正書院，並為其手書院額，新宮氏作《經營順正書院》詩四首紀之。

天保十一年（清道光二十年，*1840*）

冬十一月，大阪篠崎弼為作順正書院記，釋順正之名。

天保十二年（清道光二十一年，*1841*）

正月，久留米後藤彬為書院作記，將書院置於日本學術史中討論，稱順正為日本書院之權輿。

天保十三年（清道光二十二年，*1842*）

冬，備中儒臣木山絅陪其藩主到訪書院。次年，作記而論學派之説。

天保十四年（清道光二十三年，*1843*）

三月，京師人賴醇為書院撰記，談日本興學之迹，以上有學校則下有書院。

孟夏，東京人近藤義制為書院撰記，稱書院分祀文宣王與炎帝氏，每月三會，分講醫書與儒經。

四月，備中儒臣木山絅為書院撰記，稱書院招京師名儒為講師，論及中國學術流變，指程朱陸王各有長短，學者應取其所得而舍其所失，以歸於先王正學。

八月，東京人佐藤坦為書院撰記，稱贊新宮氏以名醫建書院，治人身病之外，又治人心病。

天保十五年（清道光二十四年，*1844*）

二月十七日，一條相國莅院，牧輗以詩紀喜。

季春，東京人川田興為書院撰記，贊新宮氏精於醫而篤於儒。

弘化二年（清道光二十五年，*1845*）

正月，書院講師伊豫人上甲禮為書院撰記，稱新宮氏建院乃一舉三美，於王政、學術、風俗皆有裨益。

弘化三年（清道光二十六年，*1846*）

四月，美濃人長户讓為書院撰記，稱新宮氏之仁遍於四方之士，比范文正公有不多讓者矣。

弘化四年（清道光二十七年，*1847*）

新宮涼庭年屆花甲，生徒雲集盈門，佳賓三十列。孟春，陸奧南部人八角高遠賀詩，有“丁未周時開鶴樽”之句，可知新宮涼庭生於六十年前之丁未年，時在光格天皇天明七年（清乾隆五十二年，1787）。

嘉永元年（清道光二十八年，*1848*）

季春，河田興訪院題詩。

初秋，武藏秩父人宮澤雉訪院，作詩五首呈新宮涼庭。

九月，京師人中隝規訪院，題詩二首。

十月，新宮涼庭延大阪人奧野純訪院。

嘉永二年（清道光二十九年，*1849*）

三月，奧野純為書院撰記，稱新宮氏建院講學乃捐財有笇之舉，深為大阪人志不及此而嘆惜。

嘉永五年（清咸豐二年，*1852*）

正月，伊勢人津藩國校督學齋藤謙為書院撰記，由上古學校有道有藝，本末兼舉，體用並修之立場，審視順正儒醫並重之舉，稱其既合泰西各國學校教學適用為主之意，又指蘭學之道“妖邪怪誕”，實為异端，應予擯棄。

八月，美濃人後藤機為書院撰記，稱新宮氏醫人身、家國之病之後，又建書院以仁義禮智忠信孝弟而治人心病。

文久三年（清同治二年，*1863*）

臘月初七日（實際已經是 1864 年 1 月 15 日），越前宰相松平春嶽莅臨書院，題“順正黌”匾額。次日，又題長句相贈，士紳小集，多有奉和之作。

元治元年（清同治三年，*1864*）

正月，贊坡人藤澤浦訪院，作奉和越前宰相詩。

二月，築前人村田淑、清敬直訪院，各作奉和越前宰相詩。

晚春，林昇、竹內幹、石川信、伊東貞等訪院，次韵奉和越前宰相詩。

初夏，山田信訪院，奉和越前宰相詩。

六月，書院小集，嚴谷修、小林發、龜谷行等奉和越前宰相詩。

明治二年（清同治八年，*1869*）

季春廿六日，尾張人鷲津宜、紀伊人津田臣、美濃人神山明結伴訪院，主人新宮貞亮以國手兼山長頭銜作詩迎接，衆人次韵相和。

三月，新宮貞亮作《順正書院記并詩·小引》，開始為書院編輯志書。

暮春，稻葉侯夬齋訪院作詩。

夏日，備中人阪谷素訪院題詩。

四月，山陰人黃仲祥作順正書院圖，上有京師人小林發題次韵榴溪君韵之詩。

仲夏，鼎齋大澤邁撰《順正書院記序》。

五月，小林發撰《順正書院記跋》。

本年，新宮氏藏板之《順正書院記并詩》刊印於世。是書扉頁所標是"記並詩"，實則分訂二冊，封面各自題籤，作《順正書院記》、《順正書院詩》，且題籤下皆有一"完"字，版心也各有一"全"字，可以獨立成冊，故藏書目錄也有著錄成二書者。然則從詩後"隨文詩先後錄之"之"作者姓名"來看，應該將"記並詩"視作一書。惟記、詩分訂成冊，當作一書二卷處理。全書收記 12 篇，詩 70 首，另有圖二幀，題詞七幅，及小引、序、跋各一。

昭和三年（民國十七年，*1928*）

八月，新宮涼男塑其曾祖新宮涼庭銅像於院中，同時，由三井高棟樹有久留米儒員後藤彬所撰《順正書院記》碑。

平成十一年（*1999*）

三月，日本文部省正式登錄為國家有形文化財，成為京都一處重要的文物保護單位。惜乎近年則以順正書院豆腐而揚名於旅遊界，從 2004 年的宣傳資料可知，書院不僅以豆腐名，而且已寄名南禪寺下。一代名院淪落至此，可不哀嘆！